KAS

광고지성총서

04

소비자심리와 광고 PR 마케팅

이병관 · 남승규 · 부수현 · 김철호 · 김연주
임혜빈 · 유승엽 · 안서원 · 김동후 · 염동섭 · 전종우 공저

CONSUMER PSYCHOLOGY IN ADVERTISING, PUBLIC RELATIONS, AND MARKETING

학지사

발간사

광고지성의 향연

지난 1989년 10월 14일, 한국광고학회 창립총회를 개최한 이후 2019년에 접어들어 학회 창립 30주년을 맞이했습니다. 사람으로 치면 서른 살입니다. 그동안 한국광고학회는 한국 사회에서 광고의 중요성을 환기하는 데 크게 기여했습니다. 지나온 날들의 성과는 분명 눈부셨지만, 미디어 환경이 급변함에 따라 광고와 광고학은 잠시 멈칫거리고 있습니다. 창의성, 인공지능, 블록체인이 인류의 미래를 결정한다는 전환기에 서서, 이제 우리는 광고의 새로운 방향을 모색해야 합니다. 이런 상황에서 한국광고학회 30주년을 기념하는 『광고지성총서』는 광고학계와 광고업계에 새로운 방향성을 제시할 것으로 기대됩니다.

이 총서는 '체인지(Change, 체력, 인화, 지성)'의 가치를 지향하는 제24대 한국광고학회에서 야심 차게 준비한 기획물입니다. 이 총서를 통해 한국광고학회의 체력(體力)을 증진하고, 회원들 사이의 인화(人和)를 촉진하며, 광고지성(知性)이 나아갈 새로운 좌표를 찾기를 기대합니다. 일찍이 플라톤은 『향연(饗宴)』에서 좋은 것(아름다운 것)을 소유하려는 욕망을 에로스라고 정의하고, 정신적인 출산을 추구하는 것도 에로스의 뜻이자 아름다움의 이상향에 도달하는 길이라고 설명했습니다. 정신의 자식을 분만하는 과정에서 105명의 필자가 자주 산통(産痛)을 느끼며 광고의 오늘과

내일을 고민했다는 점에서, 이 총서는 모름지기 집단지성의 플랫폼이자 광고지성의 향연이라 할 수 있습니다.

제1권 『한국 광고학연구 30년과 전망』(편집책임 한상필)에서는 한국광고학회의 창립 30주년을 맞이해 지난 30년 동안의 학회 활동을 분석하고 광고학 연구의 발자취를 돌아보았습니다. 제2권 『한국의 광고산업과 광고제도』(편집책임 김봉철)에서는 광고산업을 구성하는 단위들이 어떻게 발달해 왔고 어떤 기능을 해 왔는지 체계적으로 분석하고 정리했습니다. 제3권 『광고와 사회 그리고 광고비평』(편집책임 이희복)에서는 급변하는 환경에서도 결코 변하지 않는 광고와 사회에 대한 본질을 비평적 관점에서 탐구했습니다. 제4권 『소비자심리와 광고 PR 마케팅』(편집책임 이병관)에서는 소비자심리학의 여러 개념을 알기 쉽게 설명하고 광고와 PR 및 마케팅 현장에 적용하는 방안을 제시했습니다. 제5권 『광고와 마케팅의 새로운 세계』(편집책임 나준희)에서는 마케팅에서 광고가 어떻게 작동해야 하는지에 대한 이론적 기반을 제시함으로써 광고 활용의 새로운 세계를 모색했습니다.

제6권 『디지털 시대의 광고 크리에이티브』(편집책임 윤일기)에서는 디지털 융합 시대에 적합한 광고 크리에이티브의 새로운 차원을 살펴보고 실무적으로 유용한 지침을 제안했습니다. 제7권 『광고 미디어의 현재와 미래』(편집책임 박현수)에서는 급변하는 미디어 환경을 살펴보고 광고와 미디어가 나아갈 미래의 방향과 시각을 전망했습니다. 제8권 『스마트 광고 기술을 넘어서』(편집책임 김현정)에서는 우리 시대의 스마트 광고 기술에 대해 살펴보고 기술이 광고의 미래를 어떻게 바꿀 것인지를 여러 각도에서 조망했습니다. 제9권 『빅데이터의 분석방법과 활용』(편집책임 정원준)에서는 학술적 · 실무적인 사례를 바탕으로 광고와 PR 영역에서 두루 활용할 수 있는 다양한 빅데이터 분석방법에 대해 설명했습니다. 제10권 『광고 지성과 철학의 지평선』(편집책임 강승구)에서는 광고의 개념과 본질을 철학적으로 분석함으로써 광고지성의 가치를 환기하는 동시에 광고철학의 가능성을 탐색했습니다.

상당한 비용이 들어가는 10권의 총서가 출판되기까지 정신적으로 그리고 재정적으로 여러분의 도움을 받았습니다. 한국언론진흥재단의 민병욱 이사장님, 제일기획의 유정근 대표님, 이노션의 안건희 대표님, HS애드의 정성수 대표님, 대홍기획의 홍성현 대표님, TBWA의 이수원 대표님, 나스미디어의 정기호 대표님, 메조미디어의 이성학 대표님께 감사드립니다. 이분들의 후원이 없었다면 『광고지성총서』는 결코 세상에 나오지 못했을 것입니다. 이 지면을 빌려 다시 한 번 감사드립니다. 한국광고학회 회원들은 이 총서가 출판되기까지 도와주신 분들에 대한 고마움을 앞으로도 오래오래 기억할 것입니다.

광고지성을 모색하느라 수고하신 105명의 필자는 우리에게 새로운 비전과 깊은 통찰력을 제시하셨습니다. 갈수록 어려워지는 출판 여건에도 불구하고 10권의 책을 기꺼이 출판해 주신 학지사의 김진환 사장님과 최임배 부사장님께 감사드립니다. 편집부 관계자들께서는 난삽한 원고를 손보고 책의 구성을 갖추어 정말 빛나는 총서로 만들어 주셨습니다. 총서를 기획하던 첫 순간부터 끝마무리까지 수고하신 연구이사 김현정 교수님과 편집책임을 맡은 10명의 교수님께도 고마운 마음을 전합니다. 아인슈타인은 "지성의 참된 모습은 지식이 아닌 상상력에서 드러난다."라고 했습니다. 독자 여러분께서는 이 책을 통해 지식만을 얻지 마시고 상상력을 확장하시기를 바랍니다. 우리가 진정으로 추구해야 할 것은 지식보다 상상력이기 때문입니다. 바로 이 점이 『광고지성총서』를 기획하던 순간에 떠올랐던 저의 처음 생각이었습니다.

2019년 12월 5일

한국광고학회 제24대 회장 김병희 삼가 적음

머리말

현대 시장경제의 복잡성과 미디어 테크놀로지의 발달로 마케팅, 미디어, 광고산업은 급속한 변화를 맞이하고 있다. 무수히 많은 브랜드와 광고 속 치열한 시장 경쟁과 다양한 미디어 플랫폼의 발달은 마케팅과 광고효과 예측의 불확실성을 증가시키고 있다. 이러한 변화의 중심에서 진화하고 있는 소비자의 개별화된 욕구와 소비행동은 소비자연구의 어려움과 필요성을 동시에 제기하고 있다. "소비자의 입장에서 있지 않은 사람은 광고계에 몸담고 있을 이유가 없다."라고 한 광고 전문가 레오버넷(Leo Burnett)의 말처럼 소비자 정보처리과정과 의사결정과정을 이해하고 심리학의 이론과 원리를 바탕으로 소비자 동기와 행동을 파악하고 예측하는 것은 마케팅 전략과 광고효과를 제고하기 위한 필수조건이자 마케팅 성공의 관건이라 하겠다.

소비자는 마케팅과 광고 정보에 어떻게 반응하는가? 소비자는 어떤 동기와 욕구, 태도를 가지고 있는가? 소비자는 어떤 과정을 거쳐 정보를 처리하고 학습하고 기억하는가? 소비자는 다양한 제품 대안을 어떻게 평가하고 어떻게 선택하는가? 광고효과의 심리적 원리와 기제는 무엇인가? 소비자를 둘러싼 환경 요인은 소비자의 행동에 어떠한 영향을 미치는가?

이러한 질문들에 답을 제공하고자 저술된 『소비자심리와 광고 PR 마케팅』은 소비자의 정보처리과정과 의사결정과정에 관여하는 심리적 기제와 그 작동 원리, 소비자를 둘러싼 환경 요인의 영향력 그리고 이것이 광고와 마케팅 성패에 미치는 전략적 시사점과 활용성을 다루고자 하였다. 11개 장으로 구성된 이 책은 소비자심리학의 정의와 필요성, 소비자 정보처리과정의 심리적 기제인 감각과 지각, 동기, 학습, 기억, 태도 형성 및 태도 변화와 소비자의 의사결정과정을 소개하고 있으며, 광고, 미디어, 문화가 소비자 행동에 미치는 영향을 포괄적이면서도 상세히 서술하고 있다. 각 장에서 다루고 있는 주요 내용은 다음과 같다.

제1장 '소비자심리학'(남승규)에서는 이러한 맥락에서 성공적인 광고와 마케팅에 심리학, 특히 소비자심리학에 대한 이해가 왜 선행되어야 하는가를 개괄적으로 소개한다. 구체적으로, 이 장에서는 심리학과 소비자심리학의 개념과 연구모형을 제시한 후 소비자 정보처리과정과 소비자심리학의 주요 심리적 구성개념을 개괄적으로 소개하고 있다.

제2장 '감각과 지각'(부수현)에서는 소비자의 다섯 가지 감각과 지각과정에 대한 핵심적인 심리학 이론과 원리, 그 기저에 있는 심리적 기제를 소개한다. 이를 기반으로 소비자들이 광고를 어떻게 보고 듣고 느끼는지, 이러한 원리와 개념을 광고효과를 높이는 데 어떻게 활용할 수 있는지에 대한 구체적인 시사점을 제시한다.

제3장 '소비자 동기'(김철호)에서는 소비자 동기의 정의와 개념, 동기의 특징, 동기와 욕구에 관해 상세하게 다룬다. 또한 이 장에서는 동기이론으로서의 내용이론과 과정이론, 욕구 기반 동기이론, 인지 기반 동기이론 및 관여도의 개념을 소개함으로써 소비자 동기에 대한 폭넓은 이해를 도모하고 있다.

제4장 '소비자 학습'(김연주)에서는 소비자 학습의 개념과 심리학 이론을 소개하고 학습과정을 통해 소비자의 행동 변화가 어떻게 이루어지는지 다룬다. 구체적으로 이 장은 연합학습, 인지학습, 사회학습의 기본 원리를 제시하고 각 원리와 연관된 특성과 학습 현상을 설명한다. 더불어 학습 원리를 활용한 마케팅과 광고 전략을 구체적 예시를 통해 고찰하고 있다.

제5장 '소비자 기억'(이병관)에서는 소비자들이 어떤 기억처리과정을 거쳐 제품과

광고 정보를 기억하고 처리하는지를 다룬다. 부호화, 저장, 인출의 기억과정, 감각, 단기 · 장기 기억의 구조 모형 및 기억 정보처리 모형을 상세히 소개하고, 마케팅과 광고 상황에서 소비자의 기억 구조와 처리 모형이 전략적으로 어떻게 활용되는가를 구체적인 사례를 들어 설명하고 있다.

제6장 '태도 형성과 태도 변화'(임혜빈)에서는 태도의 정의와 특성, 태도의 개념에 관한 다양한 관점과 더불어 태도의 구조를 상세히 소개한다. 이 장은 이어서 태도의 형성과 변화 과정에 대해 설명하는 다양한 이론과 모형을 살펴보고 태도와 행동의 관계에 관한 논의와 함께 광고 및 마케팅에서 태도 개념의 전략적 운영 방안을 다루고 있다.

제7장 '의사결정의 심리 1'(유승엽)에서는 소비자의 의사결정과정의 다섯 단계 중 처음 세 단계인 문제인식, 정보탐색 및 구매 전 대안평가과정을 다룬다. 구체적으로 이 장에서는 문제인식의 유발요인과 문제인식의 유형, 내적 정보탐색과 외적 정보탐색을 소개하고 구매 전 대안평가의 다양한 방식과 이와 관련된 오류를 상세히 설명한다.

제8장 '의사결정의 심리 2'(안서원)에서는 소비자의 의사결정과정의 다섯 단계 중 구매와 구매 후 행동 단계에 관한 내용을 자세히 소개하고, 최근에 대두되고 있는 구매 환경의 특성에 대응하는 소비 행동의 변화를 중점적으로 조망한다. 이 장은 구매 단계에서 의사결정 여정(decision journey) 모형을 설명하고 있고, 구매 후 행동 단계에서는 소비자 만족/불만족, 귀인이론, 구매 후 부조화, 구매 후회, 불평행동 및 추천행동을 다루고 있다.

제9장 '광고효과의 심리'(김동후)에서는 소비자의 세분화와 더불어 개별 소비자의 광고 수용 과정을 연구하는 소비자 및 광고심리학의 가치가 더욱 중요해지고 있음을 전제하고 있다. 이에 이 장에서는 소비자의 광고 메시지 수용 과정을 설명하는 심리학 이론들을 소개하고, 이 이론들이 광고 상황에서 어떻게 적용되며 광고효과 증진에 어떻게 전략적으로 활용될 수 있는지 설명한다.

제10장 '미디어와 소비자'(염동섭)에서는 '미디어는 생활이며 모든 것이 미디어이

다.'라는 명제로 시작하면서 우리 생활 전반에 중대한 영향을 미치는 광고 미디어와 소비자의 미디어 수용 행태에 관해 상세히 다루고 있다. 구체적으로 이 장에서는 미디어의 개념과 진화 과정, 미디어의 유형과 콘텐츠 유형을 소개하고 소비자의 미디어 사용 행태를 소비자 동기의 진화, 스마트 소비자, 소비자의 미디어 의사결정 관점에서 살피고 있다.

마지막으로 제11장 '문화와 소비'(전종우)에서는 광고와 마케팅의 집행 과정에서 소비자의 심리적 요인과 더불어 환경적 요인의 중요성을 전제하고 대표적인 환경적 요인인 문화의 역할을 제시한다. 이에 이 장에서는 문화의 정의에 관한 다양한 관점을 소개하고 문화의 발현으로서의 사회적 트렌드로 다문화주의, 문화적응, 자문화중심주의 현상을 설명한다. 또한 이 장은 광고와 마케팅 맥락에서 문화가 어떻게 전략적으로 활용되고 있는지를 사례와 개념의 적용을 중심으로 조망하고 있다.

이 책의 특징은 다음과 같다.

첫째, 심리학의 핵심 이론과 개념들(감각과 지각, 동기, 학습, 기억, 태도, 의사결정론)을 소비자연구 맥락에서 이해하고 적용하기 쉽게 소개하고 있다. 둘째, 소비자의 내적·심리적 처리 기제뿐만 아니라 소비자를 둘러싼 마케팅, 광고, 미디어, 문화 요소가 소비자 행동에 미치는 영향과 상호관계성을 포괄적으로 다루고 있다. 셋째, 각 장별로 소개되는 주요 이론과 핵심 개념이 마케팅과 광고 전략에 어떻게 적용되는지를 구체적인 최신 사례를 들어 설명하고 있다.

『소비자심리와 광고 PR 마케팅』의 저술 작업은 광고, 마케팅, 소비자연구 분야에서 참고할 만한 유용한 소비자심리학 서적이 많지 않다는 현실적 인식과 요구에 따라 기획되었다. 이에 이 책은 소비자심리학의 출간을 바라는 학계 관련 전공자들과 마케팅 광고 실무자 모두에게 꼭 필요한 기초적이고도 실제적인 내용을 담고자 하였다. 이 책의 출간 작업에 참여한 11명의 집필진은『소비자심리와 광고 PR 마케팅』이 관련 전공 수업의 강의 교재로 사용될 뿐 아니라 마케팅과 광고에 관심이 있는 일반 독자를 위한 교양서와 실무자들을 위한 전략 지침서로도 두루 활용되기를 기대한다.

2019년 12월

필자들을 대표하여 이병관 적음

차례

- 발간사 _ 3
- 머리말 _ 7

제1장 … 소비자심리학 …… 17

1. 심리학 _ 20
2. 소비자심리학 _ 20
3. 소비자심리학의 존재가치 _ 22
4. 소비자심리학의 연구모형 _ 24
5. 소비자심리학의 심리적 구성개념 _ 32

제2장 … 감각과 지각 …… 47

1. 감각에 대한 이해 _ 49
2. 감각능력의 한계와 시사점 _ 56
3. 지각에 대한 이해 _ 61

제3장 … 소비자 동기 ………… 73

1. 동기의 개념 _ 76
2. 소비자 동기의 이해 _ 78
3. 관여도 _ 93

제4장 … 소비자 학습 ………… 99

1. 학습의 원리 _ 102
2. 고전적 조건화 _ 104
3. 조작적 조건화 _ 116
4. 사회학습 _ 127

제5장 … 소비자 기억 ………… 135

1. 기억과정 _ 137
2. 정보의 인출과 망각 _ 160

제6장 … 태도 형성과 태도 변화 ………… 169

1. 태도의 정의 _ 171
2. 태도에 대한 관점 _ 173
3. 태도의 구조 _ 175
4. 태도이론 _ 177
5. 태도와 행동의 관계 _ 190

제7장 … 의사결정의 심리 1 ………… 197

1. 문제의 인식 _ 199
2. 정보의 탐색 _ 206
3. 구매 전 대안평가 _ 215

제8장 … 의사결정의 심리 2 ………… 229

1. 여정으로서의 구매 _ 232
2. 구매 채널의 선택 _ 240
3. 구매 후 행동 _ 246

제9장 … 광고효과의 심리 ………… 259

1. 광고의 정의 _ 262
2. 광고심리학 이론과 광고효과 _ 264
3. 새로운 광고 환경과 광고심리학의 중요성 _ 282

제10장 … 미디어와 소비자 ………… 285

1. 미디어 _ 289
2. 소비자 _ 301

제11장 … 문화와 소비 …… 309

1. 문화란 무엇인가 _ 311
2. 사회 트렌드 _ 322
3. 사례와 효과 _ 325

● 참고문헌 _ 335
● 찾아보기 _ 349

제1장

소비자심리학

남승규(대전대학교 산업 · 광고심리학과 교수)

1. 심리학
2. 소비자심리학
3. 소비자심리학의 존재가치
4. 소비자심리학의 연구모형
5. 소비자심리학의 심리적 구성개념

◈◇◈

데이비드 오길비(David Ogilvy)가 "이 책을 일곱 번 읽기 전까지 그 누구도 자신이 광고와 관련이 있다고 말해서는 안 된다."라고 극찬한『과학적 광고』(Hopkins, 1992)의 6장에 '심리학' 부분이 있는데, 여기에 다음과 같은 내용이 담겨 있다.

> "유능한 광고인은 심리학을 알아야 한다. 많이 알수록 좋다. 어떤 효과가 어떤 반응을 가져오는지 알아야만 하고, 결과를 좋게 하고 실수를 피하기 위해 그 지식을 활용해야 한다. …… 심리학의 법칙들은 확고불변하다. 그 법칙들을 절대 무시해서는 안 된다."

광고를 위해 심리학을 많이 알수록 좋다는 내용을 좀 더 구체화하면 다음과 같은 것을 알아야 한다는 의미일 것이다.

① 소비자가 광고에 어떻게 반응하는가?
② 소비자가 어떤 광고 정보에 주의를 기울이는가?
③ 소비자가 어떤 광고 정보를 깊이 있게 처리하는가?
④ 소비자가 어떤 광고 정보를 잘 기억해 내는가?
⑤ 광고가 소비자의 브랜드에 대한 태도 형성에 어떻게 영향을 미치는가?
⑥ 기억된 광고 정보가 소비자의 구매 행동에 어떻게 영향을 미치는가?

이처럼 성공적인 광고를 만들고, 성공적인 광고를 집행하고, 성공적인 결과를 만들어 내기 위해서는 심리학적 이해가 선행되어야 한다.

1. 심리학

흔히 **심리학**은 "인간의 행동과 심리과정을 과학적으로 연구하는 학문이다."라고 정의된다(남승규, 이재창, 우석봉, 박준호, 2015). 여기서 **행동**(behavior)은 경험적으로 관찰될 수 있도록 사람들이 외적으로 드러내 보이는 현상이고, **심리과정**(mental process)은 행동이 나오기까지 내면에서 이루어지는 과정을 말한다. 행동은 외적으로 드러나기 때문에 사람들이 그것이 무엇인가를 알아차리는 데 크게 어려움이 없다. 그러나 사람들이 그 행동이 나오기까지 인간의 내면에서 이루어진 심리과정, 즉 마음을 제대로 이해하는 것은 결코 쉬운 일이 아니다. 사람들이 "내 마음 나도 몰라."라는 말을 흔히 사용하는 것을 보아도 알 수 있다. 대부분의 사람이 자신뿐만 아니라 다른 사람들의 심리에 대하여 잘 알고 있다고 자신만만해하면서 아는 체하지만, 실제로 사람들을 올바르게 파악하는 것은 매우 어려우면서도 전문적인 일이다. 더욱이 사람들이 드러내는 행동과 심리과정의 '이유'를 밝히는 것은 더더욱 힘든 일이다. 어렵고 힘든 일이지만, 사람들의 실체를 알기 위한 전문적인 노력을 하는 학문 분야가 심리학이고, 이는 '인간의 참된 이해'를 목적으로 한다. 링컨(Lincoln)의 "국민의, 국민에 의한, 국민을 위한 정치"라는 연설이 민주주의 정신을 가장 간결하고 적절하게 표현하는 말로 널리 알려진 것처럼, 심리학은 '사람의, 사람에 의한, 사람을 위한 학문'이라고 말할 수 있다.

2. 소비자심리학

심리학 분야 중에서 광고 분야와 소비자 분야의 연구에 심리학적 접근을 취하는 것이 바로 **소비자심리학**(consumer psychology)이다. 소비자를 제대로 이해하는 것은 효율적이고 성공적인 소비경험을 하기 위한 개인 자신뿐만 아니라 올바른 소비정책을 수립하기 위한 정부기관들이나 시민단체들, 효과적인 마케팅이나 광고 전략을 수행하기 위한 기업들이나 광고대행사들에게 매우 중요한 해결의 실마리와 열쇠를 제공해 준다. 실제로 소비자에 대한 깊이 있고 폭넓은 연구와 이해를 통해 소비자를 바로 알려는 노력이 심리학 분야에서는 '소비자심리학'이라는 이름으로 진행되고 있다.

현대사회에서 성공의 관건은 세상의 중심인 바로 소비자의 심리와 행동을 제대로 파악하는 것에서 찾을 수 있다. 소비자를 어떻게 기쁘게 만들고 감동하게 만들 것이며 행복하게 만들 것인가를 찾아내는 **소비자심리분석**(consumer psychological analysis)이야말로 21세기의 비즈니스에서 성공과 행복을 위한 최상의 비결(top secret)이 될 것이다. 소비자심리학은 심리학의 응용 분야이고 종합 학문의 특성을 지닌다. 소비자심리학의 학문적 중심을 이루고 있는 분야는 심리학이지만, 경영학, 광고학, 소비자학, 문화인류학, 법학 등의 여러 학문 분야와 상호 교류하면서 확립되었다. 심리학 분야의 경우에 사회심리학과 인지심리학의 영향을 가장 많이 받았는데, 태도, 의사소통, 설득 등과 같은 개념이 사회심리학에서 나온 것이고, 기억, 정보처리과정, 의사결정 등과 같은 개념이 인지심리학에서 나온 것이다. 이런 학문적 특성을 지닌 소비자심리학은 제품, 서비스, 시간, 아이디어의 획득, 사용, 처분 등에 관한 소비자의 의사결정과 소비행동의 저변에 깔려 있는 역동성을 포함하여 소비자와 관련된 모든 영역을 연구한다.

미국의 경우 소비자심리학자들과 관련 분야 학자들의 모임인 **소비자심리학회**가 1960년에 미국심리학회(American Psychological Association) 산하 23번째 학회로 설립되었고, 학술지 『Journal of Consumer Psychology』가 발행되었다. 국내의 경우에, 1999년에 고려대학교 성영신 교수, 아주대학교 김완석 교수, 이화여자대학교 양윤 교수, 중앙대학교 김재휘 교수, 대전대학교 남승규 교수, 광주대학교 김철민 교수, 남서울대학교 유승엽 교수를 핵심 발기인으로 한국심리학회 산하 11번째 학회로서 '**한국소비자광고심리학회**'가 설립되었고, 고려대학교 성영신 교수가 초대 회장을 맡았다. 또한 이화여자대학교 양윤 교수가 초대 편집위원장을 맡아 학술지 『한국심리

학회지: 소비자광고』가 발행되었다.

『사람만이 희망이다』라는 책 제목처럼, 우주의 중심이 태양이듯, 세상사의 중심에는 소비자가 있다. 고도의 전문성이 요구되는 지식정보화사회에서 세상의 중심인 소비자에 대한 가장 치밀하고 본질적인 연구를 할 수 있는 학문 분야가 소비자심리학이다. 왜냐하면 소비자의 외현적인 행동뿐만 아니라 소비자의 내면에서 이루어지는 심리까지를 망라하여 소비자를 제대로 이해하기 위하여 사람에 대해 가장 잘 알고 있는 심리학의 연구방법을 적용하는 학문 분야가 바로 소비자심리학이기 때문이다. 소비자에 대한 연구는 경영학, 소비자학, 광고학, 신문방송학, 문화인류학, 의류학 등 다양한 학문 분야에서 다루어지기는 하지만, 사람에 초점을 둔 심리학적 지식과 원리들은 소비자 이해를 위한 다른 학문 분야들의 이론적 토대를 제공해 주고 있다.

3. 소비자심리학의 존재가치

소비자에게 영향을 미칠 수 있는 요인들 중에는 기업에서 통제할 수 있는 요인과 통제할 수 없는 요인이 있다(남승규, 2009). 이것을 윌키(Wilkie, 1990)는 각각 4P와 5C로 명명하고 있다. 통제할 수 있는 요인들인 4P는 **마케팅믹스**(marketing mix)로 제품(product), 가격(price), 유통(place) 및 촉진(promotion)을 말하며, 통제할 수 없는 요인들인 5C는 경쟁사(competitors), 기업(company), 유통구조(channels of distribution), 환경조건(conditions) 및 고객(customers)을 말한다.

어떤 시장이든 상관없이 수많은 기업이 동일한 소비자를 대상으로 경쟁을 하게 된다. 시장의 성장가능성이 클수록 경쟁사는 늘어나게 되고, 경쟁은 심화된다. 어떤 기업도 경쟁 자체뿐만 아니라 경쟁사를 통제할 수는 없다. 단지 대응하고 적응할 수 있을 뿐이다. 수많은 경쟁사가 존재한다는 사실은 **지속적 경쟁우위**(sustainable competitive advantage)를 확보하지 않는 한 무한 경쟁이 필연적임을 의미하는 것이다. 회사마다 적절하게 활용할 수 있는 인력과 마케팅믹스에서 차이가 있다. 동일한 마케팅믹스라도 운영하는 사람들과 방식에 따라서 어떤 기업에는 효과적이지만, 다른 기업에는 효과적이지 않을 수 있다. 이뿐만 아니라 유통구조와 경제, 법률, 정치, 사회, 문화, 기후와 같은 환경조건도 다양한 방식으로 기업 활동에 제약을 가한다.

기업이 통제할 수 없는 요인들 중에서 기업의 성공과 실패를 결정짓는 가장 핵심적인 요인은 고객인데, 이 고객은 끊임없이 변화한다는 특성을 지니고 있다. 과거에는 대부분의 고객들이 필요로 하는 것과 원하는 것이 유사한 **십인일색(十人一色)의 시장**이었다가, 그 후로 고객마다 필요로 하는 것과 원하는 것이 제각각인 **일인일색(一人一色)의 시장**을 거쳐, 이제는 한 명의 고객마저도 시점과 상황에 따라서 필요로 하는 것과 원하는 것이 달라지는 **일인십색(一人十色)의 시장**에 처해 있다.

고객의 변화와 더불어, 우선적으로 고려해야 할 것은 팔려는 자와 사려는 자, 즉 기업과 소비자는 여러 관점에서 차이가 있다는 점이다. 이것을 정리한 것이 〈표 1-1〉이다(남승규, 2009). 소비자가 취하는 대부분의 행동은 내적으로 초점이 맞추어져 있고 내적으로 주도되는 데 반하여, 기업은 소비자의 행동을 외적으로 드러나는 역할들 중에 하나를 담당하는 것으로 본다. 소비자는 자기 자신의 개인적인 욕구나 계획에 초점을 맞추는 데 반하여, 기업은 세분시장이라는 집합적인 특성으로 소비자를 본다. 세분시장의 공통된 특성을 파악하고 개인수준이 아닌 시장수준에서 총력을 기울인다. 소비자는 구매를 할 때 여러 기업에 의하여 생산된 모든 제품 중에서 하나의 제품을 사는 것인 데 반하여, 기업은 자사가 만든 제품을 사도록 만드는 데 관

표 1-1 기업과 소비자 간의 근본적인 차이

특성	기업	소비자
① 기본 관점	외적(구매자)	내적(나)
② 관심 수준	집합적(시장)	개인적(나 자신)
③ 관심 영역	특정 제품(내가 만든 것)	모든 제품(내가 사는 것)
④ 정확한 선택	특정 대안(내 브랜드)	최상대안(내게 가장 좋은 브랜드)
⑤ 영향력의 역할	행동에 영향을 미쳐야 한다.	행동적 영향력을 처리해야 한다.

출처: Wilkie (1990).

심을 갖는다.

소비자의 입장에서 올바른 선택이란 자신에게 가장 좋은 브랜드를 사는 것인 데 반하여, 기업은 자기 회사가 만든 제품의 브랜드를 소비자가 사는 것으로 본다. 끝으로, 소비자는 자신에게 영향을 미치는 모든 요인을 처리할 수 있다고 보는 반면에, 기업은 소비자의 행동에 영향을 미칠 수 있다고 확신한다. 이처럼 소비자와 기업은 기본적인 접근방법에서 많은 차이가 있기 때문에, 기업이 소비자의 공감을 얻어 내고 설득시키는 과정이 순조롭게 진행되기는 쉽지 않다. 수많은 제품과 서비스는 각각 '내 것을 사라'거나 '내 브랜드를 사라'고 강조하지만, 소비자는 '모든 유형의 제품과 서비스를 사라'와 '모든 브랜드를 사라'라는 입장에 놓이게 된다. 이와 같은 기업과 소비자 간의 본질적인 격차를 줄일 수 있는 무엇인가가 필요한데, 그런 절대적인 요구에 의하여 각광받게 된 것이 소비자연구와 소비자분석이고, 그 핵심적인 역할을 소비자심리학에서 담당하고 있다.

4. 소비자심리학의 연구모형

소비자심리학에서 지향하는 연구모형은 소비자의 주어진 환경과 소비자의 타고난 특성을 모두 고려하는 것이다. 소비자를 제대로 이해하고 연구하기 위한 기본적인 연구모형은 크게 소비자의 외적 요인과 내적 요인으로 구분할 수 있다. **외적 요인**(external factor)은 가격 · 제품 · 유통 · 촉진을 포함하는 마케팅믹스와 가족 · 참조집단 · 사회계층 · 문화를 포함하는 사회문화적 영향요인 그리고 경제상황 · 소득 수준과 같은 경제적 영향요인으로 나눌 수 있다. **내적 요인**(internal factor)은 가치 · 태도 · 의도뿐만 아니라 관여 · 학습 · 동기 · 성격 · 라이프스타일 등을 포함하는 개인적 영향요인, 정보처리과정, 구매의사결정과정, 구매 행동 및 구매 후 과정을 들 수 있다.

일반적인 **소비자행동모형**은 투입요인(input)–처리과정(process)–산출요인(output)

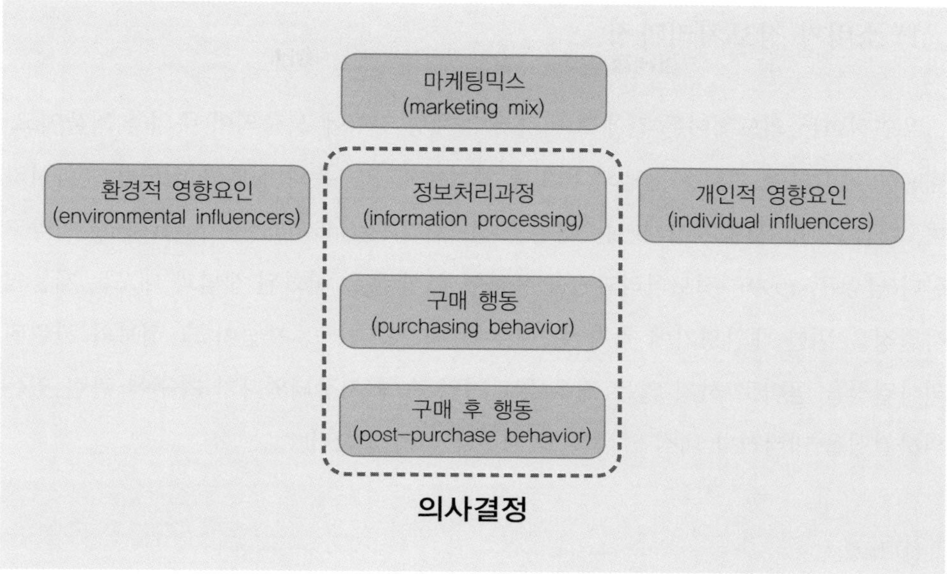

[그림 1-1] 소비자연구모형

으로 모형화하여 사용하기도 하는데(Schiffman & Kanuk, 1997), **투입요인**에는 마케팅 영향요인, 경제 · 사회 · 문화적인 환경적 영향요인을 포함하는 외적 요인이 해당한다. **처리과정**은 욕구 인식, 구매 전 탐색, 대안평가로 이루어지는 정보처리과정과 의사결정과정을 말하는데, 이런 처리과정은 가치, 태도, 동기, 관여, 학습, 성격, 라이프스타일을 포함하는 심리적 요인들에 의하여 영향을 받는다. **산출요인**은 시험구매나 반복구매를 포함한 구매 행동과 만족이나 부조화를 포함한 구매 후 평가로 구성된 구매 결정 이후 행동을 말한다.

소비자를 제대로 이해하고 연구하기 위한 여러 연구모형에 기초하여 [그림 1-1]과 같은 **소비자연구모형**(consumer research model)을 설정할 수 있다. 이 연구모형은 크게 소비자 정보처리과정, 소비자 의사결정과정, 소비자행동의 영향요인으로 구성되어 있다(남승규, 2009).

1) 소비자 정보처리과정

우연적이든 의도적이든 간에 소비자가 마케팅 자극에 노출되어 주의를 기울이고, 내용을 지각하여 새로운 신념과 태도를 형성하거나 기존의 신념과 태도를 변화시키며, 이를 기억 속에 저장시키는 과정을 **정보처리과정**(information processing)이라고 한다(남승규, 1999). 정보처리과정을 통하여 형성 혹은 변화된 신념과 태도는 제품의 사결정을 위한 대안평가에 즉각적으로 이용되기도 하고, 자신이 그 정보와 관련된 의사결정을 곧바로 하지 않는 경우에는 기억 속에 저장되었다가 차후에 관련 있는 의사결정을 내리거나 내적 탐색을 할 때 이용되기도 한다.

(1) 노출

정보처리과정은 자극에 노출되는 것으로부터 시작된다. **노출**(exposure)은 우연적 노출과 의도적 노출로 나눌 수 있다. **우연적 노출**(accidental exposure)은 소비자가 의도하지 않은 상태에서 정보에 노출되는 경우이고, **의도적 노출**(intentional exposure)은 문제를 인식한 소비자가 자신의 문제해결과정에서 기억 속에 내재된 정보만으로 충분하지 않을 때 문제해결을 위하여 보다 많은 정보를 외부로부터 찾는 경우를 말한다.

(2) 주의

두 번째 단계인 **주의**(attention)는 자극이나 정보에 관심을 갖고 주목하는 과정인데, 집중과 초점화라는 두 가지 특징을 지닌다. 주의는 정신적인 노력을 필요로 하는 집중이 요구되며, 관심 있는 부분은 주의하고 그렇지 않은 것은 주의하지 않는 선택성이란 초점화를 지니고 있다. 이런 주의의 정도는 개인의 관여도와 같은 심리적 특성뿐만 아니라 자극 자체의 강도나 현저성에 의해서도 영향을 받는다.

(3) 지각

세 번째 단계인 **지각**(perception)은 소비자가 자극에 주의를 하여 자극의 내용을 이해하고 나름대로 의미를 부여하는 과정이다. 동일한 자극에 노출되더라도 지각은 주관적 특성을 지니고 있기 때문에 그 결과가 달라질 수 있다. 이런 지각적 과정은 지각적 조직화와 지각적 해석을 포함한다. 소비자는 **지각적 조직화**(perceptual organization)와 **지각적 해석**(perceptual interpretation)이라는 심리적 기제에 의하여 자극을 지각 · 이해하고, 긍정적 혹은 부정적 태도를 유발할 수 있으며 나름대로 재구성하여 기억 속에 저장한다.

(4) 기억

마지막으로 처리된 정보는 기억 속에 저장되는데, **기억**(memory)은 기존의 여러 정보와 경험 그리고 환경적 영향요인과 새로운 자극으로부터 제공된 여러 정보가 저장되어 있다. 기억 속에 저장된 신념, 태도 혹은 만족 정도가 구매의사결정에 많은 영향을 미치게 된다. 인간의 기억능력의 한계로 인하여 소비자는 일상생활에서 제공되는 수많은 제품 정보 중에서 극히 일부분만을 사용하게 된다. 소비자의 욕구와 부합되거나 특히 인상적이어서 주의가 유발된 제품 정보만이 감각기관을 통과한다. 감각기관을 통하여 외부로부터 유입된 정보는 주로 **단기기억**(short-term memory)에서 처리된다. 단기기억은 처리능력의 한계로 인하여 한 번에 제한된 양의 정보(7±2 유목)만을 처리한다. 유입된 제품 정보는 **장기기억**(long-term memory)으로부터 회상된 정보와 결합하여 단기기억 속에서 처리되고 해석된다. 최종적으로 단기기억에서 처리된 정보는 시연(rehearsal)을 통해 장기기억으로 이전되어 영구히 **지식**(knowledge)으로 저장되게 된다.

2) 소비자 의사결정과정

소비자 의사결정과정(consumer decision making)은 목표지향적인 문제해결과정이다(남승규, 2009; Peter & Olson, 1993). **문제해결과정**(problem solving process)은 ① 문제인식, ② 정보탐색, ③ 대안평가, ④ 구매 행동, ⑤ 구매 후 행동으로 이루어진다(Hawkins, Best, & Coney, 1998). 소비자가 어떤 제품 · 서비스 · 아이디어의 필요성을 느끼는 것이 문제인식 단계이고, 이런 문제를 해결하기 위하여 관련된 정보를 찾는 것이 정보탐색 단계이다. 이렇게 수집된 정보를 소비자가 비교하거나 평가하는 것이 대안평가 단계이고, 그중에서 하나를 선택하여 구매하는 것이 구매 행동 단계이다. 끝으로, 구매 행동 이후에 나타나는 만족이나 부조화를 처리하는 과정이 구매 후 행동 단계가 된다.

(1) 문제인식

소비자 의사결정의 첫 단계인 **문제인식**(problem recognition)은 어떤 시점에서 자신의 현재 상태와 그에 상응하는 바람직한 상태 간에 차이를 느끼게 되면 그 차이를 해소시켜 줄 수 있는 방안이나 수단에 대한 욕구를 갖게 되는 것을 말한다. 문제인식은 욕구와 같은 생리적 반응처럼 내적 요인에 의하여 발생하기도 하지만, 타인의 말이나 광고와 같은 외적 요인에 의하여 자극받아 발생하기도 한다. 그러나 어느 시점에서 필요로 하는 것(needs)이나 원하는 것(wants)을 인식하는 문제인식이 반드시 구매 행동을 유발하지는 않는다. 비록 소비자들이 특정 시점에서 여러 가지 불충족된 필요와 욕구를 갖게 될지라도, 많은 경우에 이것들을 충족시키기 위한 재정적 능력이 없거나 다른 제약요인으로 인하여 구매 행동으로 이어지지 않을 수 있다. 따라서 문제인식은 소비자 구매 행동의 필요조건이지 충분조건은 아니다.

(2) 정보탐색

소비자가 문제를 인식하게 되면, 문제를 해결하기 위하여 다양한 정보를 알아보기 위하여 **정보탐색**(information search)을 하게 되는데, 크게 내적 탐색과 외적 탐색으로 나눌 수 있다. **내적 탐색**(internal search)은 소비자의 기억 속에 내재된 경험이나 정보를 살피는 것이고, **외적 탐색**(external search)은 문제해결을 위한 충분한 정보를 보유하고 있지 않을 때 더 많은 정보를 획득하기 위하여 외부로부터 정보를 찾는 것을 말한다. 일반적으로 정보탐색이란 외적 탐색을 말하는데, 외적 탐색은 외적 정보를 탐색하는 수준에 따라서 일상적 문제해결, 제한적 문제해결, 포괄적 문제해결로 구분할 수 있다.

(3) 대안평가

정보탐색과정과 정보탐색 직후에 선택대안들에 대해 비교하거나 평가하게 되는데, 이를 **대안평가**(alternative evaluation)라 한다. 평가되는 대안들은 제품군(예: 생수, 탄산음료, 이온음료, 과즙음료 등)일 수도 있고, 한 제품군 내의 브랜드(예: 이온음료의 경우에 포카리스웨트, 게토레이, 파워에이드 등)일 수도 있다. 대안의 평가를 위하여 소비자는 먼저 평가준거를 설정하는 과정을 거치는데, **평가준거**(evaluative criteria)란 대안들을 비교하거나 평가하는 데 사용되는 속성들에 대한 명세서로 각 속성에 부여하는 중요도인 가중치를 포함하고 있다.

(4) 구매 행동

소비자는 선택대안들을 비교하거나 평가하는 과정에서 자신의 재정적인 능력에 비추어 가장 마음에 드는 대안에 대한 **구매 의도**(purchase intention)를 갖게 되고 구매를 하게 된다. 구매과정은 특정 브랜드에 대한 구매 결정뿐만 아니라 점포의 선택 및 점포 내의 쇼핑과정 그리고 충동구매나 브랜드 충성도와 같은 특수한 형태의 **구매 행동**(purchasing behavior)이 포함된다. 브랜드 및 점포의 결정과 구매과정에 영향을 미치는 중요한 환경적인 요인이 바로 **상황**(situation)이다.

(5) 구매 후 행동

구매 후 행동(post-purchase behavior)은 크게 소비자 만족과 구매 후 부조화, 불평행동, 재구매 행동 등으로 구분할 수 있다. 흔히 고객만족이라는 말로 더 많이 알려진 **소비자 만족**(consumer satisfaction)은 제품기대와 제품성과 간의 관계로 나타나는

데, 제품 구매나 사용 이후에 소비자가 지각하는 제품성과가 구매 이전의 기대 수준과 같거나 더 큰 경우 자신이 구매한 제품에 대해 만족하게 되지만 그렇지 않은 경우에는 불만족하게 된다. 만족한 경우에는 긍정적인 재구매 의도로 연결되어 **재구매 행동**(repurchase behavior)이 나타나게 된다. 그러나 불만족한 경우에는 부정적 재구매 의도로 연결되어 재구매 행동이 일어나지 않을 것이며, 더 나아가 불매운동과 같은 구체적인 다양한 형태의 **불평행동**(complaining behavior)을 보일 수 있다.

소비자 만족은 소비자 자신의 차기 구매의사결정에 긍정적 혹은 부정적 영향을 미칠 뿐만 아니라, **구전**(word of mouth)에 의해 타인의 구매의사결정에 긍정적 혹은 부정적 영향을 미칠 수 있다. 더불어, 소비자는 자신의 의사결정에 대한 일종의 불안감을 가질 수 있다. 자신이 선택한 대안이 선택하지 않은 다른 대안들보다 더 나은 것인가에 대한 심리적 불안감을 느낄 수 있는데, 이것을 **구매 후 부조화**(postpurchase dissonance)라 한다. 구매 후 부조화는 자신의 의사결정이 얼마나 잘한 것인가에 대한 일종의 의구심이기 때문에 긍정적인 방향으로 해소되면 만족으로 이어지고 그렇지 못한 경우에는 불만족으로 이어지게 된다.

3) 소비자에 영향을 미치는 요인들

소비자의 정보처리과정과 의사결정과정은 다양한 요인에 의하여 영향을 받는다. 그중에서 구체적인 소비활동에 영향을 미치는 요인들은 크게 마케팅 영향요인, 환경적 영향요인, 개인적 영향요인으로 구분할 수 있다.

(1) 마케팅 영향요인

소비자행동에 영향을 미치는 마케팅 영향요인은 간단히 마케팅믹스라 할 수 있다. **마케팅믹스**(marketing mix)란 기업이 표적시장에서 마케팅목표를 추구하는 데 사용할 수 있는 마케팅도구의 집합으로 기업이 외부 환경에 적응하거나 외부 환경을 자사에 유리하게 변화시키기 위해 활용할 수 있는 기업의 통제 가능한 전략적 도구들이다. 통제 가능한 도구인 마케팅믹스는 흔히 4P, 제품(product), 가격(price), 유통(place), 촉진(promotion)을 말하는데, 마케팅믹스는 시장에서의 경쟁력을 확립하기 위하여 일관성을 가지고 상호보완작용을 할 수 있도록 조합된 **통합 마케팅 커뮤니케이션**(integrated marketing communication)을 지향하고 있다.

(2) 환경적 영향요인

소비자행동에 영향을 미치는 환경적 영향요인은 크게 경제적 영향요인, 거시적 영향요인, 그리고 미시적 영향요인으로 구분할 수 있다. **경제적 영향요인**(economic influencer)은 소비활동의 핵심 엔진으로 경제상황과 소득 수준은 소비자행동에 직접적이고 강력한 영향을 미친다. 경제적 어려움은 소비자들의 의사결정과정을 보다 냉정하게 변화시켜서 제품의 가장 본질적인 부분에 충실하면서 비용을 줄일 수 있는 제품에 눈을 돌리게 만든다.

거시적 영향요인(macro influencer)은 문화와 사회계층이다. **문화**(culture)는 사람들이 여러 세대를 거치는 동안 남겨 놓은 사회적 유산이며, 그 사회가 직면하는 환경에 적응하며 살아가는 방식을 반영한다. 문화는 어떤 특별한 사회를 구성하는 사람들의 소비행동 방향을 정하기 위하여 제공되는 학습된 신념, 가치 및 관심사의 총합이라 정의할 수 있다. **사회계층**(social class)은 각 계층의 구성원들이 상대적으로 동일한 지위를 갖도록 한 사회의 구성원들을 독특한 지위계층위계로 구분하는 것이라 정의할 수 있는데, 소비자행동에서 유사한 사회계층은 유사한 소비가치와 소비행동을 보이는 경향이 있다.

미시적 영향요인(micro influencer)은 참조집단과 가족이다. **참조집단**(reference group)은 개인행동에 직접적 또는 간접적인 영향을 미치는 개인이나 집단을 말하는데, 이런 참조집단은 규범과 가치를 제공한다는 점에서 개인의 사고와 행동방식에 결정적인 역할을 하게 된다. **가족**(family)은 개인 소비자의 행동에 가장 중요한 참조집단으로 가족 구성원들은 가족 전체가 소비하거나 사용하는 제품뿐만 아니라 제품의 구매 행동에도 서로 영향을 미친다. 따라서 가족의사결정은 공동으로 이루어지고, 가족 구성원의 역할이 다르게 분담되고, 가족 구성원 간의 갈등을 해소시킬 필요가 있다는 점에서 개인의사결정과는 차이가 있다.

(3) 개인적 영향요인

소비자행동에 영향을 미치는 개인적 영향요인은 소비자의 심리과정에 관련된 심리적 구성개념을 말한다. 심리학에서 관심을 갖는 심리적 구성개념들은 매우 다양한데, 광고 분야와 소비자 분야에 관련된 가장 기본적인 구성요소인 자기개념, 가치, 신념, 태도, 의도 및 행동으로 이루어진 기본 차원과 이런 기본적인 심리적 구성개념에 영향을 미치는 성격, 동기, 지각, 관여, 라이프스타일, 공감과 설득, 신뢰, 희망, 행복 등 다양한 심리적 구성개념을 포함한다.

5. 소비자심리학의 심리적 구성개념

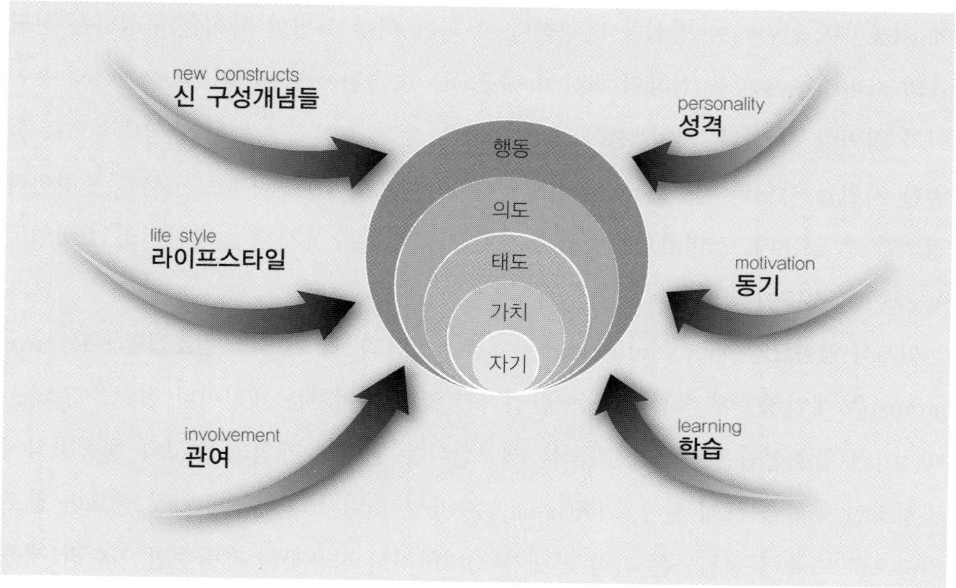

[그림 1-2] 심리적 구성개념들

소비자의 행동과 심리과정에 영향을 미치는 요인들은 매우 다양하다. 소비자를 이해하기 위해서는 크게 정보처리과정과 의사결정과정으로 대별되는 기본 과정과 심리적 영향요인과 환경적 영향요인으로 대별되는 영향요인에 대한 이해가 선행되어야 한다. 특히 [그림 1-2]와 같이 소비자심리학에서 다루는 개인적 영향요인인 심리적 구성개념들을 이해하는 것은 광고 분야와 소비자 분야에 관련된 연구자와 실무자들에게 많은 도움이 될 것이다.

1) 자기개념

광고의 생명은 소비자의 불완전한 자기개념을 일깨워 주는 것이다. 광고는 소비자에게 광고를 통하여 광고된 상품이 '나'를 완성하는 데 도움이 되거나 필요하다는 인식을 심어 주어야 한다. **자기개념**(self-concept)은 개인이 자기 자신을 참조하는 사고와 감정의 전체성으로 자신이 누구이고 어떤 신체적 특성과 심리적 특성을 지닌 존재인가를 총괄하는 자기이미지이다. 소비자는 자기개념과 일치하는 방식으로 행동하며, 소비자들이 자신의 자기개념에 상응하는 상품이나 상점을 선택하는 경향성을 **이미지 일치 가설**(image congruence hypothesis)이라 한다(Onkvisit & Shaw, 1987). 소비자들이 특정 제품을 구매하는 이유는 그것의 기능상의 이점 때문이 아니라 그것의 상징적 가치 때문이다. 제품이 상징적 의미를 지니기 위해서는 가시성, 가변성, 개성의 특성을 지녀야 한다(Holman, 1981). **가시성**은 제품을 구매하고, 소비하고, 처분하는 것이 명백하게 타인들에게 보일 수 있어야 한다는 것이고, **가변성**은 그것을 소유할 수 있는 시간이나 재정상의 자원이 사람들마다 달라야 한다는 것이며, **개성**은 그것의 일반적인 사용자들을 나타낼 수 있는 고정관념적인 이미지가 있어야 한다는 것이다. 이처럼 소비자의 구매 행동은 자기개념과 같은 심리적 요인의 영향을 받아서 사람마다 다를 수 있을 뿐만 아니라 제품이나 상황에 따라 다양한 형태를 보일 수 있다.

광고 분야와 소비자 분야에서 관심 가져야 할 자기개념과 관련된 확장된 심리적 구성개념들을 구체적으로 살펴보면, **자기정체성**(self-identity), **자기존중감**(self-esteem), **자기효능감**(self-efficacy), **자기해석**(self-construal), **자기신뢰**(self-trust), **자기조절**(self-regulation), **자기만족**(self-contentment) 등 자기개념과 관련된 매우 다양한 심리적 구성개념이 존재한다. 이런 구성개념들이 의미하는 바는 소비자 자신이 어떤 심리상태에 놓여 있는가에 따라서 그들이 다르게 행동한다는 것이다.

예를 들어, 히긴스(Higgins, 1997)는 **자기조절초점이론**을 통하여 소비자들이 목표를 달성하기 위하여 자신이 취하는 행동을 스스로 조절할 수 있는데, 향상초점은 이상에 집중하고 예방초점은 의무에 집중한다고 제안하였다. 목표가 이상과 관련되어 있으면 향상초점이 되어 발전, 달성, 열망과 같은 긍정적인 결과를 얻기 위한 방향으로 자신의 행동을 조절한다. 그래서 이득을 달성하고 기회를 잡는 데 집중한다. 반면에 목표가 의무와 관련되어 있으면 예방초점이 되어 책임, 의무, 안전과 같은 부정적인 결과를 피하기 위한 방향으로 자신의 행동을 조절한다. 그래서 실수를 예방하고 손실을 피하는 데 집중한다.

2) 가치

광고는 광고된 상품의 가치뿐만 아니라 소비자가 중요시하는 가치를 약속하거나 제공해야 한다. **가치**(value)는 개인적으로나 사회적으로 선호되는 안정적인 상위신념이다. 가치는 다양한 분야에서 여러 가지 방식으로 사용되어 왔는데, 소비자연구에서도 매우 중요한 개념이다. 가치는 태도와 행동에 중심적인 역할을 하며 소비자 동기의 기초로 작용한다. 특히 유사한 가치를 지닌 사람들은 유사한 선택준거와 최종 행동을 보이며, 가치는 제품군이나 브랜드 간의 선택에도 영향을 미칠 수 있다.

소비자가 특정 제품이나 서비스를 구매하는 이유는 그런 제품과 서비스가 자신의 가치와 관련된 목적을 달성하도록 도움이 준다고 믿기 때문이다. 가치는 개인의 소비활동에 매우 중요한 역할을 하며, 상당 부분의 소비자행동을 일으키는 원인으로 작용하기 때문에, 대부분의 소비자연구들은 가치의 확인 및 측정과 궁극적으로 관련된다고 할 수 있다. 그러나 소비자연구에서 가치라는 개념이 중요함에도 불구하고, 실제적인 연구에는 폭넓게 응용되지 못하였다. 가장 큰 이유 중의 하나는 소비자연구에 활용할 수 없도록 가치를 개념적으로 제대로 정립하지 못하였기 때문이다. 빈슨, 스코트 및 라몬트(Vinson, Scott, & Lamont, 1977)는 그런 문제점을 인식하고 가치를 안전이나 행복과 같은 광범위한 문화적 가치, 편리한 쇼핑이나 신속한 서비스와 같은 소비-구체적 가치, 사용용이성이나 내구성과 같은 제품-구체적 가치로 구별하여 사용할 것을 제안하였다. 또한 가치는 흔히 문화와 관련지어 사용되는데, 호프스테드(Hofstede, 1991)는 가치를 문화의 핵심으로 보며, 어떤 한 상태보다 다른 상태를 선호하는 포괄적인 경향성이라 정의하고 선 대 악, 정상 대 비정상의 형태로 이분화하여 가치를 다룬 반면에, 호킨스, 베스트 및 코니(Hawkins, Best, & Coney, 1998)는 소비자행동과 관련된 문화적 가치를 타인지향 가치, 환경지향 가치, 자기지향 가치로 구분하였다.

개인 수준에서 가치를 체계적으로 연구한 사람은 로키치(Rokeach, 1973)이다. 그는 개인의 가치를 어떤 특정한 행동양식이나 존재의 목적상태가 다른 행동양식들이나 목적상태들보다 선호되는 지속적인 신념으로 정의한다. 그리고 가치를 수단가치와 목적가치로 구분하였다. **수단가치**(instrumental value)는 독립심, 유능성, 책임감과 같이, 목적가치에 도달하기 위하여 개인이 선호하는 행동양식이고, **목적가치**(terminal value)는 가정의 안녕, 자유, 행복과 같이, 개인이 살아가면서 도달하려고 노력하는 존재의 목적상태이다. 이런 가치개념을 소비자연구에 접목시켜 거트먼(Gutman, 1982)의 **수단-목적 연쇄모형**(means-end chains model)을 제안하였는데, 그는 추상성 수준에 입각하여 속성, 결과, 가치가 연결될 수 있다고 보고, 구체적인 속성부터 목적가치까지 연쇄적으로 달성되는 과정을 설명하였다.

가치가 구매 의도와 구매 행동에 영향을 미친다는 것은 여러 연구자에 의하여 실증적으로 검증되었다. 가치는 태도와 행동에 중심적인 역할을 하며 소비자 동기의 기초로 작용하고(Munson, 1985; Pitts & Woodside, 1983), 유사한 가치를 지닌 사람들은 유사한 선택준거와 최종 행동을 보이며 제품군이나 브랜드 간의 선택에 영향을 미칠 수 있다(Howard, 1989). 가치가 행동에 영향을 미치는 이유를 페더(Feather, 1990)는 **기대-가치 모형**에 입각하여 설명하였다. 그는 개인이 지니고 있는 기대란 특정한 상황에서 어떤 행위가 성공적인 성과를 얻을 수 있다는 주관적인 생각인데, 가치가 이러한 기대에 영향을 미치고 유인가라는 것도 개인적인 가치를 반영하기 때문에 행동 의도와 행동에 영향을 미친다고 보았다.

3) 태도

광고의 우선적인 목적 중의 하나는 소비자의 호의적인 태도를 구축하는 것이다. 일반적으로 **태도**(attitude)는 어떤 대상에 대해 일관성 있게 호의적이거나 비호의적으로 반응하려는 학습된 **사전성향**(predisposition)으로 정의하여 사용된다. 태도를 어떤 대상에 대해 전반적이고 지속적으로 갖게 되는 긍정적이거나 부정적인 느낌으로 보는 데 대체로 이론의 여지가 없다. 태도는 넓은 의미에서 어떤 대상의 각 속성별 신념의 총체인 인지적 측면, 그 대상에 대해 전반적으로 갖는 긍정적 · 부정적 감정인 정서적 측면, 그리고 그 대상에 대한 행동성향인 행동적 측면 등의 세 가지 하위 차원으로 구성되는 것으로 개념화하기도 하지만, 좋아함, 싫어함과 같은 정서적 요소만으로 개념화하여 사용되기도 한다. 개념적 정의에 상관없이 소비자의 구매 행동은 소비자의 태도가 어떠한가에 의하여 영향을 받게 된다.

태도는 구매 행동에 직접적인 영향을 미치는 심리적 요인들 중의 하나이며 어떤 특별한 실체에 대한 호오도 정도를 평가하여 표현되는 심리적 경향성(Eagly & Chaiken, 1998)으로 개인의 내적 상태이고, 일정 기간 동안 지속되며, 구매 의도와 관련하여 매우 중요한 개념이다. 예를 들면, 태도와 행동 간의 관계를 설명하는 태도이론들 중 **합리적 행위 이론**(theory of reasoned action)이 있다(Ajzen & Fishbein, 1980). 이 이론에 의하면, 태도는 특정 행동에 참여하려는 의도에 영향을 미치고, 그 의도가 실제 행동에 영향을 미친다. 이 이론을 소비 장면에 적용할 때, 다양한 제품 · 서비스 · 아이디어에 대한 소비자의 태도가 특정 상품의 구매 의도를 일으키며,

이것이 실제 구매 행동으로까지 이어질 수 있다는 것이다.

소비자를 이해하는 데 태도개념이 중요한 이유는 태도의 선택성 때문이다. 태도는 정보처리과정과 의사결정과정에서 선택적으로 영향을 발휘한다. 태도는 자신의 태도와 일치하는 마케팅 자극과 정보에 호의적이도록 정보처리과정을 편향시킨다. 이런 가정의 논리적 근거는 사람들은 자신들에게 이의를 제기하는 정보로부터 자신의 태도를 방어하기 위하여 동기화된다는 것이다. 이런 동기는 사람들이 자신의 태도에 들어맞는 정보에 호의적이게 만들며, 자신의 태도와 일치하는 정보에 호의적인 태도의 선택성은 노출, 주의, 지각, 판단, 기억 등을 포함한 정보처리과정의 모든 단계에서 발생하게 된다. 이런 현상을 **일치성 효과**(congeniality effects)라 한다. 또한 평가가 선택적이라는 것은 보편적인 일이다. 일반적으로 사람들은 자신의 태도와 일치하지 않는 정보를 좋아하지 않고, 그런 정보는 비교적 납득할 수 없으며 타당하지 않다고 생각하여 그런 정보를 거부하고자 노력한다.

소비자의 태도는 경험이나 외부적인 요인에 의해 변화할 수 있다. 태도가 행동의 선행변인이라는 점은 소비자의 행동을 원하는 방향으로 변화를 위해서는 소비자의 태도 변화가 선행되어야 함을 시사한다. 태도 변화는 태도를 구성하는 인지적 요소, 정서적 요소, 행동적 요소에 영향을 미침으로써 얻어질 수 있다(Hawkins et al., 1998). 소비자의 인지적 요소를 변화시킬 때 유용한 네 가지 기본 전략은 '① 신념을 변화시키라, ② 중요도를 바꾸라, ③ 신념을 추가하라, ④ 이상점을 변화시키라' 이다. 자사의 이미지가 소비자에게 환경보호에 대해 관심이 없는 기업으로 여겨진다면, 이런 신념을 변화시키기 위한 환경보호와 관련된 사실과 업적을 알려야 한다. 소비자에게 우수하게 평가되는 속성은 강화시키고 열등하게 평가되는 속성은 약화시킴으로써 핵심 속성의 중요도를 우수 속성으로 이행시킬 필요가 있다. 또한 소주업계에서 여성 모델과 '부드러움'을 내세워 광고하는 것처럼, 소비자에게 완전히 새로운 속성을 제시하여 태도를 변화시킬 수 있다. 소형포장, 친환경적 제조방식과 처리, 재활용품 사용 등을 통하여 이상적인 브랜드에 대한 지각을 변화시켜 태도 변화를 유도할 수 있다.

소비자의 신념이나 행동에 직접적으로 영향을 미치지 않고, 브랜드에 대한 소비자의 호감에 영향을 미칠 수 있다. 브랜드에 대한 호감을 성공적으로 증가시킬 수 있다면, 정적 신념을 증가시킬 수 있고, 나아가 구매 행동을 이끌 수 있다. 태도의 정서적 요소에 직접적으로 영향을 미치기 위하여 사용할 수 있는 접근방법에는 고전적 조건형성, 광고에 대한 태도, 단순노출 등이 있다. 고전적 조건형성은 음악과 같이 표적대상이 좋아하는 자극과 브랜드명을 일관되게 짝지음으로써 음악과 연합된 정적 정서를 브랜드로 전이시키는 것이다. 광고에 대한 태도, 즉 광고에 대한 호감이 브랜드를 좋아할 경향성을 증가시킬 수 있다. 따라서 광고 자체를 소비자에게 호감이 가게 만들어서 브랜드에 대한 태도를 변화시킬 수 있다. 또한 소비자에게 단순히 브랜드를 여러 번 반복해서 제시하는 것은 소비자의 브랜드에 대한 태도를 보다 정적이게 만들 수 있다. 따라서 제품, 서비스, 아이디어가 소비자들에게 친숙해지도록 반복하여 제시할 필요가 있다.

행동이 인지나 정서의 개발에 선행될 수 있다. 예를 들어, 소비자는 다이어트용 청량음료의 맛을 싫어하고, 인공감미료가 건강에 좋지 않다고 생각할 수 있다. 그런데 친구가 권하는 바람에 그 음료를 마시게 되었다. 그 음료를 마셔 봄으로써 맛에 대한 지각이 변화할 수 있고 호감을 이끌 수 있으며, 인지적 요소를 변화시킬 수 있다. 이와 같이 **제품 시행**(product trial)의 결과로 형성된 태도는 강하게 유지되는 경향이 있다(Smith & Swinyard, 1988). 따라서 견본품을 증정하거나 직접적인 시음 혹은 시승과 같은 다양한 방법을 통하여 제품 시행을 늘려야 할 것이다.

4) 성격

사람들은 자신의 성격대로 행동하기 때문에, 광고에 대한 반응도 사람들의 성격에 따라서 달라진다. **성격**(personality)은 환경에 대한 적응이나 일상생활에서 비교적 일관되고 독특하게 나타나는 개인의 행동양식이나 사고방식의 총체적 특징이라 정의된다. 성격은 개인의 환경에 대한 적응을 결정짓는 특징적인 행동방식과 사고양식으로 유사한 상황에 걸친 개인의 특징적인 반응경향성으로 독특성, 연결성, 불변성, 총체성의 특성을 지닌다. **독특성**이란 성격은 개인마다 차이가 있다는 것이며, **연결성**은 모든 성격특성은 각 특성뿐만 아니라 상황과 상호보완적으로 연결되어 있기 때문에 상황마다 성격특성에 따른 행동이 달라질 수 있다는 것이다. **불변성**은 성격을 학습이나 환경에 의해 변화하기도 하지만 고정적인 것으로 본다는 것이며, **총체성**은 성격을 타인과 구별되는 특징적인 모든 품성의 총체로 보는 것이다. 이처럼 성격은 매우 복합적인 개념이기 때문에 하나의 특정한 경우에 근거한 성격의 단일측정으로부터 개인의 행동을 정확하게 예측하리라고 기대하기 어렵지만, 사람들이 보여주는 사고방식과 행동양식을 통하여 성격을 알아볼 수 있고, 미래 행동을 예측할 수 있다.

소비자들은 성격상의 차이에 따라서 동일한 광고에 대하여 다른 구매 의도와 구매 행동을 보일 수 있다. 소비자 영역에서 성격에 대한 연구는 **불안대응방식**(anxiety coping style), **자기감시**(self-monitoring), **독단성**(dogmatism), **혁신성**(innovation), **물질주의**(materialism) 등의 주제로 이루어졌다. 예를 들어, 불안감을 극복하는 방식에 따라 성격을 분류한 CAD 척도를 이용한 연구 결과(남승규, 1999; Cohen, 1967; Noerager, 1979; Woodside & Andress, 1975)에 의하면, 순응형(compliant) 성격의 개인은 타인과 원만한 관계를 이루려는 방식으로 행동하고 사고하는 사람으로 사랑받고 인정받기를 바라는 경향이 강하다. 따라서 다른 사람들이 즐겨 사용하는 유명 브랜드를 선호한다. 공격형(aggressive) 성격의 개인은 타인에 대항하는 방식으로 행동하고 사고하는 사람으로 남들보다 뛰어나려 하고 칭찬을 들으려는 경향이 강하다. 과시적이거나 개성이 강한 제품을 선호할 가능성이 높다. 고립형(detached) 성격의 개인은 타인들로부터 멀리 떨어져 있고자 하는 사람으로 독립적이고 자기충족적이며 자유스러워지려는 경향이 강하다. 따라서 다른 사람들이 선호하지 않거나 즐겨 찾지 않는 제품이나 서비스를 선호할 가능성이 높다. 이런 이탈적 성격은 자기의존적 성격과 유사한데, 자기의존적 성격이 강한 소비자는 브랜드 충성도를 보이지 않고, 다른 브랜드를 구매할 가능성이 더 많았다.

5) 동기

광고를 통해 소비자들을 움직이게 만들려면 반드시 소비자의 동기를 이해하고, 확인된 동기를 자극하고 유발시켜야 한다. 왜냐하면 동기는 사람들을 움직이는 힘이기 때문이다. **동기**(motivation)는 어떤 행동의 원인이 되는 것으로, 그 행동의 방향과 강도를 결정하고, 그 행동의 지속성을 유지시켜 주는 내적인 구성개념으로 정의된다. 다시 말해서, 동기란 어떤 행동이 나타나게 되는 이유이고, 나타난 행동이 특정한 방향과 강도를 지니도록 만들며, 그 행동이 일관성을 유지하도록 하는 것이다. 이때 행동은 '마지못해서' 하는 타의적인 것이 아니라 '기꺼이' 하는 자의적안 것이어야 한다. 소비 장면에서 나타나는 소비자행동은 그 저변에 깔려 있는 동기가 무엇인가에 따라서 달라진다. 따라서 소비자의 동기를 파악하는 것은 소비자행동을 이해하는 데 매우 중요한 필요조건이다.

동기에 대한 이론은 크게 내용이론과 과정이론으로 구분할 수 있다(남승규, 1999, 2009). **동기의 내용이론**(content theory)은 욕구위계이론이나 성취동기이론처럼 동기가 유발되는 요인과 원인을 알아보는 이론들이고, **동기의 과정이론**(process theory)은 기대이론이나 형평이론처럼 동기가 유발되는 과정이나 단계를 설명하는 이론들이다. 예를 들어, 매슬로(Maslow, 1970)의 **욕구위계이론**(need-hierarchy theory)은 세 가지 기본 가정을 전제로 이루어져 있다. 첫 번째 가정은 결핍원리이다. 인간은 특수한 형태의 충족되지 못한 욕구들을 만족시키기 위하여 동기화되어 있다고 가정한다. 이 욕구들 가운데 개인별로 충분히 충족되지 못한 욕구들이 긴장을 유발한다. 긴장이 유발되면 인간은 긴장을 감소시킴으로써 내적 평형상태를 회복하고자 행동하게 된다. 그러나 일단 그 욕구가 충족되면 이 욕구는 더 이상 동기로서 힘을 발휘하지 못하게 된다. 두 번째 가정은 위계원리이다. 비록 사람에 따라서 차이가 있지만, 대부분의 사람들이 추구하는 욕구들은 몇 개의 공통된 범주로 나눌 수 있다. 이 보편적인 공통된 욕구들은 충족되어야 할 심리적 발달수준에 따라서 순서대로 위계적 형태로 계열화되어 있다고 주장한다. 그러므로 낮은 수준의 욕구가 충족되면 한

번에 한 계층씩 상승하여 바로 이웃한 상위 위계의 욕구를 충족시키기 위하여 동기화된다고 주장한다. 인간이 충족시키고자 추구하는 욕구들은 ① 생리적 욕구, ② 안전 욕구, ③ 사회적 욕구(애정 및 소속감 욕구), ④ 존경의 욕구, ⑤ 인지적 욕구, ⑥ 심미적 욕구 및 ⑦ 자기실현 욕구로 분류된다. 세 번째 가정은 전진원리이다. 욕구 충족은 하위 욕구의 충족부터 충족되고 상위 욕구가 충족되는 식으로 하위 욕구부터 상위 욕구까지 순차적으로 앞으로 진행되어 나간다는 것이다.

이 이론의 핵심인 결핍원리와 위계원리를 광고와 연결시켜 보면 앞으로 취해야 할 방향이 정해진다. 그 방향의 핵심은 이미 충족된 욕구에 매달리지 말고 상위 욕구를 자극해 주어야 한다는 것이다. 예를 들어, 음료의 경우에 기본적인 효익은 갈증 해소이다. 그러나 이미 소비자가 추구하는 갈증과 같은 생리적 욕구가 충족되었다면, 음료의 기본적인 기능이 생리적 욕구의 충족이지만, 그 위의 상위 욕구를 자극해야만 된다는 것이다. 왜냐하면 사람들은 이미 충족된 욕구에 의해서는 움직이지 않기 때문이다. 맥주를 광고하면서 갈증 해소를 강조하거나 아파트를 광고하면서 안전을 강조한다면, 아마도 매슬로는 허튼짓이라고 말할 것이다.

6) 학습

소비생활과 관련하여 유형적인 **소유**(possession)뿐만 아니라 무형적인 **경험**(experience)의 중요성이 강조되고 있는데, 경험을 설명하는 심리적 구성개념이 학습이다. **학습**(learning)은 개인의 반복적인 연습이나 훈련 혹은 직 · 간접적인 경험에 의해 이루어진 비교적 지속적인 행동의 변화로 정의된다. 이런 정의는 다음과 같이 4가지 특성을 지닌다. 첫째, 학습이란 행동의 변화를 말한다. 여기서 행동의 변화란 행동잠재력의 변화까지 포함하기 때문에 성격, 태도, 동기, 의도의 변화까지를 포함하는 것이다. 둘째, 학습은 지속적인 변화이기 때문에 일시적인 행동상의 변화는 학습이 아니다. 셋째, 학습은 당사자의 경험이나 연습에 의한 것이어야지 신체적 발육과정에서 나타난 성숙이나 행동 변화 등은 포함하지 않는다. 끝으로, 학습은 행동의 변화이기 때문에 학습 전의 행동과 학습 후의 행동을 비교함으로써 학습의 양과 질을 추론할 수 있다. 이런 특성을 지니는 학습의 결과에 따라서 소비자의 구매 행동은 직 · 간접적인 영향을 받게 된다.

학습이 일어나는 심리적 기제는 **연합**(association), **강화**(reinforcement), **모델링**(modeling) 등을 통하여 설명할 수 있다(남승규, 1999, 2009). 예를 들어, 연합에 기초한 고전적 조건형성이 일어나기 위해서는 무조건 반응을 일으키는 **무조건 자극**(Unconditioned Stimulus: US), 생득적이고 선천적인 지속반응인 **무조건 반응**(Unconditioned Response: UR), 무조건 자극과 반복하여 짝지어져 무조건 자극의 역할을 하는 중립자극인 **조건 자극**(Conditioned Stimulus: CS), 무조건 반응과 유사하나 조건 자극에 의하여 나타나는 반응인 **조건 반응**(Conditioned Response: CR)의 관계를 활용하는 것이다. 다시 말하면, 원래는 아무런 반응도 일으키지 않는 중립적인 자극인 조건 자극(예: 종소리, 제품, 브랜드, 기업 등)과 생득적 반응을 유발시키는 무조건 자극(예: 음식, 인기 연예인, 멋진 풍경, 좋아하는 음악 등)을 짝지어서 반복적으로 제시하다 보면 무조건 자극과 조건 자극 간의 연합관계가 생겨나게 된다. 이 결과로 무조건 자극에 의해서만 나타나던 반응이 조건 자극에 의해서도 나타나게 될 때 이것을 조건형성되었다고 한다. 예를 들어, '산소 같은 여자'라는 광고문구로 유명한 마몽드 광고는 이영애의 깨끗함과 마몽드라는 광고상품이 연합된 결과물이다. 고전적 조건형성을 효과적으로 확립시키기 위해서는 조건 자극이 무조건 자극보다 시간상으로 선행하여야 하고, 조건 자극의 출현이 무조건 자극의 출현을 예견할 수 있어야 한다.

7) 관여

광고의 설득 효과를 제고하기 위해서는 소비자의 관여수준을 살펴야 한다. **관여**(involvement)는 주어진 상황에서 특정 대상에 대한 개인의 **지각된 중요성**(perceived importance) 혹은 주어진 상황에서 특정 대상에 대한 개인의 **지각된 관련성**(perceived relevance)으로 정의된다. 관여는 1965년에 크루그먼(Krugman)에 의하여 소개된 이래로 많은 연구가 이루어졌다. 소비자의 관여 정도에 따라서 정보처리과정과 의사결정과정 및 태도형성과정을 포함한 다양한 소비자의 행동에서 상당히 차이가 나타날 수 있다.

관여의 결정요인에는 개인요인, 제품요인, 상황요인이 있다. 첫째, 개인에 따라 **관여도**가 다를 수 있다. 동일한 제품에 대해서도 개인마다 그 중요도나 관련성이 다르기 때문에 관여도가 달라진다. 일반적으로 소비자는 자신의 중요한 욕구와 가치를 충족시키는 제품 · 서비스 · 아이디어에 높게 관여된다. 개인적 중요성이나 관련성에 의한 관여는 지속적으로 나타나기 때문에 **지속적 관여**(enduring involvement)라 한다. 둘째, 제품에 따라 관여도가 다를 수 있는데, 이를 **제품관여**(product involvement)라 한다. 소비자는 제품과 관련해서 지각된 위험을 높은 수준으로 느끼게 될 때 그 제품에 보다 높게 관여된다. **지각된 위험**(perceived risk)이란 제품의 구매 · 사용에 의하여 초래될 수 있는 예기치 않은 결과에 대한 불안감을 말한다. 지각된 위험은 신체적 위험(physical risk), 성능적 위험(performance risk), 심리적 위험(psychological risk), 사회적 위험(social risk), 재무적 위험(financial risk), 시간손실 위험(time loss risk)을 포함하여 크게 6가지로 나눌 수 있다. 끝으로, 상황에 따라 관여도는 다를 수 있다. 상황적 요인 때문에 어떤 대상에 대하여 일시적으로 발생하는 관여이기 때문에 이를 **상황관여**(situational involvement)라 한다.

관여수준에 따라서 정보처리과정에 차이가 생긴다. 관여의 중요성을 강조한 페티와 카시오포(Petty & Cacioppo, 1981)의 **정교화 가능성 모델**(elaboration likelihood model)에 의하면, 정교화 가능성에 따라서 정보처리가 달라진다. 정교화란 사람들이 설득 커뮤니케이션 과정에 포함되는 메시지와 관련된 주장을 깊게 생각하는 정도를 말하는데, 관여도가 높으면 정교화 가능성이 높아져서 제품 성능처럼 중요한 상품 속성에 집중하는 중심경로를 따르는 반면에, 관여도가 낮으면 정교화 가능성이 낮아져서 광고 모델처럼 중요하지 않은 상품 외 속성에 집중하는 주변경로를 따른다.

8) 라이프스타일

광고는 사람들의 라이프스타일에 초점을 맞추어서 기획되고 제작될 수 있다. 또한 광고를 통하여 새로운 라이프스타일을 만들 수도 있다. 라이프스타일(life style)은 사람들이 살아가는 방식을 말한다. 보다 구체적으로 말하자면, 사람들이 자신의 돈과 시간을 어떻게 소비하는가, 주위 환경에 특별히 중요하게 고려하는 것은 무엇인가, 그리고 자신과 주위 세계에 대한 생각은 무엇인가 등 소비자가 어떤 활동을 즐기며, 무엇에 관심이 있으며, 어떤 의견을 지니고 있는가를 포괄하는 것이다. 이런 라이프스타일은 소비자의 동기, 사전학습, 사회계층, 인구통계학적 특성 등의 함수로 나타나며, 소비자 개인의 가치를 반영하기 때문에, 소비자의 구매 행동은 사람들이 취하는 라이프스타일에 따라서 매우 다르게 나타날 수 있지만, 소비자의 삶 전반에 대한 깊은 이해 없이는 변화무쌍한 소비자 욕구를 경쟁사보다 한발 먼저 알아채기 위하여 소비자의 '사는 방식(way of buying)'만이 아니라 '사는 방식(way of living)'까지도 고려해야 한다.

사람들이 소비를 하는 것은 행복하기 때문이다(남승규, 2012, 2014, 2017). 오늘의 소비자들은 솔루션과 단순함만을 원하지 않는다. 그들은 자신들이 '사람'으로 보이기를 원하고, '독립된 개인'으로 대접하는 명확함과 거래의 응집력을 원한다. 오늘의 소비자는 만족스럽고 행복한 삶을 지향하고, 원하는 것을 구체적으로 요청과 요구를 할 수 있는 능력 있는 **참여형 소비자**(prosumer) 또는 **행동형 소비자**(proactive consumer)이다. 더불어, 오늘의 소비자들은 자신의 고집대로 하기를 원한다. 현실에서 사람들이 매일 변하듯 그들의 방식이 변한다면, 서비스 · 기업 · 브랜드가 그들과 함께 변하기를 원한다. 따라서 소비자들이 원하는 행복을 마음껏 누릴 수 있도록 광고도 변화하는 소비자의 라이프스타일에 발맞추어야 한다.

9) 새로운 심리적 구성개념들

심리학적 연구가 광범위하면서도 깊이 있게 진행되면서 광고 분야에서 유용할 새로운 심리적 구성개념들이 많이 제안되고 있는데, 그중에서 공감과 신뢰를 살펴보고자 한다. 광고는 소비자의 공감과 설득을 이끌어 내야 한다. 소비자의 마음을 움직이고, 태도를 변화시키며, 구매 행동을 이끌어 내고자 한다면, 광고에 어떤 정보를 담고 광고를 얼마나 창의적으로 만드는가도 중요하지만, 무엇보다도 소비자에게서 공감과 설득을 이끌어 내는 것이 필요하다. 실제로 광고반응평가 차원에 기초한 광고효과 전략에 대한 연구(남승규, 2011)에 의하면, 정보 차원, 창의 차원, 설득 차원, 공감 차원을 포함하는 광고반응평가 차원의 상대적 중요도는 공감 차원과 설득 차원이 정보 차원과 창의 차원보다 더 높게 나타났다.

(1) 공감

광고 분야에서 공감과 설득이 매우 중요한 개념이라는 것은 누구나 다 알고 있는 사실이다. 일반적으로 사람들은 설득력 있는 것과 자신이 공감하는 것에 대하여 매우 호의적이고 긍정적인 반응을 보인다. 공감에 대한 이론적 연구에서 남승규(2010)는 공감을 "체험에 기반을 둔 인지적, 정서적, 행동적 공유"라고 정의하면서, 공감은 무엇인가를 서로가 함께 공유하는 과정이 반드시 필요하다고 보았다. 설득이라는 것도 서로가 무엇인가를 함께 공유하는 과정이 포함되어 있다. 이런 측면에서 설득과 공감은 공유(sharing)를 기반으로 이루어지는 심리적 과정이라고 볼 수 있다.

(2) 신뢰

믿을 수 있는 광고, 광고의 힘은 신뢰에서 생겨난다. 나아가 광고는 기업의 신뢰를 회복하고 재건하는 데 중심적인 역할을 해야 한다. 무엇인가를 함께 공유한다는 것은 적어도 두 명 이상의 사람이 관련되게 되고, 원활한 소통과 문제해결을 위해서는 인간관계를 포함하여 생산자와 소비자, 기업과 고객, 사업가와 종업원, 정부와 국민처럼 이자관계 이상의 다양한 관계에서는 기본적으로 '신뢰'라는 것이 필요하다. 신뢰를 제대로 이해하기 위해서는 적어도 4가지 측면을 고려해야 한다(남윤주, 남승규, 2019). 신뢰는 타인신뢰, 조직신뢰, 고객신뢰, 자기신뢰를 포함하여 적어도 4개의 차원으로 구성되어 있다. **타인신뢰**(trust to others)는 상식수준에서 논의되는 신뢰로 타인과 사회에 대한 믿음으로 정의할 수 있고, **조직신뢰**(trust to organization)는 구성원들이 조직에 대해 갖고 있는 믿음이며, **고객신뢰**(customer trust)는 고객이 기업과 브랜드에 대해 갖고 있는 믿음이다. **자기신뢰**(self-trust)는 자기 자신에 대한 믿음을 말한다. ■

제2장

감각과 지각

부수현(경상대학교 심리학과 교수)

1. 감각에 대한 이해
2. 감각능력의 한계와 시사점
3. 지각에 대한 이해

◈◇◈

광고가 소비자들에게 어떤 효과를 일으키려면, 무엇보다 먼저 소비자들이 그 광고를 보고 듣고 느껴야만 한다. 감각과 지각은 사람들이 어떤 대상을 보고 듣고 느끼는 과정을 말한다. 따라서 소비자의 감각과 지각과정에 대한 이해는 광고를 공부하고 연구하는 데, 그리고 더 효과적인 광고를 기획 · 제작 · 집행하는 데 필수적이다. 하지만 문제는 우리가 매 순간 세상을 보고 듣고 느끼는 데 별다른 어려움이 없기 때문에, 종종 감각과 지각의 중요성을 간과한다는 데 있다. 또한 감각과 지각과정이 매우 빠르고 자동적으로 이루어지기 때문에, 많은 사람이 우리의 인지적 능력이 매우 뛰어나고 정확하다고 생각한다. 하지만 이것은 착각에 불과하다.

이 장의 기본적인 목적은 인간이 세상을 보고 듣고 느끼는 감각과 지각과정에 대한 핵심적인 이론과 원리, 그리고 그 안에 숨어 있는 심리적 기제를 소개하는 것이다. 이를 토대로 소비자(혹은 수용자)들이 광고를 어떻게 보고 듣고 느끼는지, 광고효과를 높이는 데 이러한 지식을 어떻게 활용할 수 있는지에 대한 구체적인 시사점을 제공해 보려고 한다.

1. 감각에 대한 이해

감각(sensation)이란 어떤 대상의 물리적 자극(혹은 정보)을 인간의 감각기관 및 신경계를 통해 처리하는 과정에서 발생하는 것으로, 그 대상에 관한 의식적인 경험 또는 심리적 반응을 말한다. 예를 들어, 샤워하는 상황에서 물이 피부에 닿았을 때, 그

물의 온도가 '따뜻하다' 혹은 '차갑다'를 느끼는 것을 말한다. 이러한 경험(또는 반응)이 매우 빠르게 이루어지기 때문에, 피부에서 바로 물의 온도를 느끼는 것 같지만, 피부로 입력된 정보가 신경계를 통해 두뇌까지 전달되어야만 감각을 경험할 수 있다. 예를 들어, 마비(paralysis)와 같이 특정 부위의 신경계가 손상된 사람의 경우, 그 부위에서 접하는 감각경험이 발생하지 않는다.

또한 **감각경험**이 물리적 자극에 전적으로 의존하여 발생하는 것처럼 생각하기 쉽지만, 심리적 혹은 정신적 정보처리과정과 상호작용을 한다는 견해가 우세하다. 예를 들어, 우리가 언제나 물의 온도에 대해 똑같은 감각경험을 하는 것은 아니다. 같은 온도의 물일지라도, 어떤 상황에서는 '차갑게' 느끼지만, 다른 상황에서는 '시원하게' 느낄 수 있다. 더 나아가, 사람들이 이전에 경험했던 것에 따라서도 같은 온도의 물을 서로 다르게 느낄 수 있다. 예를 들어, 사우나를 좋아하는 사람들은 종종 뜨거운 물을 '시원하다'고 느낀다. 이와 같은 맥락에서 '매운맛'도 사람마다 다른 감각경험을 일으킨다. 어떤 사람에게는 별미인 것이, 다른 사람에게는 고통스러운 감각경험이 될 수 있다. 홍어회나 청국장의 예도 마찬가지이다. '맛을 모르는' 사람들에게는 단지 혐오스러운 감각경험일 뿐이다. 더욱이 미각과 후각은 둘 다 화학적인 자극(혹은 정보)을 처리하는 것으로 상호연결된 감각이지만, 시각은 별개의 감각으로 작용한다. 예를 들면, 번데기는 생김새(즉, 시각자극) 때문에 맛이 역겹게 느껴질 수 있다. 반대로 똑같은 음식이라도 접시에 예쁘게 담긴 음식이 더 맛있게 느껴질 수 있다. 즉, 보이는 것이 맛을 경험하는 데 영향을 미치며, 이것은 감각이 입력된 물리적 자극을 수동적으로 처리하는 것이 아니라, 정신적(혹은 심리적) 과정을 동반하여 주관적으로 경험한다는 것을 의미한다.

정리하자면, **감각**은 외부 환경의 물리적 자극을 감각기관을 통해 입력하고 신경계에서 처리하는 것이지만, 최종적인 감각경험은 두뇌에서 이루어지며, 이 과정에서 입력된 물리적 자극과 그에 대한 정신적(혹은 심리적) 처리가 상호작용한다. 따라서 인간의 감각경험을 이해하기 위해서는 자극의 물리적 특성과 이것을 처리하는 신경계의 생리적 기제, 그리고 특정한 반응을 유발하는 심리적 처리과정을 종합적으로

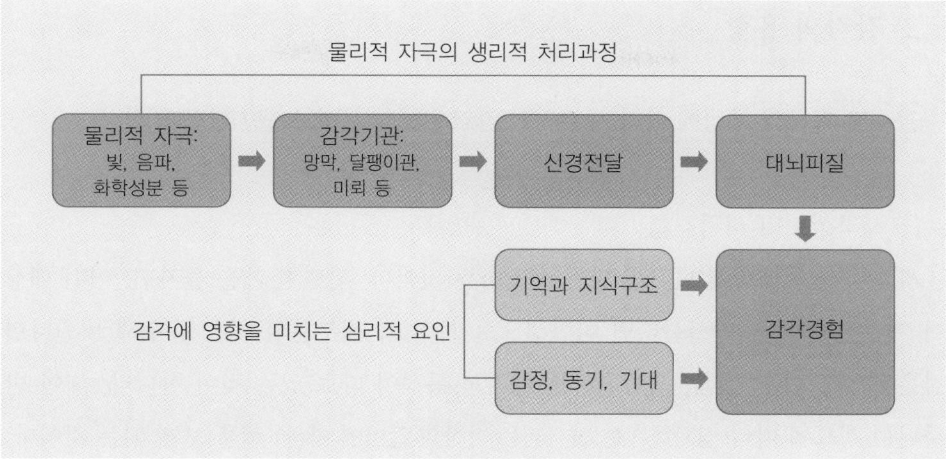

[그림 2-1] 감각경험의 처리과정

살펴볼 필요가 있다.

1) 감각의 특성

감각은 실제로 존재하는 물리적 자극에 대한 반응이다. 때때로 실제로 존재하지 않는 가상의 자극에 대하여 감각과 유사한 반응을 보일 수도 있지만, 그것은 **환각**(hallucination)에 불과하다. 감각의 가장 기초적인 과정은 물리적 자극(정보)을 생리적 시스템으로 처리하는 것이다. 이것으로부터 다음과 같은 2가지 특성을 정리할 수 있다. 첫째, 서로 다른 물리적 자극에 대응하는 감각기관이 분화되어 있고, 이것을 기준으로 감각의 유형을 구분한다. 시각, 청각, 후각, 미각, 촉각이 바로 그것이다. 둘째, 감각은 인간의 생리적 구조에 근거하는 것이기 때문에, 제한적인 범위 내에서 제한적인 능력을 발휘한다. 아마도 많은 사람이 일상생활을 하면서 무언가를 보고, 듣고, 느끼는 데 한계(혹은 부족함)를 느끼지 못하겠지만, 인간의 감각은 생물학적 한계를 가지고 있다. 단적인 예로, 우리보다 뛰어난 감각을 가진 동물은 수도 없이 많다.

2) 감각의 유형

물리적 자극의 특성에 따라 세부적인 감각유형을 살펴보자면 다음과 같다.

(1) 시각정보와 시각경험

시각은 어떤 대상에 반사된 빛을 처리하는 것이다. 간단한 예를 들자면, 어떤 대상이 대부분의 빛을 반사한다면 하얀색으로 보이고, 대부분의 빛을 흡수해 버린다면 검은색으로 보인다. 즉, 색깔이라는 물리적 특성이 따로 있는 것이 아니라, 빛이 반사되는 정도에 따라(정확하게는 반사되는 파장의 길이에 따라) 색을 보게 되는 것이다. 이러한 시각정보는 눈의 망막에 있는 광(光)수용기가 입수하며, 입력된 시각정보는 시신경을 따라 시상을 거쳐 두뇌(후두엽)의 1차 시각피질로 전달된다. 이후 두뇌에서 빠르게 진행되는 복합적인 처리과정을 거쳐, 어떤 대상의 형태와 크기, 색깔, 그리고 위치(즉, 나와 떨어져 있는 공간적 거리)와 움직임을 느끼게 된다. 특히 어떤 대상의 위치를 파악하는 데 있어서 눈이 두 개인 것이 훨씬 유리하다. 물론, 한쪽 눈만으로도 대상의 크기, 겹침, 밀도 등과 같은 기하학적 요소에 의해 위치를 파악할 수 있지만, 양쪽 눈이 서로 떨어져 있기 때문에 대상의 위치에 따라 양쪽 눈에 맺히는 상의 일치도가 달라지며, 이러한 정보가 그 대상의 위치를 판단하는 데 도움[1]을 준다.

시각은 인간이 일상생활에서 가장 많이 활용하는 감각이자 가장 의존하는 감각이기도 하다. 따라서 여러 유형의 감각 중에서 가장 먼저 그리고 가장 많이 연구되었다. 광고 및 마케팅의 영역에서도 시각자극은 매우 오래전부터 중요하게 다루어져 왔다. 간판과 로고, 제품의 형태나 디자인, 포장에 사용되는 도안이나 색, 심지어 매장을 디자인하는 것에 이르기까지, 소비자의 관심과 주의를 끌고, 선택을 유발하기 위해, 다양한 시각자극이 매우 적극적으로 활용되고 있다. 이에 관한 구체적인 내용

---

1 선뜻 이해하기 어렵다면, 볼펜을 눈앞에 들어 한쪽 눈을 번갈아 가며 감아 보라. 볼펜을 좀 더 가까이 들어 보고, 좀 더 멀리 들어 보라. 눈으로부터 어느 정도 떨어졌을 때 볼펜의 좌 · 우상이 일치하지만, 그 지점으로부터 가까워질수록(혹은 멀어질수록) 불일치가 커지게 된다.

은 차후에 더 자세하게 설명할 것이다.

(2) 청각정보와 청각경험

청각은 공기의 파동(즉, 음파)을 처리하는 것이다. 먼저, 고막은 음파를 증폭시키는 역할을 하고, 이렇게 증폭된 음파가 달팽이관에 있는 유모세포에 입력된 뒤, 신경전달을 통해 시상을 거쳐 두뇌(측두엽)의 1차 청각피질로 전해진다. 청각 역시 시각과 마찬가지로 매우 빠르게 이루어지는 복합적 처리과정을 통해 감각경험을 이루어 낸다.

청각이 광고 및 마케팅에서 중요하게 다루어지는 이유는 다음과 같다, 첫째, 청각은 시각보다 기억하기가 쉽다. 예를 들어, 어떤 영화의 한 장면을 기억하는 것보다 그 장면에서 흘러나온 배경음악의 멜로디를 기억하는 것이 더 쉽고 더 정확하다. 구체적으로, **시각적 잔상**(iconic memory)보다 **청각적 잔향**(echoic trace)이 더 길기 때문이며, 순간적인 정보를 더 오랫동안 보유하려는 **유지 시연**(maintenance rehearsal)을 하는 데도 음운이 도움을 주기 때문이다. 이를 활용하여 많은 브랜드가 **징글**(jingle)[2]을 사용하여 브랜드의 정체성이나 이미지를 각인시키려고 하며, 광고의 내용을 기억하기 쉽게 만들기 위하여 노래(commercial song)를 제작하기도 한다.

둘째, 청각은 그것과 연합된 감정반응을 유발하기 쉽다. 즉, 청각정보는 기억하기 쉬울 뿐만 아니라, 이전에 경험했던 것(즉, 기억)으로부터 정보를 꺼내오기 쉽게 만드는 인출 단서의 역할도 한다. 대표적인 예로, 영화나 드라마, 심지어 광고의 배경음악이 어떤 사건이나 장면으로부터 유발되었던 감정을 꺼내오는 것을 들 수 있다. 또한 강렬한 비트의 경쾌한 음악은 생리적 각성을 유도하며, 느린 템포(tempo)의 조화로운 음악은 긴장을 완화하는 효과를 보인다. 즉, 음악과 같은 청각정보가 생리적(혹은 감정적) 반응을 유도하는 것이다. 이를 활용하여 대형할인 매장, 패스트푸드점, 테마파크와 같은 공간에서는 빠르고 경쾌한 음악을 사용하여 소비를 촉진시키

2 '음운이 잘 맞는 시구'의 의미, 광고에서 브랜드 로고와 함께 제시하는 짧은 구절의 멜로디를 제시하는 것을 가리키는 용어이다. 대표적인 예로, 인텔 로고와 함께 제시되는 멜로디를 들 수 있다.

려고 하며, 소비자의 긴장을 완화시켜야 할 필요가 있는 곳(예: 병원이나 서비스업체, 대기실이나 엘리베이터 등)에서는 편안함을 유발하는 음악을 사용한다.

(3) 화학적 감각과 촉각

후각과 **미각**은 서로 다른 감각기관을 통해 경험하는 감각이지만, 둘 다 화학성분을 처리하는 것이기 때문에, 자극의 물리적 특성은 같다. 먼저, 후각은 특정 물질에서부터 확산되어 나온 화학분자가 비강(콧구멍) 위쪽 점막에 있는 후상피를 자극하여 감지하게 된다. 후각의 강도는 물질의 농도와 그 물질이 후상피 위를 흐르는 속도에 따라 결정된다. 즉, 냄새의 원인이 되는 대상에 가까워질수록, 그리고 그 대상으로부터 특정한 화학물질이 빠르게 확산될수록 더 강한 냄새를 맡게 된다. 후각에서 흥미로운 점은 매우 민감한 감각인 동시에 빠르게 둔감해진다는 것이다. 구체적으로, 후각은 다른 감각과 달리 시상을 거치지 않고 곧바로 **후각피질**(pyriform cortex)로 전달된다. 따라서 더 빠르게 처리되며, 자극에 대하여 더 빠르게 반응할 수 있다. 하지만 후각은 **감각 순응**(sensory adaptation) 역시 빠르다. 즉, 어떤 냄새를 맡게 되었고, 그 냄새가 지속적으로 유지될 때, 우리는 그 자극에 빠르게 적응하여 그 냄새를 더 이상 맡지 못한다. 예를 들어, 김치찌개를 배달시켜 막 받았을 때, 그 냄새를 바로 지각할 수 있지만, 조금 뒤에는 처음 느꼈던 그 냄새를 더 이상 맡을 수가 없다. 그렇다고 해서 후세포가 둔해진 것은 아니다. 같은 공간에 있는 다른 냄새(예: 커피향)는 얼마든지 새롭게 느낄 수 있기 때문이다. 이와 같은 특징은 후각이 언제나 새로운 냄새를 맡을 수 있도록 준비되어 있음을 의미한다.

다음으로, 미각은 타액에 의해 용해된 음식물의 화학성분이 혀의 미뢰(미관)에 있는 수용기에 입력되고, 이후 여러 유형 및 경로의 신경세포를 통해 전달된 정보가 대뇌피질에서 분석됨으로써 느끼게 되는 감각이다. 혀의 위치에 따라 서로 다른 맛을 느낀다는 설이 있지만, 경험적으로 명확하게 검증된 것은 아니며, 후각정보뿐만 아니라 시각정보까지 미각경험에 영향을 미칠 수 있다. 하지만 인간을 대상으로 한 미각 연구가 어려울 뿐만 아니라, 화학성분의 농도를 정교하게 구성하기 어렵기 때문에, 인간의 미각에 대해서 우리가 알고 있는 것은 그리 많지 않다.

마지막으로, 촉각은 외부의 압력이나 온도와 같은 물리적 정보를 피부에 있는 **촉각 소체**(tactile corpuscle)를 통해 입수하고, 이를 처리하여 느끼는 감각을 말한다. 세부적으로, 몇 가지 유형의 촉각 소체가 존재하는데, 압력이나 온도를 느끼는 촉각 소체가 쉽게 감각 순응되는 것에 비하여, 어떤 물체에 닿았다는 것을 느끼게 하는 촉각 소체의 경우는 언제나 예민하게 느끼도록 되어 있다. 덧붙여, 촉각은 특정 부위의 통증을 인식하는 데 도움을 준다. 구체적으로 통증이 대뇌피질로 전달되는 속도에 비해, 촉각이 전달되는 속도가 훨씬 빠르다. 예를 들어, 종이에 베인 촉각을 먼저 느끼고 나서 한참 뒤에야 통증을 느낄 수 있다. 즉, 통증을 느끼기 전에 촉각이 더 빠르게 대응할 수 있도록 해 주는 것이다. 이와 정반대로, 안전함이나 편안함과 같은 긍정적 감각경험을 느끼는 데에도 촉각이 도움을 준다. 일반적으로 인간은 부드럽고, 폭신하고, 따듯한 물체를 자동적으로 선호하며, 촉각이 이러한 대상을 빠르게 식별할 수 있도록 해 준다.

최근에 광고 및 마케팅 장면에서 후각, 미각, 촉각을 적극적으로 활용해 보려는 시도가 늘고 있다. 대표적인 예로 **향기 마케팅**을 들 수 있다. 화장품이나 향수를 광고할 때, 향기 샘플을 붙여 후각을 자극하거나, 매장의 분위기 및 이미지를 관리하는 차원에서 특정한 향기를 나도록 하는 것 등이 이에 해당한다. 미각의 경우에는 식음료 제품군에서 제품 차별화의 중요한 요소가 된다. 다른 경쟁 제품과 명확하게 구분되면서도 소비자가 선호하는 맛의 제품을 개발하는 것은 시장에서의 성공을 보장하는 것이다. 광고에서 소비자의 미각을 직접 유발하는 것은 어렵다. 하지만 시각과 청각자극 때로는 후각자극을 활용하여 소비자의 미각경험을 유발하려는 노력은 계속되고 있다. 마지막으로, 촉각을 활용한 마케팅으로는 전자제품이나 자동차 브랜드의 **체험형 공간**(매장)을 들 수 있다. 그 외에도 판촉물에 제품 재질의 일부를 직접 만져 볼 수 있도록 제공하거나, 구매접점에 설치된 체험형 광고물도 촉각을 활용한 마케팅 사례이다.

2. 감각능력의 한계와 시사점

우리가 모든 것을 보거나 들을 수 있는 것은 아니다. 예를 들어, 우리가 볼 수 있는 **광선**(빛의 파장)은 빨간색에서부터 보라색까지이다. 빨간색보다 긴 파장의 빛을 **적외선**(infrared ray)이라고 하며, 보라색보다 짧은 파장의 빛을 **자외선**(ultraviolet ray)이라고 한다. 적외선과 자외선은 물리적으로 분명히 존재하는 빛이지만, 우리의 눈으로는 볼 수가 없다. 소리도 마찬가지이다. 우리는 제한적인 범위의 음파만 들을 수 있고, 돌고래의 고주파 울음소리나 코끼리의 저주파 울음소리는 들을 수가 없다.

1) 역치와 탐지

어떤 물리적 자극이 존재함을 느끼는 것을 **탐지**(detection)라 한다. 앞서 예를 들었듯이, 우리가 모든 물리적 자극을 탐지할 수 있는 것은 아니다. 물리적 자극의 강도나 크기 등에 있어서 일정한 범위 내의 자극만 탐지할 수 있다. **절대 식역**(absolute threshold)이란 우리가 탐지할 수 있는 물리적 자극의 최소 수준(혹은 크기)을 말한다. 예를 들어, 빨간색으로 보이는 파장의 길이가 절대 식역이다. 그보다 짧은 파장은 볼 수 있지만, 그보다 긴 파장(즉, 적외선)은 볼 수 없다. 또한 우리가 볼 수 있는 가장 짧은 파장의 빛은 보라색이다. 이 또한 절대 식역이 되며, 이것보다 짧은 파장(즉, 자외선)은 볼 수가 없다. 여기서 중요한 것은 물리적 자극을 100% 탐지할 수 있는 수준이 아니라 50% 정도 탐지할 수 있는 수준, 즉 두 번에 한 번 정도 탐지할 수 있는 물리적 수준을 역치로 정한다는 점이다. 왜냐하면 탐지가 가능한 '최소한의 수준'을 기준으로 하기 때문이다(양윤, 2014). 따라서 역치에 근접한 물리적 자극이 주어졌을 때, 어떤 경우에는 정확하게 탐지할 수 있지만, 다른 경우에는 탐지하지 못할 수도 있다. 반대로, 역치에 근접한 물리적 자극이 없는 경우에도 자극이 없음을 정확하게 식별할 수 있지만, 때때로 없는 자극이 실재한다는 오류(false alarm)를 범하기도 한다. 예를 들어, 얼핏 나를 부르는 소리를 들은 것 같아서 돌아보았지만 아무 일도 없었을 때가 여기에 해당한다. 절대 식역은 '절대'라는 표현 때문에 언제나 탐지할 수 있다는 의미로 오해하기 쉽지만, '어느 상황에서도 변하지 않는 고정된 크기'의 의미로 이해해야 한다. 또한 어떤 사람은 다른 사람들보다 더 작은 크기의 물리적 자극을 탐지할 수도 있다. 즉, 사람마다 절대 식역이 다를 수 있으나 탐지능력의 개인차는 그리 크지 않다.

2) 역하 지각과 점화 효과

우리가 자외선을 볼 수는 없지만, 자외선이 존재하지 않는 것은 아니며, 이것은 우리의 피부에 부정적인 영향을 미친다. 그렇다면 절대 식역 이하의 자극은 탐지할 수 없기 때문에 의미 없는 것일까? 왜인지 모르겠지만 기분이 나쁘거나 좋았던 경험을 해 본 적이 없는가? 이러한 의문과 관련된 개념이 **역하 지각**(subliminal perception)이다. 구체적으로, 역하 지각은 절대 식역 이하의 물리적 자극을 지각하는 현상을 말한다. 이에 관한 고전적인 사례는 영화를 보는 관객이 탐지할 수 없는 수준으로 '팝콘을 드세요.'나 '콜라를 드세요.'라는 메시지를 제시했을 때, 영화관 매점의 매출이 증가했다는 것이다. 즉, 관람객이 메시지를 탐지할 수 없기 때문에 그것을 의식적으로 처리하지는 못하지만, 이러한 메시지가 관람객의 소비를 촉발할 수는 있다는 것이다. 그러나 이러한 가설을 검증한 많은 연구 결과를 살펴보면, 아주 미미한 효과가 나타나거나 전혀 효과가 없었다(Cooper & Cooper, 2002; Kreiner, Altis, & Voss, 2003).

그럼에도 불구하고 어떤 영역에서는 작지만 의미 있는 결과가 보고되기도 하였다. 구체적으로 딤버그와 툰버그 그리고 엘메드(Dimberg, Thunberg, & Elmehed, 2000)는 실험 참여자들에게 웃는 얼굴, 화난 얼굴, 중립적 표정의 얼굴을 절대 식역 이하로 노출시키고, 이를 탐지했는지를 검증했다. 모든 참여자가 역치 이하의 자극을 탐지하지 못하였으나, 웃는 얼굴에 노출된 참여자의 얼굴 근육은 미소 짓는 방향으로 움직인 반면, 화난 얼굴에 노출된 참여자의 얼굴 근육은 찌푸리는 방향으로 긴장되었다. 간단하게 정리하자면, 상대방의 얼굴에서 어떤 감정을 의식적으로(혹은 정확하게) 탐지하지 못할지라도, 상대방의 감정에 비의식적으로 영향을 받는다는 것이다.

이와 유사하게, **역하 점화**(subliminal priming)도 의미 있는 효과를 일으키는 것으로 밝혀졌다. 구체적으로, '노인'이라는 단어를 역치 이하로 노출시켰을 때, 이것에 노출된 참여자들은 그렇지 않은 참여자들보다 더 느리게 걸었다(Chartrand & Bargh, 1996). 또한 면접장으로 안내받고 이동하던 참여자들에게 따뜻한 음료를 잠깐 쥐게 했을 때(vs. 차가운 음료를 쥐게 했을 때), 면접 대상자를 긍정적으로 평가하는 것으로 나타났다. 즉, 앞서 제시된 자극이 비록 탐지되지 못하는 것일지라도, 이후에 그것과 일관적인 반응을 유발하는 것이다(Mandel & Johnson, 2002).

정리하자면, 역하 지각에 의한 효과가 매우 명확하게 검증되는 것은 아니지만, 어떤 영역에서 특정 반응을 유발하는 데에는 의미 있는 효과를 발휘하기도 한다. 일반적으로, 인간의 본원적 동기(식욕, 갈증, 성욕 등)나 감정에 관련된 것이 효과적이다. 미소가 미소를 유발하는 것, 따뜻함이 대상을 더 긍정적으로 평가하도록 하는 것이 바로 그 예이다. 이러한 효과를 이용하기 위한 **역하 광고**(subliminal advertising) 역시 계속해서 시도되고 있다.

3) 변별과 차이역

서로 다른 두 자극을 구분하는 것을 **변별**(discrimination)이라고 한다. 두 자극이 서로 다르다는 것, 즉 차이를 식별하는 데에도 역치가 있으며, 이를 **차이역**(difference threshold) 혹은 **변화감지역**(Just Noticeable Difference: JND)이라 한다. 구체적으로, 차이역이란 두 자극의 차이를 50% 확률로 식별할 수 있는 최소한의 물리적 강도(또는 크기)를 말한다. 다만, 절대 식역의 경우 언제 어디서나 역치가 일정하게 유지되지만, 차이역은 비교되는 자극의 크기에 따라 상대적으로 달라진다. 예

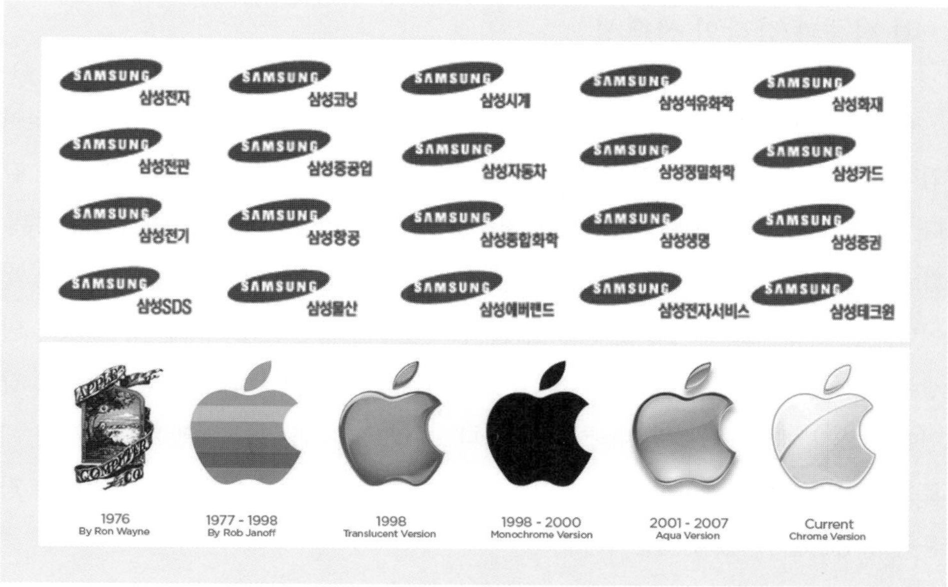

[그림 2-2] 차이역과 브랜드 로고

를 들어, 100g보다 무겁다는 것을 느끼려면 110g 이상이 되어야 하고, 이때 차이역은 10g이다. 하지만 1,000g과 1,010g의 차이는 식별하기 어렵고, 1,100g 이상이 되어야 더 무겁다고 느낄 수 있다. 즉, 차이역이 100g으로 바뀐 것이다. 단, 총중량의 10% 차이라는 비율은 일정하게 유지된다. 이를 **베버의 법칙**(Weber's law)[3]이라 한다. 광고 및 마케팅 장면에서 변별은 양가적이다. 소비자들이 차이를 알아차리지 못하는 것이 바람직한 상황이 있고, 정반대로 소비자들이 명확한 차이를 식별하는 것이 목표인 상황도 있다. 각각의 상황에서 차이역은 유용하게 사용될 수 있다.

3 자극의 크기(강도)에 비례하여 변화감지역도 증가해야 한다는 법칙으로, 자극의 물리적 특성(빛, 무게 등)에 따라 일정한 비율이 있다고 가정한다.

4) 적응과 감각의 선택성

우리가 어떤 장면을 볼 때, 눈이 탐지할 수 있는 범위(즉, 시야각) 안에 모든 빛이 입력되지만, 그 모든 정보를 자세하게 처리하는 것은 아니다. 그 이유는 다음과 같다. 첫째, 모든 감각정보를 정교하게 처리할 수 있을 만큼의 충분한 인지적 용량(능력)을 가지고 있지 못하다. 이후 제5장에서 이와 관련된 구체적인 내용이 제시될 것이다. 둘째, 우리를 둘러싼 환경에서, 물리적 자극은 끊임없이 변화한다. 우리의 일상은 사진에 담긴 한 장면만 처리하는 것이 아니라, 영화나 드라마처럼 계속해서 장면이 바뀌고 계속해서 감각자극이 변화한다. 따라서 우리의 감각기관은 계속해서 새로운 감각정보를 입력하고 처리해야만 한다. 그래야만 변화하는 환경에 적절하게 적응하여 생존할 수 있기 때문이다.

구체적으로 시각에 초점을 두고 설명하자면, 망막에 입력된 시각정보를 보관할 수 있는 시간은 0.25~0.5초에 불과하다. 더 오래 보관하고 있으면, 새로운 시각정보를 탐지할 수가 없기 때문이다. 더욱이 이렇게 입력된 시각정보 중에서 극히 일부만 정교하게 처리된다. 왜냐하면 **단기기억**(short-term memory) 혹은 **작업기억**(working memory)의 용량이 매우 제한적이기 때문이다. 따라서 우리는 입력된 시각정보의 대부분을 순식간에 잃어버리게 된다. 그럼에도 불구하고 우리가 큰 문제를 겪지 않고 살아갈 수 있는 이유는 무엇일까? 수많은 자극 중에서 중요한 정보를 매우 빠르게 선별하여 처리할 수 있기 때문이다.

먼저, 모든 물리적 자극이 동등한 것이 아니라, 다른 것에 비해 더 중요하게 탐지되는 자극이 있다. 예를 들어, 아이의 울음소리는 다른 소리에 비해 더 민감하게 탐지되고, 엄마가 다른 사람에 비해 더 잘 탐지한다. 시끄러운 공간에서도 자기 이름을 부르는 소리는 잘 탐지되며, 외국어 사이에서 모국어가 더 명확하게 들린다. 실례로 신호탐지 이론과 관련된 연구들에 따르면, 사람들의 동기와 각성, 감정, 지식과 기대 등이 특정한 정보를 더 정확하게 탐지하게 하고, 오류를 유발하거나 감수하게 한다(Salkind & Rasmussen, 2007; Wolfe, Horowitz, & Kenner, 2005). 다음으로, 어떤 자극이 일정한 수준으로 계속해서 유지될 때, 우리는 그 자극에 **순응**(adaptation)한다. 예를 들어, 에어컨이 가동되는 소리를 처음 들었을 때, 그 소리를 탐지할 수 있지만, 이것이 일정한 수준으로 계속해서 유지된다면, 빠르게 순응하여 더 이상 그 소리를 탐지하지 않고 간과한다. 이것은 역설적으로, 새로운 자극이나 더 큰 강도의 자극에 민감하게 반응하도록 하는 것이다.

3. 지각에 대한 이해

우리를 둘러싼 환경에서 처리해야 하는 자극(정보)은 매우 많고, 끊임없이 변한다. 하지만 거기에 사용할 인지적 용량은 매우 제한적이다. 따라서 중요한 자극을 선택하여 부족한 자원을 집중하는 것은 매우 적응적인 전략이다. **주의**(attention)란 특정 자극에 가용한 인지적 자원을 집중하는 것을 말한다. 우리는 모든 자극에 주의를 기울이는 것이 아니라 중요한 혹은 필요한 자극에만 주의를 기울이며, 이를 **선택적 주의**라 한다.

1) 선택적 주의의 개념과 역할

[그림 2-3]은 시각 장면에서 주의의 역할을 설명하기 위해 제시한 것이다. 구체적으로 어떤 공연이 진행되고 있는 한 장면(좌측 사진)에서 중심에 가면을 쓰고 혼자 서 있는 사람에게 주의를 기울이게 되면, 나머지 모든 시각 자극은 단순한 배경으로 처리된다. 우측 사진은 앞에 있는 커피잔에 주의를 기울였을 때(즉, 초점을 맞췄을 때), 나머지 시각정보가 흐릿하게 인식되는 것을 표현한 것이다. 이와 같은 예처럼, 어떤 한 자극에 선택적으로 주의가 기울여지면 그 자극은 **전경**(figure)으로 인식되어 세부적인 사항들을 정교하게 처리하지만, 그 주변의 나머지 모든 자극은 **배경**으로 단순하고 간단하게 처리된다.

[그림 2-3] 시각 장면에서 주의의 역할

때때로 주의가 기울여지지 않은 자극은 간과되거나 무시되는 현상을 보이기도 한다. 예를 들어, 양쪽 귀에 서로 다른 단어를 들려주고, 어느 한쪽 귀에 들리는 단어만 말하게 하면(즉, 한쪽에만 주의를 기울이게 하면), 다른 한쪽에 노출되는 단어를 듣지 못하게 된다. 이것은 시끄러운 공간에서 앞 사람과의 대화에 주의를 기울이면, 점차 다른 소음이 들리지 않게 되는 현상과 같다. 이러한 현상을 **부주의적 맹시**(inattentional blindness)[4] 또는 **변화맹**(change blindness)[5]이라 한다.

(1) 주의에 영향을 미치는 요인

선택적 주의에 영향을 미치는 요인은 다음과 같은 두 가지 차원으로 구분할 수 있다. 첫 번째 차원은 자극의 특성이 주의를 끌어가는 경우이다. 먼저, 자극의 물리적 특성에 초점을 두고 설명하자면, 자극의 형태, 크기, 색깔, 위치나 움직임 등은 주의를 쉽게 끌어당길 수 있다. 예를 들어, 형태가 특이하거나 크기가 큰 것일수록, 다른 것과 대비되는 색깔일수록, 화면의 중앙에 위치하거나 움직이는 자극일수록 주의를

4 어떤 자극에 주의를 기울이면, 주의가 기울여지지 않은 나머지 자극을 보고도 인식하지 못하는 현상을 말한다.
5 주의를 기울이지 않았던 자극의 물리적 특성이 달라지더라도 이를 감지하지 못하는 현상을 말한다.

끌기가 쉽다. 이러한 자극의 특성은 쾌락성, 현저성, 선명성, 신기함 등의 개념으로 정의되기도 한다. 구체적으로 사람들은 쾌락(예: 즐거움 등)을 유발하는 자극에 주의를 기울이며, 다른 자극들로부터 도드라져 보이는 자극일수록 혹은 선명하게 보이는 것일수록 주의를 기울인다. 또한 사람들은 새롭거나 기대하지 않았던 자극일수록 주의를 기울이는 경향을 보인다(김재휘 외, 2009).

두 번째 차원은 사람이 특정 자극에 주의를 할당하는 것이다. 즉, 자극이 주의를 끌어가는 것이 아니라, 사람이 어떤 자극에 주의를 기울일 것인지를 통제하는 것을 의미한다. 이에 관한 가장 대표적인 개념이 관여이다. **관여**(involvement)란 어떤 대상과 자신이 관련되어 있다고 느끼는 정도 혹은 그 대상에 대한 주관적 중요도를 말하며, 관여가 높을수록 그 대상에 더 주의를 기울이게 된다. 다음으로, 높은 욕구나 동기가 어떤 대상에 주의를 기울이게 할 수 있다. 예를 들어, 배고픔을 느끼는 사람은 음식이나 식당에 관련된 정보에 주의를 기울이게 되고, 새로운 스마트폰을 가지고 싶은 사람은 스마트폰 광고에 주의를 기울이게 된다. 또한 감정이나 정서도 특정 대상에 주의를 기울이게 할 수 있다. 일반적으로 긍정적인 감정에 있는 사람들은 긍정적인 정보(혹은 자극)에 주의를 기울이며, 부정적인 정보를 간과하는 경향을 보인다. 마지막으로, 사람들이 가지고 있는 지식이나 신념도 그것과 일치하는 대상에 더 높은 주의를 기울이게 한다. 이러한 지식과 신념은 **기대**(expectation)를 만들어 내

[그림 2-4] 주의에 영향을 미치는 요인

며, 사람들은 자신의 기대와 일치하는 정보에 집중하고, 불일치하는 정보를 간과하는 경향을 보인다(양윤, 2014).

(2) 선택적 주의와 정보처리의 두 가지 유형

선택적 주의는 '어떤 한 자극에 주의를 기울였을 때 나머지 다른 자극들은 간과되는 현상'을 말한다. 이것은 우리가 사고하는 방식이 다음과 같은 두 가지 유형으로 구분할 수 있다는 것을 시사한다. 첫 번째 유형은 어떤 자극에 주의가 충분히 기울여졌을 때 발생하는 사고이며, 이를 **중심경로**(central route) 혹은 **체계적 정보처리**라 한다. 구체적으로, 이것은 인지적 자원을 많이 사용하는 정보처리이기 때문에, 정보처리의 수준 혹은 질이 높으며, 정보처리가 계열적인(혹은 순차적인) 과정이나 단계를 거쳐 이루어진다. 이 때문에 정보가 처리되는 데 (상대적으로) 많은 시간이 소요될 수밖에 없으며, 지금 무언가를 생각하고 있다는 자각 수준도 높고, 사고를 지속하기 위한 의식적인 노력이나 통제가 필수적이다(Petty & Cacioppo, 1986). 간단하게 설명하자면, 무언가를 꼼꼼하게 살펴보고 신중하게 따져 보는 사고 과정인 셈이다.

이와 대조적으로, 두 번째 유형은 주의가 기울여지지 않은 자극을 처리하는 사고 과정을 말하며, 이를 **주변경로**(peripheral route) 혹은 **휴리스틱**(heuristic)이라 한다. 구체적으로, 주변경로는 자극에 주의를 기울이지 않기 때문에, 그 자극을 처리하는

표 2-1 정보처리의 두 가지 유형

주변경로(휴리스틱)	구분	중심경로(체계적 처리)
없음	주의	충분히 기울여짐
거의 사용하지 않음	인지적 자원	가용한 자원을 충분히 활용
필요 없음	의식적 노력/통제	의식적인 노력과 통제가 필수
낮음(최소화, 간소화, 자동적 처리)	정보처리 수준	높음(정교한 정보처리)
매우 신속하고 빠름	처리 속도	상대적으로 느림
병렬적, 무작위적 처리	처리과정	계열적 수행, 단계적 처리

데 인지적 자원을 거의 사용하지 않는다. 따라서 그 대상에 관한 사고는 아주 단순하고 간단한 수준에서 그리고 순식간에 이루어진다. 또한 이러한 사고를 하는 데에 의식적인 노력을 기울일 필요가 없으며, 사고의 순서나 과정도 병렬적이고 복합적이며,[6] 통제가 불가능하다. 심지어 내가 무언가를 생각하고 있다는 것을 자각하지 못할 때가 더 많다(Tversky & Kahneman, 1974).

정보처리과정 및 의사결정에 관한 내용은 이후 제7장과 제8장에서 더 자세하게 다루어질 것이다. 그럼에도 불구하고 여기서 다음과 같은 점을 미리 강조해 두려고 한다.

첫째, 중심경로의 체계적인 정보처리가 꼭 합리적인(혹은 정확하고 객관적인) 의사결정을 의미하는 것은 아니다. 더 많은 자원을 쓰고, 더 오래, 더 정교하게 정보를 처리하는 것을 의미할 뿐이다. 이와 같은 맥락에서 주변경로 혹은 휴리스틱을 사용한다고 해서 언제나 오류와 문제를 일으키는 것도 아니다. 광고의 예를 들자면, 광고의 내용과 의미를 정교하게 처리시키기 위해서는 광고가 소비자(수용자)의 주의를 끄는 것이 필수적이다. 그렇다고 해서 모든 광고가 소비자의 주의를 끌어야만 하는 것은 아니다. 오히려 반대로, 소비자의 자동적인 사고 과정을 유발하는 것이 더 효과적인 상황도 얼마든지 있다.

둘째, 중심경로(체계적인 정보처리)와 주변경로(휴리스틱)는 동시에(병렬적으로) 작동한다. 어떤 한 자극을 중심경로로 처리하면, 나머지 자극들은 주변경로로 처리된다. 예를 들어, 광고 모델이 하는 말(즉, 광고 메시지)에 주의를 기울이면, 나머지 자극(모델이 입고 있는 옷이나 헤어스타일, 다른 등장인물, 배경음악 등)은 주변경로를 통해 처리된다. 더 나아가, 소비자의 주의가 광고의 다른 자극으로 옮겨 가면, 그것이 정교하게 처리되기 시작한다.

셋째, 중심경로(체계적인 정보처리)와 주변경로(휴리스틱)가 전체 사고를 양분하는 것처럼 보이지만, 일상 속에서 이루어지는 대부분의 사고는 휴리스틱과 같이 비교적

6 여러 가지 생각이 동시다발적으로 떠오르고, 이리저리 흘러가는 것을 말한다.

간단하고 신속한 처리로 이루어진다. 왜냐하면 중심경로에 의한 정교한 사고는 인지적 자원을 많이 사용해야 할 뿐만 아니라, 의식적인 노력이나 통제를 지속해야 하기 때문이다.[7] 따라서 어떤 대상에 관하여 매우 높은 관심과 흥미를 가지고 있거나, 자신에게 매우 중요한 문제로 인식될 때에는 인지적 자원과 의식적 노력을 다해 그 대상을 정교하게 처리하려고 하지만, 그렇지 않은 것에는 가능하다면 최소한의 자원과 노력만 들이려고 한다.

2) 지각의 개념과 특성

지각(perception)은 무엇인가가 존재한다는 것을 탐지하는 것에서부터 그것이 무엇인지를 파악하는 것까지 어떤 대상을 인식하는 과정을 말한다. 예를 들어, 사과를 보았을 때, 사과의 시각정보와 후각정보를 각 감각기관에서 입력하고 처리하는 것을 감각이고, 이렇게 처리된 감각을 바탕으로 '사과'라는 대상(즉, 개념)을 인식하는 것이 지각이다. 더 나아가, 지각은 '먹음직스럽다' '상한 것 같다' 혹은 '아직 덜 익은 것 같다'와 같은 고차적인 사고 및 판단 과정(인지)의 기초가 된다. 감각과 지각, 그리고 인지과정을 명확하게 구분하는 것은 쉽지 않다. 그럼에도 불구하고 감각에 기초하여 지각이 이루어지고, 지각 이후에 인지가 발생한다는 것이 기본 가정이다. 또한 지각이 언제나 외부의 사상에만 국한되어 발생하는 것은 아니다. 자신의 내적인 상태, 예를 들어 동기나 욕구(즉, 배고픔이나 목마름을 느끼는 것), 감정과 기분(즉, 짜증이나 설렘을 느끼는 것), 기억(즉, 어떤 대상에 대한 지식, 신념 등)을 인식하는 것도 지각에 포함된다.

(1) 지각의 선택성

인간의 인지적 능력은 제한되어 있다. 반면, 매 순간 수많은 정보를 처리해야만

7 이것은 쉽지 않은 힘든 일이다. 왜냐하면 인지적 자원 자체가 충분하지도 않고, 의식적 노력이나 통제는 우리를 쉽게 피로하게 하기 때문이다.

한다. 따라서 필요한 것에만 혹은 중요한 것에만 주의를 기울이고, 이렇게 주의가 기울여진 것만 정교하게 처리되어 그 대상을 지각하게 된다. 다만, 주의가 기울여지지 않았다고 해서 어떤 대상을 지각하지 못하는 것은 아니다. 이전에 경험했던 지식과 개념에 의존하여 아주 빠르고 간단하게 대상을 지각할 수도 있다. 즉, 주의를 기울이지 않은 모든 것이 간과되는 것은 아니며, 이미 어떤 대상이 쉽고 빠르게 지각되었기 때문에 그것에 주의를 기울일 필요가 없는 것일 수도 있다.

(2) 지각의 의존성

지각이 감각에 기초하여 이루어지는 것이지만, 개념과 범주라는 지식체계 내에서 인식되는 것이다. 구체적으로, 우리는 이전의 경험을 통해 어떤 대상에 대한 **원형**(prototype)이나 **본보기**(exampler)와 같은 심적 표상을 갖추게 되며, 이러한 표상에 근거하여 대상을 지각한다. 즉, 사과를 보았을지라도 '사과'라는 개념이 없다면, 그것을 지각할 수 없다. 따라서 어떤 대상에 대한 물리적 자극을 종합하여 그 대상을 지각하는 것이라기보다 우리가 알고 있는 개념에 들어맞는 대상을 식별해 내는 것에 가깝다. 이는 구체적인 대상의 물리적 요소에 기초하여 그 대상의 형태를 지각하는 것에서부터 추상적인 개념을 인식하는 것에 이르기까지 다양한 차원에서 이루어진다.

① 지각의 조직화

사람들은 어떤 대상의 구성요소를 개별적으로 분리하여 지각하지 않는다. 즉, 개별적인 구성요소를 종합하여 어떤 대상(전체)을 지각하는 것이 아니라, 의미가 있는 전체 혹은 해석이나 이해가 되는 대상에 근거하여 그것과 관련된 개별적인 요소를 통합한다. 이는 형태주의 심리학에서 강조해 왔던 집단화의 원리로 설명할 수 있다. 구체적으로, 가까이 있는 자극이나 유사한 자극을 하나로 묶어 지각하며, 비어 있는 부분을 채우거나 불완전한 형태를 완전한 형태로 연결하여 지각한다. 예를 들어, [그림 2-5]에서 오른쪽 이미지를 '판다'라고 지각할 수 있는 이유는 비어 있는 부분(등

[그림 2-5] 개념이 지각에 미치는 영향

과 머리)을 연결하고 불완전한 형태를 완전한 것으로 인식했기 때문이다. 또한 어떤 대상을 지각하는 데 있어서 중심이 되는 정보가 있으며, 그것은 그 대상을 지각하는 데 전경이 된다. 그 외 다른 정보는 모두 배경이 된다. 이를 전경-배경의 원리라고 하는데, [그림 2-5]의 왼쪽 이미지에서 길게 튀어나와 있는 부분이 전경이라면, 나머지 모든 자극은 배경이 된다. 전경이 된 부분을 '부리'로 인식하면 전체를 '오리'라고 지각하게 되지만, 전경을 '양쪽 귀'라고 인식한다면 전체를 '토끼'로 지각할 것이다.

② 맥락 의존성

개념, 지식, 동기 혹은 기대와 같은 인지적 요인은 같은 물리적 자극을 서로 다른 대상으로 지각하게 만들 수 있다. 이를 **개념 주도적 처리**(conceptually driven processing)라 한다. [그림 2-6]은 개념 주도적 처리의 예를 제시한 것이다. 먼저, '수영'과 '누나'에서 우리가 알고 있는 개념에 적합하도록 '〈' 형태의 같은 물리적 자극을 'ㅅ'과 'ㄴ'으로 서로 다르게 지각한다. 또한 이러한 처리과정은 매우 빠르고 자동적이며, 좀 더 추상적이고 복잡한 자극을 지각할 때에도 유사한 효과가 나타난다. 구체적으로 Red, Blue, Orange, Yellow를 보여 주고 나서 'Gr___'에서 빈 철자를 채우게 했을 때, 사람들은 앞선 자극을 토대로 '색깔'이라는 개념을 떠올리

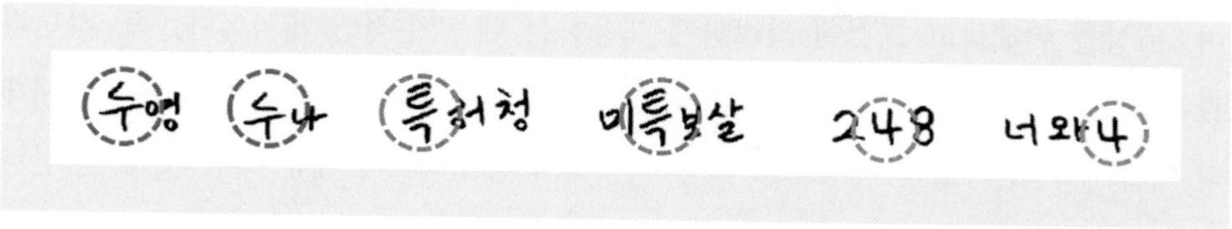

[그림 2-6] 개념 주도적 처리의 예

고 'Green'을 채워 넣는다. 반면, Plum, Nectarine, Pear, Apple을 보여 주고 나서 'Gr___'을 채우도록 하면, 사람들은 '과일'이라는 개념을 떠올리고 'Grape'를 채워 넣는다.

더 나아가, 개념 주도적 처리는 **점화**(priming) 효과를 일으키는 원인으로 작용하기도 한다. 사람들에게 중동 석유 재벌에 관한 기사를 먼저 보게 하고 대형 자동차를 평가하도록 하면, 비용이 많이 들어서 비효율적이라고 평가한다. 반면, 비행기 여행의 안전에 관한 기사를 먼저 읽도록 하고 대형 자동차를 평가하게 하면, 더 안전한 자동차라고 평하는 경향을 보인다. 이는 석유 재벌에 관한 기사가 '휘발유'를 점화시켜 자동차의 연비에 초점을 두고 평가하도록 만들지만, 안전한 비행에 관한 기사가 '안전'을 점화시켜 대형 자동차의 안전성에 초점을 두도록 한 것이다.

(3) 지각의 주관성

동일한 물리적 자극에 노출될지라도, 모든 사람이 동일하게 지각하는 것은 아니다. 이러한 현상이 발생하는 기본적인 이유는 사람들이 가지고 있는 개념과 범주, 지식과 신념, 욕구나 감정이 다르기 때문이다.

먼저, 사람들은 자신과 관련된 정보를 더 쉽고 빠르게 그리고 더 깊은 수준으로 처리하는데, 이를 **자기참조 효과**(self-reference effect)라 한다(Gillihan & Farah, 2005). 이러한 효과가 나타나는 원인은 다음과 같다. 첫째, 자신(self)은 수많은 정보를 조직화시키는 중심 단서이다. 즉, 사람들 머릿속에는 자신과 관련된 다양한 정보를 하나로 묶어 두고 있다. 따라서 '자기'가 활성화되면, 그 주변에 묶여 있는 다른 정보들이 더 쉽게 활성화된다. 둘째, 자신과 관련된 정보는 중요한 의미를 가지며, 세상을 이해하고 그것에 적절하게 대응하는 데 필수적인 개념이다. 즉, 자신과 관련 있는 것이 그렇지 않은 것보다 더 중요하게 다루어지는데, 그 이유는 자신에게 더 이롭거나 덜 해로운 방향으로 대응하는 것이 적응적이기 때문이다. 셋째, 자신과 관련된 정보들이 중요하기 때문에, 더 빈번하게 그리고 더 풍부하게 사용된다. 기억에서 더 자주 활용될수록, 더 풍부하게 활용될수록(즉, 다른 정보들과 더 정교하고 복합적으로 활용될수록) 그 정보에 대한 기억은 더 강화된다. 즉, 자신과 관련된 정보를 더 자주 꺼내 쓰고 더 정교하게 조직화해서 쓰기 때문에, 이러한 정보에 더 의존하여 사고하고 판단하게 되는 것이다.

따라서 어떤 대상을 지각하는 과정에서도, 자신이 알고 있던 것이나 그것을 통해 기대되는 것 그리고 자신이 가진 욕구나 가치체계에 부합되는 것이 중요하게 다루어진다. 이는 **지각적 경계**(perceptual vigilance)와 **지각적 방어**(perceptual defense)를 일으키는 원인이 된다. 구체적으로, 지각적 경계는 자신의 가치나 욕구에 부합되는 정보에 더 주의를 기울이고 더 유용한 것으로 인식하는 것을 말한다. 이와 대조적으로, 지각적 방어는 자신의 신념이나 태도에 부합되지 않는(혹은 반대되는) 정보를 무시하거나 왜곡하는 것을 말한다. 즉, 자신이 기존에 가지고 있던 신념과 태도를 방어하기 위해, 그것을 위협하는 정보를 회피하거나 위협이 되지 않는 것(즉, 기존의 신념에 부합되는 것)으로 왜곡하는 것이다.

3) 지각적 해석과 추론, 그리고 광고

지각은 입력된 감각정보를 '있는 그대로' 처리하여 이루어지는 것이 아니라, 과거의 경험과 기억, 지식, 욕구나 기대에 근거하여 대상을 '의미 있는 무엇'으로 해석하는 것이다. 예를 들어, 태극기를 본 모든 사람의 지각이 같은 것은 아니다. 먼저, 태극기가 한국의 국기인 것을 알고 있는지, 한국과 관련하여 어떤 경험과 지식을 가지고 있는지 또는 국기의 의미나 그것과 관련된 신념이 어떻게 형성되어 있는지에 따라 전혀 다른 지각을 하게 된다. 더 나아가, 같은 사람일지라도 어떤 상황과 맥락에서 태극기를 보게 되었는지에 따라 지각이 달라질 수 있다. 외국 도시의 중심가에 게양된 태극기를 봤을 때, 정치적 집회에서 사람들이 들고 있는 태극기를 봤을 때, 그리고 그 집회의 정치적 주장에 찬성하는지 혹은 반대하는지 등과 같이 어떤 대상을 접한 상황이나 맥락은 그 대상을 서로 다른 의미로 해석하게 한다.

지각적 해석은 **지각적 범주화**와 **지각적 추론**의 두 과정으로 구분된다. 먼저, 범주는 다양한 개념(혹은 구체적 대상)을 포괄하는 상위의(혹은 추상적인) 개념을 말한다. 이러한 개념과 범주는 위계적 구조를 가지며, 어떤 한 범주는 다른 범주의 하위 개념으로 속할 수 있다. 따라서 범주화란 어떤 특성이나 개념적 기준에 근거하여 다양한 대상을 하나로 묶는 인지적 과정을 말한다. 단, 사람들이 가지고 있는 경험이나 지식체계에 따라 범주화 역시 달라질 수 있다. 지각적 범주화란 '기존의 **도식**(schema)[8]이나 기대를 근거로 어떤 대상을 자신의 기존 지식(즉, 범주)에 포함시키거나, 새로운 지식으로 보관하기 위해 기존 도식을 변형시키는 것'을 말한다. 이를 쉽게 설명하자면, 화면이 반으로 접히는 휴대폰을 봤을 때, 그것을 기존의 스마트폰 범주에 집어넣을 수도 있고, 이것을 더 잘 설명할 수 있는 범주를 새롭게 구성할 수도 있다. 태블릿 PC가 새로운 범주의 대표적인 예이며, 이 범주에서 가장 전형성이 높은 제품은 아이패드이다. 여기서 중요한 것은 새로운 범주를 만들거나 어떤 한 범주에서 특정 대상의 전형성을 높이는 데 광고의 역할이 중요하다는 점이다.

다음으로, 지각적 추론은 기존의 도식과 신념에 근거하여 새로운 대상을 평가하거나 판단하는 것을 말한다. 지각적 범주가 여러 개의 대상을 하나의 유사한 것을 묶어서 평가하거나 차별적인 어떤 한 대상을 더 잘 설명하기 위해 기존의 범주를 변형하는 것이라면, 지각적 추론은 기존에 알고 있던 것에 준하여 새로운 것을 평가하는 것을 말한다. 이러한 지각적 추론은 다음과 같은 세 가지 유형으로 구분된다.

첫째, 평가에 의한 추론은 기존의 경험(만족 혹은 불만족)이나 태도(선호 혹은 혐오)와 일관적으로 새로운 대상을 평가하는 것을 말한다. 예를 들어, 어떤 '브랜드'의 '덤

8 어떤 대상과 관련된 지식(인지와 신념)의 총체를 말한다.

밥 간편식'을 한번 구매해서 먹어 보았는데 괜찮았다면, 그 '브랜드'의 다른 제품이나 다른 브랜드의 '덮밥 간편식'도 괜찮을 것이라고 추론하는 것이다.

둘째, 상관관계에 의한 추론은 두 개 이상의 대상 간의 상관에 근거한 것이다. 대표적인 예가 가격과 품질의 상관관계이다. 품질이 좋으면 가격이 비싼 것이 일반적이다. 반대로 가격이 싸면 품질이 떨어지는 경우도 흔하다. 하지만 가격과 품질 혹은 품질과 가격이 인과관계는 아니다. 일반적으로 소비자들은 가격이 싸면 품질이 떨어질 것이라고 추론하고, 품질이 좋으면 가격이 비쌀 것이라고 추론한다. '자동차의 크기와 연비'나 '원산지와 품질'도 상관관계에 의한 추론의 예가 된다.

셋째, 유사성에 의한 추론은 잘 모르거나 새롭게 접한 대상을 평가할 때, 그것과 유사성이 높은 대상(혹은 범주)에 준하는 것으로 추론하는 것을 말한다. 작은 크기의 태블릿은 스마트폰 범주에서 평가되지만, 큰 크기의 태블릿은 노트북의 범주에서 평가될 수 있다. 또한 '웨이브'라는 미디어 플랫폼이 새롭게 출시되었을 때, '넷플릭스'를 기준으로 평가되는 것도 이에 해당한다.

제3장

소비자 동기

김철호(청주대학교 미디어콘텐츠학부 교수)

1. 동기의 개념
2. 소비자 동기의 이해
3. 관여도

◈◇◈

우리는 동일한 구매 환경, 시장 상황, 경제적 조건에서도 서로 다른 소비 욕구를 느끼고 다른 만족을 추구한다. 정작 마트에서는 생활에 필요한 물건을 보고도 구매를 망설이기도 하지만, 화려한 백화점에서는 당장 필요하지 않을 듯싶은 고가의 브랜드에 선뜻 카드를 꺼내기도 한다. 아침에 방문한 종교기관에서는 엄숙한 분위기에 마음을 경건히 부여잡고 있다가도, 오후에 이성친구와 방문한 놀이공원에서는 마음껏 쾌락의 욕구를 발산한다.

이렇듯 소비자는 매 순간 변하는 각자의 욕구를 품고 이를 동기화하는데, 이러한 욕구와 동기는 소비자로 하여금 주관적인 목표 의식을 갖게끔 자극하며, 궁극적으로 이렇게 설정한 목표의 달성을 통해 자신의 욕구를 해결하고 만족을 추구하고자 한다. 이는 다시 말해서, 욕구와 동기에 대한 이해가 소비자 심리와 행동을 이해하고 예측할 수 있는 중요한 단서가 될 수 있음을 함축적으로 제시한다. 동시에 관련 개념과 이론이 실제 소비자행동 환경에서 어떻게 적용되어 실용적으로 활용되고 있는지 등에 대한 학제적 관점에서의 이해를 필요로 한다.

이에 따라 이 장에서는, 동기의 정의와 개념, 동기의 특징, 동기와 욕구, 동기이론으로서의 내용이론과 과정이론, 욕구 기반 동기이론, 인지 기반 동기이론, 관여도 등을 소개하여 소비자 동기에 대한 이해를 돕고자 한다.

1. 동기의 개념

1) 동기의 정의와 개념

동기란 내적 균형 추구 의지에 의해 발현되어, 환경과 상황에 따른 개인 목표의 자발적 달성 의지를 환기시켜 주는 추진력이다. 이렇게 볼 때, 동기는 개인의 의지와 목표를 합리화 · 활성화하고 구체적인 행동으로 이어질 수 있도록 추진력을 제공하는 내적 합리화의 과정이라 할 수 있다.

2) 동기의 특징

동기가 내적 불균형의 심리적 균형을 추구하고, 환경과 상황에 의해 환기되고, 개인의 목표 추구를 합리화하고, 의지를 행동화하며, 기대가치와 연계되어 우선순위에 따른 조정성을 보인다는 점에서, 동기는 다음과 같은 특징으로 설명될 수 있다.

첫째, 동기는 내적 불균형 상태의 해소 의지와 연계된 '내적 긴장의 균형 추구성'이라는 특징을 갖는다. 둘째, 동기는 환경과 상황의 환기와 연계된 '내부 의지의 활성화'라는 특징을 갖는다. 셋째, 동기는 개인 목표 추구와 연계된 '행동의 방향 정립성'이라는 특징을 갖는다. 넷째, 동기는 의지의 실천적 행동화와 연계된 '추진력의 지속성'이라는 특징을 갖는다. 다섯째, 동기는 행위의 결과에 대한 기대 가치와 연계되어 긍정적 결과를 지향하고 부정적 결과를 지양하는 특징을 갖는다. 여섯째, 동기는 문제인식과 해결의 주관적 우선순위에 따른 '내부 갈등의 차등적 · 선별적 조정성'이라는 특징을 갖는다.

한편, 동기가 이러한 특징을 갖고 있음을 고려해 볼 때, 행동을 유발하는 원인을 모두 '동기'라고 할 수는 없다는 점에 유의해야 한다. 동기의 특징이라 할 수 있는 내적 긴장의 균형 추구성, 내부 의지의 활성화, 행동의 방향 정립성, 추진력의 지속성,

기대가치 지향성, 내부 갈등의 차등적 조정성 등과 연계되지 않는다면, 그 원인 요인을 '동기'라고 규정하기 어렵기 때문이다. 예를 들어, 게임에 몰입된 아이가 엄마가 건네준 우유를 무심코 받아서 마신 경우, 행동인 '우유 마시기'를 불러일으킨 원인인 '엄마가 건네줌'을 '동기'라고 하기에는 무리가 있는 것과 같은 이치이다.

3) 욕구: 근본적 욕구와 구체적 욕구

동기를 설명할 때 **욕구**(needs)와 **필요**(wants)는 대부분 함께 언급되는데, 학자에 따라 욕구와 필요는 동기의 구성요인으로 설명되기도 하고, 욕구가 동기와 동일한 의미로 설명되기도 한다.

욕구는 흔히 **근본적 욕구**(fundamental needs)라고 설명되며, 개인이 처한 현재 상태와 바람직하거나 이상적이라고 생각하는 상태 간의 차이 인식에 의해 발생한다. 차이 인식이 강할수록 그 차이의 해소를 위한 욕구 또한 강하게 나타나게 된다. 이렇듯 욕구는 배고픔의 해결, 갈증의 해결 등 근본적으로 충족하기를 바라는 바를 표현한 것이다.

욕구의 특성으로는, 첫째, 동시다발적으로 발생할 수 있고, 둘째, 우선순위에 따른 충족의 위계성을 갖고, 셋째, 내적 요인과 외적 요인 모두에 기인하여 활성화되고, 넷째, 근본적 문제해결에 대한 충족 성향을 내포하는바, 다분히 포괄적이고도 추상적인 개념이며, 다섯째, 한시적 해결에 제한되기도 하는바, 지속적인 역동성과 추동성을 갖는다는 점을 들 수 있다.

필요는 **구체적 욕구**(specific wants)로 해석되어 표현되기도 하며, 포괄적이고도 추상적 개념인 욕구를 구체적으로 해결하기 위한 실제적 개념의 표현으로 쓰인다. 배고픔의 해결(근본적 욕구)을 위한 비빔밥, 햄버거, 피자 등과 갈증의 해결(근본적 욕구)을 위한 콜라, 주스 등은 필요(구체적 욕구)의 실제적 예라고 할 수 있다. 하지만 여기서 '피자'를 먹는 이유가 모두 '배고픔의 해결'을 위해서라고 단정 지을 수 없다는 점도 유의해야 한다. 이는 비록 동기가 의지를 추동(推動)화하는 특성을 갖고 있지만, 타당성의 개념을 고려해 볼 때 결과로서의 특정 행위(예: 피자 먹기)의 원인이 되는 요소는 '특정 욕구'라고 규정할 요인(예: 배고픔 해결) 외에도 폭넓게 다양할 수 있기 때문이다(예: 광고, 신제품 할인, 스트레스 해소 등).

이렇게 앞의 예에서 알 수 있듯이, 필요가 욕구의 구체적 해결 방안으로 표출된 것인바, 필요는 문화, 종교, 계절, 지역, 개성 등에 따라 구체화되는 표출양식에 차이를 보이기도 한다. 이동에 대한 욕구 해결을 위해 사막 지대에서는 낙타가, 섬이 많은 지역에서는 배가 일찌감치 이용되어 온 것과, 맛있는 육류 요리에 대한 욕구 해결을 위해 이슬람 문화에서 돼지고기 대신 소고기와 닭고기가, 힌두 문화에서는 소고기 대신 닭고기 등이 식재료로 보편화된 것 등이 그 예라 할 수 있다.

이에 따라 일반적으로 광고 캠페인의 경우 소비자가 갖고 있는 근본적 욕구를 충족시킬 다양한 선택대안의 하나로서, 특정 상품 · 브랜드에 대한 실용적 · 사회적 · 문화적 · 종교적 · 윤리적 · 쾌락적 · 관계적 기대가치를 제시하고 환기시킴으로써 자연스럽게 필요의 만족스러운 충족방법을 제시하는 효과적인 마케팅 커뮤니케이션 전략의 하나로 이해할 수 있다. 다시 말해서, 앞에서 설명했듯이 현재 상태의 욕구와 바람직하거나 이상적으로 여겨지는 상태에 대한 욕구의 차이가 크게 인식되는 상황과 환경에 기업의 마케팅 커뮤니케이션 활동이 파고드는 설득의 장(場)이 존재하게 되는 것이다.

2. 소비자 동기의 이해

동기이론(motivation theory)은 동기를 불러일으키는 요인에 대한 내용과 과정을 다루는 이론을 지칭하며, 동기를 불러일으키는 요인의 내용을 다루는 **내용이론**(content theory)과 동기가 일어나는 과정을 다루는 **과정이론**(process theory)으로 구분된다.

내용이론은 욕구에 의한 동기 유발에 주요 초점을 맞추고 있는바, **욕구중심 이론**

(needs-oriented theory)이라고 평가받고 있으며, 과정이론은 동기가 유발되는 **인지적 과정**(cognitive processing), **정보처리과정**(information processing) 등에 주요 초점을 맞추고 있는바, **인지과정이론**(cognitive process theory)으로 불리기도 한다. 이에 따라 주요 내용이론으로는 매슬로의 욕구계층이론과 프로이트의 동기이론이 주목받아 왔고, 주요 과정이론으로는 인지이론 분야의 균형이론, 일치이론, 인지부조화이론 등이 연구되어 왔다.

한편, '동기'의 개념이 소비자행동, 심리학, 설득 커뮤니케이션 등의 분야에서 범용적으로 쓰이고 있고, 이 장이 '소비자 동기' 이해를 위한 기본적 이론을 다루고자 하는바, 이 절에서는 학제적 측면에서 욕구 기반 동기이론, 인지 기반 동기이론, 기대가치 기반 동기이론으로 구분하여 관련 이론들을 정리 · 소개하고자 한다.

1) 욕구 기반 동기이론

(1) 매슬로의 욕구계층이론

매슬로(Maslow)의 욕구계층 모델은 사람들이 추구하는 욕구가 생리적 욕구, 안전 욕구, 사회적 욕구, 자존감 욕구, 자아실현 욕구로 구분되고, 이 다섯 욕구는 아래에서부터 위로 올라가며 우선순위에 의해 충족을 추구하고 있음을 보여 준다.

여기서 **생리적 욕구**는 배고픔과 피로감의 해결과 같은 원초적 욕구를 의미하며, 즉석식품 광고와 피로회복제 광고 등이 이러한 욕구를 활용한 마케팅 커뮤니케이션 예라 할 수 있다.

안전 욕구는 인간이 고통과 두려움을 피하고 안전한 환경과 건강한 삶을 추구하는 욕구를 말한다. 은행의 저축 광고, 보험 광고, 안전성을 강조하는 자동차의 타이어 광고, 건물/가정의 안전 시스템 광고 등이 안전 욕구를 자극하는 마케팅 커뮤니케이션 활동의 예이다.

사회적 욕구는 가족, 이웃, 동료 등과 함께 공동체나 조직의 일원으로서 소속감을 갖고, 호의적인 인간관계를 유지하며, 사회적 일원으로서 존재하고자 하는 욕구를 의미한다. 밀레니얼 세대 대상의 패션이나 화장품 브랜드 마케팅, 지역 오케스트라 회원 모집, 취미 동호회 회원 모집 등이 사회적 욕구의 충족과 관련된 마케팅 커뮤니케이션 사례이다.

자존감 욕구는 타인으로부터 긍정적인 인정을 받으며, 스스로 중요한 존재로서의 존재감을 느끼고, 자신감과 성취감을 표출하고자 하는 욕구이다. 고가의 브랜드 광고, 예술품 마케팅, 고성능의 음향기기 광고, 해외여행 프리미엄 패키지, 크루즈 세계일주 광고 등이 이들 욕구의 충족을 자극하는 마케팅 커뮤니케이션 활동의 예이다.

자아실현 욕구는 궁극적으로 추구하는 인생의 행복과 삶의 가치를 추구하고자 하는 욕구를 의미한다. 평생교육원 프로그램 마케팅, 성인 대상 예술(음악, 미술 등) 교습 프로그램 광고, 인문학 강연 프로그램 홍보 등이 이러한 가치 실현의 추구에 소구하는 마케팅 커뮤니케이션 활동의 예이다.

이 모델에 의하면, 기업의 마케팅 커뮤니케이션 활동은 시장과 소비자의 욕구를 파악하고, 자사 브랜드와 이렇게 세분화된 욕구와의 적합성을 확인한 후, 이들 소비자의 욕구 충족에 소구할 수 있는 자사 브랜드만의 차별화된 캠페인을 기획 · 실행 · 공유 · 관리 · 평가하는 과정으로 설명할 수 있다.

매슬로의 욕구계층 모델은 동기 유발 요인을 욕구 중심으로 바라보며 접근한 동기 이론으로서 의의가 있다. 하지만 다른 시각에서는, 첫째, 사람들이 이 욕구들 중 몇 가지를 동시에 추구할 수도 있어 욕구가 반드시 위계적이지 않을 수도 있고, 둘째, 욕구의 추구 방향이 상황에 따라 위에서 아래로 내려올 수도 있고, 셋째, 이 다섯 가지만으로 욕구의 개념을 유목화하여 일반화하는 것이 타당하지 않을 수 있고, 넷째, 문화와 환경 요인에 의해 계층 구조가 상이할 수 있으며, 다섯째, 시장과 브랜드 특성에 의해 계층 구조가 다르게 나타날 수 있다는 점에서 논쟁의 대상이 되기도 한다. 〈표 3-1〉은 매슬로의 욕구계층 모델 단계, 개념, 마케팅 커뮤니케이션의 예 등을 정리한 것이다.

표 3-1 매슬로의 욕구계층 모델

욕구계층	개념	마케팅 커뮤니케이션의 예
자아실현 욕구	궁극적으로 추구하는 인생의 행복과 삶의 가치를 추구하고자 하는 욕구	• 평생교육원 프로그램 마케팅 • 성인 대상 예술(음악, 미술 등) 교습 프로그램 광고 • 인문학 강연 프로그램 홍보
자존감 욕구	타인으로부터 긍정적인 인정을 받으며, 스스로 중요한 존재로서의 존재감을 느끼고, 자신감과 성취감을 표출하고자 하는 욕구	• 고가의 브랜드 광고, 예술품 마케팅 • 고성능 음향기기 광고 • 해외여행 프리미엄 패키지 • 크루즈 세계일주 광고
사회적 욕구	공동체나 조직의 일원으로서 소속감을 갖고, 호의적인 인간관계를 유지하며, 사회적 일원으로서 존재하고자 하는 욕구	• 밀레니얼 세대 대상의 브랜드 마케팅 • 지역 오케스트라 회원 모집 • 영화 감상 동호회 홍보
안전 욕구	고통, 두려움, 불안을 회피하고, 안전한 생활환경과 건강한 삶을 추구하는 욕구	• 건물/홈 안전 시스템 광고 • 가족의 안전 생활 추구 자동차 타이어 광고 • 은행의 저축예금 광고, 보험 광고
생리적 욕구	배고픔 해결, 피로감 해결과 같은 원초적 욕구	• 즉석식품 광고 • 피로회복제 광고

(2) 프로이트의 동기이론

프로이트(Sigmund Freud)의 이론은 주로 정신분석학적 접근으로 설명되는 이론이지만, 심리학, 커뮤니케이션, 소비자행동 등의 분야에서도 학제적으로 차용되어 온 이론인 만큼 욕구 기반 동기이론(needs-oriented motivation theory)에서도 핵심 개념으로 설명되는 이론이다. 프로이트의 이론을 이해하기 위해서는 **리비도**(libido), **이드**(id), **자아**(ego), **초자아**(superego), **의식**(consciousness), **무의식**(unconsciousness), **전의식**(preconsciousness), **자아방어기제**(self-defense mechanism) 등의 개념에 대한 이해가 필요하다.

① 리비도

리비도(libido)는 '욕망'을 뜻하는 라틴어에서 유래하였는데, 프로이트 심리학에서

이는 쾌락, 애정, 애착 등의 원인이 되는 정신 활동의 에너지를 말한다. 프로이트에 의하면, 정신적 에너지의 근원은 **충동적 본능**(instinctual impulses)이고, 이러한 충동적 본능은 **자기보존 본능**(self-preservative instinct)과 **자기파괴 본능**(self-destructive instinct)으로 구분된다. 리비도는 이 두 가지 본능 중 삶의 본능(eros)인 자기보존 본능과 밀접하게 관계되는데, 이러한 관련성은 리비도가 성(性)적 긴장감에 의해 자연스럽게 발산되는 에너지라는 점을 지지한다.

이러한 관점에서 프로이트는 리비도가 인간의 전 생애에 존재하며, 인간의 행동을 불러일으키는 정신적 에너지로서의 동인(動因)이 된다고 보았다. 나아가 리비도의 형성, 축적, 발산, 승화 등이 내면의 정신 활동과 연계되며 **퍼스낼리티**(personality) 형성에 큰 영향을 미치고 있음을 제시하였다.

② 퍼스낼리티의 세 가지 요소: 이드, 자아, 초자아

프로이트에 의하면 이드(id), 자아(ego), 초자아(superego)는 성격 구조를 구성하는 구조 모형의 세 가지 퍼스낼리티이다. **이드**는 정신의 무의식적 부분으로서 쾌락 추구의 쾌감 원칙을 따른다. 선악에 대한 도덕적 · 이성적 사고(思考)와 판단도 없으며, 리비도가 충만한 상태이다. 따라서 본능적이며 충동적인 욕구의 영역에 해당되며, 사회적 환경적 측면을 고려할 때 현실적으로 모두 충족되기 어려운 욕구이다. 이에 따라 이드는 외부의 영향과 끊임없는 교섭을 통한 자아 형성의 기초 요소로 기능한다.

기업의 입장에서 소비자가 갖고 있는 **쾌락적 욕구**(hedonic needs) 및 기대가치를 충족시키기 위해 화장품, 패션 등의 분야에서 본능과 연계된 장치들을 설득의 메시지(문자, 영상 등) 속에 전략적으로 배치하는 경우가 있는데, 이러한 접근은 이드가 갖는 본능적이고도 충동적인 욕구를 환기시키고 자극하는 마케팅 커뮤니케이션 전략의 대표적인 예라 할 수 있다.

자아는 프로이트의 퍼스낼리티를 구성하는 이성적 부분으로서, 이드와 초자아를 중재하는 역할을 한다. 이드가 외부 환경과의 지속적인 교섭을 통해 자아 발전의 기초가 되는바, 외부 환경으로부터의 교섭과 영향력의 강도에 따라 자아의 발전과 형성도 비례하여 나타난다. 현실 원칙에 기초한 합리적 사고와 인식을 통해, 내면의 욕구를 외부 세계에서 적절하게 표출하고 만족시킬 수 있는 방안을 합리적으로 찾는 기능을 수행한다. 기본적으로 의식에 의해 통제될 수 있는 사고와 사유들이 자아를 형성하게 되며, 이에 따라 자아는 본능적인 욕구와 사회적 규범 및 도덕적 가치관 사이에서 끊임없이 갈등을 경험하게 되는데, 그 중간에서 수용하기 어려운 불안과 긴장을 경험하게 되면, 자아는 방어기제를 통해 갈등을 해결하고자 행동하게 된다. 이를 자아방어기제라고 한다.

초자아는 프로이트의 퍼스낼리티 3요소 중 하나로서, 도덕적이고도 양심적인 요소이다. 대부분 무의식의 영역에 해당되며, 본능과 자아를 도덕적 가치로 통제하며, 자기 존재의 완성을 추구하는 심리적 현상으로 기능한다. 또한 이상적인 내면 상태를 추구하는바, 궁극적인 자기가치 고양과 자존감의 도덕적 실현과 확인을 위한 행

표 3-2 퍼스낼리티 구성 3요소의 특징과 주요 내용

퍼스낼리티 구성 3요소	이드	자아	초자아
특징	본능적, 충동적	이성적	도덕적, 양심적
지향 원칙	쾌감(快感) 원칙	현실(現實) 원칙	이상(理想) 원칙
의식/무의식 영역	무의식	의식	무의식
주요 내용	• 본능과 충동에 기반한 욕구 추구 • 선악에 대한 도덕적/이성적 사고와 판단 부재 • 리비도 충만 상태 • 현실적인 완전 충족이 어려움	• 이성에 의한 판단으로 합리적 사고와 인식 추구 • 이드와 초자아 간의 중재 • 의식에 의해 통제될 수 있는 사고와 사유들이 자아 형성 • 수용하기 어려운 불안 경험 시, 방어기제를 통해 갈등 해결 시도	• 본능과 자아를 도덕적 가치로 통제 • 자기 존재의 완성과 실현 추구 • 자기가치와 자존감의 이상적 고양 추구

동을 자극하는 요인으로 기능한다. 〈표 3-2〉는 퍼스낼리티 구성 3요소의 특징과 주요 내용을 정리한 것이다.

③ 의식, 무의식, 전의식

의식(consciousness)은 인간의 인지 행동과 경험을 현실에서 인식하는 것을 의미한다. 인간이 욕구에 대하여 관심을 갖거나 문제의 해결 방안에 집중할 때 혹은 외부의 자극을 지각할 때 의식이 활성화되는데, 이렇게 볼 때 의식은 현재 활성화되어 인식되고 있는 기억, 느낌, 경험, 지각 등을 포함하는 개념이다.

하지만 의식 속에서 활성화되어 있던 감정, 인지, 사고 등이 관심 사항 변화, 새로운 주의 환기, 대화 주제의 교체 등과 같은 환경의 변화에 따라 어느 순간 비활성화되면, 그 내용은 무의식 상태로 전환되거나 전의식 상태에 진입하여 남게 된다. 이는 의식이 이성적이고도 논리적인 사고를 바탕으로 한 현상, 상황, 대상의 인식이라는 특징도 갖고 있지만, 다른 시각에서 볼 때는 환경과 상황의 변화에 따른 지속적인 가변성의 한계 또한 내포하고 있음을 의미한다. 이러한 관점에서 프로이트는 의식이 인간 심리의 표면에 불과하고, 인간 심리의 바탕에 깔려 있는 무의식이 본원적으로 인간의 내면을 지배하는 핵심적 요소라고 주장한다.

무의식(unconsciousness)에는 충족되지 못한 본능적 · 충동적 욕구들이 존재하는데, 이들은 의식으로 떠오를 경우 심적 불안과 갈등을 야기할 수 있기 때문에 지속적으로 억압된다. 성적 욕구, 공격성, 상처의 경험, 열등감, 죄책감 등이 대표적인 요소들인데, 이렇게 억압된 내용들이 표출되는 상황은 다음과 같다.

첫째, 자아에 의해 억압되는 무의식 속의 요소들이 직접 드러날 수 없는 상황에서 꿈이나 잠꼬대, 심지어 정신질환으로 나타나기도 한다. 둘째, 이러한 무의식 속의 본능적 요소들은 심리적으로 약해지는 시점에서 의식으로 표출되기도 하는데, 이런 경우 원래의 모습에서 변형되거나 왜곡된 모습으로 드러나기도 한다. 셋째, 전의식으로 저장되어 있다가, 상황에 따라 의식의 영역으로 떠오르기도 한다.

기업은 자사 브랜드의 마케팅 커뮤니케이션 활동에서 인간의 무의식을 이용하는 설득 메시지를 제작하는 경우가 많은데, 고급차 광고에 투사되는 성공의 상징적 이미지, 폭력적인 전투 게임 광고 영상에 상징적으로 숨겨진 공격성, 날씬함이 강조되는 패션 광고에서 소구되는 성적 욕구의 대리 충족 등이 그 예라 할 수 있다.

프로이트는 무의식을 빙산(iceberg)에 비유하면서, 물 위에 드러난 부분이 인간 심리의 의식에 해당한다면, 물속에 잠긴 대부분의 영역은 인간 심리의 무의식 영역과 같다고 설명하며, 인간의 내면세계를 지배하고, 행동의 방향에 영향을 미치는 중요 요소로서 무의식의 영향력을 강조하였다.

전의식(preconsciousness)은 현재는 의식의 영역에 떠올라 있지 않지만 상황적인 자극에 의해 즉시 의식으로 떠오를 수 있는 기억, 느낌, 경험, 지각 등이 저장되어 있는 정신 영역이다. 우리가 일상에서 자주 기억하지 않는 것들은 전의식 속에 저장되었다가 그 상황이 지속되면 시간이 흐름에 따라 무의식 영역으로 들어가게 되는데, 이러한 현상은 자아에 의해 억압되어 무의식의 영역에 있는 본능적 욕구들 또는 잠시 잊혀져 있었지만 언제라도 기억으로 소환될 수 있는 경험 등이 심리적 상황 변화에 따라 전의식으로 옮겨진 후, 다시 의식으로 떠오를 수 있음을 시사한다. 전의식이 무의식의 영역과 의식의 영역을 연결하는 중간적 역할을 수행하기 때문이다.

특정 브랜드 광고가 **생활의 단면**(slice of life) **소구 기법**을 통해 연출하고 있는 '화목한 가족의 단란한 순간' 장면에 우연히 노출된 출근길 소비자가 타국에 유학 중인 자녀의 모습을 순간 떠올리게 되는 상황을 가정해 보자. 여기서 순간 떠오른 자녀의 모습은, 광고에 노출되기 전까지는 전의식 영역에 머물러 있다가 광고에 노출된 순간 의식 영역으로 떠오른 것으로 이해할 수 있다.

한편, 무의식의 영향력과 중요성은 사회과학의 조사 분야에도 큰 영향을 끼쳤다. **질적 조사**의 경우 현상에 대한 해석 중심의 접근 방법으로, **양적 조사**가 다루기 어려운 심층 동기의 추적과 분석이 가능하기 때문에, 실무에서 객관성의 확보, 결과의 일반화, 인과관계의 추적과 확인 등의 장점을 지닌 양적 조사와 함께 상호보완적 측면에서 실용적으로 활용되고 있다.

표 3-3 투사법 유형과 예

분류	세부 유형	예
완성기법	문장 완성	• 사람들은 ____ 때문에 소형/중형/대형/수입 자동차를 탄다. • 내가 D 월드를 좋아하는 이유는 ____ 때문이다.
	스토리 완성	A와 B가 콜라를 마시려고 편의점에 들렀다. 냉장고 문을 열려고 하는 순간 C 콜라와 P 콜라가 동시에 눈에 들어왔다. 둘은 어떤 콜라를 마실지에 대하여 대화를 나누고 있다. 두 사람이 어떤 대화를 하고 있는지, 어떤 결정을, 왜 내리게 될지를 상상해서 설명하라.
연상기법	단어 연상	'In-N-Out' 하면 무엇이 떠오르는가? (우선순위로 응답)
	장면 연상	• 젊은 연인이 함께 '밀키웨이' 맥주를 마시고 있는 사진을 보면 무엇이 떠오르는가? • 남자들끼리 '밀키웨이' 맥주를 마시고 있는 사진을 보면 무엇이 떠오르는가?
표현기법	의인화	'Five Guys'를 사람이라고 생각하고 생생하게 묘사하라.
	설득자 역할	친한 친구가 햄버거에 부정적인 생각을 갖고 있다. 이 친구에게 점심으로 Honesty Pays 버거를 먹자고 설득하라.
	제3자 역할	점심시간에 A와 B가 'Pop eyes'에 갈까, 아니면 'KFC'에 갈까를 이야기하고 있다. 제3자 입장에서 당신의 생각은 어떠한가?
유목화-구성 기법	은유추출 기법	• 하버드 대학교의 잘트만(Zaltman, 2003)이 개발함(ZMET) • 사람들에게 특정 주제를 제시하고, 일정 기간 동안 이 주제에 대한 느낌이나 감정을 가장 잘 표현한 것이라고 생각하는 사진, 그림 등을 준비시킨 후, 이를 중심으로 면담을 실시하여 내면에 잠재된 의식과 동기를 찾아내는 방법임 • 예를 들어, 남성들이 면도기 사용과 관련하여 날카로움, 통증, 피, 붉은색 등의 사진이나 그림을 선택했다면, 이는 면도 시의 베임과 상처에 대한 두려움을 암시할 수 있는바, 면도기 브랜드 K의 안전성을 강화하고 이를 알리는 방향의 전략이 고려될 수 있음
	이미지 분류 기법	• 사람들에게 특정 목적에 맞춰 유목화된 다양한 이미지(예: 성별, 연령별, 라이프스타일별 등)를 제시하고 이 이미지들 중에서 특정 브랜드와 관련된 이미지를 추출 분류하도록 하는 방법임 • 이미지 분류법의 결과, 예를 들어 타깃이 20대로 맞춰진 브랜드의 이미지를 응답자들이 30대에 적합한 이미지로 인식하고 있다면, 20대 이미지의 강화 혹은 30대까지 포함하는 타깃 재설정 등의 전략이 고려될 수 있음

출처: 김철호(2017), p. 82에서 수정 인용.

무의식이 활용되는 질적 조사의 대표적 예로는 인터뷰 유형(심층인터뷰, FGI)과 투사법 등이 있다. **심층 인터뷰**(in-depth interview)는 정해진 주제에 대한 자연스러운 인터뷰를 통해 응답자로부터의 무의식적인 태도, 동기, 개인적 의견을 수집하는 방법이다. **FGI**(Focus Group Interview)는 10명 내외의 대상을 모아 놓고, 정해진 주제에 대한 편안한 상황에서의 대화를 통해 자료를 수집하는 방법이다. **투사법**(projective technique)은 응답자가 자신을 무의식중에 특정 상황에 투사하여 응답하도록 진행하는 동기 분석 방법이다. 〈표 3-3〉은 무의식이 활용되는 투사법의 유형과 예를 표로 요약한 것이다.

2) 인지 기반 동기이론: 인지일관성이론

인지일관성이론(cognitive consistency theory)은 인간이 자신의 태도와 행동 사이에서 인지적 일관성을 능동적으로 유지하려는 경향이 있다고 보는 이론이다. 기본적으로 게슈탈트학파에 이론적 토대를 두고 있는 인지이론과 밀접한 관련이 있다. 이 이론은 태도와 행동 사이에서 일관되지 않은 인지가 발생하는 상황에서 인간이 심리적인 불편함과 갈등을 경험하는데, 이것이 대상에 대한 태도나 신념을 바꾸는 동기가 될 수 있음을 지적한다. 대표적인 인지일관성이론으로서의 균형이론, 인지부조화이론 등이 있다.

(1) 균형이론

하이더(Heider)에 의해 제시된 이론으로, 사람이 어떤 대상들을 평가할 때 평가들 간에 불일치가 일어나면 심리적 불안감과 긴장감을 갖게 되는데, 이러한 불안감과 긴장감이 사람으로 하여금 그 긴장을 해소하도록 이끄는 동기로 작용한다는 관점을 갖는다. 하이더는 **균형이론**(balance theory)을 자신(Person: P), 다른 사람/집단(Other: O), 대상/자극/이슈(Objects: X)의 개념으로 설명하였는데, 사람들이 태도와 행동에 있어서 타인과 긍정적이든 부정적이든 유사한 방향성을 선호한다는 점에

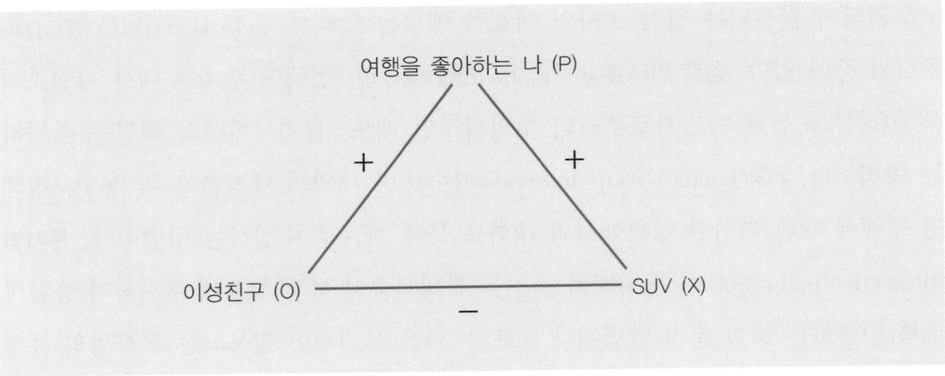

[그림 3-1] 나(P)와 이성친구(O)와 SUV(X)의 관계

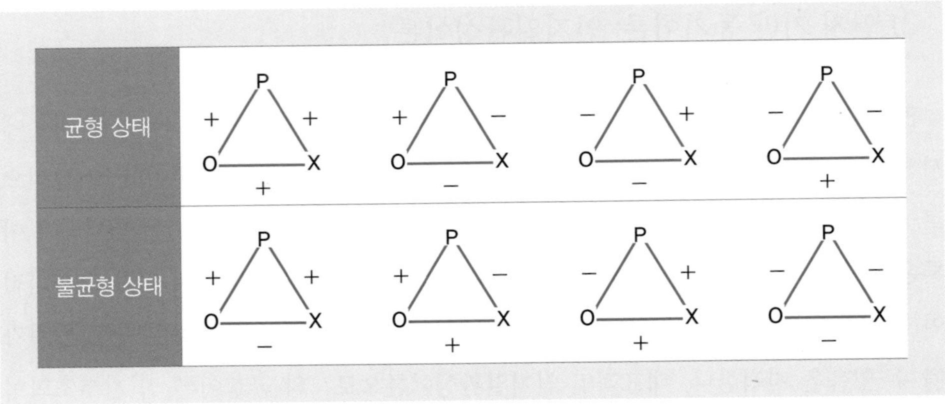

[그림 3-2] 균형이론에서의 균형 상태와 불균형 상태

주목한 것이다. 예를 들어, 여행을 좋아하는 나(P)는 SUV(Sports Utility Vehicle; X)를 선호(+)하는데, 내가 좋아하는(+) 이성친구(O)가 SUV(X)를 불편하게 생각(−)한다면, 이 세 요소 간에 인지의 불균형이 발생하게 된다.

균형이론에서 불균형의 해소 방법은 다음과 같다.

첫째, P-O 간의 관계 혹은 P-X 간의 관계를 바꾼다. [그림 3-1]에서 심리적 균형을 유지하기 위해 내가(P) SUV(X)를 포기하거나 나(P)와 이성친구(O) 간의 관계를 바꾸는 등의 행동으로 인지적 긴장감을 해소하고 인지적인 균형을 회복하려는 시도가 그 예이다. 현실에서는 인간관계의 긍정적 유지 욕구인 **긍정적 편견**(positive bias)에 의해, P-O 간의 긍정 관계 유지를 우선적으로 추구하고, 그 후에 P-O 관계의 긍정성 여부를 기준으로 P-X 간의 관계를 조정하게 된다.

둘째, 세 요소 중 하나를 교체한다. [그림 3-1]에서 대상(X)인 SUV 대신 나와 이성친구가 함께 좋아할 수 있는 자동차(X)를 찾아서 바꾸든지, 여행을 좋아하는 내가 SUV를 포기할 수 없다면 SUV를 좋아하는 다른 친구(O)를 찾든지 하려는 시도가 그 예이다.

셋째, 대상(X)에 대한 긍정적 · 부정적 요소와 관계를 구분하여, 부정적 관계의 원인 요소를 대체할 새로운 긍정 정보를 제시한 후 세 요소 간의 관계를 재정립한다. [그림 3-1]에서 이성친구가 SUV의 승차감에 부정적 감정을 갖고 있는 만큼, 신형 SUV가 개선점으로 소구하는 더 편안한 승차감을 강조하며 제시하여, 이성친구의 SUV에 대한 긍정적 반응을 재정립하려는 시도가 그 예이다.

넷째, 대상(X)에 대한 차별화된 특징을 새롭게 부각시켜 기존 부정적 관계를 도출해 낸 원인의 영향력을 무력화 혹은 최소화한다. [그림 3-1]에서 신형 SUV가 소구하는 안전성과 디자인을 새롭게 환기시켜 기존의 승차감에 대한 불신을 무력화하거나 최소화하며, 이성친구의 SUV에 대한 긍정적 반응을 재정립하려는 시도가 그 예이다.

균형이론은 기업의 마케팅 커뮤니케이션에도 자주 전략적으로 활용된다. 예를 들어, 20대가 타깃인 패션 기업 F가 자사 브랜드 Z에 대한 타깃의 무관심과 낮은 선호도로 인한 매출 하락의 위기를 벗어나고자, 20대에게 인기 있는 연예인을 광고 모델로 내세우는 전략을 수립한 상황을 가정해 보자(제품의 품질과 유통 등의 기타 환경은 경쟁사와 동일하다고 가정해 두자). 20대 소비자(P)의 입장에서 볼 때, 패션 브랜드인 Z에 대해서는 별 관심이 없거나 선호가 낮은데 좋아하는 연예인이 그 브랜드에 모델로 나오는 광고에 노출된다면 그들 입장에서 우선 심리적인 불편함이 생길 수 있지만, 브랜드 Z에 대한 무관심, 낮은 호감, 연예인에 대한 호감도, 높은 팬덤 간의 불균형을 해소하기 위한 동기의 발현에 의해 태도가 변화될 수 있고, 결과적으로 패션

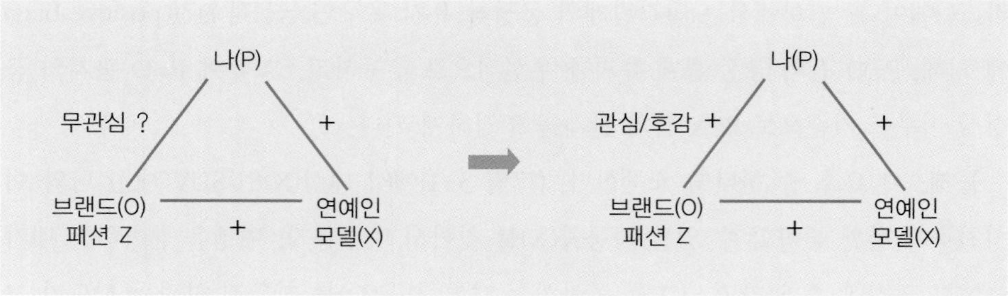

[그림 3-3] 나(P)와 브랜드(O)와 유명인 광고 모델(X)의 관계

브랜드 Z에 대한 태도도 긍정적으로 바뀔 수 있다.

균형이론은 다음과 같은 한계를 갖는다. 첫째, 세 요소 간의 관계를 긍정과 부정의 이분법에 의해 판단하고 있다는 점이다. 이는 관계의 질적 정도와 요소 간 균형의 정도는 고려하지 않는다는 단점으로 지적된다. 둘째, 세 요소 간의 불균형의 확인은 균형을 지향하려는 의식의 환기와 방향성을 제시할 뿐, 균형을 위한 행동이 실제로 실행되는지의 여부는 확실하게 설명할 수 없다. 셋째, 인간의 신념과 태도의 정도는 다차원적으로 표출됨에도 불구하고, 균형이론은 단순히 호감과 비호감으로만 인지의 조화 여부를 판단한다는 비판을 받는다. 넷째, 균형이론은 세 요소를 넘어서는 관계를 설명할 수 없다는 제한을 받는다.

(2) 인지부조화이론

인지부조화이론(cognitive dissonance theory)은 페스팅거(Festinger)에 의해 제시된 것으로, 인간이 경험한 두 개의 인지 간에 부조화가 발생할 경우, 이러한 부조화를 감소시키거나 제거하기 위한 동기가 유발되고, 이를 통해 인지적 조화를 추구하고자 하며, 이 과정에서 태도의 변화가 일어날 수 있다는 이론이다. 즉, **인지부조화**가 동기를 불러일으키는 원인이 된다는 관점이다.

인지부조화가 발생하는 경우는 다음과 같다. 첫째, 소비자가 고가품, 예술품 등의 구매 후 평가나 구매 결과를 중요하게 인식하는 경우이다. 이는 고가의 명품, 예술

작품 구매를 통한 사회적 성공과 신분의 상징화에 대한 기대가치가 높은 상황에서 발생한다. 예를 들어, 사회적 성공과 신분의 상징처럼 인식되는 고가의 명품이나 예술품을 구매하였는데, 상징적 이미지 제고와 유지를 위한 구매 후 평가가 만족스럽지 않게 나타나는 경우, 인지부조화가 발생하기 쉽다.

둘째, 구매를 고려했던 선택대안들이 각각 차별적인 특징을 갖고 있는 경우이다. 예를 들어, 동일 가격의 자동차와 모터사이클 중 안전성을 고려하면 자동차가 좋지만, 도심 속 이동 편리성과 스포티한 이미지를 고려하면 모터사이클이 선호되는 상황에서 의사결정에 대한 주변의 평가가 상이하게 나타나는 경우에 인지부조화가 발생할 수 있다.

셋째, 한 번 결정한 것을 쉽게 되돌리거나 취소하기 어려운 상황에 처한 경우이다. 홈쇼핑에서 구입한 주방용품이나 백화점에서 구입한 제품을 쉽게 환불할 수 있는 경우에는 인지부조화가 발생한다고 보기 어렵다. 하지만 신형 자동차를 구매한 후 일정 기간이 지나도록 타고 다닌 경우에는 생각하지 못했던 요인에 의해 개인적 선호도나 만족감이 떨어지더라도 쉽게 환불이 안 되기 때문에 인지부조화가 발생할 수 있다.

넷째, 긍정적 강화(보상)나 부정적 강화(처벌)에 의해 평소의 신념에 반하는 의사결정이 이루어진 경우이다. 예를 들어, 평소에 도서를 구입하지 않고 도서관에서 책을 빌려서만 읽던 사람이 서점에서 우연히 '인문학 전집 100권 50% 세일'이라는 광고를 보고 마음이 움직여 전집을 구입하였는데, 다음 날 동료에게 권한 후 '도서관에서 빌리거나 앱으로 다운로드해서 보는 것이 더 합리적'이라는 반론을 듣고, 가족으로부터는 '안 하던 짓을 해서 서재 활용 공간이 적어졌다.'는 불평을 듣게 된다면, 인지부조화가 발생할 수 있다.

인지부조화가 발생하고 부조화의 강도가 심리적으로 무시할 수 있는 임계치를 넘어서게 되면, 인간은 가능한 한 부조화를 없애서 인지 간의 조화를 추구하도록 동기화된다. 그리고 이 과정에서 태도 변화가 일어나기도 한다. 한편, 사람들은 이미 습관화된 자기 행동을 바꾸기가 어려운 경우가 많은데, 이에 따라 '행동'을 바꾸기보다는 선택대안을 지지할 수 있도록 '태도'를 바꾸는 것이 더 쉬운 방법으로 선택된다.

인지부조화를 감소시키기 위한 방법은 다음과 같다.

첫째, 합리화이다. 이는 자신이 선택한 대안이 가진 장점들이 선택에서 포기된 대안들이 가진 장점에 비해 월등히 뛰어나다는 점을 확인해 가면서, 자신의 선택이 궁극적으로 바람직한 의사결정이었다는 점을 강조하여 인지 간의 조화를 추구하는 것을 의미한다. 담배를 30년 이상 피워 온 흡연가가 억지로 금연하는 스트레스를 받으며 신체적 건강을 챙기는 것보다, 일찍 죽더라도 흡연이 가져다주는 즐거움과 이로 인한 사회적 스트레스 해소가 자신의 정신건강에는 더 좋다고 주장하는 것이 그 예이다.

둘째, 차별화이다. 이는 자신이 선택한 대안이 선택하지 않은 다른 대안에 비해 차별화된 중요성을 갖는다고 주장하면서 인지 간의 조화를 추구하는 방법이다. SUV를 구매한 소비자가 세단의 장점을 이야기하는 주변인에게, SUV는 일반 세단과는 근본적으로 다른 제품이며, 자신이 선택한 브랜드의 SUV가 세단에는 없는 특화된 기능을 갖고 있음을 제시하면서 심리적 안정과 조화를 추구하는 것이 그 예이다.

셋째, 지속적인 정보탐색이다. 이는 소비자가 자신이 선택한 대안의 우수성이나 차별점을 지지해 줄 정보를 적극적으로 탐색하고, 반대로 자신의 선택에 부정적인 정보는 의도적으로 회피하여, 심리적인 안정을 취하며 인지부조화를 감소시키는 방법이다. 예를 들어, SUV와 세단 중의 선택 구매를 오랫동안 고려하다가 SUV를 선택한 소비자의 경우, 제조사의 홈페이지나 소셜미디어를 통해 자신이 구입한 SUV에 대한 장점을 꾸준히 확인하거나, SUV 동호회에 가입하여 지속적인 긍정적 정보를 확인하며 인지 간의 조화를 추구하는 방법이다.

3) 기대가치 기반 동기이론

기대가치는 "의식과 행위의 주체자가 스스로의 주관적 사유, 의지, 욕망, 행동으로부터 기대하는 가치"(김철호, 2017)이다. 개념적으로 볼 때, 기대가치는 소비자행동,

커뮤니케이션, 심리, 마케팅 등의 분야에서 인간 행동의 이해를 돕는 핵심 요인으로 연구되어 온 '가치'의 개념을, 태도와 행동의 동인(動因)으로서의 '기대' 개념과 학제적으로 융합한 것이다.

마케팅 커뮤니케이션 관점에서 볼 때, 가치를 바라보는 시각은 가치의 적용 대상을 개인으로 보는 개인 가치 중심 관점, 집단으로 보는 집단 가치 중심 관점, 소비자로 보는 소비자 가치 중심 관점으로 구분할 수 있다.

1980년대까지 소비자 가치 분야에서 가치를 보는 관점은 '가격'과 '품질' 중심의 접근이었다. 이는 소비자를 논리적인 판단의 주체로 보는 동시에 문제해결자로 보는 이성적 관점이다. 이러한 관점에 대하여 배빈, 다든과 그리핀(Babin, Darden, & Griffin, 1994)은 소비자 가치의 연구가 이성적 · 논리적 접근과 감성적 · 경험적 접근의 조화로 진행되어야 함을 주장하고, **실용적 가치**(utilitarian value)와 **쾌락적 가치**(hedonic value)의 개념을 강조하였다.

하지만 당시까지의 소비자 가치 연구가 가치를 교환 행위 '이후'의 개념으로 간주하고 진행된 것이라는 지적과 함께, 교환 행위 '이전'의 '기대' 개념을 '가치'에 적용한 소비자 기대가치 개념이 강조되었고, 이에 따라 실용적 기대가치, 쾌락적 기대가치, 관계적 기대가치 등의 개념이 제시되었다(김철호, 2008, 2013). 기대가치가 소비자로 하여금 다양한 마케팅 커뮤니케이션 활동에 주체적 의지를 갖고 참여하도록 이끄는 강한 동인임을 강조한 것이다. 이는 소비자가 구매하는 것이 단순한 제품이나 혜택을 넘어서는 주관적인 기대가치라고 보는 관점을 지지한다.

3. 관여도

1) 관여도의 정의와 개념

관여도는 특정의 조건과 환경에서 객체인 대상에 대한 행위 주체의 중요성 지각

정도이다. 소비자행동의 관점에서 볼 때, 이러한 정의에서 언급된 행위 주체는 개인, 대상은 특정 제품, 서비스, 아이디어 등에 해당된다. 이에 따라 관여도는 의식과 행위 주체로서의 개인, 행위를 받는 객체로서의 대상, 이들을 둘러싼 조건과 환경 간의 상호작용에 의해 존재하게 된다.

관여는 셰리프와 캔트릴(Sherif & Cantril, 1947)이 발표한 『The Psychology of Ego Involvement』에서 연구가 시작되었고, 크루그만(Krugman)에 의해 사회과학 분야에 적용된 이후로 소비자 심리와 행동의 이해를 돕는 핵심적인 요인으로 주목받아 왔다. 사실 관여의 개념이 심리학, 마케팅, 커뮤니케이션, 미디어, 교육학 등 다양한 분야에서 학제적으로 연구되고 있고, 그 용어의 보편성에 따라 사회과학뿐만이 아닌 교육, 인문, 예술 등의 분야에서도 범용적으로 쓰이고 있다는 점을 고려한다면, 관여는 우리 사회에 폭넓게 확산되어 사용되고 있는 보편적 용어라고 할 수 있다. 그리고 이러한 사실은 곧 관여의 이해가 소비자와 소비심리를 둘러싼 주변 환경을 이해하는 단초가 될 수 있다는 점을 반증해 준다.

2) 관여도의 구분과 종류

관여도의 개념을 어떻게 구분할 것인가에 대해서는 관여도가 학제적 성격을 띠고 연구되어 온 것처럼 연구자의 관심과 주제에 따라 다양하다. 대표적인 구분을 살펴보면, **관여도**는 그 수준에 따라 고관여와 저관여, 상황의 시간성에 따라 상황적 관여와 지속적 관여로 구분된다.

(1) 고관여와 저관여

관여도를 수준에 따라 범주화한 고관여와 저관여는 가장 일반적으로 관여를 구분한 것으로, 사회적 판단이론에서는 메시지의 수용 영역과 거부 영역을 결정하는 중요 단서로 설명된다. 관여의 고/저 수준은, 사회과학 분야에서는 **FCB GRID 이론**(Vaughn, 1986)과 **정교화 가능성 모델**(Elaboration Likelihood Model: ELM; Petty &

Cacioppo, 1981) 등에 적용되며 활발히 연구되었다.

FCB GRID 이론은 관여 수준(고/저)과 두뇌분할이론에 근거한 소비자 성향[이성(좌뇌)/감성(우뇌)]에 의해 4개의 분면을 구성하고, 각각의 분면이 가진 차별화된 특성으로 제품군을 유목화하여 설명한 것이다. 이 이론은 고관여-이성 분면은 정보적 소비자의 Learn(인지)-Feel(느낌)-Do(행동)에 따른 태도의 위계를 설명하고, 고관여-감성 분면은 감성적 소비자의 Feel(느낌)-Learn(인지)-Do(행동)에 따른 태도의 계층을, 저관여-이성 분면은 습관적 소비자의 Do(행동)-Learn(인지)-Feel(느낌)에 따른 태도의 위계를, 그리고 저관여-감성 분면은 자아만족적 소비자의 Do(행동)-Feel(느낌)-Learn(인지)에 따른 태도의 계층을 설명한다. 관여의 수준이 이성/감성 차원을 세분화하고, 제품군의 범주화를 이끄는 주요 단서로 기능한 것이다.

ELM은 소비자가 '동기'와 '능력'을 갖추고 있을 때 정보처리과정에 자발적으로 들어가게 되며, 여기서 관여도는 설득 메시지를 처리하는 경로의 결정에 영향을 미치는 역할을 한다고 주장한다. ELM에 의하면 고관여 소비자는 중심경로를 통해 이동하며 메시지의 질과 같은 중심 단서에 의해 영향을 받고, 저관여 소비자는 주변경로를 통해 이동하면서 모델의 호감도, BGM의 친숙성과 같은 주변 단서에 의해 영향을 받는다.

두 이론 모두 1980년대 이성과 감성의 조화가 사회과학 전 분야에 걸쳐 강조되던 시기에 등장한 것으로, 무엇보다도 관여도 개념이 소비자 심리와 행동의 이해에 도움이 되는 중요한 요인임을 입증한 것이다.

(2) 상황적 관여와 지속적 관여

관여도는 상황의 시간성에 따라 상황적 관여와 지속적 관여로 구분된다. **상황적 관여**는 소비자의 대상에 대한 중요성 지각 정도가 상황에 따라 좌우되는 현상을 말한다. 소비자가 처한 특별한 상황하에서 관여도가 일시적으로 높아지고, 해당 상황이 종료되면 관여도가 다시 낮아지는 것으로도 설명된다. 평소에 커피 종류에 관심이 없던 사람이 커피를 좋아하는 친구의 생일선물용으로 커피 구매를 고려할 때 일시적으로 커피 종류에 대한 관여가 높아지고, 친구의 생일이 지나면서 커피 종류에 대한 관여가 다시 평소 수준으로 낮아지는 경우가 상황적 관여를 갖고 있는 소비자의 예이다.

지속적 관여는 소비자의 대상에 대한 중요성 지각 정도가 지속적으로 유지되는 현상을 말한다. 클래식 음악을 좋아하는 사람이 평소 지속적으로 클래식을 들으며, 관련 정보를 수집하고, CD를 모으며, 음악회에 참석하고, 동호회 회원으로 활동하는 것은 지속적 관여를 갖고 있는 소비자의 예이다.

3) 관여도의 측정

관여도의 수준을 측정하는 대표적인 연구는 자이코프스키(Zaichkowsky, 1985)의 PII(Personal Involvement Inventory) 연구이다. PII는 관여의 수준을 측정하기 위해 개발된 20개의 문항을 각각 7점 의미분별 척도로 측정한 것이다. 이에 따라 최하 20점에서 최고 140점까지 분포된 조사 결과가 수집되었는데, 자이코프스키는 이 결과를 기준으로, 정규분포상의 하위 25%에 해당하는 점수의 응답자를 저관여로, 중간에 해당하는 50%는 이론적 중간으로, 상위 25%에 해당하는 점수의 응답자를 고

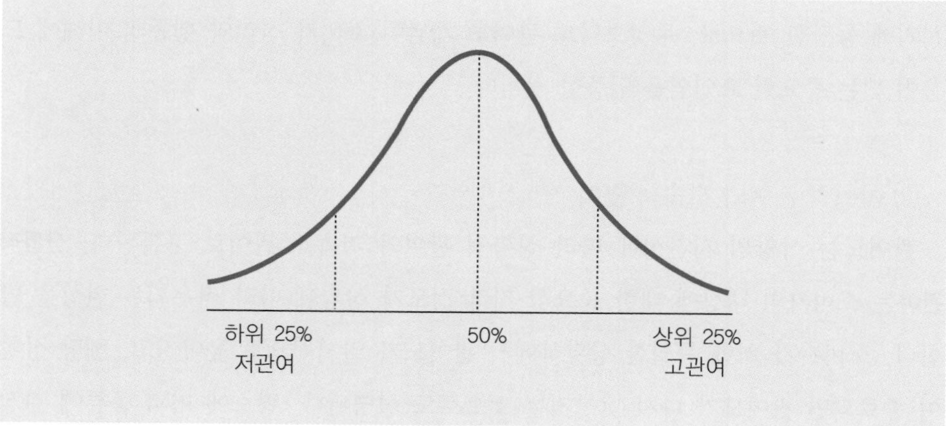

[그림 3-4] 자이코프스키의 고관여 · 저관여 선정의 기준

관여로 정의하였다. [그림 3-4]는 자이코프스키가 조작적으로 정의한 고관여와 저관여 선정의 기준을 그림으로 나타낸 것이다.

자이코프스키의 PII에 의한 고관여 · 저관여 선정 기준은 현재에도 학자들에 의해 많이 활용되고 있는데, 다만 앞의 기준에서 50%에 해당하는 응답이 이론적 중간으로 처리되고 있음을 고려하여, 조사의 표본 확보가 어려운 경우 고관여 · 저관여에 해당하는 비율을 조작적 정의로 조정하여 수집된 표본의 활용을 높이기도 한다.

우리나라에서는 PII 20개 문항 중 해석상의 의미가 중복되는 것을 제외하고 사용되고 있는데, 〈표 3-4〉는 우리말로 정리되어 사용되는 자이코프스키의 PII 측정 항목이다(이학식, 1990).

표 3-4 우리말로 정리된 자이코프스키의 PII 측정 항목

중요하다	___	___	___	___	___	___	___	중요하지 않다
관련이 크다	___	___	___	___	___	___	___	무관하다
의미가 크다	___	___	___	___	___	___	___	의미가 작다
유용하다	___	___	___	___	___	___	___	유용하지 않다
가치가 크다	___	___	___	___	___	___	___	가치가 작다
중대한 것이다	___	___	___	___	___	___	___	하찮은 것이다
유익하다	___	___	___	___	___	___	___	유익하지 않다
관심이 많다	___	___	___	___	___	___	___	관심이 없다
매력적이다	___	___	___	___	___	___	___	매력적이지 않다
원한다	___	___	___	___	___	___	___	원하지 않는다
바람직하다	___	___	___	___	___	___	___	바람직하지 않다
필요하다	___	___	___	___	___	___	___	필요하지 않다

제4장

소비자 학습

김연주(단국대학교 커뮤니케이션학부 겸임교수)

1. 학습의 원리
2. 고전적 조건화
3. 조작적 조건화
4. 사회학습

◈◇◈

우리는 일상생활에서 수많은 제품의 광고를 접하고 소비를 통해 경험하거나 다른 소비자들을 관찰함으로써 제품의 속성을 배우고 제품에 대한 평가를 내린다. 이렇게 습득된 제품에 대한 신념, 태도, 선호, 경험은 소비자의 기억에 저장되며, 이러한 기억정보는 새로운 제품의 평가나 선택 상황에서 이용된다. 소비자의 지식 습득은 새로운 환경에 대처하는 행동을 결정하는 중요한 요인이 된다. **학습**(learning)이란 환경사건과 경험으로부터 발생하는 비교적 장기적인 행동 경향의 변화를 의미한다(Domjan & Burkhard, 1986). 이러한 학습은 직접적인 경험 없이도 나타날 수 있는데, 제품의 광고나 다른 소비자들의 행동을 관찰함으로써 그 제품에 대한 신념이나 태도를 형성할 수 있다. 따라서 학습은 제품에 대한 신념, 태도, 행동의 변화를 모두 포함하며 장기적인 행동의 변화이다. 소비자의 학습은 새로운 환경에서 획득하는 정보에 맞추어 자신의 신념을 바꾸는 방향으로 나타나며, 여기에는 외현적 행동뿐만 아니라 새로운 인지적 요소의 획득과 새로운 태도의 형성이 모두 포함된다(Shimp, 1991).

학습은 지각과 기억을 통한 연합을 통해 지식을 형성하는 과정으로 볼 수 있다. 이러한 지식은 소비자가 구매 행동에 대한 의사결정에 대한 근거로 삼는 정보들이기에 학습이론을 이해하는 것은 마케팅 활용 측면에서 매우 중요하다. 학습의 결과로 기억 속에 저장된 제품 이미지, 제품 경험, 신념, 태도는 브랜드에 대한 소비자들의 충성도를 유지하는 데 중요한 근거가 되는 지식들이다. 이 장에서는 학습의 개념과 이론에 대해 살펴보고, 이러한 학습이론들을 통해 인간의 인지적 과정으로 나타나는 행동 변화를 설명하고자 한다.

1. 학습의 원리

학습이란 경험이나 정보에 노출되며 나타나는 행동 경향의 변화, 개인이 환경의 변화에 대응하여 목표지향적 행동을 변화시키는 순응 과정을 모두 의미한다. 마케팅 측면에서 볼 때, 학습은 소비자가 새로운 환경에서 얻는 정보를 이해하기 위해 자신의 신념을 변경시킬 때 일어난다고 본다(Hoch & Deighton, 1989). 소비자의 학습은 시장 상황에서 획득하는 제품의 구매, 소비와 같은 외현적인 행동뿐 아니라 새로운 신념과 태도의 획득을 모두 포함한다. 학습은 지각이나 기억을 통해 제품이나 브랜드에 관련된 지식을 형성하는 과정이며, 그 제품에 대해 소비자들이 느끼는 감정과 같은 다양한 개념과 연계 혹은 연합될 수 있다.

이러한 연합은 **지각**과 **기억**을 토대로 한다. 소비자가 기억하고 있는 제품에 대한 정보의 대부분은 학습의 과정을 통해 만들어지며, 따라서 학습은 지각과 기억의 과정을 통하여 지식을 형성하는 과정이다. 특히 학습에서 광고는 소비자들로 하여금 브랜드에 대한 지식을 습득하게 하는 정보의 원천으로 매우 중요한 역할을 한다.

학습이론은 크게 **연합학습이론**과 **인지학습이론**으로 나눌 수 있다. **연합학습**은 자극과 반응/행동 또는 반응과 강화 간의 연합에 의한 행동의 변화를 말하며, 인지학습은 소비자가 여러 대안에 대한 정보를 습득하고 처리하여 자신이 기존에 형성하고 있는 신념과 통합하는 적극적인 정보처리과정을 말한다. **인지학습**에서는 학습을 매우 능동적인 과정으로 보고 소비자들이 제품에 대해 직접적인 경험을 하거나 다른 소비자들을 관찰하고 매체나 정보원으로부터 제품의 정보를 처리한 결과로 학습이 이루어진다고 제안한다. 따라서 인지학습에서는 환경과 사건 간의 단순한 연합이 아니라 이러한 사건의 관계성을 해석하는 인간의 인지적 과정을 통해 행동의 변화를 설명하고자 한다.

1) 연합학습

학습의 가장 기본적인 형태인 연합학습은 유기체가 환경 내의 사건들을 서로 연결할 때 발생하며, 학습이 외부의 자극에 의한 반응의 결과로 나타난다고 가정한다. 연합학습에서는 유기체가 어떠한 인지과정 없이도 반응이 형성된다고 본다. 연합학습은 고전적 조건화와 조작적 조건화로 구분할 수 있다.

고전적 조건화(classical conditioning)는 환경 내에서 발생하는 두 자극 간의 연합에 의한 행동의 변화를 설명한다. 즉, 특정 반응을 일으키는 무조건 자극과 중성 자극을 연합하여 반복적으로 제시한 후 중성 자극만 제시해도 전과 동일한 반응을 일으킬 때 발생한다. 이는 중성 자극이 무조건 자극과 연합하여 반복적으로 제시됨으로써 무조건 자극의 효력을 획득했기 때문이다. 고전적 조건화는 상품에 대한 정서적 반응을 잘 설명해 줄 수 있을 뿐 아니라 광고에도 많이 이용된다. 많은 광고가 고전적 조건화를 바탕으로 제작되며, 광고가 고전적 조건화를 통해 연합을 형성하는 이론적 토대 또한 널리 쓰이고 있다(Schiffman & Kanuk, 1983). 예를 들어, 광고에서 좋은 반응을 일으키는 모델 혹은 음악은 여러 번의 학습된 연합에 의하여 소비자들로 하여금 브랜드에 긍정적인 태도를 형성하게 한다.

조작적 조건화(operant conditioning)는 유기체가 바람직한 결과를 얻고 바람직하지 않은 결과를 피하기 위해 적절한 행동이 강화되어 나타난다고 본다. 조작적 조건화의 형성은 소비자가 어떤 소비행동이 더 호의적인 보상을 가져올지에 관한 시행착오 과정을 통하여 학습한다고 제안하고 있다. 이러한 학습을 통한 피드백이 향후 소비행동의 발생에 영향을 준다.

2) 인지학습

연합학습이론들은 자극과 반응, 반응과 강화 간의 연합을 통해 외현적 행동의 습득을 강조하는가에 초점을 두고 있다면, 인지학습이론은 학습을 유기체의 내적인 인지적 과정의 결과로 본다. 이러한 관점에서 **인지학습**은 소비자가 제품의 정보를 습득하고 처리해서 자신이 기존에 형성하고 있는 지식과 신념에 통합하는 능동적인 학습 과정이다. 인지학습이론은 인간은 주어진 자극과 변별단서에 단순히 반응하는 수동적 존재가 아니라 자신이 필요한 정보를 찾아서 활용하는 능동적인 학습자로 간주한다. 인지학습이론에서는 유기체의 기대나 경험, 맥락, 동기 등에 의한 의미해석이 학습에 개입한다고 보는데, 이러한 기대의 형성에는 인지적 활동을 필요로 한다.

소비 상황에서 인지학습은 타인의 행동을 관찰함으로써 행동의 결과를 주목하거나 매체나 인적자원을 통해 정보를 처리한 결과로 형성된다. 소비자는 반응 후에 즉각적인 반응이 주어지지 않더라도 잠재적인 강화에 대한 기대를 형성한다. 소비자가 장기적으로 꾸준히 광고에 노출되면 잠재학습을 통해 효과가 발휘되는데, 신제품 또는 서비스를 이용하는 모델의 행동과 이에 대한 결과의 관찰에 따라 구매를 결정하게 된다. 예를 들어, 매력적인 광고 모델을 등장시킨 광고에서 매력적인 광고 모델의 행동(신제품의 사용)은 그 모델의 구매에 대해 주변 사람들이 긍정적인 반응을 보여 줌으로써 긍정적으로 강화된다. 이러한 광고는 소비자가 학습을 통해 광고 제품을 구매할 가능성을 증가시킨다.

2. 고전적 조건화

고전적 조건화는 소비자행동과 광고 맥락에서 중요한 영향력을 발휘할 수 있다. 이 영향력은 많은 광고가 고전적 조건화를 통해 연합을 형성하는 이론적 토대를 활용하고 있는 점에서 확인할 수 있다(Hawkins, Best, & Coney, 1983). 많은 커뮤니케이션 연구자는 고전적 조건화가 '주변경로'를 통한 설득과정을 중립적인 대상과 의미 있는 대상 간의 연합으로 설명하고 있다고 받아들이고 있다.

연합학습이론 중 먼저 고전적 조건화를 살펴보기로 하자.

1) 고전적 조건화의 원리

고전적 조건화는 본래 중립적인 **조건 자극**(Conditioned Stimulus: CS)과 반응을 만들어 내는 **무조건 자극**(Unconditioned Stimulus: US)의 반복적인 결합, 즉 연합에 의해 반응을 만들어 내는 현상을 말한다. 고전적 조건화는 1924년 러시아의 생리학자인 파블로프(Ivan Pavlov)의 실험에서 처음 밝혀졌다. 이 실험의 1단계에서 배고픈 개에게 무조건 자극인 음식을 제공하면 개가 침을 흘리는데, 이는 무조건 자극(예: 음식)에 의해 자동적으로 반응하는 무조건 반응(예: 타액 분비)이다. 2단계에서 배고픈 개에게 음식을 줄 때마다 종소리를 반복적으로 들려주면 침을 흘린다. 이때 종소리와 음식이 함께 반복적으로 제시되면 종소리와 타액 분비가 관련성을 갖게 되고, 이후 종소리는 타액 분비를 유발하는 조건 자극의 속성을 갖게 된다. 이렇게 조건이 형성되면 3단계에서 개에게 종소리만 들려주어도 타액 분비를 일으키며, 이와 같이 조건의 형성에 의해 반응을 일으키는 과정을 고전적 조건화라 한다. 여기서 음식은 타액 분비라는 **무조건 반응**(Unconditioned Response: UR)을 일으키는 **무조건 자극**(Unconditioned Stimulus: US)이다. 종소리는 처음에는 중성 자극이었다가 음식과 결합되어 반복적으로 제시되는 조건을 형성하면, 타액 분비를 유발할 수 있는 **조건 자극**(Conditioned Stimulus: CS)으로 **조건 반응**(Conditioned Response: CR)을 유발한다.

① 1단계: 배고픈 개에게 음식 제시(무조건 자극) → 침 흘림(무조건 반응)

② 2단계: 배고픈 개에게 종소리(조건 자극)
\+
음식 제시(무조건 자극) → 침 흘림(무조건 반응)

③ 3단계: 배고픈 개에게 종소리(조건 자극) → 침 흘림(조건 반응)

[그림 4-1] 고전적 조건화의 과정

광고 측면에서 고전적 조건화의 원리를 적용할 수 있는데, 긍정적인 반응을 유발하는 무조건 자극인 모델, 음악이나, 배경 자극들을 조건 자극인 브랜드, 슬로건, 제품, 로고 등과 연합하여 반복적으로 제시한 후 조건 자극(예: 브랜드)만 제시해도 소비자에게 무조건 자극(예: 모델)에 의해 일어나는 무조건 반응(예: 좋아한다 등의 감정)을 일으킬 수 있다. 다시 말해, 잔잔한 음악(무조건 자극)이 정서적으로 소비자를 편안하게(무조건 반응) 만든다면, 그 음악과 짝지어진 브랜드(조건 자극)가 유사하게 소비자에게 편안함(조건 반응)을 느끼게 해 주는 것이다.

이를 도식화하면 [그림 4-2]와 같다.

① 1단계: 빅모델을 활용한 광고(무조건 자극) → 긍정적 평가(무조건 반응)

② 2단계: 브랜드 제시(조건 자극)
+
빅모델을 활용한 광고(무조건 자극) → 긍정적 평가(무조건 반응)

③ 3단계: 브랜드 제시(조건 자극) → 긍정적 평가(조건 반응)

[그림 4-2] 고전적 조건화의 소비자행동 적용 예시

[그림 4-3]의 김수현(US)은 소비자들에게 긍정적인 평가인 호감을 불러일으킨다. 김수현이 광고에서 특정 브랜드(CS)를 사용하는 장면을 반복적으로 보게 된 소비자는 그 브랜드에 대해 긍정적인 감정(CR)을 형성하게 된다.

[그림 4-3] 고전적 조건화를 적용한 빅모델 광고

2) 고전적 조건화의 형성

고전적 조건화 형성은 자극 특성과 소비자 특성으로 나눌 수 있다.

(1) 자극 특성

첫째, 고전적 조건화 형성을 위해서는 반복이 필요하다. 반복은 조건 자극과 무조건 자극 간의 연합의 강도를 증가시킨다. 고전적 조건화는 무조건 자극과 조건 자극을 반복해서 제시할수록 더 잘 형성된다. 하지만 기억의 파지를 도울 수 있는 반복의 양은 제한이 있기 때문에 지나치게 노출의 양이 많아지면 소비자들은 반복 노출에 싫증을 느끼며 결국 파지는 쇠퇴한다. 반복의 효과성은 경쟁광고의 횟수에 따라 달라지는데, 경쟁광고의 횟수가 많을수록 간섭이 일어날 확률이 높아지고 결국 소비자는 반복으로 인해 나타나는 이전의 학습을 망각할 수 있다. 따라서 **광고혼잡도**(advertising clutter)를 고려하여 적절한 반복횟수를 결정하는 것이 필요하다.

둘째, 고전적 조건화는 조건 자극과 무조건 자극의 제시 간격이 짧을수록 조건의 형성이 잘 일어난다. 일반적으로 고전적 조건화가 일어나려면 1초를 넘지 않아야 한다. 광고의 경우 조건 자극인 상표와 무조건 자극인 모델의 제시 간격이 인접하도록 제작하는 것이 더 효과적이다.

셋째, 고전적 조건화의 형성은 조건 자극이 무조건 자극에 선행되는 순행 조건화가 동시 조건화와 역행 조건화보다 더 조건형성이 용이하다. 스튜어트, 쉼프와 엥겔(Stuart, Shimp, & Engel, 1987)의 연구에서 한 피험자 집단에게는 치약의 브랜드(조건 자극)를 제시하고 긍정적인 감정을 유발하는 그림(무조건 자극)을 제시하는 순행 조건화를 형성시켰고, 다른 집단에게는 그림(무조건 자극)과 브랜드(조건 자극) 순으로 제시하는 역행 조건화를 형성하게 했다. 두 집단에 대해 치약 브랜드에 대한 태도를 측정한 결과, 역행 조건화일 때보다 순행 조건화일 때 브랜드에 대한 태도가 더 긍정적인 것으로 나타났다. 이를 광고에 적용하면 브랜드를 먼저 제시하고 무조건 자극인 모델이나 음악 등을 제시하는 것이 조건형성에 더 효과적이라는 것을 알 수 있다.

넷째, 무조건 자극과 조건 자극 간의 연관성이 높을수록 조건화가 잘 일어난다. 무조건 자극과 조건 자극 간의 연합 효과를 **가르시아**(Garcia) **효과**라고 한다. 무조건 자극과 조건 자극의 상징적 의미의 연관성이 높아야 하는데, 예를 들어 캐주얼 패션 브랜드 광고에 랩음악, 한방 약품 광고에 판소리를 배경음악으로 사용하는 것이다.

다섯째, 고전적 조건화의 형성은 빈번하게 접하는 제품의 경우 조건형성이 잘 일어나지 않는다. 이를 **잠재적 억제**(latent inhibition)라고 한다. 예를 들면, 고전적 조건화의 형성은 자주 접할 수 있는 제품에 대한 광고에서는 잘 발생하지 않을 수 있다. 스튜어트 등(Stuart et al., 1987)은 무조건 자극(아름다운 바다 장면)과 조건 자극(브랜드)을 이용해 고전적 조건화의 효과를 연구하였는데, 한 피험자 집단에게는 조건 자극(브랜드)을 여러 번 보여 준 후 조건 자극과 무조건 자극을 연합하여 제시하였고, 다른 집단에게는 조건 자극의 사전 노출 없이 조건 자극(브랜드)과 무조건 자극(바다 장면)을 연합하여 제시하였다. 결과적으로 브랜드에 대한 선호도 평가에서 조건 자극을 여러 번 제시한 집단은 선호도를 거의 형성하지 못한 것으로 나타났다.

여섯째, 일단 조건화한 반응도 무조건 자극이 없이 조건 자극만 지속적으로 제시하면 점차 반응이 줄어들어 조건 반응이 일어나지 않는다. 이렇게 조건 반응이 사라지는 현상을 **소거**(extinction)라고 하는데, 완전히 소거된 반응도 일정 시간이 지난 후 조건 반응을 다시 제시하면 반응이 다시 나타나게 된다. 이를 **자발적 회복**(voluntary recovery)라고 한다. 이러한 현상은 반응의 소거가 학습효과 자체의 소거가 아니라는 것을 시사한다. 광고의 영향을 많이 받은 제품군의 경우 일정 기간 광고의 비노출 기간을 설정하는 것이 광고비용의 효율적인 지출 방안이 될 수 있다. 일정 기간의 비노출 기간 후 다시 광고를 개시하면, 이전과 유사한 효과를 얻을 수 있다.

(2) 소비자 특성

첫째, 고전적 조건화에서 물리적인 자극뿐만 아니라 상징적 의미를 갖는 자극들도 조건 자극이 될 수 있으며, 두려움이나 행복, 선호와 같은 감정이나 태도와 같은 심리적 반응도 조건화될 수 있다. 스탯과 스탯(Staats & Staats, 1957)의 연구에서는 대상에 대한 평가적 의미도 고전적 조건화에 의해 형성될 수 있음을 보여 주었다. 그들은 무의미한 글자를 제시하면서 동시에 평가적 의미를 갖는 단어들(예: 아름다움, 성공, 세련됨 등)을 헤드폰으로 제시한 후, 각 무의미한 글자들에 대한 긍정과 부정을 평가한 결과, 함께 제시한 단어들의 평가적 의미가 무의미한 글자에 전이된다는 사실을 발견하였다. 이는 생리적 반응뿐만 아니라 인지적 평가 반응도 조건화될 수 있음을 시사한다.

둘째, 고전적 조건화는 소비자의 직접적인 행동에 변화를 일으킬 수 있다. 밀리먼(Milliman, 1986)의 연구에 의하면 마트의 음악이 빠른 템포일 경우 느린 템포의 음악일 경우보다 평균 매출액이 적은 것으로 나타났다. 이는 실제로 느린 템포의 음악이 소비자의 움직임을 느리게 만들며 마트에 더 오래 머물게 함으로써 매출에 영향을 주었음을 의미한다. 반면, 음식점에서는 빠른 템포의 음악이 고객 회전율을 높여 전체 매출액을 증가시키는 것으로 밝혀졌다.

셋째, 고전적 조건화는 소비자가 브랜드에 대한 관심이 높은 고관여 상태일 때보다 저관여 상태일 때 더 효과적으로 형성된다. 일례로, 곤(Gorn, 1982)은 자신의 연구에서 실험이 끝난 후 사례로 펜을 골라 가질 수 있다는 조건을 제시한 이후 펜의 특징을 평가하도록 한 집단(고관여 집단)과 단지 어떤 음악이 펜 광고에 어울리는가만을 판단하도록 함으로써 펜의 특징에는 관심을 갖지 못하도록 유도한 집단(저관여 집단)으로 구분하였다. 연구 결과, 고관여 집단에서는 함께 제시한 음악과는 상관없이 펜의 브랜드 정보를 담은 광고에 나타난 펜을 더 선호하였고, 저관여 집단에서는 좋은 배경음악과 함께 제시한 펜을 더 선호하였다. 이러한 결과는 별다른 인지적 분석이나 해석의 노력이 없는 저관여 상황에서 고전적 조건화가 더 잘 발생한다는 것을 보여 준다. 실제로 고전적 조건화는 반사적이고 수동적인 학습 형태이기 때문에 저관여 상황에서 더 효과적으로 나타난다.

넷째, 고전적 조건화가 잘 발생하려면 광고에서 사용하는 무조건 자극이 소비자의 욕구특성과 관련이 있어야 한다. 즉, 광고에서 사용하는 무조건 자극(예: 모델, 음악, 배경 등)이 소비자에게 내적 경험을 유발할 수 있는 것이어야 한다. 예를 들어, 광고에서 자아실현의 욕구가 높은 소비자에게 성공한 CEO의 모습을 보여 주는 것은 효과적일 수 있지만, 그렇지 않은 소비자에게는 별로 효과적이지 않을 수 있다.

3) 고전적 조건화의 특성과 주요 현상

고전적 조건화는 소비자행동과 관련되는 자극 일반화, 자극 변별 등과 같은 주요 특성들을 통해 마케팅과 광고 전략에 활용되고 있다.

(1) 자극 일반화

일반화(generalization)란 본래의 조건 자극과 다른 조건 자극에 의해서도 조건화된 반응이 일어나는 것을 말한다. 앞의 파블로프의 실험에서 조건 자극(예: 종소리)과 무조건 자극(예: 음식) 간의 연합에 의해 종소리에 반응하여 침을 흘리는 조건 반응이 일어난 후, 종소리와 유사한 다른 조건 자극(예: 트라이앵글 소리)을 제시하여도 침을 흘리는 일반화 현상을 보인다.

자극 일반화는 모방제품이 시장에서 성공하는 이유를 설명한다. 이는 소비자가 광고에서 본 제품을 모방제품과 혼동하기 때문이다. 기업들은 경쟁 제품 상황에서 자극 일반화를 마케팅과 광고 전략에 활용하기도 한다. 예를 들어, 새로운 브랜드를 만들 때 시장점유율이 높은 브랜드와 발음이나 시각적으로 유사한 모방제품을 내놓아 소비자로 하여금 선두 브랜드와 혼동하게 하여 구매를 유도한다.

자양강장음료인 비타 500이 출시되자, 비타 파워, 비타 1000 등 많은 유사제품이

[그림 4-4] 자극 일반화를 마케팅에 활용한 유사제품들:
박카스와 비타 500, 오리온 초코파이, 농심 신라면의 유사제품들

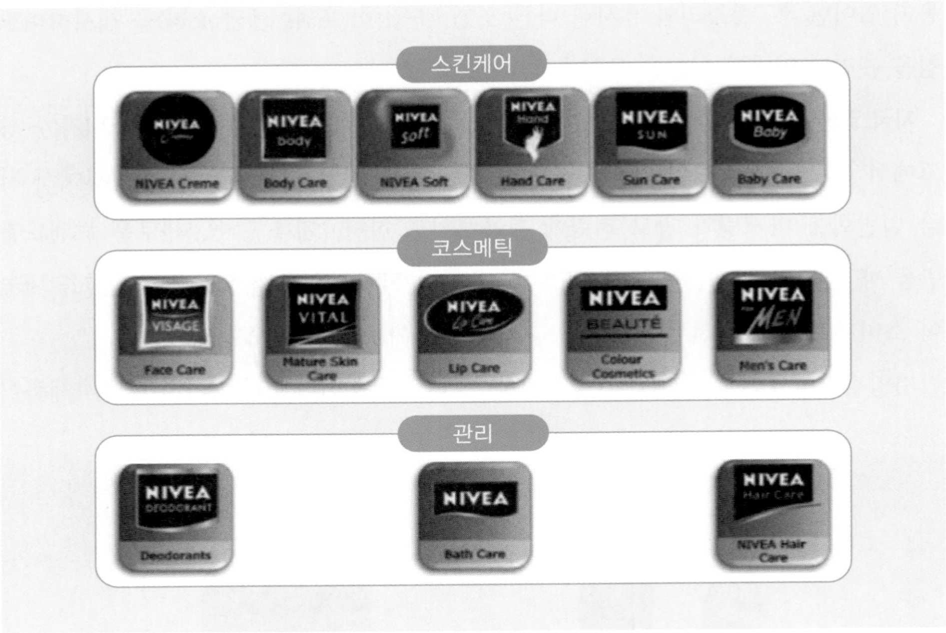

[그림 4-5] 자극 일반화를 제품 확장에 이용한 니베아: 니베아는 '니베아 크림'에 의해 확립된 연상을 이용하여 하나의 브랜드를 다양한 제품으로 확장하였다.

쏟아져 나왔고, 국내 라면의 선두 브랜드인 신라면의 포장과 유사하게 다른 회사들의 매운 라면들에 붉은색 포장이 사용되었다. 이와 같은 모방제품은 불황기에 더 두드러지게 나타난다. 기업들은 모방제품의 브랜드나 포장을 시장의 선두 브랜드와 유사하게 만들어 소비자들로 하여금 제품의 변별을 어렵게 만드는 전략을 씀으로써 선두 브랜드의 장점을 쉽게 취하려는 의도를 지니고 제품을 출시한다.

자극 일반화를 활용한 마케팅 전략에는 **제품 확장**, **통일 상표화**, **유사 포장**, **인가** 등이 있다.

(2) 자극 변별

변별(discrimination)은 조건 자극과 유사성이 떨어지는 자극에 대해서는 반응이 일어나지 않는 현상을 말한다. 유기체는 유사한 조건 자극 간의 차이를 식별하여 특정 조건 자극에만 반응하는 데 유사한 반응들을 변별할 수 있는 능력은 기업들의 포지셔닝 전략(positioning strategy)의 근거가 된다.

① 포지셔닝

기업의 브랜드나 제품이 소비자들의 마음속에 차지하는 이미지 혹은 위치는 브랜드나 제품의 성공에 매우 중요한 역할을 한다. 마케터는 소비자들의 특정 욕구를 충족시켜 주는 독특한 커뮤니케이션 전략을 펼치며 소비자가 시장에서 자사 제품과 경쟁 제품을 변별하기를 원한다. 유명 브랜드의 기업들은 자사 브랜드의 독특성을 강조함으로써 소비자들의 변별을 독려한다. 예를 들면, '~을 확인하세요' '~은 다릅니다'와 같은 광고들은 모두 자사 브랜드에 대해 다른 브랜드와 차별적인 반응을 유도한다. 오리온의 초코파이의 경우 유사제품들이 나오자 자사 브랜드는 오리온임을 강조하였다. 동화약품의 까스활명수는 자사 브랜드의 로고인 부채표를 꼭 확인하라는 광고 캠페인을 벌였다. 이러한 현상은 선두 브랜드나 기업 이미지의 중요성을 보여준다.

[그림 4-6] 소비자의 변별을 유도하는 광고:
오리온의 초코파이 광고, 동화약품의 까스활명수 광고

② 제품 차별화

제품 차별화 전략은 소비자들에게 가치 있고 의미 있는 속성에 근거하여 소비자들이 자사 제품이나 브랜드를 타 브랜드와 구분할 수 있도록 수립된다. 또한 제품이나 브랜드가 내포하고 있는 편익에 근거하여 자사 제품이나 브랜드를 성공적으로 차별화하기도 한다(Carpenter, Glazer, & Nakamoto, 1994).

한번 자극 변별이 일어나면 시장의 선두 브랜드를 무너뜨리는 것은 어렵다. 이는 선두 브랜드는 오랫동안 소비자들에게 자사의 브랜드명과 상품을 연합하도록 학습시키는 것에 성공했다는 것을 뜻한다. 일반적으로 브랜드명과 특정 제품을 연합시키는 학습의 기간이 길수록 소비자들은 자극을 덜 일반화하며 변별을 강화한다.

(3) 태도와 감정의 조건화

고전적 조건화는 조건 자극의 수단으로 물리적 대상뿐만 아니라 추상적인 개념이나 상징적 의미의 자극들도 조건 자극이 될 수 있으며, 감정이나 태도 등의 심리적 반응들도 조건화가 가능하다. 알렌과 자니스제프스키(Allen & Janiszewski, 1989)는 5개의 철자로 된 중립적인 노르웨이 단어와 12개의 철자를 함께 제시한 후 이 단어가 12개의 철자로 이루어졌는지를 맞추게 하는 실험을 통하여 태도가 조건화될 수 있음을 보여 주었다. 이들은 피험자의 응답과는 상관없이 맞추었다는 긍정적인 피드백의 비율을 조작하였고, 그 후에 제시했던 무의미한 단어들에 대한 태도를 측정하였다. 그 결과, 참가자들은 긍정적인 피드백의 비율이 높은 단어들에 대해 더 긍정적인 태도를 형성한 것으로 나타났다.

4) 고전적 조건화의 적용

대부분의 광고와 마케팅 전략은 자극과 반응의 연합에 초점을 두고 있다. 무조건 자극과 조건 자극의 연합은 코카콜라, 삼성, 애플 등과 같은 브랜드 자산의 효과를 이해할 수 있는 근거가 된다. 일단 무조건 자극과 조건 자극의 연합이 형성되면 더 이상 광고에 브랜드를 넣지 않아도 소비자들은 해당 브랜드를 연상시킬 수 있다. 이는 기업이 소비자들의 기억 속에 자사 브랜드를 강한 긍정적 이미지로 연상시킴으로써 브랜드 자산을 형성하고 유지하려는 마케팅 전략의 근거가 된다. 고전적 조건화를 활용한 마케팅 전략은 다음과 같다.

첫째, 소비자의 태도나 행동의 변화를 원하는 마케터는 고전적 조건화의 형성을 위해 무조건 자극인 모델의 선정에 상당한 주의를 기울여야 한다. 광고에서 무조건 자극으로 사용되는 유명배우, 운동선수, 가수 등은 원래 의미가 중립적인 조건 자극에 해당된다. 이들은 특정 드라마나 영화 또는 운동경기, 음악(무조건 자극)의 연합에 의해 의미를 부여받는다. 다시 말해, 소비자들이 느끼는 이들의 의미는 원래부터 갖고 있던 것이 아니라 드라마, 영화, 운동경기, 음악 등에 의해 전이된 것이다. 따라서 광고에서는 2차 조건형성에 근거해 이들을 무조건 자극으로 활용하는 것이다. 따라서 마케터는 이들의 이미지가 영원하지 않음에 유의해야 한다. 이는 결과적으로 광고를 통한 고전적 조건화 형성에 의해 나타나는 조건 자극(브랜드)과 조건 반응(긍정적인 태도) 간의 관계가 깨질 수 있음을 의미한다. 따라서 자사 브랜드 이미지에 장기적인 의미를 부여하기를 원한다면 무조건 자극으로 사용되는 모델의 선정에 관심을 기울여야 한다.

둘째, 고전적 조건화의 형성은 다른 자극과의 연합이 형성되지 않은 조건 자극이 조건화 형성에 더 용이하다. 이는 기존 제품보다 신제품을 출시했을 때 무조건 자극과의 연합을 형성하는 것이 더 효과적이라는 것을 뜻한다.

셋째, 조건 자극이 없는 경우 무조건 자극의 제시를 최소화해야 한다. 소비자들이 조건 자극 없이 무조건 자극을 자주 접한다면 조건형성의 효율성을 떨어트릴 수 있다.

넷째, 고전적 조건화의 원리를 브랜드 확장에 이용할 수 있다. 예를 들어, 풀무원은 기존에 가지고 있던 '자연, 신선, 안전' 등의 긍정적인 이미지를 이용하여 전문 면 브랜드, 건강보조식품, 푸딩 브랜드 등을 개발하여 전략적인 브랜드 확장을 시도하였다.

3. 조작적 조건화

조작적 조건화는 자극과 행동의 관계에 대한 연구를 통하여 인간행동의 원리는 이해할 수 있다는 '행동주의 심리학'의 관점을 대표하는 이론이다. 고전적 조건화가 무조건 자극과 조건 자극이라는 두 사건 간의 연합을 통해 학습을 설명하려 했다면, 조작적 조건화는 자극과 반응 간의 관계를 통해 학습을 설명하고 있다. 즉, 조작적 조건화는 유기체는 긍정적인 결과를 얻고, 바람직하지 않은 결과를 피하기 위해 환경에 영향을 미치는 행동을 한다고 본다. 소비자행동 측면에서 보면, 조작 조건의 형성은 자신의 어떤 구매 행동이 더 호의적인 보상을 가져오는가를 시행착오를 통해 학습한다고 제안하고 있다. 즉, 호의적인 보상을 받은 경험이 소비자들로 하여금 특정 소비행동을 반복하도록 하는 도구가 된다. 이렇게 유기체가 긍정적인 결과를 얻기 위해 환경을 조작하는 행동을 한다는 점에서 조작적 조건화라 하며, 이러한 행동을 원하는 결과를 얻기 위한 도구로 사용한다는 점에서 **도구 조건화**(instrumental conditioning)라고도 한다.

조작적 조건화는 유기체의 행동 변화에 관심을 두고 있는 이론이다. 따라서 소비자의 직접적인 행동 변화를 목표로 하는 광고와 마케팅 전략 전반에 시사점을 제공할 수 있다.

1) 조작적 조건화의 원리

조작적 조건화를 제안한 스키너(B. F. Skinner)는 자신의 실험을 통하여 학습모형을 발전시켰다. 그는 배고픈 쥐를 **스키너 상자**(Skinner Box)에 가두어 놓고 쥐가 적절한 행동(지렛대 누르기)을 하면 긍정적인 강화물(먹이)을 제공하였다. 이때 긍정적인 결과를 제공하는 것을 **강화**라고 한다. 배고픈 쥐는 처음에는 여러 가지 행동(벽을 긁거나 지렛대 누르기 등)을 하는데, 이때 지렛대를 누르면 먹이가 나오는 경험을 반복하게 되면 다른 행동들은 점차 감소하고 지렛대를 누르는 행동이 증가하게 된다. 이렇게 강화받은 행동은 더 잘 발생하고 그렇지 않은 행동은 감소하게 되는 현상을 조작적 조건화라 한다. 이는 특정 행동에 대해서만 보상을 제공함으로써 보상받은 특정 행동을 더 잘 발생하게 할 수 있음을 보여 준다.

조작적 조건화를 통하여 더 복잡한 상황에서도 원하는 특정 행동을 유도할 수 있다. 앞의 실험에서 먹이를 공급하는 지렛대에 빨간불과 파란불을 설치하고, 빨간불이 켜질 때만 쥐가 먹이를 먹을 수 있도록 장치를 조작하면 쥐는 빨간불이 켜질 때와 파란불이 켜질 때를 구분해야 한다. 쥐가 이러한 환경을 반복적으로 겪으면 빨간불이 켜질 때 지렛대를 누르는 행동이 증가하고 파란불이 켜질 때 지렛대를 누르는 행동이 감소한다. 이때 빨간불을 **변별자극**이라 하는데, 이는 행동에 효과가 있는지를 구분하게 만드는 역할을 한다. 즉, 변별자극(빨간불)이 있을 때 행동 반응(지렛대 누르기)을 해야만 강화물(먹이)이 주어지는 것이다. 마케팅 맥락에서 변별은 소비자의 행동에 영향을 준다. 예를 들어, 백화점의 사은행사 광고나 세일 기간을 알리는 메시지(변별자극)는 소비행동을 증가시킬 수 있다. 또한 브랜드나 상점의 로고, 간판뿐만 아니라 특정한 포장(색이나 디자인) 등도 변별자극으로 작용하며, 소비자들이 구매로 인한 좋은 결과를 얻는 강화는 그 브랜드를 다시 선택하게 만드는 행동을 유발할 수 있다.

① 배고픈 쥐의 벽을 긁는 행동 → 먹이 없음

② 배고픈 쥐가 지렛대를 누르는 행동 → 먹이 제공

①과 ② 반복

③ 배고픈 쥐의 벽을 긁는 행동 감소

④ 배고픈 쥐의 지렛대 누르는 행동 증가

[그림 4-7] 조작적 조건화의 원리

[그림 4-8] 조작적 조건화를 이용한 백화점 사은행사 광고

2) 조작적 조건화의 조건형성

조작적 조건화를 일으키는 데 필수적인 요소는 소비자의 반응을 유발하거나 유지시키는 강화이다. 소비자의 반응이 적절하게 강화되지 않으면 행동이 더 이상 발생하지 않는다. 이러한 강화의 방법에는 긍정적 강화, 부정적 강화, 처벌이 있다.

(1) 강화

강화(reinforcement)란 반응의 가능성을 증가시키는 과정을 말한다. 스키너는 강화를 두 가지 형태로 구분하였는데, 바로 긍정적 강화(positive reinforcement)와 부정적 강화(negative reinforcement)이다.

첫째, **긍정적 강화**는 특정한 반응 이후에 긍정적인 강화물을 제시함으로써 그 반응의 확률을 높이는 것이다. 상품 구매 후 소비자가 느끼는 만족이 재구매로 이어지는 현상은 대표적인 긍정적 강화 현상이다. 만약 소비자의 머릿결을 부드럽게 만들어 주는 샴푸는 그 샴푸의 반복적인 구매의 가능성을 높일 것이다. 정적 강화를 이용한 마케팅의 예를 살펴보면, 마일리지, 사은품, 상품권, 쿠폰, 판매원의 환대 등이 있다. 제품 구매 후에 사은품을 받거나 상품권을 받는다면 그 이후에도 같은 상품을

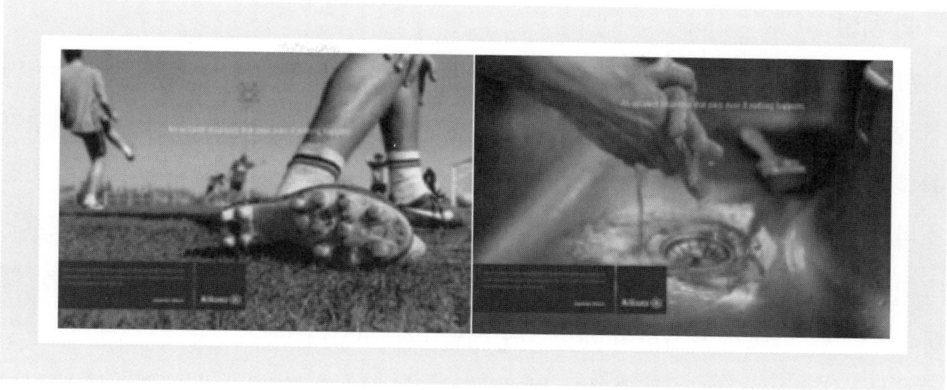

[그림 4-9] 부정적 강화를 이용한 보험 광고

구매할 확률이 높다. 기업이나 항공사의 마일리지 적립 서비스나 쿠폰의 제공은 일정한 구매에 따르는 보상으로 제공되며, 소비자들에게 만족감을 제공하여 재구매율을 높이는 역할을 한다. 또한 소비자가 제품을 구매할 때 판매원이 반갑게 맞이하거나 소비자의 구매 행동을 칭찬하는 것은 소비자에게 긍정적인 강화로 작용하여 재구매 가능성을 높일 수 있다.

둘째, **부정적 강화**는 특정한 반응 이후 부정적 결과가 제거되는 경우 발생하는 것으로 고통, 통증, 불안과 같은 부정적 자극이 강화물로 작용한다. 부정적 강화는 '특정한 행동을 하면 부정적 결과가 제거될 것이다.'라는 메시지를 통하여 소비자들에게 원하는 행동을 유도한다.

광고 메시지에서의 공포 소구는 부정적 강화물의 예로, 일상생활에서 갑작스러운 사고를 당할 수 있다고 경고하는 보험 광고는 보험 가입을 고무시킨다. 또한 두통의 고통스러운 증상을 보여 주는 부정적 강화물을 사용하여 광고된 두통약을 복용하는 것이 좋은 결과를 가져온다는 것을 학습시킨다.

긍정적 강화물과 부정적 강화물은 모두 바람직한 행동을 유도하기 위해 사용된다. 그러나 학습된 반응이 더 이상 강화되지 않으면 반응이 더 이상 일어나지 않는 소거가 일어난다.

(2) 처벌

처벌은 행동의 결과가 부정적일 때 제공함으로써 행동이 일어나지 않게 한다. 예를 들어, 주차위반을 했을 때 과태료를 부과하는 처벌로 운전자로 하여금 불법주차를 하지 못하게 한다. 제품의 고장이나 유해식품, 판매원의 불친절 등은 처벌요소로 소비자 구매 행동의 감소를 가져올 것이다. 처벌은 마케팅에서 잘 이용하지 않는다. 그러나 비교광고나 공익광고에서는 경쟁 브랜드의 구매나 사용 결과, 또는 특정 행동의 결과를 나쁘게 묘사하여 처벌 가능성을 학습시키려 한다. 〈표 4-1〉에서 볼 수 있듯이, 어떤 반응 이후에 긍정적 결과를 더 이상 받지 못하는 것도 처벌의 유형이다. 예를 들어, 즐겨 찾던 레스토랑의 음식 맛이 변했다면 그 음식점을 더 이상 찾아가지 않을 것이다.

표 4-1 강화와 처벌의 유형

자극	제공	제거나 중단
긍정적	긍정적 강화	처벌
부정적	처벌	부정적 강화

출처: 김완석(2008).

3) 강화 계획

소비자의 학습에 영향을 주는 강화의 또 다른 중요 요인은 강화의 시기이다. 강화는 소비자의 반응 뒤에 주어지며 소비자의 반응을 긍정적인 방향으로 이끌어 낸다. 하지만 어느 시점에서 강화가 주어지지 않으면 소비자의 반응은 점차 사라질 것이다. 그렇다면 강화를 어떻게 제공해야 할 것인가? 행동이 발생할 때마다 강화를 수행해야 하는가? 아니면 행동의 일부만을 강화해야 할 것인가? 전자의 연속적 강화와 후자의 간헐적 강화 중 마케터가 어느 것을 선택하고 적절한 강화 계획을 수립해야 하는지는 중요한 문제이다. 대표적인 **간헐적 강화**로는 복권이나 경품 등이 있다. 간헐적 강화는 소비자들이 어떤 구매 행동이 강화를 받게 될지 알 수 없기 때문에 연속적 강화에 비해 소거가 더디게 발생한다. 즉, 여러 번의 구매 행동에도 불구하고 당첨되지 않아도 그 브랜드를 구매하는 행동이 사라지지 않는다.

간헐적 강화 계획에는 제공 간격과 비율에 따라 네 가지 유형, 즉 고정 간격, 변동 간격, 고정 비율, 변동 비율이 있다.

표 4-2 강화 계획 비교

구분	유형	내용
강화 간격	고정 간격	강화받는 시간이나 행동 빈도를 고정시키는 방식
	변동 간격	강화의 양은 고정 간격과 같으나 강화의 시간이 가변적
강화 비율	고정 비율	일정 횟수의 반응 후에 강화하는 방식
	변동 비율	강화의 양은 고정 비율과 같으나 반응의 빈도가 가변적

고정 간격(fixed interval) 강화는 반응이 나타나고 일정한 시간이 지난 후에 일어나는 반응을 강화하는 방법으로 강화를 주는 시간 간격을 일정하게 고정하는 것을 의미한다. 고정 간격은 강화 직전에 반응이 증가하고 강화가 끝난 직후에는 반응이 급격히 감소하는 특징이 있다. 기업의 월급, 백화점 정기세일 등이 고정 간격 강화에 해당한다. 고정 간격을 이용한 마케팅 사례를 살펴보면, 백화점 정기세일과 미샤가 진행한 '미샤 데이' 할인 행사에서 찾을 수 있다. 미샤는 매달 10일을 '미샤 데이'로 정하고 소비자들에게 전 품목을 20% 할인해 주는 혜택을 제공하였고, 그 결과 매출은 평소 대비 3~5배 증가하였다. 또 다른 사례인 백화점 정기세일은 1년에 두 번 봄과 가을에 시행되는데, 이 기간에 매출이 급격히 증가한다. 그러나 백화점 정기세일은 세일 직전에 소비자의 구매 행동을 미루게 하거나 세일 직후에 매출이 감소하는 부작용이 있다.

변동 간격(variable interval) 강화는 반응이 나타나고 특정한 시간 간격에 의해 강화를 제공하지만 강화의 시간 간격이 가변적이다. 예를 들어, 백화점에서 예고 없이

[그림 4-10] 고정 간격 강화를 이용한 대표적 예시인
미샤의 할인 행사와 백화점 정기세일

실시하는 비정기 세일이 이에 해당한다. 변동 간격을 이용한 세일은 세일 시작 이전에 매출이 감소하는 것을 효과적으로 방지할 수 있다.

고정 비율(fixed ratio) 강화는 일정한 정도의 반응이 나타나야만 강화가 주어지는 것이다. 고정 비율은 강화 직후 휴식과 높은 반응률을 보이는 특징이 있다. 예를 들어, 실적에 따른 성과급을 제공하는 경우, 쿠폰을 모으면 혜택을 제공하는 경우(주유소의 마일리지 적립 서비스, 비행기 마일리지 적립) 등은 고정 비율 강화이다. 고정 비율에 근거한 마케팅 전략으로는 **빈도 마케팅**(frequency marketing)을 들 수 있다. 일례로, 미국의 아메리칸 항공사는 1980년대 초반 자사의 항공을 이용하는 고객들에게 무료 탑승 거리 점수를 제공하는 빈도 마케팅 프로그램을 실시하여 크게 성공하였다. 아메리칸 항공 회원들은 탑승 거리 점수를 사용하여 좌석 등급을 높이거나 무료 탑승권을 배부받는 등의 여러 가지 혜택을 받았다. 그 결과 많은 고객이 아메리칸 항공사로 전환하게 되었고, 다른 항공사들도 비슷한 빈도 마케팅 프로그램을 제공하기 시작했다. 이 전략은 소비자의 구매 정도에 따라 더 높은 혜택을 제공함으로써 소비자의 구매 행동을 강화한다.

변동 비율(variable ratio) 강화는 특정한 양의 반응 후에 강화가 주어지지만, 강화

[그림 4-11] 강화 계획 중 변동 간격 강화를 이용한
기업의 깜짝 쿠폰할인 행사와 백화점 주말 상품권 행사

[그림 4-12] 변동 비율을 적용한 더페이스샵의 경품당첨 이벤트와 복권

에 필요한 반응의 빈도가 가변적이다. 예를 들어, 도박과 복권, 경품행사 등이 있다. [그림 4-12]에 제시된 광고는 더페이스샵의 경품 이벤트 행사 고지 광고로 변동 비율 강화를 적용한 사례이다. 더페이스샵의 '해외여행 가자' 이벤트는 3만 원 이상 제

품을 구매한 고객들에게 쿠폰을 제공하고, 소비자가 쿠폰을 긁어 확인하는 순간 정해진 당첨확률에 의해 100만 원 여행상품권을 제공하였다. 이러한 변동 비율 강화를 이용한 경품행사는 소비자가 어느 정도 구매를 해야 강화를 받을지 예측하지 못하므로 기간 중 소비자의 구매 행동을 높일 수 있다.

4) 조형

조형(shaping)은 소비자로부터 기대한 행동을 이끌어 내기 위해 그 행동에 이르기까지 부분적 행동들을 각각 따로 강화하는 과정을 말한다. 이는 궁극적으로 원하는 반응을 유도하기 위해 앞선 반응들을 강화해 나가는 것으로 새로운 반응을 학습하게 하는 것이다. 예를 들어, 특정 상점의 단골이 되는 과정도 조형에 의한 것이다. 먼저 소비자에게 점포를 방문하도록 유인상품을 제공한다. 소비자가 점포를 방문하면 제품을 구매하도록 제품의 품질이나 필요성을 알리고 필요에 따라 일정 기간 제품을 대여해 줌으로써 구매 행동을 이끌어 내고 그 점포를 주된 소비 장소로 삼는 행동이 확립되도록 한다. 이때 주의할 것은 소비자의 반응 중 기업이 원하는 방향의 반응만을 강화해야 한다.

백화점들은 소비자에게 그 백화점을 자주 방문하고 구매하도록 해야 한다. 따라서 멤버십 카드 개설부터 카드 사용까지 단계적으로 강화하는 것이 필요하다. 예를 들어, 백화점에서 처음 멤버십 카드를 개설하는 고객에게 사은품을 제공하여 강화하고, 이후 카드 사용에 있어 할인 혜택이나 마일리지 적립, 행사 초대, VIP 라운지 이용 등의 이익을 제공하여 부분적으로 백화점 로열티 행동을 강화해 나감으로써 소비자들의 구매 행동을 촉진한다. 이러한 일련의 과정은 조형에 근거한다고 할 수 있다.

조형을 이용한 전략적 마케팅에는 렌털 마케팅이 있다. 외환위기 당시 웅진코웨이는 정수기를 판매한다는 기존의 개념을 깨고 '빌려 쓴다'라는 콘셉트로 접근하여 새로운 렌털 시장을 만들었다. 이를 시작으로 웅진 코웨이는 정수기 외의 다른 생활가전제품까지 렌털 시장을 넓혀 나갔고, 철저한 고객관리를 통하여 고객만족도를 높여

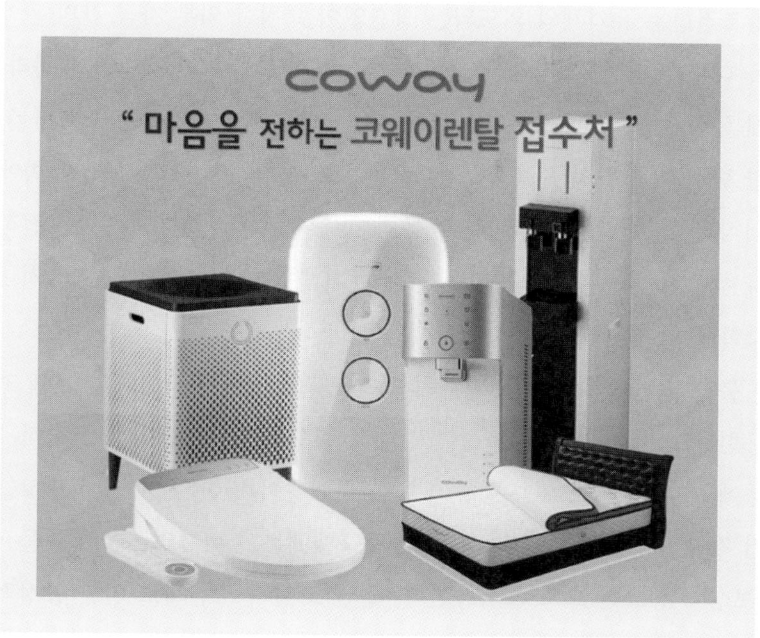

[그림 4-13] 조형의 예: 코웨이 렌털 마케팅

나갔다. 그 결과 압도적인 시장점유율을 보이며 지금까지 업계 1위를 지키고 있다.

5) 고전적 조건화와 조작적 조건화의 비교

두 연합학습은 환경통제에 의한 행동의 통제이며, 많은 마케팅 전략과 광고가 소비자행동에 영향을 미치는 이유를 설명한다. 두 학습의 원리는 조건화가 잘 이루어지기 위해 자극과 반응이라는 두 사건 간의 근접성이 수반되어야 한다는 점에서 많은 공통점이 있다. 하지만 단순히 고전적 조건화를 이용하는 것보다 조작적 조건화를 함께 이용하는 것이 더 효과적이라는 연구들은 단순히 두 원리를 하나로 볼 수 없다는 점을 시사한다(Atnip, 1977; Mackintosh, 1983). 고전적 조건화와 조작적 조건화를 비교하면 다음과 같은 차이점이 있다.

고전적 조건화는 유기체의 의도와는 상관없이 특정한 외부 자극 간의 관계를 학습하는 것을 다루는 반면, 조작적 조건화는 유기체의 능동적인 행동과 결과라는 두 사건의 관계를 학습하는 것을 다루고 있다. 따라서 고전적 조건화는 소비자를 외부 자극에 대한 반사적 생리 반응을 일으키는 존재로 여기지만, 조작적 조건화에서는 소비자를 의식적 행동 반응을 보이는 능동적 학습자로 간주한다. 또한 고전적 조건화는 자극과 무조건 반응이라는 연합을 통해 유기체를 학습시키지만, 조작적 조건화는 반응과 강화 간의 연합에 의해 학습을 형성한다.

광고를 통한 조건의 형성은 소비자의 의지와 관계없이 발생하기 때문에 고전적 조건화를 통한 학습이 발생할 가능성이 상대적으로 높다. 이에 반해 조작적 조건화는 구매 행동에 대한 결과로 후속 행동에 대한 차이를 설명한다. 따라서 광고를 집행할 때 무조건 자극의 선정이 매우 중요하며, 재구매에는 소비자의 소비행동을 강화시킬 수 있는 보상이 중요한 요소로 작용한다. 일단 고전적 조건화로 인한 긍정적인 내적 반응이 발생하면 구매와 소비행동이 발생할 것이고 그 이후의 소비 결과가 긍정적이라면 같은 행동이 발생할 확률이 매우 높아질 것이다.

이러한 모든 강화의 결과는 궁극적으로 긍정적인 브랜드 경험을 일으키며 구매 후 만족할 만한 제품 경험이 매우 중요한 요인임을 시사한다. 또한 모든 유기체의 행동과 마찬가지로 소비자행동 또한 기본적으로 동기에서 출발하며, 마케터는 이러한 소비자의 동기 상태를 잘 파악해야 한다.

표 4-3 고전적 조건화와 조작적 조건화의 비교

고전적 조건화	조작적 조건화
수동적 유기체로 간주	능동적 유기체로 간주
조건 자극과 무조건 자극 간의 연합	반응과 강화의 반복적 학습
무조건 자극이 중요	반응 후 강화가 중요

출처: 김재휘 등(2009)에서 재인용.

4. 사회학습

인간의 지식은 스스로 학습하거나 행동함으로써만 얻어지는 것은 아니다. 인간은 다른 유기체의 행동을 관찰하거나 모방함으로써 학습할 수 있으며, 이것을 사회학습이라고 한다. 앞서 살펴본 연합학습이 유기체의 직접적인 경험을 통해 이루어지는 학습을 설명하는 것과 달리, 사회학습은 타인에 대한 관찰과 인지적 학습을 통한 간접학습이라는 점에서 차이가 있다. **사회학습이론**은 밴듀라(Bandura, 1965)가 연합학습과 인지학습을 통합한 것으로, 세 가지의 중요 사안을 제안하였다.

첫째, 인간은 행동 가능한 결과를 예측하고 이에 따라 자신의 행동을 변화시키는 존재이다. 따라서 인간은 반응 뒤에 따르는 결과를 추론할 수 있으며, 따라서 특정 반응이 특정 결과를 가져올 것이라는 기대를 형성한다.

둘째, 인간은 자신의 행동을 조절할 수 있다. 이러한 조절과정을 통해 만족과 불만족을 느끼며 스스로에게 내적 보상(긍정/부정)을 제공한다.

셋째, 인간은 타인의 행동을 관찰하고 이러한 행동의 결과를 주목함으로써 학습하는데, 이를 관찰학습이라 한다. **관찰학습**은 모델이 되는 타인의 행동 결과를 긍정적으로 평가할수록 즉각적으로 나타난다.

이러한 제안들은 사회학습이 왜 연합학습과 인지학습이론을 통합한 것인지 유추하게 해 준다. 사회학습이론은 인간이 결과를 예측할 수 있는 상징적 존재임을 주장하는 인지이론과 보상을 통해 행동을 강화한다는 조작적 조건화의 원리를 근거로 하고 있다. 하지만 사회학습이론에서 외적 강화와 내적 강화는 중요한 역할을 한다.

1) 관찰학습

관찰학습(observational learning)은 **대리학습**(vicarious learning)이라고도 하며, 밴듀라는 이러한 학습이 다음과 같은 네 가지의 과정을 거쳐 발생한다고 주장하였다.

- **주의**(attention): 첫 단계인 주의는 모델의 행동과 주된 행동 특징에 주의를 기울이는 것이다. 주의를 결정하는 요인은 모델의 매력, 개인적 특성, 성별, 연령, 신념, 관찰자와의 유사성 등이 있다. 관찰자들은 모델의 행동에 대해 각자 다르게 반응하는데, 자아존중감이 낮은 사람은 성공한 타인의 행동을 더욱 모방하는 경향이 있다.
- **파지**(retention): 주의의 결과로 관찰한 모델의 행동을 기억 속에 저장하고 내적 이미지나 언어적 기술을 이용해 표상을 형성함으로써 지식을 형성한다.
- **재생**(reproduction): 재생과정은 기억에 파지한 인지적 표상을 행동으로 변화시키는 것으로 동기화 과정이 작동할 때 외부로 발현된다. 이때 행동은 반드시 외부로 발현될 필요는 없으며, 내적 상상을 통해서도 재생이 가능하다.
- **동기화**(motivation): 재생된 행동에 대한 보상 지각을 통해 행동 여부를 결정한다. 이때 재생된 행동에 대한 보상은 외적으로 주어질 수도 있고, 관찰자 스스로가 자기조절과정을 통해 줄 수도 있다. 행동의 결과에 대해 보상이 크다고 판단되면 그 행동이 다시 나타날 가능성이 높아진다.

관찰학습은 학습에 인지적 과정이 수반된다는 것을 보여 준다. 학습이 행동으로 나타나는 동기화의 과정은 기대에 의해 결정되는데, 이러한 기대에는 두 가지 종류가 있다.

첫째는 **자기효능감 기대**(self-efficacy expectation)이다. 자기효능감 기대는 자신이 원하는 행동을 해낼 수 있는가에 대한 지각을 말하며, 이러한 기대가 충분히 강하게 나타나지 않으면 행동으로 나타나지 않는다.

둘째는 **결과기대**(out come expectation)로, 특정 행동을 했을 때 내가 원하는 결과를 얻을 가능성이 어느 정도인지를 지각하는 것을 말한다.

마케팅에서 동기화 과정은 매우 중요하다. 모방의 학습 자체가 실제 행동으로 나타나는 것을 의미하지는 않으며, 동기화 과정에 따라 행동 여부가 결정된다. 예를 들어, 컴퓨터와 같은 새로운 제품이 나왔을 때 모델의 시연을 통해 소비자들에게 조

[그림 4-14] 관찰학습을 통하여 바람직한 행동을 유도하는 공익광고

작의 편리함과 사용에 대한 확신을 보여 준다면 소비행동에 대한 자기효능감 기대를 높일 수 있을 것이다. 예를 들어, [그림 4-15]와 같은 가발 광고는 탈모로 인해 고민하던 모델이 자신이 고충을 그대로 보여 주고, 가발 착용 후의 긍정적인 모습을 소비자들에게 보여 준다. 이러한 광고는 탈모로 고민하는 소비자들에게 모델과 같은 긍정적인 결과를 가질 수 있다는 자기효능감 기대와 결과기대를 높여 줄 수 있다.

[그림 4-15] 자기효능감 기대를 이용한 가발 광고

2) 모델링의 기법

모델링(modeling)은 모델이 되는 타인의 행동과 그 행동의 결과를 관찰한 후 긍정적인 보상을 기대할 때 모방행동이 발현된다. 모델링은 바람직한 행동의 촉진과 바람직하지 않은 행동의 억제에 관한 시사점을 제공하며, 마케터는 광고를 통하여 소비자에게 자신이 원하는 방향의 행동을 촉진하거나 그렇지 못할 경우 억제하는 전략을 펼친다. 예를 들어, 광고를 통한 모델링을 이용하여 새로운 제품의 사용법을 학습시킬 수 있고, 자사 브랜드를 선택하게 만들 수 있으며, 음주운전이나 흡연과 같은 부정적인 행동을 억제할 수 있다. 모델링은 다음의 세 가지 종류로 구분할 수 있다.

• 외현적 모델링(overt modeling): 모델의 구체적인 행동과 그 결과를 긍정적으로 지각할 때 모방행동이 나타난다. 예를 들어, 신제품의 경우 광고에서 모델이 제품을 사용하는 것을 보여 주는 것은 외현적 모델링의 기법을 이용하여 소비자의 구매 가능성을 높이려는 시도이다([그림 4-16] 참조).

• 내재적 모델링(covert modeling): 실제 행동의 결과는 보여 주지 않지만, 특정 상황에서 모델의 행동과 결과를 상상하게 하는 것이다. 이는 라디오 광고가 TV 광고만큼이나 효과적일 수 있다는 것을 나타낸다. 예를 들어, 한여름에 병뚜껑 따는 소리, 음료수 마시는 소리 등은 무더위에 청량감을 주며 소비자의 구매를 유도한다.

• 언어 모델링(verbal modeling): 특정 상황에서 다른 소비자들이 어떻게 행동했는가를 알려 주는 것이다. 이 방법은 실제 모델의 행동을 통해 행동을 상상하도록 하는 것이 아니라 유사한 상황에서 다른 사람들의 행동을 말해 주며 이를 따르도록 유도하는 것이다. 예를 들어, '13초에 한 명씩!'이라는 광고를 통해 많은 소비자가 이용하고 있다는 것을 강조하는 것은 **언어 모델링**을 이용하는 것이다([그림 4-17] 참조). 이는 사회적 증거의 법칙에 해당하는데, **사회적 증거의 법칙**이란 개인이 옳고 그름을 결정하기 위해 다른 사람들의 행동이나 의견을 참조

[그림 4-16] 외현적 모델링을 이용한 Wii 광고

[그림 4-17] 언어 모델링을 이용한 우리카드 광고

하는 것으로 사회적 증거에 따라 행동하면 실수할 확률이 줄어든다.

3) 모델링 효과의 영향요인

모델링이 효과적으로 일어나기 위해서는 모델의 특성, 관찰자의 특성, 모델 행동 결과 특성 등이 영향요인으로 작용한다.

(1) 모델의 특성

사회학습이론에서는 관찰과 모델링이 핵심 개념이기 때문에 관찰 대상이 되는 모델이 매우 중요하다. 소비자들은 자신에게 영향을 줄 수 있는 대상을 학습모델로 삼는다. 밴듀라에 따르면 모델은 관찰자에게 매력적이거나 신뢰감(전문성, 신뢰가능성)을 주며 행동의 숙련도를 보이는 것이 효과적이다([그림 4-18] 참조).

대리학습에 근거하면, 타인이 제품을 구매할 것인지에 대한 결정은 제품을 사용하는 모델의 행동과 그 행동 결과의 관찰에 달려 있다. 모델은 타인에게 혁신을 수용하도록 하며 제품의 옹호자로 작용한다.

[그림 4-18] 모델의 전문성을 이용한 아디다스와 나이키 광고

(2) 관찰자의 특성

밴듀라(1977)는 자아존중감이 낮고 의존적인 사람, 모방행동으로 인하여 긍정적인 보상을 많이 받은 사람들이 모방행동을 더 많이 할 것이라고 보았다. 이는 어린아이나 제품 지식이 낮은 소비자들이 모델링에 효과적일 수 있음을 시사한다.

(3) 모델 행동의 결과

조작적 조건화에서 언급한 것처럼 정적 강화나 부적 강화를 받는 모델링은 소비자가 직접 경험하지 않더라도 효과적일 수 있다. 많은 광고가 정적 강화를 이용하지만, 부적 강화도 효과적일 수 있다.

4) 사회학습이론의 적용

사회학습이론은 다음과 같은 목적으로 광고나 마케팅에 적용될 수 있다. 첫째, 모델의 행동은 새로운 형태의 행동을 창출하기 위한 목적으로 사용될 수 있다. 둘째, 모델은 바람직하지 않은 행동을 억제하기 위해 사용될 수 있다. 공익광고의 경우 흡연, 음주운전, 약물 남용 등 모델 행동의 부정적인 결과(처벌)를 보여 줌으로써 그 행동이 일어날 가능성이 줄어드는 것을 유도한다. 셋째, 모델은 이전에 학습된 행동이 다시 일어날 가능성을 촉진하기 위해 사용될 수 있다. 광고 모델의 행동이 긍정적으로 강화된다면, 소비자는 광고로부터 대리학습을 획득하고 광고된 제품을 구매할 가능성이 증가한다.

또한 모델링은 이전에 학습한 행동이 다양한 상황에서 반복하여 나타날 가능성을 증가시킨다. 예를 들어, 처음에 국내에서 게토레이라는 브랜드가 출시되었을 때 스포츠 음료로 위치화되었다. 하지만 기업은 전반적인 매출의 증가를 위해 갈증을 빨리 해소하는 이온음료로 재위치화했다. 광고에서 모델은 다양한 상황에서 갈증이 일어나면 게토레이를 마시는 장면을 보여 줌으로써 소비자 또한 운동 이외의 상황에서 게토레이를 마실 확률을 높이는 전략을 사용하였다. ■

제5장

소비자 기억

이병관(광운대학교 산업심리학과 교수)

1. 기억과정
2. 정보의 인출과 망각

◈◇◈

세계 시장체계의 도래로 점점 더 많은 제품이 소비자 가까이에 포진하고 있으며 기술의 발전과 함께 미디어 생태계가 급변하고 있다. 이로 인해 사람들은 매일 수백 개의 브랜드와 수천 개의 광고를 접하고 있다. 일상에서 TV, 라디오, 신문, 잡지와 같은 전통매체뿐 아니라 개인용 모바일 기기와 인터넷, 각종 동영상 사이트 및 SNS를 통해 수많은 브랜드와 제품 광고가 소비자에게 노출된다. 소비자가 SNS에서 동영상을 보기 위해서는 광고에 강제로 노출되기도 하고, 마케터는 소비자의 광고 회피를 막기 위해 프로그램 중간이나 인스타그램에 제품 광고를 끼워 넣기도 한다. 이와 같은 경쟁 상황에서 소비자들은 얼마나 많은 광고를 기억하고 떠올릴 수 있을까? 수많은 광고 중에서 소비자들은 어떤 광고를 관심 있게 처리하고 기억할까? 이 장에서는 사람들이 어떤 기억과정이나 처리과정을 거쳐서 제품이나 광고 정보를 기억하고 처리하는지 살펴보고자 한다.

1. 기억과정

미디어의 발달과 더불어 더 다양한 경로를 통해 광고가 제시되면서 광고 제작자들은 어떻게 광고를 노출시켜야 소비자가 광고에 더 주의를 기울이고 제품을 더 잘 기억할 수 있을지를 파악하고 이해해야 할 필요가 있다. 인간의 **기억**이란 외부에서 입력된 정보를 감각 기관을 통해 입력하여 정보처리과정을 통해 저장하였다가 필요할 때 그 정보를 인출하여 사용하는 것을 뜻한다. 즉, 입력된 정보를 인지적으로 처리한 과정의 결과물로서 저장된 지식이라고 할 수 있다.

초기 기억 연구자들은 컴퓨터 내부의 기억장치에 정보가 입력되는 과정과 같이 인간 또한 정보를 입력하고 필요할 때 꺼내어 사용할 것이라는 과정을 입증하기 위한 연구를 진행하였으며, 이를 **정보처리적 접근** 혹은 **인지주의적 접근**이라고 한다. 기억의 구조와 정보처리과정을 통해 사람들이 정보를 어떻게 입력하고 저장하고 인출하는지 살펴보도록 하자.

1) 기억의 구조

인지주의적 관점에 따르면 인간의 기억은 크게 세 가지 구조로 이루어져 있다고 가정하고 있다. 세 개의 기억 구조는 **감각기억**(감각 등록기), **단기기억**, **장기기억**으로 구성되어 있으며, 이를 **다중 기억 모형**(multi-storage model)이라고 한다(Atkinson & Shiffrin, 1968). 다중 기억 모형에서는 기억을 단순히 물리적으로 구분할 뿐 아니라 세 개의 기억 구조별로 각각의 기능에 차이가 있음을 가정하고 있다. 각 기억장치는 서로 다른 처리과정과 절차를 통해 인간의 정보를 기억할 수 있도록 각자의 역할을 수행하게 된다.

(1) 세 가지 구조: 감각기억, 단기기억, 장기기억

인간의 기억과 관련된 세 가지 구조는 기억 저장소의 기능을 하며, 각각의 세부 구조는 서로 다른 기능과 특징을 갖는다. 감각 기관을 통해 외부 환경에서 입력된 정보는 우선 감각기억에서 부호화 과정을 거치게 된다. 그 이후 단기기억에서 부호화된 입력 정보가 일시적으로 사용되거나 저장되며, 단기기억에 저장된 정보 중 일부는 필요하지 않아 사라지기도 하고 남아 있는 다른 정보는 장기기억에 저장되어 영구히 보관된다.

구체적으로 각 구조를 살펴보면, 사람들이 광고에 노출되어 광고 정보가 감각 기관을 통해 입력되면, 감각 기관은 이 정보를 머릿속에 저장 가능한 정보로 **부호화**

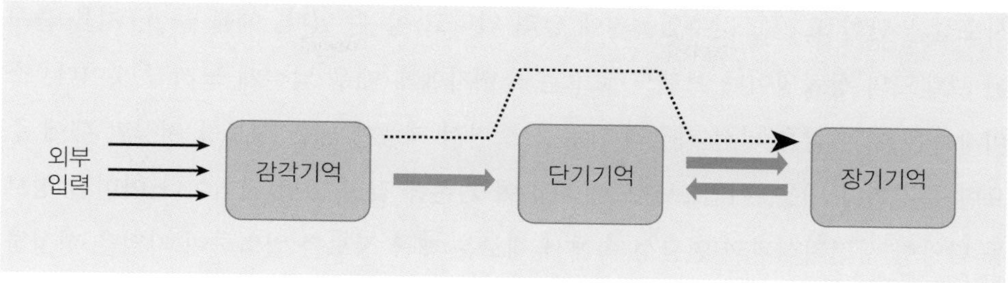

[그림 5-1] 앳킨슨과 쉬프린의 기억 시스템의 구조

출처: Atkinson & Shiffrin (1968).

(encoding)하게 된다. 외부의 정보는 감각기억 혹은 **감각 등록기**(sensory register)에 처음 입력되며, 저장 가능한 형태로 변환 과정을 거친다.

소비자가 접하는 정보는 시각, 청각 혹은 촉각과 같은 외부 자극으로 이루어져 있으며, 이와 같은 자극으로부터 제품 정보를 기억하고 구매 시점에서 저장된 기억을 활용하게 된다. 이때 저장된 기억이 구매 과정에서 활용되기 위해서는 제품 정보와 같은 자극이 각각의 감각 기관별로 입력되어야 한다. 오감을 통한 감각정보는 감각 기관에 입력되고 나면 순간적으로 사라지는 휘발성이 강한 정보이다. 그러므로 매우 짧은 시간 내에 처리하기 위하여 부호화 과정은 매우 쉽고 빠르게 처리되어야 한다. 예를 들어, 시각 정보는 1초 이내에 감각정보가 사라지는 경향이 있기 때문에 노출되는 즉시 소비자의 시선을 사로잡지 못한 광고는 감각 기관에 정보로서 입력되지 못하며, 입력되지 못한 감각정보는 단기기억으로 입력되는 처리과정을 거치지 못하고 사라지게 된다. 이 때문에 우리가 매일 많은 시각자극과 청각자극에 노출되지만 모든 광고나 제품을 기억하지 못한다. 사람들은 매일 많은 자극에 노출되지만 그 자극을 모두 정보로서 기억하는 것이 아니며, 그 자극 중 정보로서 기억할 자극을 선별하고 부호화 과정을 통해 기억으로 처리하게 된다. 즉, 소비자에게 노출되었다는 것은 의미가 없으며 정보로서 기억되기 위해 시선을 사로잡을 필요가 있는 것이다.

다시 말해, 외부에서 입력된 감각자극이 감각 등록기를 거쳐 단기기억으로 전이될 수 있는지에 대한 여부는 해당 정보가 다른 많은 정보에 비해 더 주목을 끌고 시선을 사로잡을 만한 요건을 갖추었는지에 달려 있다고 할 수 있다. 예를 들어, 처음 출시된 브랜드의 상표명이나 브랜드 로고는 소비자에게 매우 낯설게 느껴질 것이다. 소비자들은 이와 같은 낯선 자극과 제품을 보면서 제품에 대한 정보를 저장할 때에 주요한 특징이나 내용, 기업 브랜드에 대하여 기존에 갖고 있던 지식이나 이미지 정보 등 다양한 사전지식과의 연관성 속에서 새로운 제품 정보를 입력하여 기억을 형성하게 된다. 따라서 사전지식이나 정보가 없는 낯선 브랜드와 제품은 기존에 지식을 갖고 있는 브랜드에 비하여 기억하기가 상대적으로 어려울 수 있다. 따라서 기업들은 새로운 제품을 출시할 때, 사람들이 기존의 익숙한 자극이나 자연스러운 처리과정을 거칠 수 있도록 광고를 제작하고 있다. 이와 관련된 개념으로 큰 노력을 들이지 않고 기존의 지식이나 정보에 맞는 방식을 활용하는 것을 **처리 유창성**(process fluency)이라고 한다.

(2) 선택적 주의

감각기억은 인간의 오감을 통해 입력된 감각정보가 1초 내외의 매우 짧은 시간 동안 일시적으로 기억되는 정보라고 할 수 있다. 감각기억은 다양한 외부 자극을 처리하기 위하여 큰 용량을 갖고 있지만, 용량에 비하여 기억되는 시간이 0.5초에서 4초 정도로 매우 짧게 지속되며, 이와 같은 짧은 지속 시간으로 인해 사람들은 자신이 이와 같은 감각정보를 기억하고 있다고 인식하지 못한 채 지나치곤 한다. 길거리를 걸으며 매우 많은 광고 전단지나 간판을 보지만 익숙하거나 기억하지 못하던 낯선 거리에서 접한 광고는 쉽게 잊어버리게 된다. 동영상 서비스를 제공하는 사이트 등에서도 동영상의 앞 혹은 중간에 많은 광고가 나타나지만 시선을 사로잡지 못한 광고들은 대부분 기억에서 사라지게 된다. 종종 시선을 사로잡고 눈길을 끄는 광고들은 소비자들에게 기억되곤 하지만, 하루 중 노출되는 매우 많은 광고의 수를 고려한다면 이는 매우 적은 수라고 할 수 있다.

우리는 매우 많은 광고에 노출되고 접하게 되지만, 그중에서 특별히 몇 가지 정보나 광고에만 주의를 기울이고 기억하는 이유는 나머지 정보들이 기억할 만큼 특별한 이유가 없기에 해당 정보들을 무시하여 발생한 결과이다. 즉, 사람들은 입력된 모든 정보가 아닌 특별한 정보에만 주의를 기울이고 기억하게 되는데, 이를 **선택적 주의**(selective attention)라고 한다. 선택적 주의를 통해 사람들은 입력된 다양한 감각정보 중 일부 기억을 선발하여 단기기억으로 이전하게 된다. 입력된 많은 정보 중 기억을 위한 정보처리를 위하여 단기기억으로 넘어가지 못한 정보는 곧 사라지게 되며 의식 속에서 해당 정보가 있다는 것을 사람들은 인지하지 못하게 된다. 즉, 사람들은 무수히 많은 감각정보에 노출되고 감각 기관을 이와 같은 정보를 처리할 만큼 큰 용량을 갖고 있지만, 그와 같은 감각정보 중 일부 정보만이 선발되는 여과 과정을 선택적 주의를 통해 처리하게 되며, 기억하고자 하는 필요한 정보만을 선별적으로 기억하게 된다.

2) 단기기억

감각기억에 입력된 수많은 정보 중 선택적 주의를 통하여 선발된 특정 정보들은 **단기기억**(short-term memory) 혹은 **작업기억**(working memory)이라고 하는 기억 구조(장치)를 거쳐 처리된다.

(1) 단기기억의 특징: 부호화, 지속 시간, 용량

① 단기기억의 부호화

단기기억에서 정보가 부호화되는 과정에는 다른 감각 부호 또한 사용되지만, 주로 사용되는 감각 부호는 청각 부호이다. 예를 들어, 연극 대본이나 단어의 뜻을 기억할 때 문장을 입으로 중얼거리거나 자신의 생각으로 표현할 수 있을 때가 단순히 눈으로만 볼 때보다 더 잘 기억되곤 하는데, 이와 같은 현상이 발생하는 이유는 단기기억의 정보가 주로 청각 부호화 과정을 거쳐 처리된다는 증거라고 할 수 있다. 처음 보는 문장이나 처음 배우는 언어를 학습할 경우 단순히 눈으로만 보는 것보다는 문장이나 언어를 입으로 따라 하고 표현할 때 더 잘 기억되는 것도 청각 부호화의 증거라고 할 수 있다.

단기기억에서 청각 부호를 통해 부호화를 거친다는 사실을 밝히기 위하여 여러 심리학 실험이 진행되었는데, 실험에 참여한 참가자들은 발음이 다른 철자(F, G, O, A, Y, Q, R)보다 발음이 유사한 철자(E, G, C, D, B, D, G)를 암기하는 것을 어려워하고 실수를 많이 하는 것으로 확인되었다. 이는 암기와 같은 단기기억과정에서 청각 부호가 유사한 자극이 사람들에게 더 큰 혼란을 일으키고 암기가 어렵게 되기 때문이라고 할 수 있다. 또한 단어 배열 과제 실험에서도 유사한 현상이 발생하곤 하는데, 여러 개의 단어를 배열로 제시하고 암기하도록 하면 사람들은 단어 배열 중 특정 단어(예: Car)들을 발음이 유사한 다른 단어(예: Bar)로 혼동하여 기억하기도 한다. 이 또한 단기기억과정에서 사람들이 정보를 청각적으로 처리하기에 발생하는 현상의 예시라고 할 수 있다.

즉, 단기기억에서 정보는 주로 청각 부호를 통하여 처리되므로, 입력된 정보가 기억되는 초기 단계인 단기기억에서는 청각 부호를 활용하여 정보를 처리하도록 하는 것이 정보가 기억될 수 있도록 하는 데 주요한 영향을 미친다는 것을 의미한다. 만약 입력된 정보가 단기기억에서 기억되지 못하게 되면, 해당 정보는 더 이상 기억되지 못하고 장기기억으로 넘어가 영구히 저장되지 못하게 되며 우리의 기억 속에서

[그림 5-2] 2018 포카리스웨트 '우리의 세상은 LIVE' 광고 예시

출처: 동아 오츠카 포카리스웨트 공식 홈페이지.

[그림 5-3] 배달의 민족 CF '우리가 어떤 민족입니까' 스틸컷
출처: 배달의 민족 블로그.

사라지게 된다. 따라서 기억되어야 할 정보는 단기기억에서 저장될 수 있도록 하는 것이 매우 중요하다고 할 수 있다. 그에 따라 광고 제작에서는 **단기기억과정**을 통해 광고가 저장될 수 있도록 특정한 리듬이나 음악, 소리를 통해 브랜드나 제품을 기억하게 하는 다양한 방식을 사용하곤 한다. 예를 들어, 특정 이온음료는 해당 음료의 광고를 제작할 때 특정한 음악을 배경음악으로 하여 지속적으로 사용하고 있으며 비타민 음료나 다른 제품들도 고유의 음악을 통한 광고 제작을 하곤 한다(예: 포카리스웨트의 음악; [그림 5-2] 참조). 또한 배달 애플리케이션 서비스도 자사 애플리케이션(예: 배달의 민족; [그림 5-3] 참조) 이름을 반복적으로 언급하는 광고를 사용하기도 하며, 특정한 수식 어구 등을 활용해 제품명을 더 잘 기억할 수 있도록 청각자극을 활용하곤 한다. 광고나 제품을 소비자에게 기억시키기 위하여 광고 제작자들은 청각자극을 최대한 활용하여야 하며, 이는 기억의 초기 단계에서 기억될 수 있기 위한 노력이라고 할 수 있다.

② 단기기억의 지속 시간

감각기억이 4초 이내의 저장 시간을 갖는 반면, 단기기억에서는 약 20초에서

30초 사이에 정보가 저장된다고 한다. 예를 들어, 연락을 취하기 위하여 이메일이나 사용자 아이디를 물어보고 따로 적어 두지 않는다면 얼마나 오랫동안 해당 정보가 기억될 수 있을 것인가? 아이디와 같은 익숙하지 않은 정보를 들은 후 해당 정보를 사용하고 나면 그 이후 사람들은 종종 자신이 기억했던 아이디를 온전히 떠올리지 못하곤 한다. 그러나 어떤 정보는 기억에 남는데, 이는 우리가 해당 정보를 온전히 기억할 수 있도록 뇌 속에서 특별한 노력을 기울이기 때문에 발생한다. 이와 같은 노력 과정을 **시연**(rehearsal)이라고 하며, 시연에 대해서는 뒤에서 자세히 살펴볼 것이다.

③ 단기기억의 용량: 청크

단기기억의 저장 용량은 매우 제한적이다. 단기기억에서는 한 번의 처리과정을 통해 처리될 수 있는 정보의 양이 정보의 형태와 관계없이 7개 정도로 알려져 있으며, 약 5개에서 9개 사이의 정보가 한 번에 처리될 수 있다. 그에 따라 심리학 연구에서는 이를 '신비의 숫자 7'이라고 하며 7±2개 정도의 정보가 한 번에 처리 가능한 용량의 단위라고 할 수 있다.

그러나 이때 주의해야 할 사항은 7개 자체가 아닌 정보의 저장 단위라고 할 수 있다. 7개 내외의 정보가 한 번에 저장될 때 7개의 정보는 '가' '다' '7' '2'와 같은 단어나 숫자 한 개가 아니라 **청크**(chunk)라고 하는 정보 단위의 개념으로 처리된다. 즉, 청크는 '의미를 형성하는 가장 작은 단위'라고 할 수 있다. 예를 들어, 〈예시 5-1〉의 숫자들을 살펴보도록 하자.

〈예시 5-1〉

2, 1, 4, 3, 1, 4, 5, 8, 1, 5, 1, 2, 2, 5

〈예시 5-1〉에 주어진 숫자들을 만약 눈으로 보지 않고 귀로 듣기만 한다면 단 한 번만 듣고 몇 개의 숫자까지 기억할 수 있다고 생각하는가? 사람에 따라 누군가는

10개 이상, 누군가는 그 이하 등 다양한 편차가 있을 수 있으나 일반적으로 10개를 넘지 못한다. 그러나 만약 〈예시 5-2〉와 같이 숫자가 제시된다면 결과는 달라질 것이다.

〈예시 5-2〉

214, 31, 45, 815, 1225

〈예시 5-2〉와 같이 제시된 숫자 배열을 사람들은 어느 정도까지 기억할 수 있을 것인가? 아마 숫자에 담긴 의미를 쉽게 떠올릴 수 있는 사람이라면 누구나 목록 전부를 기억할 수 있었을 것이다. 〈예시 5-1〉과 달리 〈예시 5-2〉에 제시된 숫자 배열은 숫자 그 자체의 개수는 온전히 같지만 처리된 정보의 양 자체는 다르다고 할 수 있다. 앞서 청크에 대하여 언급한 바와 같이 정보는 의미를 형성하는 가장 작은 단위가 무엇인지에 따라 기억될 수 있는 정보의 양은 달라질 수 있다. 〈예시 5-1〉에서는 숫자가 각각 제시되어 의미를 형성하기에 어려운 배열을 갖고 있다면, 〈예시 5-2〉의 숫자는 달력의 특정한 기념일에 해당하는 날짜로, 숫자 묶음(예: 214)이 하나의 정보 단위로 처리될 수 있다. 즉, 사람들은 214를 보고 2월 14일(밸런타인데이)과 같이 하나의 정보 단위로 정보를 처리할 수 있으며, 이는 2, 1, 4의 3개의 정보가 아닌 1개의 단위로 기억될 수 있다. 단기기억에서는 약 7±2개의 정보가 한 번에 처리되고 저장될 수 있다. 따라서 광고를 통해 정보를 전달하기 위해서는 처리 가능한 제한적인 양을 고려해서 정보를 전달해야 한다. 단순히 정보를 많이 나열하는 것은 실제적인 기억으로 이어질 수 없으며, 7개의 제한된 용량 안에서 의미를 갖는 최소한의 단위를 활용한 방식을 사용해야 한다.

⑵ 단기기억의 정보 저장 방식: 시연의 두 가지 방법

시연은 단기기억에 입력된 정보를 유지하게 하여 장기기억으로 넘겨주는 정신적 처리과정을 뜻한다. 시연에는 많은 정신적 노력과 자원이 필요하다. 사람들은 종종

'생각을 많이 해서 머리가 아프다.'는 표현을 사용하곤 하는데, 이는 단기기억으로 처리 가능한 양보다 더 많은 정보를 처리하려고 할 때 많은 노력과 자원이 소모되고 그에 따라 과도한 에너지가 소모되므로 결과적으로 소모된 에너지만큼 피로감을 경험하게 되는 것이다.

이와 같은 정신적 기억과정인 시연은 정보를 단순히 암기하고 반복하는 과정인 **유지형 시연**(maintenance rehearsal)과 정보에 의미를 부여하고 저장하는 **정교형 시연**(elaborative rehearsal)이라는 두 가지 유형으로 구분할 수 있다. 유지형 시연은 입력된 정보를 단기기억에 저장하여 반복해서 되뇌는 것을 의미한다(예: 국화, 국화, 국화……). 이는 광고 내에서 제품 이름이나 특정 단어를 반복적으로 제시하여 기억하도록 하는 것과 같은 방식으로 사용되곤 한다. 예를 들면, 노래 속에 제품명이나 애플리케이션 이름 등이 반복적으로 제시되며 사람들에게 기억을 유도하도록 하는 것이다. 또한 새로운 제품이나 브랜드를 시장에 선보이고 광고하기 위해서도 소비자가 자주 접하는 광고 채널과 미디어에 반복적으로 노출시키는 광고 전략을 사용하도록 한다. 반복적인 노출을 통하여 마케터들은 소비자가 제품명을 기억, 유지 및 시연할 수 있도록 기회를 자주 제공하려 한다.

이와는 달리 정교형 시연은 단순히 소리나 단어를 반복적으로 되뇌어서 기억하도록 하는 것이 아닌 정보의 내용이나 의미를 인지적으로 인식하고 분석·해석하는 과정을 통해 의미를 저장하는 과정을 의미한다. 광고에서 제공되는 정보 그 자체를 반복시키는 것이 아니라 소비자가 입력된 정보를 기존에 가지고 있는 지식이나 정보에 더하여 나름의 의미를 부여하도록 하는 과정을 정교형 시연이라고 한다. 예를 들어, SK하이닉스는 '이천의 대표적인 특산품은 무엇인가?'라는 질문을 던지고 사람들에게 여러 답을 노출시켜 기억의 회상을 돕는다. 이때 반도체라는 자사의 제품을 등장시키고 기존의 특산품과 반도체를 연결시켜 '이천의 특산품은 반도체'라는 의미를 이해시키고 기억시키는 과정을 유도한다. 이와 같은 두 유형의 시연은 단기기억을 장기기억으로 전달하는 역할을 수행하지만, 단순히 단어나 브랜드를 반복하는 유지형 시연보다는 의미와 이해를 통해 소비자가 기억하는 정교형 시연이 기억의 측면에서 보다 오래 지속되는 시연 과정이라고 할 수 있다.

⑶ 단기기억의 활용: 부호화 증진 방법

소비자가 기존에 갖고 있던 지식이 아닌 새로운 정보를 쉽게 단기기억으로 저장하기 위해서는 해당 정보를 쉽게 부호화할 수 있는 것이 매우 중요하다. 15초 혹은 30초 이내, 때로는 5초 이내로 짧게 지나가는 다양한 광고와 미디어 환경 속에서 소비자가 해당 광고의 제품명이나 디자인, 로고를 쉽고 빠르게 저장하기 위해서는 광고 정보를 접하는 순간 해당 제품이나 브랜드에 대한 정보가 쉽고 유창하게 처리될 수 있어야 한다. 쉽고 유창한 정보의 처리는 부호화 과정으로 쉽게 전환될 수 있으며, 제품이나 광고의 의미 또한 부호화가 쉽게 이루어질 수 있을 때 기억과정을 통한 정보의 저장이 쉽게 이루어질 수 있다.

① 감각적 부호화

단기기억을 부호화하여 기억하는 정보처리과정이 쉽게 발생하게 하는 방식을 감각적(물리적) 수준의 부호화 방식과 의미적 수준의 부호화 방식의 2가지로 나누어

[그림 5-4] SSG 닷컴 '2016 쓱(SSG)' 광고 스틸컷

출처: 신세계 그룹 공식 블로그.

볼 수 있다.

감각적 부호화란 대상에 대한 물리적 특성과 같은 색깔이나 모양 등 기억해야 하는 정보를 물리적 특징을 통하여 부호화하는 과정을 의미한다. 신세계에서 온라인 배송을 위하여 사용하는 브랜드인 '쓱(SSG)'은 그 청각적 자극인 '쓱'의 빠르고 속도감 있는 감각자극을 브랜드 이름(SSG)에 연결시켰고([그림 5-4] 참조), 소비자들은 신세계 브랜드가 빠른 배송의 강점을 갖고 있다고 인식할 수 있다. 이와 같은 빠른 배송은 페덱스(Fedex)의 유명한 로고에도 사용되는데, E와 x를 대문자와 소문자로 작성하여 그 사이에 마치 화살표가 들어가 있는 것과 같은 효과를 사용하고 있다([그림 5-5] 참조). 이는 감각 부호를 통해 자사의 브랜드가 빠른 배송이 가능한 브랜드라는 의미를 부여한 광고 전략의 훌륭한 예시라고 할 수 있다. 이렇게 정보가 쉽게 저장되기 위해서는 단기기억의 정보처리 초기 단계에서 이루어지는 부호화가 얼마나 쉽게 이루어질 수 있는지가 매우 중요하다.

[그림 5-5] FedEx 브랜드 로고

출처: FedEx 공식 인스타그램 계정.

② 유지 시연

유지 시연은 단기기억으로 저장된 정보를 유지하면서 장기기억으로 전달하기 위하여 가장 쉽게 활용되는 마케팅 기법으로 광고를 여러 번 반복적으로 노출하는 방식을 의미한다. 소비자는 반복해서 광고를 접하게 되면 광고 정보를 쉽게 기억할 수 있게 된다. 또한 CM송과 같이 따라 부르기 쉬운 노래를 제공하여 소비자 스스로 노래나 단어를 흥얼거릴 수 있도록 하는 것이 중요한 전략이라고 할 수 있다. 온라인에서 화제가 되었던 '트로피카나'의 광고는 제품의 이름과 춤을 반복적으로 노출하는 전략을 사용하였으며, 중독성 있는 전략으로 반복 노출을 사용한 예시라고 할 수 있다([그림 5-6] 참조).

[그림 5-6] 롯데칠성 트로피카나 인스타그램 광고

출처: 롯데칠성 공식 인스타그램 계정.

③ 의미적 부호화

의미적 부호화는 소비자가 광고 속 정보를 쉽게 회상할 수 있도록 정보를 재구성하

[그림 5-7] 동부그룹 CI DB(Dream Big)

출처: 동부그룹 공식 사이트.

[그림 5-8] KT&G CI

출처: KT&G 공식 사이트.

는 과정을 의미한다. 제품이나 브랜드가 처음 제시될 때 해당 단어나 브랜드 이름이 특정한 의미를 갖고 있지 않은 경우 쉽게 기억되기 어려우므로, 그에 따라 해당 이름을 떠올릴 수 있는 의미를 같이 제공하여 소비자가 제품 이름을 기억할 수 있도록 하는 전략이다. 동부화재는 자사 브랜드명인 DB를 'Dream Big'이라는 문구와 함께 소개하여 동부화재에 큰 꿈이라는 의미를 부여하는 전략을 활용하고 있으며([그림 5-7] 참조), KT&G의 'Korea Tomorrow & Global'은 담배 회사인 자사의 브랜드를 긍정적인 단어와 연결시켜 소비자들에게 기억시키려는 전략을 사용한 대표적인 예시라고 할 수 있다([그림 5-8] 참조).

④ 이중 부호화

이중 부호화란 정보를 있는 그대로 전달하는 것이 아닌 특정한 의미로 변환시켜 장기기억으로 전달하는 방법을 뜻한다. 대한항공과 같은 항공사의 광고에서는 직항 항공편을 운영하는 항공 노선을 광고하는 전략으로 해당 여행지와 관련된 이미지와 음악을 광고로 제시하고, 브랜드의 이미지와 연결 짓는 전략을 사용하곤 한다.

3) 장기기억

감각기억과 단기기억을 거쳐 처리된 정보는 최종적으로 **장기기억**에 영구히 저장된다. 일반적으로 사람들이 인식하고 있는 기억은 장기기억을 뜻하며, 장기기억 속에 저장된 회상 가능한 정보를 **지식**이라고 한다. 심리학 연구에서 밝혀진 바에 따르면 장기기억은 용량에 제한이 없는 것으로 알려져 있으며, 연구자들은 정보가 '영구히' 저장된다고 밝히고 있다.

장기기억은 흔히 그 구조를 설명하기 위하여 네트워크 모델을 사용하곤 한다. 네트워크 모델은 장기기억이 어떤 처리과정을 통해 기억을 형성하는지, 장기기억의 종류에는 무엇이 있는지 살펴본 뒤 자세히 알아보고자 한다.

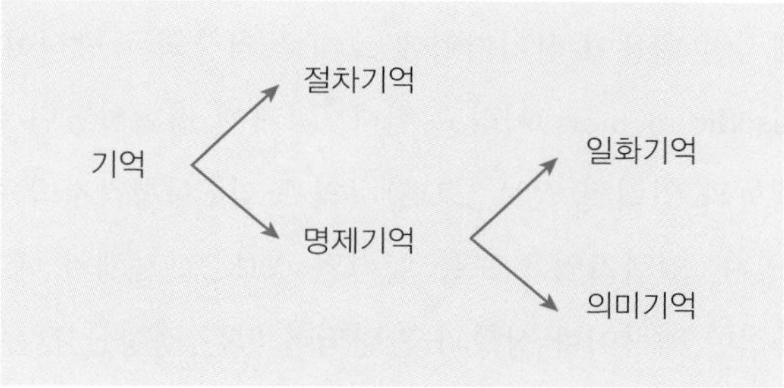

[그림 5-9] 장기기억의 유형

(1) 장기기억의 정보처리: 의미기억과 일화기억

장기기억은 다른 기억들보다 의미적 부호화 방식을 더 많이 사용하곤 하는데, 이를 **의미기억**(semantic memory)이라고 한다. 예를 들어, 영화나 드라마를 볼 때 나오는 음악, 대사, 영상은 시청하는 바로 그 시점에서는 단기기억(혹은 작업 기억)에서 정보를 처리하므로 언어나 음악, 영상의 형태 그대로 정보가 처리되고 기억된다. 그러나 영화나 드라마를 다 보고 난 이후 시간이 지나면 특별히 기억되는 몇몇 장면이나 대사를 제외하고는 전체적인 내용으로 줄거리(혹은 그 의미)를 기억하게 된다. 이는 장기기억에 남아 있는 기억들이 입력된 내용 그 자체로가 아니라 의미 부호화가 되어 처리된다는 증거라고 할 수 있다. 즉, 장기기억에 저장되는 정보는 감각기관을 통해 입력된 정보가 그 자체로 저장되지 않으며, 해당 정보를 사람들이 기존에 갖고 있던 지식이나 정보 등을 활용하여 해석을 통해 의미를 부여한 정보가 저장된다고 할 수 있다. 따라서 장기기억에 정보가 저장되기 위해서는 입력된 정보 그 자체가 아닌 정보가 해석되고 의미가 부여될 수 있는 과정을 거칠 수 있어야 한다. 이와 같은 장기기억의 부호화 과정의 특징을 광고와 마케팅 상황에 적용해 보자면 광고나 마케팅에서 사용되는 다양한 시청각자극이 소비자에게 제공될 때 소비자가 그 광고(혹은 제품이나 브랜드)를 오랫동안 지속적으로 기억하기 위해서는 단어나 이미지 그 자체가 아니라 부호화 과정을 통해 의미를 이해할 수 있어야 한다.

그러나 장기기억이 의미 부호화된 정보만으로 구성되어 있는 것은 아니며, 장기기억에도 물리적인 정보가 저장될 수 있다. 장기기억의 또 다른 유형 중 하나로 특정 상황에 대한 전체적인 내용이 장기기억에 그대로 저장되는 방식이 있다. 이러한 기억을 **일화기억**(episodic memory)이라고 한다. 과거에 경험하였던 특정 상황이나 그 당시의 자신의 행동과 입력된 정보, 그 당시의 느낌, 시청각자극 등이 매우 구체적으로 저장될 수 있다. 일화기억은 보통 입력된 정보 그 자체가 매우 자세하고 세밀하게 저장되며 특정한 맥락이나 상황과 관련되어 있는 경향을 갖는다. 그에 따라 기억을 회상하는 과정 또한 매우 구체적이고 정확하게 이루어지는 특징을 갖는다. 예를 들어, 첫 데이트나 등굣길과 같이 자신에게 매우 중요한 사건의 경우 그 당시의 거리나 주변 정보, 그때 들렸던 음악이나 노랫소리는 오랜 시간이 지나도 그 상황 자체가 매우 생생하게 기억되곤 한다. 먼곳에 떨어져 있어도 옛 고향이 눈앞에 선한 것 같다는 말 또한 이와 같은 기억의 반증이라고 할 수 있다. 과거의 경험 중 특정 맥락 속에서 일어났던 기억은 일화기억으로 장기기억에 저장되며, 쉽게 잊히지 않는 특징을 갖는다.

앞서 살펴본 장기기억의 대표적인 두 형태인 의미기억과 일화기억 이외에 또 한 가지 기억이 존재하는데, 이는 **절차기억**(procedural memory)이라고 한다. 절차기억은 특정 행동이 어떻게 수행되는가에 대한 감각 운동 기억이며, 행위가 수행되는 과정에 대한 기억을 의미한다. 일단 절차기억이 습득되고 나면 행동을 수행하기 위한 과정이 자동적으로 인출되며 특별한 회상의 노력이 필요하지 않게 된다. 자전거 타기를 배우거나 운전하기 혹은 수영처럼 신체적으로 형성된 기억은 의식적인 통제 없이 자동적으로 회상되며, 행동을 수행하기 위하여 인위적인 인출 과정 없이 자연스럽게 나타나게 된다.

툴빙(Tulving, 1985)에 따르면 기억은 크게 절차기억과 명제기억으로 구분될 수 있다. 또한 명제기억은 다시 일화기억과 의미기억으로 분류될 수 있다. 이 중 광고와 가장 밀접한 관련을 갖는 기억은 '일화기억'이라고 할 수 있다. 일화기억은 개인적인 경험이나 사건과 관련된 기억으로 해당 사건을 떠올릴 때 인출되는 기억을 의미한다. 많은 광고 속 정보들은 일화기억의 형태로 남게 되곤 하는데, 해당 광고를 지속적으로 소비자에게 노출시키거나 제시한 이미지나 광고 메시지가 명확히 인식될 수 있도록 광고 전략을 수행하여 소비자의 기억 속에 오랫동안 그 이미지나 메시지가 유지되면, 이는 일화기억에서 의미가 부여된 '의미기억'의 형태로 저장될 수 있다.

의미기억이란 세상을 이해하고 판단하는 지식과 관련된 기억이라고 할 수 있으며, 이는 의미에 대한 주관적인 판단과 평가가 반영되어 있는 기억이지만 그 구조가 비교적 안정적으로 유지되는 특징을 갖는다. 즉, 외부 자극이나 환경 변화가 발생하더라도 의미기억은 영향을 크게 받지 않는다는 것을 뜻한다. 따라서 특정 브랜드의 광고 정보가 의미기억으로 소비자에게 저장되기 위해서는 광고로 제시하는 내용이나 정보가 기존에 소비자가 갖고 있는 지식체계와 관련되어 있어야 하며, 관련되어 있는 정보는 해석이 가능해야 한다. 그에 따라 기억을 위해서는 소비자가 쉽게 처리할 수 있도록 지식체계에 알맞은 형식의 정보를 제공해야 할 필요가 있는 것이다.

(2) 의미기억의 구조: 의미망 모델

앞서 살펴본 바와 같이 사람들이 일반적으로 갖고 있는 기억에 대한 인식은 기억에 대한 심리학 연구에서 사용한 장기기억을 의미하며, 그중 '지식'이란 장기기억에 저장된 정보를 뜻한다고 할 수 있다. 더불어 장기기억에 저장된 정보는 대체로 의미 부호화되어 저장되어 있다. 그에 따라 심리학자들은 장기기억에 저장된 정보들이 의미가 부여되어 저장되어 있다면, 그 정보들이 어떤 형태로 저장되어 있을 것인지에 대하여 이론을 제기하였는데, 이와 같은 의미기억의 저장 형태를 다루는 대표적인 이론은 **의미망 모델**(semantic network model)이라고 할 수 있다. 기억의 의미망 모델은 장기기억 속에 저장된 정보들이 부호화된 의미에 따라 서로 관련성 있는 정보끼리 인접하게 그물처럼 연결되어 있으며, 그중 하나의 정보가 외부 자극에 의하여 활성화되면 해당 정보와 인접한 관련되어 있는 정보 또한 자동적으로 활성화되어 기억에서 회상된다. 즉, 의미망 모델은 장기기억에 저장된 의미기억의 기억 구조를 뜻하며 의미가 부여된 정보들이 상호 간 의존성을 갖고 있다는 점을 강조하는 모형이라고 할 수 있다.

① 연합망의 구성

장기기억에 저장된 개별 의미정보 하나하나를 **개념**(concept)이라고 부른다. 이 개념을 의미망 모델에서는 노드(node)라고 지칭한다. 그에 따라 각 노드에는 한 개의 개념이 들어 있게 된다. 예를 들어, '사과' '빨강' '맛있다' 각각을 하나의 노드라고 할 수 있으며, 이 노드들은 서로 연결되어 있다. 이처럼 노드 간의 의미를 통한 연결을 **링크**(link)라고 한다. '빨강-사과-맛있다'와 같은 의미 연결(링크)은 관련된 개념들이 서로 가까운 거리에서 서로 간에 연결되어 **망**(network)을 형성하는 것이다. 연결된 전체 구조는 촘촘한 그물망처럼 다양한 개념과 서로 연결되어 있으며, 그에 따라 이를 **의미의 연합망**이라고 부른다. 또한 이와 같은 의미의 연합망을 **'지식의 구조'**라고 한다.

예를 들어, '반도체'에 대한 의미망 구조를 살펴보도록 하자. 반도체에 대한 의미망 구조를 살펴보면 반도체라는 노드를 중심으로 여러 가지 정보가 형성될 수 있다. 우선 반도체는 대표적인 기업인 삼성전자와 SK하이닉스와 연결될 수 있으며, IoT 기기, 컴퓨터, 메모리카드 및 CPU 등과 같은 이미지와 연결될 수 있다. 또한 삼성전자는 '최고' '우수' '세계'라는 이미지와 연결되어 있으며, SK하이닉스는 '2등' '이천' '특산품'과 같은 최근의 광고 정보와 관련된 정보와 연결될 수 있다. 이와 같은 연결망에 연결된 단어들은 광고 전략에 그대로 사용될 수 있는데, 사람들에게 의미로 연결된 단어들이 광고에서 사용되면 사람들은 해당 정보를 쉽고 유창하게 처리할 수 있으며, 정보를 의미와 쉽게 연결 짓고 장기기억으로 저장할 수 있게 되는 것이다.

② 활성화 확산 모형

의미의 연합망에서 관련성이 높은 개념(노드)은 서로 간에 관련성이 높을수록 더 가까운 곳에 위치하고 있다. 이때 관계가 더욱 밀접할수록 연결고리(링크, link)가 짧으며, 이용되는 빈도가 높을수록 링크가 강하게 형성된다. 더불어 관련된 개념이 많을수록 해당 개념과 연결된 링크의 수 또한 증가하게 된다. 이처럼 하나의 노드와 인접한 노드가 많을수록, 노드 간 링크의 연합이 강할수록, 노드 간 의미가 밀접하여 거리가 짧을수록 한 노드가 활성화될 때 인접된 노드 또한 같이 활성화될 가능성이 높아지게 된다. 장기기억의 회상 과정은 하나의 노드가 자극을 받아 회상될 때 인접한 노드 또한 자동적으로 활성화되기 때문이다. 즉, 활성화된 정보는 소비자의 정보처리와 기억 회상을 통한 행동을 결정하는 데 매우 중요한 역할을 하게 된다. 이를 **활성화 확산 모형**(spreading activation model)이라고 한다.

앞의 예시에서 살펴본 '반도체'를 광고함에 있어서 만약 반도체와 관련된 노드 중 '혁신'이라는 이미지를 앞세워 광고를 한다면 혁신과 가장 밀접한 관련을 갖고 있는 브랜드 중 하나인 '애플(Apple)' 혹은 '구글(Google)'이 떠오르게 될 수도 있다. 이때 이처럼 소비자가 다른 브랜드를 혁신과 먼저 연결된 지식 구조로 갖고 있는 경우 광고에서 사용하는 '혁신'은 좀처럼 광고 속 브랜드와 연결이 쉽지 않을 수 있다. 혹은 해당 브랜드 또한 혁신과 매우 어울리는 또 다른 노드로 연결될 수 있으며, '혁신'이라는 단어와 연결된 **망**(network)을 구성하는 새로운 노드로 자리 잡게 될 수 있다([그림 5-10] 참조).

이처럼 의미망 모델을 통해 광고 전략을 살펴보자면, 광고는 광고하는 제품이나

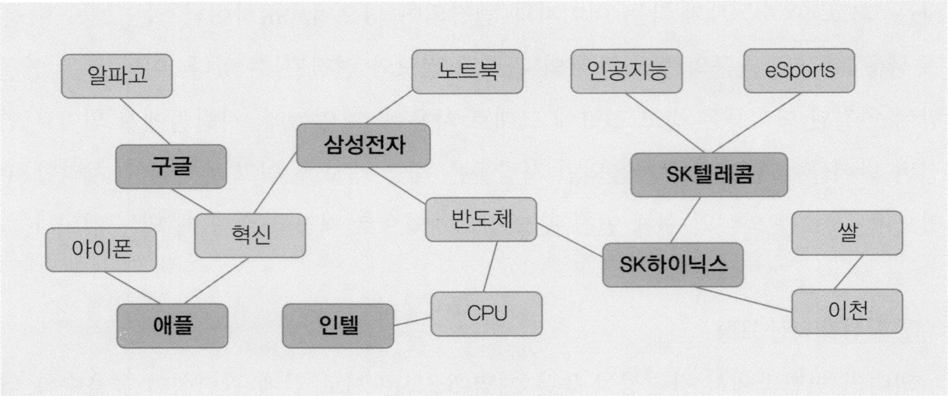

[그림 5-10] 반도체에 대한 가상적인 의미망 구조

브랜드를 소비자의 머릿속에 구성된 지식의 구조, 즉 노드와 연결 중 특정 위치에 긍정적인 단어와 가깝게 연결된 노드를 형성하는 것을 목표로 하는 과정이라고 할 수 있다. 더불어 브랜드 노드가 더 많은 긍정적인 노드와 연결될 수 있도록 의미를 연합하는 자극을 지속적으로 제공해야 하며 구조를 형성하기 위하여 노력해야 한다. 즉, 소비자의 지식 구조를 명확히 인식하고 자리 잡을 수 있도록 광고를 제작하는 것이 필요하다고 할 수 있다.

③ 노드를 형성하는 정보

소비자의 장기기억 속 기억 구조에 있어서 하나의 개념으로 형성되는 노드에 대하여 허친슨과 무어(Hutchinson & Moore, 1984)는 다음과 같은 노드들을 소개하고 있다.

- 브랜드 관련 정보: 브랜드명 그 자체가 의미를 담고 있으며, 그에 따라 하나의 노드를 형성
- 제품(브랜드) 속성: 제품이 가진 속성을 기반으로 기억 속에 하나의 노드를 형성하며 브랜드가 갖는 대표적인 특징이 저장되어 형성

- **브랜드 광고**: 브랜드를 광고하기 위하여 제작된 광고 그 자체가 하나의 노드로 형성
- **상품 범주**: 브랜드가 속한 넓은 범주 전체가 하나의 노드로 형성
- **평가적 반응**: 제품의 좋고 나쁨과 같은 소비자의 개인적인 감정적 평가 또한 하나의 노드를 형성

이처럼 정보들이 하나의 제품, 하나의 노드를 중심으로 가깝게 인접하여 연합된 정보의 망을 형성하고 저장될 수 있다. 또한 다섯 가지 유형의 정보가 각각 소비자의 기억 구조에서 노드를 이루며 하나의 큰 덩어리로 연합될 수 있기에 이 중 하나의 노드가 활성화되면 다른 노드들은 인접한 정도에 따라 자동적으로 회상하게 된다. 즉, 강력한 링크, 연합을 갖는 노드들은 보다 쉽게 인접 노드의 회상에 따라 활성화가 잘 이루어지게 된다.

④ 도식과 스크립트

앞서 살펴본 바와 같이 활성화된 하나의 노드와 인접한 노드는 자동적인 활성화 과정을 거치게 된다. 이처럼 하나의 노드를 중심으로 함께 활성화되는 정보의 망, 정보의 덩어리를 **스키마**(schema) 혹은 도식이라고 한다. 즉, 도식은 소비자가 장기기억 속에 저장하고 있는 개념이나 명제들이 서로 연결된 지식의 덩어리라고 할 수 있다. 도식은 다양한 경험을 통해 입력된 정보가 기억과정을 거쳐 장기기억으로 저장됨에 따라 발달하는 기억의 구조이며 기존의 도식과 일치하는 정보는 그렇지 않은 정보에 비하여 더 쉽게 저장될 수 있다. 또한 형성된 도식은 체계적으로 정리가 잘 되어 있을수록 기억을 회상할 때 그 과정이 더 잘 떠오르게 되는데, 상대적으로 도식의 체계가 정교하지 않은 어린아이들이 어른들에 비하여 정보와 지식을 효율적으로 사용하지 못하는 것을 예로 들 수 있다. 즉, 도식(지식의 구조)은 반복적인 경험과 학습을 통해 기억된 정보를 체계적으로 구성함에 따라 정교화되며, 상대적으로 경험이 많은 어른들이 더 체계적인 도식을 구성하고 기억을 행동과 의사결정에 더 잘 활

용하게 된다.

도식은 기억의 구조일 뿐 아니라 행동과 관련된 기억 또한 내포하고 있는데, 이를 **스크립트**(script)라고 한다. 앞서 살펴본 장기기억의 유형 중 하나인 절차기억과 관련된 행동에 대한 도식을 각본이라고 할 수 있다. 소비자가 기억하는 각종 행동에 대한 각본은 정보처리과정과 소비행동 과정에도 매우 중요한 역할을 하게 된다. 소비자의 기억 속에 내재된 스크립트가 행동을 신속하고 결정하는 길잡이 역할을 하게 되기 때문이다. 최근 다양한 매장에 도입되고 있는 무인 단말기의 경우를 예로 들어보자. 사람들은 매장에 들어가면 무인 단말기 앞에 줄을 서고, 자신의 차례를 기다리고, 자신이 원하는 메뉴를 선정하고, 카드나 현금 등을 통해 결제하여 주문한 뒤 자신의 차례에 제품을 받는 과정을 거치게 된다. 이와 같은 과정은 무인 단말기에 익숙한 젊은 계층이나 기계를 활용하는 데 어려움이 없는 사람들은 쉽게 행동을 취할 수 있지만 무인 단말기와 같은 기계를 쉽사리 다루지 못하는, 즉 행동 스크립트가 짜이지 못한 노인 계층은 행동을 수행하지 못하고 주문을 포기하게 될 수 있다. 따라서 도식과 스크립트는 모두 외부 정보를 처리하고 기억하는 데 영향을 미치며, 결과적으로 소비자의 행동에 유의한 영향을 미치게 된다.

만약 특정 매장에서 하나의 스크립트가 형성되어 있는 것을 인위적으로 변경한다면 소비자들은 어떤 반응을 나타낼 것인가? 소비자의 형성하고 있는 스크립트와 다른 스크립트를 활용하는 방식은 소비자에게 있어서 매우 불편하고 부자연스러운 과정으로 여겨질 수 있다. 예를 들어, 많은 대형 마트는 주차장에 차를 주차하고 매장으로 향하면 그 입구에 카트가 놓여 있으며, 자연스럽게 카트를 끌고 매장으로 향할 수 있다. 또한 계산을 마치고 카드로 물건을 실어 나른 뒤 카트를 다시 반납하고 마트를 떠나는 과정을 거치게 된다. 그러나 만약 카트가 자신이 생각했던 곳(매장 입구)에 있지 않고 위치를 파악해야 하거나 카트의 반납이 원활하지 않을 경우 소비자들은 이용에 불편을 겪게 되며, 때로는 불만을 갖게 될 수 있다. 따라서 소비자가 기존에 갖고 있는 스크립트를 해치지 않는 수준에서, 즉 소비자의 지식 구조에 맞는 방식으로 정보를 제공하고 행동 동선을 파악하여 서비스를 제공하는 것이 소비자의 만족을 높이는 방식으로 기능할 수 있으며, 유창하게 처리되는 환경 속에서 소비자들은 보다 효율적인 처리과정을 통해 편한 구매 행동을 할 수 있을 것이다.

(3) 장기기억의 광고 활용: 의미기억 활성화 방법

광고 정보를 소비자의 기억(장기기억)에 저장되도록 하는 방법은 제품 정보를 제시할 때 소비자가 기존에 갖고 있는 지식이나 개인 정보와 관련된 정보를 제공하여 의미를 부여하도록 하는 것이다. 즉, 소비자가 새로운 기억을 가질 수 있도록 정보를 전달하고자 할 때는 기존의 관련성이 높은 정보와 연결시키는 방법을 사용할 수 있다. 예를 들어, '리안' 렌즈 세정제는 남자 배우를 통해 광고를 보는 시청자를 부르는 것과 같은 전략을 사용하였다([그림 5-11] 참조). 이는 연하의 배우를 통해 연상의 고객을 대상으로 한 마케팅 전략이었으며, 배우를 통해 소비자 개인에게 직접적인 메시지를 전달한 방법의 예시라고 할 수 있다.

또 다른 방법으로는 제품의 특징이나 속성과 같은 개념을 단순히 제시하기보다는 제품을 이야기를 담아 제시하는 방법을 사용하는 것이다. 소비자는 광고를 볼 때 단순히 제품명이나 디자인을 보기보다는 전체적인 광고의 맥락, 스토리를 기억하곤 한

[그림 5-11] 파마리서치 프로덕트 렌즈 상품 '리안' 광고 스틸컷

출처: 파마리서치 프로덕트 공식 홈페이지.

다. 이때 브랜드의 이미지나 제품의 맥락을 잘 살릴 수 있는 짧은 스토리를 제시하는 것은 소비자로 하여금 스토리를 기억하면서 그 이미지를 브랜드와 함께 전체적인 일화로 기억하게 하는 역할을 수행한다고 할 수 있다. 소비자가 일상에서 겪을 수 있거나 직장, 친구들과 보내는 시간 등 다양한 스토리를 통해 전달하는 브랜드와 스토리는 전체적인 이미지로 쉽게 처리될 수 있으며, 하나의 일화가 기억되는 것과 같은 방식으로 소비자의 기억 속에 자리 잡을 수 있다.

2. 정보의 인출과 망각

보통 사람들이 인식하고 있는 기억은 장기기억(long-term memory)에 저장된 정보를 뜻한다. 이와 같은 기억에 대한 인식은 컴퓨터의 하드디스크나 SSD와 같은 기억장치에 저장된 정보와 유사한 기능과 특징을 갖는다고 할 수 있다. 일반적으로 컴퓨터에 한번 저장된 정보는 해당 정보를 삭제하거나 외부적으로 손상되지 않는 경우 영구히 저장되며, 인간의 기억 또한 장기기억에 저장된 정보는 심리학적으로 영구히 저장된다는 의견이 대다수를 차지하고 있다. 그러나 영구히 저장된다고 여겨지는 기억은 실제로는 언제나 기억한 모든 정보를 회상하지 못하곤 하는데, 그 이유는 정보가 머릿속에서 실제로 사라지거나 소멸되었기 때문이 아니라 저장되어 있는 정보가 필요할 때 효과적으로 인출되지 못하기 때문이다. 이번에는 이와 같은 현상이 발생하는 이유, 즉 저장된 정보의 인출과 인출 실패를 불러일으키는 망각에 대하여 살펴볼 것이다.

1) 정보의 인출

어떤 정보를 기억한다는 것은 기억하는 정보가 필요한 상황에서 그 즉시 정보를 떠올려 필요한 곳에 사용할 수 있는 것을 뜻한다. 소비자가 광고를 보면서 특정 제품이 마음에 들어 구매하려 한다면, 그 제품을 구매하려고 매장에 가거나 인터넷 쇼핑몰에서 검색하려 할 때 브랜드 이름이나 제품 이름을 떠올릴 수 있어야 한다. 그러나 사려는 제품의 이름을 떠올리지 못하면 우리는 제품을 기억했다고 할 수 없을 것이다. 이와 같이 기억 속에 정보를 저장했다가 자신이 해당 기억이 필요할 때 정보로 활용할 수 있도록 꺼내어 사용하는 처리과정을 **인출**(retrieval)이라고 한다. 일반적으로 정보를 잘 기억한다고 하는 의미는 저장된 정보를 잘 인출한다는 것을 의미한다고 할 수 있다.

(1) 기억 향상을 위한 효과적인 방안

① 인출 단서 활용

사람들의 기억을 향상시키는 요인으로는 우선 **인출 단서**(retrieval cue)를 들 수 있다. 저장된 정보를 인출해야 할 때 저장된 정보와 함께 저장된 관련 정보나 가깝게 연합된 정보가 함께 인출될 수 있는데, 이와 같은 인접한 정보를 인출 단서라고 한다. 이와 같은 인접 정보가 인출 시점에서 단서로서 사람들에게 주어지면 사람들은 원하는 정보를 보다 쉽게 인출할 수 있게 된다. 장기기억의 구조에 대한 의미망 모델에서 살펴본 것처럼 관련되어 인접한 정보들은 하나의 연합망을 구축하고 있다고 설명하였다. 이처럼 연합된 망을 이루고 있는 정보들은 그중 하나의 정보가 활성화될 때 함께 저장된 주변 정보들이 자동적으로 활성화된다. 즉, 관련 정보는 기억 시점에서 단서로 제시될 수 있으며 기억을 쉽게 유도하는 장치로 기능한다고 할 수 있다. 이와 같은 현상을 기억 연구에서는 **부호화 특수성 원리**(encoding specificity principle)라고 한다. 부호화 특수성 원리에 따르면, 정보를 저장하는 시점에서 정보와 관련된 단서 또한 함께 저장하는 것이 기억을 보다 효과적으로 인출할 수 있음을 밝히고 있다. 즉, 인간의 기억장치에 정보를 입력할 때 단서를 활용하여 정보를 저장하게 되면 인출 시점에 해당 단서를 제시함으로 인하여 자동적으로 해당 정보를 쉽게 인출할 수 있는 것이다. 이와 같은 기억의 인출방식은 마케팅 전략으로도 사용되는데, **구매 시점 전시**(Point of Purchase: POP) 광고는 광고를 할 때 제시되었던 단서를 전시할 때 함께 제공하여 제품이나 광고에 대한 소비자의 인출 과정을 돕는 역할을 수행한다.

이처럼 인출 단서는 광고와 같은 외부 자극을 통해서 제공되기도 하지만, 정보를 인출하고 처리하는 본인 스스로 인출 단서를 찾아서 인출을 돕는 행동을 취하기도 한다. 이와 같은 현상을 관련 연구에서는 **점화**(priming) **효과**로 설명한다. 우리가 특정 정보를 기억해야 할 때 해당 정보의 의미와 관련된 정보를 떠올리게 되면 인출하려는 정보가 보다 쉽게 떠오르게 된다. 이와 같은 관련 단서를 생각하여 원하는 정보를 떠올리는 방식을 점화라고 한다. 파란색을 떠올릴 때보다 초록색을 떠올릴 때 '스타벅스'의 로고를 보다 쉽게 떠올릴 수 있고, 빨간색보다는 파란색을 떠올릴 때 '삼성'의 로고를 쉽게 떠올릴 수 있는 것처럼 관련성이 높은 단서를 떠올림으로 인하여 원하는 정보를 보다 쉽게 회상하는 현상을 예로 들 수 있다. 의미적으로 보다 가깝게 연합된 단서정보가 제시되면 원하는 정보를 쉽게 인출할 수 있게 되는 것이다.

② 기분 효과

기억의 인출은 외부적 단서뿐 아니라 내적 상태에 의해서도 영향을 받게 된다. 대표적인 내적 상태는 바로 소비자의 정서(기분)이다. 정서를 통한 정보의 인출을 **기분 일치**(mood congruency) **효과**라고 하는데, 소비자가 원하는 정보를 인출하려 할 경우 자신의 현재 정서 상태가 원하는 정보의 정서와 일치할 때, 그렇지 않을 때보다 정보의 인출이 쉽게 이루어지는 현상을 의미한다. 정서 상태와 기억 인출에 대한 연구에서는 실험 참가자에게 특정 정서를 유발하게 하는 경우 사람들은 유발된 정보와 관련된 정보를 보다 많이 인출하는 것으로 나타났다. 예를 들어, 즐거움이 유발된 참가자들은 즐거움과 관련된 정보를 보다 많이 회상하였으며, 슬픔이 유발된 참가자들은 슬픔과 관련된 정보를 보다 많이 회상하는 것으로 확인되었다. 즉, 특정 브랜드나 제품이 즐거움이나 슬픔 같은 정서와 연관되어 있는 경우 소비자가 그와 같은 정서를 느낄 때 관련된 정보의 인출과 함께 브랜드 또한 인출될 가능성이 커질 수 있다는 것을 의미하는 결과라고 할 수 있다.

더불어 정보를 저장하는 시점에서 소비자가 느끼고 있는 정서 상태가 인출하는 시점에서의 정서와 일치하는 경우에 그렇지 않은 경우 보다 쉽게 기억을 인출할 수 있다. 이와 같은 현상을 **상태 의존**(state-dependent) **효과**라고 한다. 소비자들은 광고를 보는 시점에서 유쾌한 기분을 느끼면 제품을 구매하러 매장에 방문했을 때 유쾌함을 경험한 소비자가 그렇지 않은 소비자보다 광고에서 본 제품을 쉽게 떠올릴 수 있게 된다. 그와 반대로 만약 광고에서 슬픈 음악이나 정서를 활용하게 되면 저장하는 시점에서 슬픈 정서를 느끼게 되고, 제품을 선택하려는 인출 상황에서도 슬픈 정서를 느낄 때 보다 정보를 인출할 가능성이 높아지게 된다.

(2) 기억 향상을 위한 자극 특성 활용

소비자가 제품이나 광고를 기억하도록 함에 있어서 중요한 또 다른 요인으로는 정보가 갖는 특성을 고려하는 문제, 광고를 제시하는 맥락 특성을 고려하는 문제를 고려할 수 있다.

① 정보의 특성 활용 방안

현대 시장경제 상황에서 출시하는 모든 제품은 그 제품이 속한 제품 범주에 선두 브랜드가 존재하는 경향을 갖는다. 온전히 새로운 효용을 제공하는 제품은 없으며, 기존의 선두 브랜드와 새로 출시된 브랜드는 언제나 경쟁관계에 놓이게 된다. 이때 사람들은 특정 제품 범주를 회상하려 하면 가장 먼저 선두 브랜드를 인출하곤 한다. 이것이 첫 번째 특성이다. 소비자들이 검색 엔진을 떠올릴 때 가장 먼저 떠올리게 되는 사이트는 미국의 경우는 '구글(google)', 국내 이용자들은 '네이버'이며, 커피는 '스타벅스', 콜라는 '코카콜라'를 쉽게 떠올릴 수 있다. 이와 같은 특정 제품 범주를 대표하는 브랜드를 **TOM 브랜드**(top of mind brand)라고 한다. 이는 소비자가 기억하는 기억의 구조 속에서 제품군과 가장 밀접하게 연결된 브랜드이며, 그에 따라 제품군을 회상할 때 가장 먼저 떠오르게 된다. 이처럼 특정 제품군을 구매하려할 때 TOM 브랜드는 가장 먼저 떠올리게 되기 때문에 제품 간 구매 경쟁에서 큰 이점을 갖는다고 할 수 있다. 구매하려는 시점에서 다른 조건을 고려할 필요가 없다면 소비자들은 가장 쉽고 빠르게 떠올리는 제품을 선택할 가능성이 높기 때문이다. 그에 따라 많은 기업은 제품군에서 선두 브랜드로 자리 잡기 위하여 '1등 브랜드'임을 알리기 위한 다양한 광고 전략을 사용함으로써 소비자의 자사 제품 구매를 높이고자 한다.

인출과 관련된 두 번째 자극 특성은 제품을 설명하는 구체적이고 서술적인 정보를 활용하는 방안이다. 소비자들은 단순한 명제적 개념으로 제시되는 정보보다 서술적으로 설명하는 구체적인 정보들을 보다 쉽게 인출할 수 있다. 브랜드가 아닌 소비자 지향을 표방하는 이마트의 'No Brand'는 브랜드를 앞세우지 않는 판매 전략을 쉽게 전달하려는 목적을 갖고 있다고 할 수 있다. 또한 스포츠를 대표하는 브랜드를 표현하기 위하여 '나이키'가 마이클 조던의 이름과 이미지를 사용하는 방식은 소비자가 기억하기 용인한 정보를 제공하여 관련된 정보가 쉽게 떠오를 수 있도록 유도하는 기능을 하게 된다. 또는 제품에 대한 정보를 제시할 때 추상적인 단어가 아닌 구체적인 수치나 정보를 제공하는 전략 또한 활용되는데, '무균무때' 제품은 빠르고 강력한 항균 효과를 강조하기 위하여 '3분 안에'와 같은 구체적인 수치로 제시되는 정보를 제품명과 함께 지시하는 전략을 사용한다. 이는 '빠르고 강력한 살균 세정제 효과'와 같은 추상적인 언어보다 '3분'이라는 구체적인 수치로 함축적인 의미를 담아 전달함으로 인해 소비자의 기억에 보다 오랫동안 남을 수 있게 된다.

세 번째 특성으로는 친숙성을 활용하는 방안이다. 일반적으로 사람들은 친숙한 대상을 그렇지 않은 대상보다 쉽게 인출할 수 있다. 그러나 때로 너무 친숙한 대상은 오히려 주의를 덜 기울이게 됨에 따라 기억 인출이 낮아지는 경향을 갖는다. 그에 따라 때로는 친숙하지 않지만 특별한 정보를 소비자들이 쉽게 인출하기도 한다. 예를 들어, 새 학기에 출석을 부를 때 대형 강의의 경우 특이한 이름은 한 번만 들어도 쉽게 기억할 수 있지만, 흔한 이름은 여러 번 들어도 어떤 학생의 이름인지 쉽게 기억하지 못할 수 있다. 이처럼 우리가 친숙하게 여기는 정보는 때로 회상을 방해하는 요인이 되지만, 특이성 또한 회상을 방해하는 요인으로 기능하기도 한다. 다양한 브랜드가 판매되고 있는 제품군의 경우 사람들은 신제품이 너무 생소한 이름을 갖고 있다면 제품군의 다른 정보들과 관계된 단서를 함께 저장하지 못하게 될 가능성이 높아지게 된다. 이 경우 인접한 다른 정보가 없이 정보가 저장되어 제품을 구매하려 할 때 쉽게 정보를 인출할 수 없을 가능성이 높아지게 되곤 한다. 따라서 브랜드 이름을 정할 때 친숙성과 특이성 사이에서 많은 고민이 필요하게 된다. 소비자에게 쉽게 기억되기 위해서는 친숙한 이름을 사용해야 하지만, 너무 무난한 이름은 쉽게 다른 이름과 혼동될 수 있으며 너무 특이한 이름은 관련성이 적어 인출이 쉽지 않게 된다. 따라서 제품의 특징을 잘 담으면서도 다른 브랜드와 구분될 수 있도록 주변 단서가 함께 저장될 수 있는 이름을 사용하는 것이 소비자의 회상과 구매 선택을 높이는 방법이 될 수 있을 것이다.

이와 관련하여 다른 요인도 고려할 수 있는데, 이는 특출성(salience)이다. 특출성은 주어진 다른 정보들에 비해 해당 정보가 얼마나 다른 정보에 비하여 두드러져 보일 수 있는지를 뜻한다. 파란 모자를 쓰고 있는 100명의 사람들 중 한 사람만 빨간 모자를 쓰고 있다면 이는 특출한 정보로 여겨지며 다른 사람들에 비하여 쉽게 기억될 수 있다. 즉, 특출성이란 다른 비슷한 일반적인 정보들과는 다른 특별한 속성을 갖고 있을 때 그 정보가 보다 쉽게 저장될 수 있는 것이다. 예를 들어, 사람들이 쉽게 지루해할 수 있는 버스 정류장에서 사람들의 시선을 사로잡기 위하여 다양한 광고 전략이 활용되곤 하는데, '3M'은 방탄유리의 성능을 광고하기 위하여 돈다발을 방탄유리 사이에 놓아두는 광고를 활용하기도 하였으며, 'Formula' 치약은 옥외 광고판을 튼튼한 이로 물어뜯는 것처럼 보이는 광고를 통해 자사 제품의 효과를 간접적으로 표현하였다. 이와 같은 전략은 기존의 광고들과 다른 특이점을 갖고 있으며 소비자의 주의를 쉽게 끌 수 있고, 결과적으로 소비자의 기억 속에 남게 되는 우수한 전략이라고 할 수 있다.

다음으로 네 번째로 살펴볼 요인은 정보를 제시하는 형태이다. 일반적으로 글이나 문장보다는 그림을 통해 전달하는 정보가 보다 쉽게 기억될 수 있으며, 어린아이들의 동화책은 이를 활용하여 많은 삽화를 통해 정보를 전달하는 방식을 사용한다. 광고 또한 정보를 제시할 때 문자 정보와 그림 정보를 모두 활용할 수 있으며, 그림 정보가 문자 정보보다 소비자의 기억에 쉽게 저장될 수 있다. 광고 정보에 대한 소비자의 주의 정도를 확인하는 방법은 **안구 운동 추적기**(eye tracker)를 통한 연구로 검증할 수 있다. 추적기를 통한 소비자의 시선 집중 경향을 확인한 결과 소비자들은 언어보다는 그림을 더 먼저, 더 많이 바라보는 것으로 확인되었다. 따라서 소비자가 더 많은 주의를 기울이는 정보인 그림 정보를 더 활용할 수 있도록 광고를 제작하는 것이 시선을 사로잡아 소비자의 기억 속에 저장될 수 있을 것이다.

② 맥락 특성

광고가 어떤 맥락에서 제시되는가에 따라서도 대상에 대한 기억은 차이가 발생할 수 있다. TV 프로그램 사이나 영화 시작 전에 제시되는 광고들은 연속적으로 여러 개의 광고가 이어서 나오곤 하는데, 이때 소비자들은 맨 처음 부분에 나오는 광고와 맨 마지막 부분에 보게 되는 광고를 중간에 제시된 광고보다 더 쉽게 기억한다고 한다. 맨 처음 부분의 광고를 더 잘 기억하는 현상을 **초두효과**라고 하며, 맨 마지막 부분에 제시되는 광고를 더 잘 기억하는 현상은 **최신효과**라고 한다. 연속되는 TV광고에서 광고의 순서에 따른 회상률에 대한 연구에 따르면 앞선 프로그램이 끝난 직후 나오는 광고와 프로그램 시작 전에 나오는 광고의 회상 효과가 우수한 것으로 확인되었으며, 특히 프로그램이 끝나고 나오는 첫 번째 광고를 사람들은 기억하는 경향이 높은 것으로 확인되었다.

또한 기억해야 할 정보의 종류도 기억에 영향을 미칠 수 있다. 우리는 모바일 기기 등을 통해 동영상을 볼 때 영상이 시작되기에 앞서서 자동적으로 광고에 노출된다. 이때 시청하려는 영상과 관련성이 없는 광고는 광고 회피나 불만족을 높이는 기능을 하지만, 시청하려는 영상과 관련성이 높은 광고가 제시되면 사람들은 비관련 광고에 비하여 더 관심을 갖고 살피며 광고를 기억하게 될 가능성이 높아진다.

2) 정보의 망각

정보에 대한 기억을 확인하는 방법은 정보가 필요할 때 인출이나 회상이 가능한지를 확인하는 방법을 통해 살펴볼 수 있다. 인출이 제대로 일어나지 않는 경우 혹은 필요한 정보를 회상할 수 없는 경우를 우리는 정보를 망각(forgetting)했다고 표현한다.

(1) 망각의 원인: 쇠퇴, 간섭, 인출 실패

사람들이 저장된 정보를 망각하는 이유에 대하여 초기 연구자들은 저장된 정보가 시간이 지나면서 자연스럽게 쇠퇴한다는 관점으로 바라보았다. 이는 기억의 망각을 시간의 함수라는 관점으로 인식하는 것을 의미한다. 그러나 일반적으로 우리는 과거의 아주 오래된 기억도 갖고 있기도 하며, 최근 기억일지라도 쉽게 잊는 경향을 갖기도 한다. 이처럼 기억이라는 것이 오래될수록 잊힌다는 관점에 따른 망각에 대한 **쇠퇴이론**(decay theory)은 기억을 너무 단순한 구조로 바라보았다는 비판을 받게 되었다.

망각을 설명하는 또 다른 이론은 **간섭이론**(interference theory)이다. 간섭이론은 입력된 정보들의 유사성으로 인하여 각 정보 간 간섭이 발생하여 정확한 정보를 인출하지 못하는 현상으로 설명할 수 있다. 우리가 접하는 수많은 정보는 기억 속으로 입력되며, 새롭게 추가되는 정보와 기존의 정보는 그에 따라 정보 간 경합이 발생하게 된다. 정보 간 경합은 그 유사성으로 인하여 정확한 정보의 회상을 어렵게 만들며 결과적으로 식별의 혼란을 발생시킬 수 있다. 따라서 유사한 정보를 너무 많이 저장하는 것은 기억해야 하는 정보를 명확히 식별할 수 없게 만들고 결과적으로 기억을 망각하게 될 수 있다.

구체적으로 간섭은 역행 간섭과 순행 간섭으로 구분할 수 있다. **순행 간섭**이란 기존에 저장되어 있던 정보(A)에 비슷한 정보(B)가 유입될 때, 기존 정보(A)가 새로운 정보(B)의 기억을 방해하는 형상을 의미한다. 예를 들어, 같은 제품군에 속하는 새로운 제품이 출시되면 기존의 대표적인 브랜드가 신규 브랜드의 기억을 어렵게 하는 현상으로 설명할 수 있다. 반면, **역행 간섭**이란 새로운 정보(B)가 유입되면서 기존 정보(A)의 기억을 방해하는 현상을 의미한다. 즉, 새로운 정보가 입력되면서 기존의 정보가 잊히고 그 자리를 새로운 정보가 차지하는 현상이라고 할 수 있다.

자신이 특정한 정보를 기억하고 있지만, 그 정보가 명확히 떠오르지 않는 현상을 **인출 실패**라고 한다. 친구와 영화를 보고 영화에 대하여 이야기를 할 때 바로 직전에 본 영화일지라도 영화 주인공의 이름이 갑자기 떠오르지 않는 것을 경험해 보았을 것이다. 주인공의 이름이 어렴풋이 비슷한 단어로 입 속에 맴돌지만, 명확한 이름이 떠오르지 않아 말로 표현하지 못하는 현상을 **설단 현상**(tip of tongue phenomenon)이라고 한다. 이와 같은 설단 현상이 대표적인 인출 실패의 예시라고 할 수 있다. 그런데 설단 현상을 겪고 있는 사람에게 첫 글자를 언급해 주거나 관련된 단서를 제시하면 머릿속에서 명확히 인출하지 못하고 맴돌던 이름이 갑자기 기억날 수 있다. 이는 기억의 망각이란 기억이 사라진 것이 아닌 저장되어 있는 정보가 인출 실패를 통해 떠오르지 않아서 발생한 현상이라는 것을 반증하는 증거라고 할 수 있다. 따라서 인출 실패를 경험하는 사람에게 적절한 단서가 제공되면 문제는 해결될 수 있다.

인출을 돕기 위하여 단서를 제공하는 것의 효과를 살펴본 것처럼 정보를 저장할 때 단서를 함께 입력하면 회상 시점에서 인출 실패가 현저히 줄어들고 기억이 증진될 수 있다. 이에 따라 마트나 전자제품 매장에는 많은 POP 광고를 활용하곤 하는데, 이는 소비자들이 브랜드에 대하여 사전에 접한 정보나 광고를 쉽게 인출할 수 있도록 단서를 제시함으로써 브랜드나 제품에 대한 인출을 촉진시키려는 일종의 마케팅 전략이라고 할 수 있다.

제6장

태도 형성과 태도 변화

임혜빈(광운대학교 산업심리학과 교수)

1. 태도의 정의
2. 태도에 대한 관점
3. 태도의 구조
4. 태도이론
5. 태도와 행동의 관계

◈◇◈

저명한 사회심리학자 올포트(Allport, 1935)는 **태도**(attitude)를 일컬어 사회심리학 역사를 통틀어 가장 필수적이면서도 고유한 성격을 지닌 개념이라고 설명하였다. 태도는 비단 사회심리학뿐 아니라 소비자심리 분야에서도 매우 중요한 개념 중 하나이다. 실제로 소비자행동에 관심을 가지고 있는 마케터, 광고 실무자 및 관련 분야 연구자들은 마케팅 대상이 되는 제품이나 브랜드, 광고, 매장, 웹사이트 등에 대한 태도를 파악하기 위하여 막대한 노력과 비용을 지불한다. 마케팅 대상에 대한 소비자의 태도를 제대로 이해해야만 마케터가 원하는 방향으로 소비자의 선호와 평가를 변화시키고 구매 행동을 이끌어 낼 수 있다고 믿기 때문이다. 이러한 이유로 이 장에서는 소비자행동에 대한 논의에서 빼놓을 수 없는 '태도'에 대해 이야기해 보고자 한다. 먼저, 태도의 정의, 태도라는 개념을 바라보는 다양한 관점과 태도의 구조에 대해서 다룰 것이다. 이어 태도의 형성과 변화를 설명하는 여러 이론과 모델을 소개하고 태도와 행동의 관계에 대한 논의로 이 장을 마무리할 것이다.

1. 태도의 정의

'아메리카노에 대해 당신은 어떤 태도를 가지고 있습니까?'라는 질문에 답을 한다고 생각해 보자. 당신은 이 질문에 대해 아메리카노를 '좋아한다' 혹은 '싫어한다'와 같은 대답을 할 가능성이 높다. 이처럼 '태도'라는 단어는 일반적으로 대상에 대한 평가라는 뜻으로 통용된다. 심리학자들은 태도를 **선호**(preference)나 **의견**(opinion)

과는 구별되는 개념으로 다루며 태도에 대한 보다 명확한 정의를 내리기 위한 노력을 기울여 왔다.

태도에 대한 정의는 아주 다양하다. "어떤 대상에 대해 일관성 있게 호의적 또는 비호의적으로 반응하게 하는 학습된 선유경향"(Fishbein & Ajzen, 1975), "특정 대상에 대한 호의적 혹은 비호의적 평가로 드러나는 심리적 경향성"(Eagly & Chaiken, 1993), "심리적 대상의 좋음-나쁨, 해로움-이로움, 즐거움-즐겁지 않음, 호감-비호감의 속성에 대한 요약된 평가"(Ajzen, 2001) 등 연구자에 따라 태도를 다르게 정의한다. 연구자가 태도를 바라보는 관점에 따라 그 정의는 조금씩 다르지만, 여러 정의를 관통하는 공통점은 태도를 대상에 대한 평가로 간주한다는 것이다. 다음과 같은 태도의 특성에 비추어 태도의 정의를 보다 구체적으로 해석해 볼 수 있다.

첫째, 태도는 특정 대상(object)에 대한 평가이다. 여기서 대상은 태도 대상으로 불리기도 하는데, 소비자에게 태도 대상은 판매원과 같은 사람, 제품이나 광고, 브랜드 등과 같은 사물, 미니멀리즘과 같은 개념이 될 수 있다.

둘째, 개인의 태도는 직접 관찰할 수 없다. 태도는 겉으로 드러나지 않기 때문에 눈으로 직접 관찰할 수 없고 측정하거나 행동을 통해 추론해야 한다. 태도를 측정하는 가장 직접적이고 전통적인 방식은 자기보고식 설문 도구를 이용하는 방식이다. 사회적 바람직성(social desirability)에 의한 편향 등 태도 보고 과정에서 실제 태도를 왜곡시킬 수 있는 요소가 존재할 경우 **행동 관찰**이나 **내재적 연관 검사**(Implicit Association Test: IAT; Greenwald & Banaji, 1995) 등의 간접적인 방법을 이용하여 태도를 측정하기도 한다.

셋째, 태도는 태도 대상에 대한 감정적 반응의 정도이다. 이 감정적 반응은 방향성(긍정 혹은 부정)을 가지고 있고 연속선 상에서 평가되는 강도를 가지고 있다. 예를 들어, 스타벅스라는 브랜드에 대해서 어떤 소비자는 약한 부정적 감정을 가지고 있을 수 있고, 또 다른 소비자는 강한 긍정적 감정을 가지고 있을 수 있다.

넷째, 태도로부터 행동을 예측할 수 있다. 태도는 특정한 방향으로 행동하려는 **선유경향**(predisposition)이기 때문에 특정 제품에 대한 소비자의 태도를 안다는 것은 그 소비자가 특정 제품에 대해 어떠한 행동 반응을 보일 것인지 예측할 수 있다는 뜻이기도 하다. 예를 들어, 차가운 음료에 대해 부정적인 태도를 가지고 있는 소비자의 경우 얼음이 포함된 음료를 구매하지 않을 것이라고 짐작할 수 있다.

다섯째, 태도는 타고나는 것이 아니라 학습되는 것이다. 태도는 개인의 경험에 의해서 습득된다. 아메리카노에 대한 긍정적인 경험이 있는 소비자는 아메리카노에 대한 긍정적 태도를 가지고 있을 것이다. 개인의 직접적인 경험뿐 아니라 간접적인 경험, 다시 말해 광고에의 노출, 타인의 소비를 목격하는 것 또한 개인의 태도 형성에 기여할 수 있다.

여섯째, 태도는 **맥락**(context)에 의해 형성되는 것이다. 비 오는 날에는 따뜻한 음료에 대해 긍정적인 태도를 갖게 된다든지 기분이 좋은 날에는 신나는 음악을 듣고 싶다든지 하는 것은 모두 태도를 이끌어 내는 상황 혹은 맥락이 태도 형성에 영향을 미치는 예라고 할 수 있다.

2. 태도에 대한 관점

태도에 대한 기능적 관점(functional view)을 가지고 있느냐 혹은 구성적 관점(constructive view)을 가지고 있느냐에 따라서 앞서 언급한 태도의 특성에 대해 동의하는 부분이 다를 수 있다. 태도에 대해 기능적 관점을 가진 심리학자들은 태도는 대상에 대한 기존의 경험과 현재의 평가가 연합하여 도출되는 것이라고 설명한다(Eagly & Chaiken, 1993; Katz, 1960; Shavitt, 1990). 다시 말해, 앞에서 언급한 태도는 학습된다는 주장은 태도의 기능적 관점과 일치한다. 태도에 대한 기능적 관점을 지지하는 대표적인 연구자 카츠(Katz)는 태도는 인간의 기본적 욕구를 충족시키기 위한 기능을 수행하며 개인의 기존 경험과 지식 수준에서 태도가 도출된다는 점에서 태도는 일관적이라고 주장하기도 하였다. 카츠(1960)가 주장하는 태도의 기능은 다음과 같다.

첫째, 태도는 실용적(utilitarian) 기능을 가지고 있다. 즉, 태도는 대상을 통하여 경험하는 보상을 최대화하고 처벌을 최소화하는 역할을 한다. 예를 들어, 소비자에게 커피가 맛과 향에서 주는 즐거움이라는 보상을 주는 동시에 카페인에 의한 수면장애라는 처벌을 동시에 준다면 소비자는 처벌을 낮출 수 있는 디카페인 커피에 대한 긍정적 태도를 형성한다.

둘째, 태도는 자아방어적(ego-defensive) 기능을 가지고 있다. 태도는 개인이 외부에 드러내고 싶지 않은 바람직하지 않은 특성을 감추거나 개인이 맞닥뜨리고 싶지 않은 외부 요소로부터 스스로를 보호하는 역할을 수행한다. 예를 들어, 운동신경이 떨어진다고 느끼는 개인은 모든 스포츠 자체에 대해 부정적인 태도를 가지고 본인의 부족한 실력이 드러날 기회 자체를 차단하고자 할 수 있다.

셋째, 태도는 가치 표현적(value-expressive) 기능을 가지고 있다. 태도의 가치 표현적 기능에서 '표현'은 바깥 세상에 나를 보여 준다는 의미보다는 구별되고자 하는 인간의 욕구를 바탕으로 자아만족을 위해 스스로를 드러냄을 의미한다(Carpenter, Boster, & Andrews, 2013). 따라서 대상과 내가 추구하는 가치가 부합할 경우 나의 가치를 드러낼 수 있는 그 대상에 대해 좋은 태도를 형성하게 되는 것이다. 예를 들어, 동물복지를 중요한 가치로 생각하는 소비자는 동물 실험을 하지 않는 화장품에 대해 긍정적인 태도를 가질 것이다.

넷째, 태도는 지식(knowledge) 기능을 수행한다. 개인은 태도를 통해 대상에 대한 다양하고 복잡한 정보들을 단순화하고 조직화한다. 다시 말해, 태도는 소비자의 의사결정과정을 단순화하는 데 기여한다. 복잡한 정보를 요약하기 위하여 인간은 선택적 지각을 통해 대상을 이해하는 데 소모되는 노력을 줄인다. 예를 들어, 질 좋은 티셔츠를 찾고 있는 소비자는 '비싼 제품은 질이 좋다.'라는 **어림법**(heuristics)에 근거하여 저가 브랜드에 비해 고가 브랜드에 대해 호의적 태도를 가질 수 있다. 이러한 브랜드 태도는 티셔츠를 구매하는 이 소비자의 제품 탐색 단계에 소모되는 노력을 줄이는 기능을 수행한다.

태도가 인간의 다양한 욕구 충족에 기여한다는 기능적 관점과는 다르게 구성적 관점에서는 태도가 어떤 기능을 수행하기 위해 존재하는 것이 아니라고 설명한다. 구성적 관점을 지지하는 학자들은 태도가 대상에 대한 평가 판단(evaluative judgment)일 뿐이고, 여타 다른 판단과 마찬가지로 태도 역시 노력-정확도 상쇄(effort-accuracy tradeoff) 상황에서 발생하는 부정적 감정을 최소화하고자 하는 목적에서 형성된다고 주장한다. 구성적 관점에서 태도는 대상에 대한 개인의 기억과는 관련이 없으며, 대상이 평가되는 그 순간의 상황적 특성에 영향을 받아 구성될 뿐이다(Bettman, Luce, & Payne, 1998; Feldman & Lynch, 1988; Reed, Wooten, & Bolton, 2002). 앞에서 언급한 태도의 특성 가운데 맥락의존적인 태도의 특성이 바로 구성적 관점에 부합하는 특성이며, 구성적 관점에서 보는 태도는 잠정적이고 일시적인 평가이다. 태도를 기능적으로 이해해야 하는가, 구성적으로 이해해야 하는가에 대한 논의는 사회심리학 영역과 소비자심리학 영역에서 아직도 진행 중이며, 태도의 개념적 정의와 특성을 보다 명확히 하기 위한 노력 또한 계속되고 있는 중이다(Argyriou & Melewar, 2011).

3. 태도의 구조

1) 삼각 모델

세 가지 하위 요소 이론(theory of tripartite view of attitude)이라고 불리기도 하는 **삼각 모델**(tripartite model)은 태도를 세 가지 구성요소로 이루어진 구성체라고 설명한다. 여기서 세 가지 하위 요소는 인지적 요소(cognitive component), 감정적 요소(affective component), 행동적 요소(behavioral component)이다. 인지적 요소는 대상이 가진 속성에 대한 개인의 신념(belief)이나 지식으로, '아이폰은 디자인이 우수하다.'와 같은 소비자의 생각을 의미한다. 감정적 요소는 '나는 아이폰을 매우 좋아한다.'와 같이 개인이 대상에 대해 품고 있는 정서적 느낌을 뜻한다. 이어 '나는 아이폰을 구입할 것이다.'라는 의도는 태도의 행동적 요소가 된다. 삼각 모델은 개인이 대상에 대해 가지고 있는 태도는 항상 이 세 가지 요인으로 구성되어 있으며, 이 세 요인의 방향성은 일관성을 가진다고 설명한다. 즉, 아이폰이 가진 속성에 대해 호의적인 신념이나 지식을 가지고 있다면 아이폰에 대해 긍정적 정서를 가지게 되며 아이폰을 구매할 가능성 역시 높다는 것이다. 삼각 모델은 1940년대 말 스미스(Smith, 1946)에 의해 처음 제안되었으며, 1960년대에 이르러서는 태도의 구조를 설명하는 데 가장 많이 인용되는 모델이 되었다. 그러나 이후 등장한 학자들은 태도의 세 가지 요소 가운데 감정적 요소에 집중하여 태도의 단일 구조 모델을 제안하였다.

2) 단일 구조 모델

태도란 대상에 대한 호의적이거나 비호의적인 평가라는 정의에 주목한 학자들은 태도는 대상에 대한 단일 평가인 만큼 단일 구조를 가진 개념으로 보아야 마땅하다고 주장하였다. **단일 구조 모델**(unidimensional model)은 태도에 대한 인지적 평가는 태도라는 감정 반응에 대한 선행 요소이며 행동적 요인은 태도의 결과물이라고 설명한다. 결국 태도에 대한 다양한 인지적 평가는 최종적으로는 호의적-비호의적이라는 단순한 정서적 평가로 수렴한다는 것이다. 이러한 단일 구조 모델의 주장은 **리커트 방식**(예: 1. 나는 아이폰을 매우 싫어한다. ~ 5. 나는 아이폰을 매우 좋아한다)을 사용하는 태도 측정 방법을 정당화하는 데 기여하기도 하였다(Baum & Nelson, 2007; MacKnight & Powell, 2001).

그러나 동일한 대상에 대해 양면적(ambivalent) 태도를 지니고 있는 개인에 대한 연구 결과들(Haddock & Zanna, 1999; Lavine, Thomsen, Zanna, & Borgida, 1998)은 단일 구조 모델이 태도의 양면성을 충분히 설명하지 못한다고 주장한다. 라빈 등(Lavine et al., 1998)의 연구는 인지적 평가인 신념(beliefs)과 정서적 평가인 느낌(feeling)이 일치하지 않는 경우 정서 반응이 행동을 예측하지만, 인지적 평가와 정서적 평가가 일치하는 경우에는 두 평가 모두가 행동에 영향을 미친다는 결과를 보

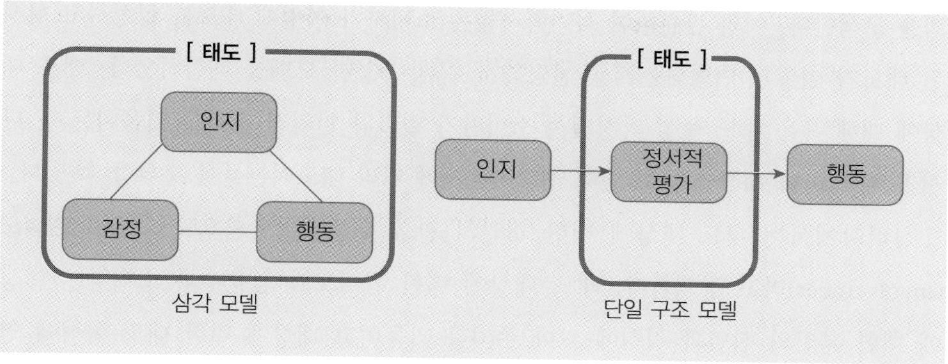

[그림 6-1] 태도의 구조에 대한 두 가지 견해

여 주었다. 이러한 연구 결과는 인지적 평가와 정서적 평가가 동일한 방향성을 가지고 있다는 삼각 모델의 설명에 부합하지 않는 결과이다. 단일 구조 모델을 지지하는 학자들은 인지적으로는 아이폰의 내구성이 떨어진다는 부정적 평가를 가진 소비자가 아이폰에 대해서 좋은 느낌을 가지고 있을 수 있는데, 이러한 태도 요소의 불일치 현상을 연구하기 위해서는 태도를 형성하는 인지적 평가와 정서적 평가를 개별적으로 다룰 필요가 있다고 주장한다. 이뿐만 아니라 단일 구조 모델을 지지하는 최근의 태도 연구자들은 대상에 대한 정서적 판단, 구매 의도, 실제 구매 행동은 구별되는 개념이라고 설명하며(Samra, 2014), 대상에 대한 행동 반응을 단순히 태도의 결과물로 다루기보다는 행동 의도라는 개별 요소로 다룰 필요가 있다고 주장하기도 한다.

4. 태도이론

기업은 자사가 생산하는 제품이나 관련 광고에 대한 소비자가 긍정적인 태도를 갖기를 바란다. 만약 불행하게도 소비자가 해당 기업에 대해 부정적인 태도를 갖고 있다면 그 태도가 어떻게 형성되었는지를 이해하고 그 태도를 변화시킬 수 있는 방법을 모색한다. 이와 관련하여 심리학자들은 소비자가 어떻게 태도를 형성하고 형성된 태도가 어떻게 변화하는지를 설명하기 위한 다양한 모델을 제안하였다. 태도 대상에 대해 혹은 태도 형성 과정에서 소비자가 얼마나 인지적 노력을 기울이는지, 다시 말해 얼마나 대상에 대해 깊이 생각하는지에 따라 태도이론들을 분류할 수 있다.

심리학에서는 태도 대상에 대한 개인의 관심 수준 혹은 중요도 수준을 **관여도**(involvement)라고 정의한다. 태도 대상에 대한 관여도가 높을수록 소비자는 대상에 대한 본인의 신념과 지식에 보다 주의를 기울이고 대상에 대한 태도 형성에 영향을 미칠 수 있는 관련 정보를 찾아보는 데 노력을 기울인다. 만약 태도 대상에 대한 관여도가 낮다면 대상에 대해 굳이 깊게 생각하지 않는다. 관여도는 **지속적 관여도**(enduring involvement)와 **상황적 관여도**(situational involvement)의 두 가지로 구분할 수 있다. 지속적 관여도는 소비자가 대상에 대해 비교적 일관성 있게 안정적으로 가지고 있는 관심 수준을 의미한다. 예를 들어, 패션에 높은 관여도를 가지고 있는 소비자는 이번 시즌에 유행하는 신발, 변화하는 계절에 맞춘 의상, 새로 등장한 의류 브랜드 등 패션과 관련한 여러 대상에 대해 높은 관심을 가지고 있을 것이다. 그러나 패션에 낮은 관여도를 가지고 있는 소비자라면 매우 인기 높은 의류 브랜드에조차 관심을 기울이지 않을 가능성이 크다.

상황적 관여도는 특정 상황 혹은 특정 맥락에서의 대상에 대한 소비자의 관심 수준을 의미한다. 면접을 앞둔 취업 준비생의 경우 패션에 대한 본인의 지속적 관여도 수준과 상관없이 면접 때 어떤 옷을 입어야 할지에 대해 높은 수준의 관심을 갖게 된다. 이때 취업 준비생이 가지고 있는 패션에 대한 높은 관심 수준을 높은 상황적 관여도의 예라고 할 수 있다. 상황적 관여도는 특정 상황에서 유발된 것이기 때문에 일시적이라는 특징을 가지고 있다. 다시 말해, 취업 준비생이 면접 의상을 준비하기 위해 패션에 대해 가지게 된 관심은 면접을 마치고 나면 바로 사라질 가능성이 높다. 자동차나 아파트와 같이 일상적인 구매를 벗어나는 중요한 구매 상황은 제품에 대한 높은 상황적 관여를 불러일으킨다. 평소에 자동차에 대해 큰 관심을 가지고 있지 않던 사람이라고 해도 자동차와 관련한 각종 정보에 주의를 기울이고 어떤 자동차에 대해 가장 호의적인 태도를 가져야 하는지 밝히기 위해 노력을 쏟는다.

소비자의 태도 형성을 설명하는 다양한 태도이론은 대상에 대해 태도를 고관여 상황에서 형성하느냐 혹은 저관여 상황에서 형성하느냐에 따라 분류할 수 있다. 소비자가 제품 정보에 대한 높은 관심으로 태도를 형성하는 상황, 즉 고관여 상황에서의 태도 형성에 대한 대표적인 태도 모델로는 **다속성 태도 모델**(multiattribute attitude model)과 **정보 통합 이론**(information integration theory)이 있다. 소비자가 상대적으로 덜 중요하게 여기는 저관여 제품 혹은 인지적 노력을 기울이지 않는 구매 상황에 대한 태도 형성을 설명하는 모델의 예로는 **저관여 메시지 학습 모델**(low involvement learning model)과 **단순 노출 효과 이론**(mere exposure effect theory)이 있다. 한편, 고관여 상황과 저관여 상황에 대한 태도를 통합하여 설명하는 모델들도 존재하는데, 가장 대표적인 이론으로는 **인지 반응 모델**(cognitive response model)과 **정교화 가능성 모델**(elaboration likelihood model)이 있다. 다음에서는 각각의 태도이론의 특징에 대해 보다 자세히 살펴보도록 하겠다.

표 6-1 태도이론의 분류

고관여 상황의 태도이론	저관여 상황의 태도이론	통합적 관점의 태도이론
다속성 태도 모델 정보 통합 이론	저관여 메시지 학습 모델 단순 노출 효과 이론	인지 반응 모델 정교화 가능성 모델

1) 다속성 태도 모델

피쉬바인(Fishbein, 1963)의 다속성 태도 모델에 따르면 소비자가 어떤 제품에 대해서 갖게 되는 태도는 그 대상에 대해서 알고 있는 여러 속성 중 소비자가 지각한 몇 가지 현저한 속성(salient attributes)에 대한 신념(belief)과 그 속성들에 대한 평가(attributes evaluation)에 의해 결정된다. 소비자는 광고나 온라인상의 제품 후기 등의 외부 정보, 개인의 경험, 혹은 추론을 바탕으로 제품에 대한 여러 가지 신념, 즉 제품에 대한 의견을 가지고 있을 수 있다. 예를 들어, '맥북은 비싸다.' '맥북은 디자인이 세련되었다.' 등은 모두 맥북이라는 제품에 대해 소비자가 가지는 신념이 된다. 소비자는 여러 가지 신념 중 본인에게 보다 부각되는 5~9개 정도의 제한된 개수의 신념을 바탕으로 태도를 형성한다. 피쉬바인의 다속성 태도 모델을 함수식으로 표현하면 다음과 같다(〈식 6-1〉 참조).

$$A_0 = \sum_{i=1}^{n} b_i e_i$$

A_0: 대상(object)에 대한 소비자의 태도

b_i: 이 대상(object)의 속성 i에 대한 신념의 강도

e_i: 속성 i에 대한 소비자의 평가

n: 현저한 속성의 수

〈식 6-1〉 다속성 태도 모델의 수식

수식의 b_i값은 대상의 속성 i에 대한 신념의 강도(strength of belief)를 의미한다. 예를 들어, 어떤 소비자가 무게라는 속성에 대해 가지고 있는 신념의 강도는 '맥북의 무게는 가벼울 것 같은가?'라는 질문에 대해 -3(전혀 그럴 것 같지 않다)~+3(매우 그럴 것 같다)의 척도에 답하게 함으로써 측정할 수 있다. 수식을 구성하는 e_i값은 제품의 속성 i(예: 가벼운 무게)가 소비자에게 얼마나 바람직한가에 대한 소비자의 평가(evaluation)이다. 즉, 노트북을 평가할 때 가벼운 무게라는 속성이 얼마나 좋은 속성인지를 평정하게 한 값이 속성 평가값이 된다. 만약 외근이 잦은 웹디자이너 A 씨가 새로운 노트북을 구입하기 위해 각기 다른 브랜드의 세 가지 노트북을 비교한다고 가정하여 보자. 〈표 6-2〉는 A 씨가 이 세 가지 노트북에 대해 어떠한 태도를 가지고 있을지를 다속성 태도 모델에 근거하여 산출하는 단계를 보여 주고 있다. A 씨는 6개의 현저한 속성 정보를 바탕으로 노트북에 대한 태도를 형성한다. A 씨가 가장

표 6-2 다속성 태도 모델의 예

		브랜드 A		브랜드 B		브랜드 C	
속성	속성 평가 (e_i)	신념 강도 (b_i)	b_ie_i	신념 강도 (b_i)	b_ie_i	신념 강도 (b_i)	b_ie_i
가격	+1	+3	+3	-3	-3	+1	+1
성능	+3	-2	-6	+3	+9	+2	+6
배터리 사용시간	+2	0	0	-2	-4	+2	+4
무게	+2	-3	-6	+2	+4	+3	+6
디자인	+1	+1	+1	+2	+2	+3	+3
태도			-8		+8		+20

바람직하다고 생각하는 속성은 원활한 업무 수행을 위한 높은 성능(+3)이다. 또한 외근 중 이용성 확보를 위하여 가벼운 무게(+2)와 긴 배터리 사용시간(+2) 속성에 대해서도 긍정적으로 생각하고 있다. 각각의 속성에 대한 평가와 A 씨가 각 브랜드 노트북에 대해 가지고 있는 신념의 강도를 곱하여 도출된 b_ie_i값을 모두 더하면 특정 브랜드 노트북에 대한 A 씨의 태도값을 산출할 수 있다. 이 표에 근거하면 A 씨는 브랜드 C(+20), 브랜드 B(+8), 브랜드 A(−8)의 노트북 순서로 선호를 형성할 가능성이 높다. 소비자의 특성에 따라 노트북에 대한 태도를 형성할 때 의존하는 현저한 속성의 종류, 각 속성에 대한 평가, 특정 브랜드의 개별 속성에 대한 신념은 다를 수 있다. 마케터들은 제품의 특성과 타깃 소비자의 특성에 주목하여 현저한 속성의 종류 혹은 제품에 대해 가지고 있는 신념 내지는 신념의 강도를 조절함으로써 제품에 대한 소비자들의 태도를 변화시킬 수 있다.

2) 정보 통합 이론

앤더슨(Anderson, 1971)이 제안한 정보 통합 이론은 다속성 태도 모델과 마찬가지로 고관여 상태의 소비자의 태도 형성과 변화를 설명하는 이론이다. 정보 통합 이론은 태도를 도출하기 위해 속성에 대한 평가 점수와 각 속성에 대한 대상 평가 점수를 사용한다는 점에서 동일하지만 속성에 대한 평가 점수를 측정하는 방식에 있어 차이가 있다. 다속성 태도 모델에서는 소비자에게 특정 속성(예: 노트북의 무게) 내지는 특정 속성에서 장점을 가지는 것이 얼마나 바람직한지를 개별 속성별로 평정하게 한다. 그러나 정보 통합 이론에서는 '특정 속성을 가진 것이 얼마나 바람직한가?'라는 질문 대신에 '특정 속성이 얼마나 중요한가?'라는 질문으로 속성의 중요성을 평가하게 한다. 또한 현저한 속성의 평가 점수의 합이 1이 되도록 평가하게 함으로써 속성의 중요성 평가가 상대적으로 이루어질 수 있게 한다. 이러한 방식은 응답자로 하여금 여러 속성의 중요성 정도를 보다 본인의 선호에 근접하게, 다시 말해 가능한 한 정확히 보고할 수 있게 해 준다는 데 장점이 있다. 정보 통합 이론의 수식은 다음과 같다(〈식 6-2〉 참조).

$$A_0 = C + \sum_{i=1}^{n} w_i s_i \text{ , } with \sum_{i=1}^{n} w_i = 1$$

A_0: 대상(object)에 대한 소비자의 태도

C : 상수(의미를 갖지 않는 고정된 값)

w_i : 속성 i에 대한 소비자의 중요성 가중치 평가

s_i : 대상(object)의 속성 i에 대한 평가

n : 현저한 속성의 수

〈식 6-2〉 정보 통합 이론의 수식

3) 저관여 메시지 학습이론

외부 지식, 본인의 경험 및 추론 등 다양한 정보를 활용한 태도 형성은 사실 높은 수준의 인지적 노력이 요구되는 과정이다. 제품에 대한 기존 지식으로부터 구성되는 신념, 내가 제품을 구매할 경우 타인의 평가 등 여러 정보를 떠올리고 통합하고 결론에 이르는 과정은 일종의 지적 노동이라고 볼 수 있다. 그렇기 때문에 앞서 언급한 다속성 태도 모델과 정보 통합 이론 등은 소비자가 기꺼이 그러한 지적 노동을 감내할 의사가 있을 때에 적용할 수 있는 모델이다. 즉, 고관여 태도 대상에 대한 태도 형성은 앞에서 언급한 모델들을 이용하여 설명할 수 있다.

그러나 많은 경우 우리는 특별히 주의를 기울이지 않은 상태에서도 태도를 형성한다. 제품이나 브랜드에 대한 정보를 학습하는 데 동기화되어 있지 않을 때, 우리는 저관여 상태에 있다고 할 수 있다. 이러한 상황에서의 태도 형성을 설명하는 이론 중 하나가 바로 저관여 메시지 학습이론이다. 크루그먼(Krugman, 1965)은 많은 경우 시청자들이 TV 광고에 주의를 기울이지 않는다는 점에 주목하여 TV 광고는 저관여 설득 도구라고 주장하였다. TV 광고는 일방향적으로 제시되기 때문에 수용자는 광고 메시지를 적극적으로 처리하고자 하는 높은 수준의 동기를 갖기 어렵다. 저관여 메시지 학습이론에 따르면 TV 소비자가 TV 광고를 반복적으로 시청하게 되면 수동적 저관여 학습이 이루어져 광고의 슬로건, 색채 이미지, 브랜드 이름과 같은 광고 요소들이 저장된다. 이렇게 저장된 정보는 해당 제품에 대한 구매를 고려하는 상황에서 영향을 줄 가능성이 있다. 운동화를 구매하려고 하는 소비자가 운동화를 생산하는 다양한 브랜드의 속성이나 본인의 구체적인 구매 목적을 깊이 생각하지 않고 반복된 광고를 통해 학습된 'just do it'이라는 슬로건에 끌려 나이키에서 운동화를 구매하였다면, 이는 저관여 메시지 학습의 영향이다.

저관여 학습으로 획득한 단편적인 지식들은 제품이나 브랜드에 대한 지식의 양이 늘어나는 데 기여할 뿐, 제품 속성에 대한 강력한 신념을 형성하거나 태도를 변화시키는 데에 즉각적인 영향력을 갖지는 못한다(Krugman, 1965). 그럼에도 불구하고 제품에 대한 광고 메시지에 반복 노출되면 단기기억에 저장된 광고 메시지의 내용이 결국 장기기억으로 이동하여 광고 메시지와 제품의 연합이 강해지게 되고, 결국 소비자는 그 제품이 광고 메시지가 강조하는 속성을 가지고 있다고 믿게 된다. 호킨스와 호흐(Hawkins & Hoch, 1992)는 다량의 광고 메시지를 이용하여 메시지에 대한 반복적 노출이 메시지의 진실성에 미치는 영향을 탐구하였다. 실험 결과, 참가자들은 읽어 본 적이 없는 광고 메시지에 비해 한 번이라도 읽어 본 적이 있는 광고 메시지가 더 진실을 이야기하고 있다고 판단하였다. 호킨스와 호흐는 이를 **진실성 효과**(truth effect)라고 명명하였는데, 관련 연구에 따르면 메시지에 대해 고관여 태도를 가질 때보다 저관여 태도를 가지고 있을 경우, 기억력이 하락할 정도로 소비자의 연령이 높아질 경우 진실성 효과에 더욱 영향을 많이 받는다(Law, Hawkins, & Craik, 1998).

저관여 메시지 학습이론은 전통적 광고매체인 TV의 영향력을 탐구하기 위하여 제안된 이론이지만 온라인과 오프라인을 가리지 않고 다양한 매체를 통해 감당하기 어려울 만큼의 광고가 쏟아지는 오늘날의 광고 시장에도 시사하는 바가 크다. 웹 서핑을 하면서 무수히 마주하는 팝업 광고, 온라인을 통한 동영상 시청 시 시청하게 되는 프리롤 광고, 다양한 형태의 옥외 광고 등 현대사회를 살아가는 소비자들에게 광고 메시지는 대부분이 저관여 메시지라고 해도 과언이 아닐 것이다. 현대의 소비자는 쏟아지는 광고 메시지 하나하나에 신경을 쏟기보다는 의미 없이 광고를 지나치거나 흘려보내기 마련이다. 이러한 시장 상황에서 광고 메시지가 제품이나 브랜드에 대한 긍정적 태도를 형성하는 데 기여하기 위해서는 소비자가 특별히 주의를 기울이지 않아도 쉽게 인식하고 기억할 수 있는 메시지를 전달하는 것이 필요하다.

4) 단순 노출 효과 이론

단순 노출 효과란 의식적인 수준에서 인지하지 못한 대상이라 하더라도 일단 그 대상에 노출되기만 하면 대상에 대한 긍정적 태도를 형성하는 현상을 뜻한다(Zajonc,

1968). 단순 노출 효과 이론은 인지적 노력을 기울이지 않는 상태에서 태도가 형성되는 과정을 설명한다는 점에서 저관여 메시지 학습이론과 공통점이 있다. 그러나 저관여 메시지 학습이론과 단순 노출 효과 이론은 소비자의 태도 대상에 대한 인지 수준을 다르게 가정한다. 구체적으로 저관여 메시지 학습이론은 소비자가 대상을 인지하는 경우의 태도 형성 과정을 설명한다. 그러나 단순 노출 효과 이론은 소비자가 대상을 의식적인 수준에서 인지했을 때뿐 아니라 인지하지 못하는 상황에서도 대상에 대한 태도가 형성될 수 있다고 주장한다. 자욘스(Zajonc, 1968)의 도형 인지 과제 실험에서 참가자들은 도형의 형태를 인식할 수 없을 정도로 짧은 시간(1/1,000초) 동안 도형을 보았다. 다양한 도형에 대하여 이런 과정을 5회씩 실시한 후 참가자들에게 보여 준 도형과 보여 주지 않은 도형의 쌍을 제시하여 둘 중 어떤 도형이 본 도형인지와 어떤 도형이 더 마음에 드는지를 물어보았다. 실험 결과, 참가자들은 실험 과정에서 보여 준 도형을 본 적이 있는 도형이라고 맞히지는 못했지만, 보여 준 도형을 보여 주지 않은 도형에 비해 선호하는 경향을 보였다. 한자에 대한 지식이 없는 미국 대학생을 대상으로 한 또 다른 실험에서 자욘스는 참가자들이 처음 보는 한자에 비하여 본 적이 있는 한자의 뜻이 더욱 긍정적인 뜻을 가지고 있을 것이라고 판단하는 경향을 발견하기도 하였다.

자욘스의 실험 결과는 인간이 정보처리과정에서 직관적이고 자동적인 시스템 1과 분석적이며 논리적인 시스템 2를 독립적으로 활용한다는 이중 정보처리 이론(dual-process model)을 지지한다. 즉, 단순 노출 효과는 대상에 대한 태도는 대상의 속성에 대한 신념에 주의를 기울였을 때에만 형성되는 것이 아니라 무의식적 수준에서 암묵적으로 형성될 수도 있음을 보여 준다. 자욘스(1968)는 단순 노출 효과의 원인을 자극에 대한 노출이 자극에 대한 친숙성을 높이고 친숙성이 대상에 대한 호감을 불러일으키기 때문이라고 설명하였다.

온라인상에서 뉴스를 읽거나 상품을 구매할 때 소비자는 모니터 위에 등장하는 수많은 광고에 노출되지만 그 광고들에 특별히 주의를 기울이지는 않는다. 이러한 사실에 주목하여 팡, 싱과 알루와리아(Fang, Singh, & Ahluwalia, 2007)는 웹상의 배너 광고가 소비자의 태도 형성에 영향을 미치는지를 탐색하였다. 연구 결과, 온라인 배너 광고의 단순 노출 효과를 확인하였는데, 참가자들은 모니터상에 제시되는 배너 광고를 기억하지 못하는 상태에서도 처음 보는 배너 광고보다 본 적이 있는 배너 광고에 대해 더 높은 호감을 보였다. 팡 등은 본 적이 있는 광고에서 제시하는 정보를 처리할 때 경험하는 정보처리의 유창성(fluency)이 긍정 정서를 느끼게 하는데, 소비자는 이 긍정 정서가 대상 자체에서 오는 긍정 정서라고 판단하여 대상에 대한 본인의 태도를 호의적이라고 인식하게 된다고 설명하였다. 단순 노출 효과는 태도 대상이 본인과 깊이 관련되어 있을 때보다 별 관련이 없을 때에 더 강한 효과를 발휘한다. 다시 말해, 단순 노출 효과 이론은 저관여 소비자를 대상으로 하는 마케팅 전략에 시사하는 바가 크다.

5) 인지 반응 모델

인지 반응 모델은 고관여 상황에서의 태도 형성과 저관여 상황에서의 태도 형성을 통합적으로 설명하는 이론 중 하나이다. 그린왈드(Greenwald, 1968)가 제안한 인지 반응 이론은 광고와 같은 설득 메시지의 내용 자체보다 설득 메시지에 대한 개인의 반응, 생각 혹은 의견이 대상에 대한 태도 형성에 더 큰 영향을 미친다고 설명하였다. 다시 말해, 소비자가 광고를 보며 광고의 내용 혹은 광고의 여러 요소에 대해 자기 나름대로의 생각, 즉 인지 반응을 하게 되는데, 이와 같은 광고에 대한 반응을 토대로 광고된 제품이나 브랜드에 대한 태도가 형성된다는 것이다.

인지 반응 모델에 따르면 동일한 광고라고 해도 소비자가 어떠한 인지 반응을 보이느냐에 따라서 광고 메시지가 제품에 대한 태도 형성에 미치는 영향이 달라진다. 우선 소비자의 인지 반응은 그 내용에 따라 광고 메시지와 관련된 반응과 광고에 메시지 외 광고 실행 요소(예: 광고 모델, BGM, 색감 등)에 대한 반응으로 나눌 수 있고 그 반응이 호의적인지 그렇지 않은지를 바탕으로 다시 구분할 수 있다.

광고 메시지에 대한 호의적 반응은 **지지 주장**(support argument)이라고 한다. 세계 바리스타 대회에서 1등을 수상한 바리스타가 등장해서 갓 추출한 커피의 맛을 보장한다고 말하는 인스턴트 커피 광고가 있다고 가정해 보자. 이 광고를 보고 어떤 소비자는 '갓 추출한 커피의 맛이라니 매우 풍미가 좋겠다.'는 지지 주장을 가질 수 있다. 반면, 어떤 소비자는 '인스턴트 커피가 원두 커피 맛과 같다니 믿을 수 없어.'라고 생각할 수 있는데, 이런 소비자의 반응은 **반박 주장**(counter argument)이라고 한다. 이 광고에 대해 반박 주장 반응을 보이는 소비자에 비해 지지 주장 반응을 보이는 소비자는 광고에 등장하는 인스턴트 커피에 대해 보다 긍정적인 태도를 형성할 가능성이 높다. 광고 메시지에 대한 반응은 소비자가 이미 가지고 있는 신념과 메시지가 어느 정도 일치하느냐에 따라 달라진다. 소비자의 기존 신념과 광고 메시지의 내용이 일치할 경우에는 지지 주장이 나타난다. 반면, 광고 메시지와 소비자의 신념이 불일치하면 반박 주장이 나타나는 경향이 높다. 광고의 반복이 광고 메시지에 대한 반응 수준에 영향을 미치기도 한다. 광고가 반복 횟수가 늘어나면 광고에 대한 반박 주장은 처음에는 감소하다 일정 시점 이후에는 증가하는 양상을 보인다. 그러나 지지 주장은 오히려 반대로 광고가 반복되는 초기에는 증가하다가 어느 시점 이상을 지나가면 감소한다.

광고 메시지 외에 광고를 구성하는 실행요소에 대한 반응 역시 긍정적 혹은 부정적 반응인가에 근거하여 광고 실행 지지 반응과 광고 실행 격하 반응으로 나눌 수 있다. 앞서 예시로 제시한 광고에 대해서 어떤 소비자는 '세계 바리스타 대회에서 1등을 수상한 바리스타가 추천한다니 어느 정도의 맛은 보장되겠다.'라고 생각할 수 있는데, 이런 반응을 **광고 실행 지지 반응**이라고 한다. 반면, '저 바리스타는 본인이 추출한 커피만 마시지, 이런 인스턴트 커피를 마실 리가 없어. 이 광고는 믿을 수 없군.'이라고 생각하는 소비자의 반응은 **광고 실행 격하 반응**이라고 한다. 실행 격하 반응을 보이는 소비자는 실행 지지 반응을 보이는 소비자에 비해 광고 메시지를 무시하거나 불신함으로써 광고뿐 아니라 광고되는 제품에 대한 부정적 태도를 갖게 될 수 있다.

인지 반응 모델에 따르면 소비자의 관여 수준에 따라서 광고 메시지에 대한 소비자의 인지 반응 종류가 달라진다. 구체적으로 소비자가 제품 혹은 제품의 구매에 대

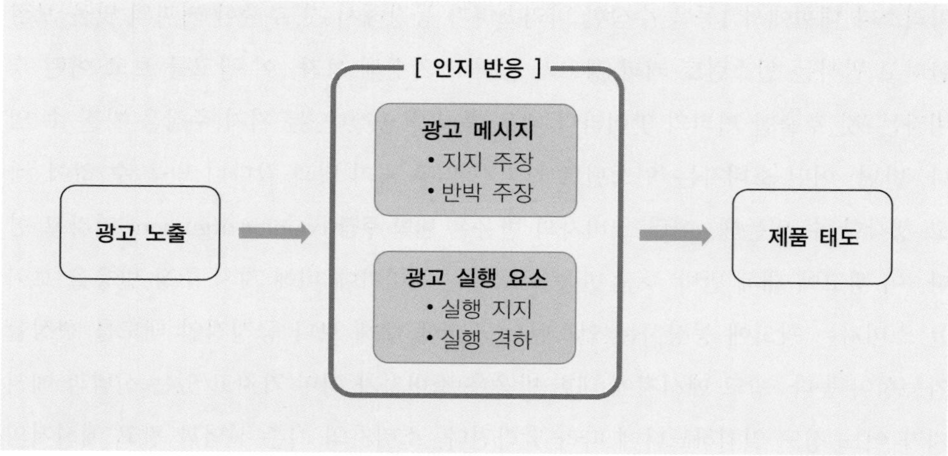

[그림 6-2] 인지 반응 모델의 구조

해 고관여 상황에 있을 때에는 광고 실행 요소보다는 광고 메시지 자체에 대한 반응을 보일 가능성이 높다. 반면, 소비자가 저관여 상황에 있을 때에는 광고 실행 요소에 대한 반응을 떠올리기가 쉽다.

6) 정교화 가능성 모델

통합적 관점으로 태도 형성 및 변화를 설명하고자 한 가장 대표적인 태도 모델 중 하나는 페티와 카치오포(Petty & Cacioppo, 1986)의 정교화 가능성 모델이다. 여기서 정교화 가능성이란 사람들이 광고와 같은 설득 메시지에 대해 주의를 기울이고 깊게 생각하는 정도가 상황에 따라 달라질 수 있음을 의미한다. 정교화 가능성 모델은 태도 형성의 두 가지 경로를 제안한다. 정교화 가능성이 높을 때, 즉 소비자가 제품 관련 정보를 처리하려는 노력을 많이 쏟을 때, 태도는 주로 제품 정보에 영향을 받아 형성된다. 이때 제품 정보를 **중심 단서**라고 부르고, 이러한 태도 형성 경로를 **중심경로**(central route)라고 부른다. 반면, 정교화 가능성이 낮을 때에는 제품 정보 외의 광고 모델, BGM, 광고의 질 등 인지적 노력을 기울이지 않아도 처리할 수 있는 정서적 성격을 띤 주변 단서가 태도 형성에 미치는 영향이 더 크다. 이때 태도가 형성되는 경로를 **주변경로**(peripheral route)라고 한다. 이 경우 중심경로로 형성된 태도는 보다 지속적이고 안정적이며 실제 행동과 높은 상관을 갖는다. 그러나 주변경로로 형성된 태도는 비교적 일시적이며 쉽게 변화하고 행동으로 이어질 가능성도 낮다.

메시지에 대한 정교화 가능성에 영향을 미치는 것은 소비자의 동기와 능력이다. 제품 정보 내지는 광고 메시지가 본인과 관련이 높다면 이를 처리하고자 하는 동기가 높아져 정교화 가능성이 커진다. 다시 말해, 고관여 상태의 소비자는 제품 정보와 같은 중심 단서를 통해 태도를 형성하고자 하는 경향을 보일 것이다. 정보를 처리하고자 하는 소비자의 동기는 정보를 조직화하고 평가하려는 개인의 경향성, 다시 말해 인지욕구 수준에 따라서도 달라질 수 있다. 호그트베트, 페티와 카시오포(Haugtvedt, Petty, & Cacioppo, 1992)의 실험에 따르면, 인지욕구 수준이 높은 소비자는 그렇지 않은 소비자에 비해 TV 광고에 제시된 제품의 기능적 우수성(중심 단서)에 높은 주의를 기울였으며 이 제품에 대한 긍정적 태도를 더 오래 유지하였다.

반면, 정보를 처리하는 상황에서의 어떤 방해 요소가 존재하거나 관련 지식이 부족할 때, 정보가 너무 복잡할 때, 혹은 시간의 압박이 있을 때, 소비자는 정보를 처리할 수 있는 능력을 발휘하기 어렵다. 이때 소비자는 제품 정보에 주의를 기울이고 처리하는 노력을 기울이기보다는 주변 단서에 초점을 맞추어 쉽게 태도를 형성할 것이다. 광고 요소 가운데 가장 대표적인 주변 단서는 광고 모델의 이미지라고 할 수 있다. 매력적이며 호감이 가는 광고 모델이 광고하는 제품에 대한 긍정적 속성을 이야기하는 광고에 노출된 소비자가 주변경로를 통해 태도를 형성하면, 제품이 본인에게 가지고 올 효용이나 제품에 대한 본인의 신념을 생각해 보지 않고 광고 모델에게 느끼는 긍정 정서를 제품에 대한 호감으로 인식하여 제품에 대한 긍정적 태도를 형성할 가능성이 높다.

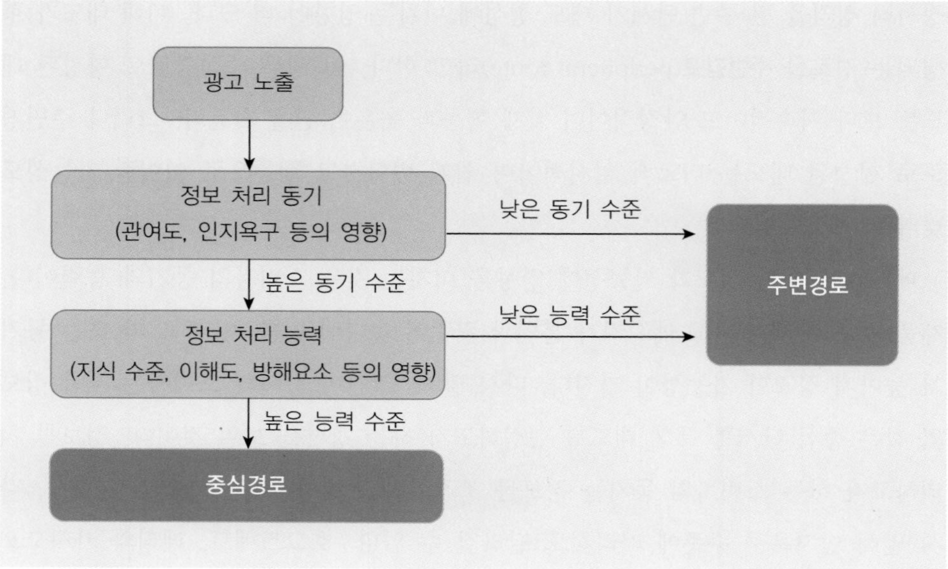

[그림 6-3] 정교화 가능성 모델의 구조

5. 태도와 행동의 관계

광고 및 마케팅 관련 연구자들과 실무자들이 소비자가 제품에 대해 긍정적인 태도를 가지도록 노력하는 이유는 제품에 대한 긍정적 태도가 제품 구매로 이어진다는 믿음에 기반한다. 그러나 제품 자체에 대한 태도가 매우 긍정적이라고 해도 실제 그 제품을 구매하지 않는 경우는 매우 흔하게 발견된다. 태도 대상에 대한 긍정적 태도가 대상을 구매하는 행동으로 이어지지 않는 까닭을 다음의 몇 가지 이유를 들어 생각해 볼 수 있다.

첫째, 소비자가 제품에 대해 긍정적 태도를 가지고 있다고 해도 가장 호감을 가진 제품이 아니라면 구매로 이어지지 않는다. 소비자는 제품군 가운데 주로 하나의 제품을 구매하기 때문에 여러 대안 중 가장 선호하는 대안일 경우에 소비자의 선택을 받는다.

둘째, 태도의 측정 시점과 구매 시점에는 시간차가 존재한다. 예를 들어, 새로운 휴대폰을 구입할 것인가 말 것인가 고민하고 있는 어떤 소비자가 A 브랜드보다 B 브랜드에 긍정적인 태도를 가지고 있다고 가정해 보자. 그런데 이 소비자가 당장 휴대폰을 바꾸기로 결심한 시점에 B 브랜드에서 이 소비자의 욕구에 부합하는 최신 휴대폰을 출시하여 이 소비자는 결국 B 브랜드의 휴대폰을 구입하였다. 즉, 태도가 구매 행동을 예측하기 위해서는 구매 직전의 태도가 측정되어야 한다.

셋째, 제품에 대한 태도와 제품 구매 행동에 대한 태도는 다르다. 성능 좋은 고급 스포츠카에 대해 매우 호의적인 태도를 가진 소비자가 신차를 구입하려고 할 때 신입사원인 본인이 고급 스포츠카를 구매하는 것에 대한 타인의 평가가 두려워서, 금전적 여유가 없어서 혹은 차가 출고될 때까지 너무 오랜 시간을 기다려야 해서 등 여러 이유로 가장 선호하는 차를 구입하지 않을 수 있다. 이 소비자가 보이는 태도와 행동의 불일치는 이어지는 합리적 행위 이론과 계획적 행동이론으로 설명할 수 있다. 이 두 이론은 대상에 대한 태도와 행동에 대한 태도는 별개의 개념이라고 주장하며 태도와 행동 간의 관계를 보다 정교하게 탐색하고자 하였다.

1) 합리적 행위 이론

합리적 행위 이론(reasoned action theory)은 피쉬바인의 다속성 태도 모델을 확장한 이론이다. 다속성 태도 모델은 개인이 대상에 대해 가진 태도에 대해서는 높은 예측력을 가진 모델이지만 태도로 인한 행동을 예측하는 데에는 한계가 있다. 이러한 결론에 다다른 피쉬바인은 동료 학자인 아젠(Ajzen)과 함께 태도 대상에 대한 태도(예: 제품에 대한 태도)와 행동에 대한 태도(예: 제품 구매에 대한 태도)는 개별적으로 다루어야 하는 개념이라고 설명하고 합리적 행위 이론(Ajzen & Fishbein, 1980)을 제안하였다. 구체적으로 합리적 행위 이론을 구성하는 주요 요소는 **'행동에 대한 태도**(attitude toward the behavior)'와 **'주관적 규범**(subjective norm)'이다. 여기서 행동에 대한 태도는 행동 의도에 영향을 미치는 개인적 요소이고, 주관적 규범은 사회적 요소라고 할 수 있다. 합리적 행위 이론에서 소비자의 행동 의도(behavioral intention)를 예측하는 함수식은 다음과 같다(〈식 6-3〉 참조).

$$B \sim BI = W_1(A_{act}) + W_2(SN)$$

B: 소비자의 실제 행동

BI: 소비자의 행동 의도

A_{act}: 행동에 대한 소비자의 태도

SN: 행동에 대한 주관적 규범

W_1, W_2: A_{act}(SN)이 행동 의도에 미치는 영향력

〈식 6-3〉 합리적 행위 이론의 수식

B~BI는 행동 의도가 실제 행동에 대한 예측력을 갖는다는 뜻이다. 합리적 행위 이론은 인간은 행동하기 전 이 행동의 결과가 나에게 이로운지 아닌지를 판단하여 행동의 수행 여부를 결정하고, 그 결과가 이로울수록 높은 행동 의도가 유발되며, 높은 행동 의도가 실제 행동 유발 가능성을 높인다고 설명하였다. 태도와 행동 사이를 행동 의도가 매개한다는 주장은 사회심리학자들이 일반적으로 지지하고 있는 연결 관계이기도 하다(Ajzen, 2008).

행동에 대한 태도(A_{act})는 소비자가 그 제품을 구매하는 행동 자체에 대한 태도를 의미한다. 피쉬바인(1972)은 실내용 카펫이라는 제품에 대해 매우 긍정적인 태도를 가진 소비자라고 하여도 가정에 어린아이나 반려동물이 있다면 카펫을 구매하는 행동에 대해서는 부정적인 태도를 가질 수 있다고 설명하였다. 또한 어떤 소비자들은 고급 브랜드 자체에 대해서는 긍정적 태도를 갖더라도 고급 브랜드의 제품을 구매하는 행동에 대해서는 비합리적이라는 생각을 가질 수 있다. 즉, 제품에 대한 긍정적인 태도뿐 아니라 제품을 구매하는 행동에 대한 긍정적 태도가 선행되어야만 구매

행동이 유발된다.

$$A_{ac} = \sum_{i=1}^{n} b_i e_i$$

A_{act}: 행동에 대한 소비자의 태도

b_i: 행동이 결과 i를 가져다줄 것이라는 소비자 신념

e_i: 결과 i에 대한 소비자의 평가

n: 부각 속성의 수

〈식 6-4〉 행동에 대한 소비자의 태도에 대한 수식

〈식 6-5〉는 행동 의도에 영향을 미치는 사회적 요인인 주관적 규범(*SN*)에 대한 함수식이다. 주관적 규범(*SN*)은 사회적 존재로서의 인간의 특성을 반영한 요소이다. 합리적 행위 이론에 주관적 규범이라는 요소가 포함되는 것은 사회적 관계를 맺고 있는 타인의 평가가 행동에 대한 태도에 영향을 미친다는 것을 의미한다. **주관적 규범은 규범적 신념**(normative belief)과 **순응 동기**(motivation to comply)로 구성된다.

$$SN = \sum_{j=1}^{m} NB_j\, MC_j$$

SN: 주관적 규범

NB_j: 특정 준거집단(혹은 개인)이 나의 행동에 대해 적합하다고 판단할 것인지에 대한 규범적 신념

MC_j: 특정 준거집단(혹은 개인)의 기대에 대한 순응 동기

m: 나의 행동에 영향을 미치는 중요한 준거집단이나 준거인의 수

〈식 6-5〉 주관적 규범에 대한 수식

주관적 규범을 구성하는 첫 번째 요소는 규범적 신념, 즉 그 행동이 사회적으로 혹은 타인으로부터 인정받을 수 있는 행동인지에 대한 소비자의 믿음이다. 시계에 대해 높은 관심을 가지고 있고 경제적으로도 여유 있는 소비자가 고급 브랜드의 시계에 대해서 호의적인 태도를 가지고 있다고 하더라도 직장 동료들이 내가 이런 시계를 차고 다니는 것을 좋지 않게 볼 것이라는 생각이 들면 시계를 구매하는 행동을 실제로 실행에 옮기지는 않을 것이다.

주관적 규범에 영향을 미치는 준거집단의 종류는 다양하다. 예를 들어, 고급 시계를 구매하는 나에 대해 직장 동료들이 부정적 평가를 할 것이라고 판단할 수도 있고 가족 구성원이 부정적 평가를 할 것이라고 생각할 수도 있다. 준거집단에 대해 소비자가 가진 규범적 신념은 일종의 사회적 압력으로 작용하는데, 이러한 압력에 굴복하는 정도, 다시 말해 타인의 기대에 부응하려는 동기를 순응 동기라고 한다. 내가 준거집단의 의견을 얼마나 중요하게 여기는지에 따라 순응 동기의 영향력은 달라진다. 만약 가족 구성원에 비해 직장 동료들의 부정적 평가에 보다 민감한 소비자라면 고급 브랜드의 시계를 구매하지 않는 결정에는 직장 동료들의 부정적 평가가 가족 구성원의 평가보다 더 큰 영향을 미칠 것이다. 정리하자면, 소비자의 신념을 통해 형성된 제품 구매에 대한 태도와 주관적 규범이 구매 의도를 결정하고 구매 의도는 구매 행동에 대한 예측력을 가진다.

2) 계획적 행동이론

아젠(1985)이 제안한 **계획적 행동이론**(theory of planned behavior)은 합리적 행위이론에 **지각된 행동통제**(perceived behavioral control)라는 개념을 추가한 이론이다. 지각된 행동통제란 개인이 그 행동을 수행하는 것을 얼마나 쉽게 생각하는지를 의미한다. 즉, 행동 의도는 행동에 대한 태도, 주관적 규범, 지각된 행동통제라는 세 가지 요소에 의해 결정된다. 행동에 대한 태도가 긍정적일수록, 행동이 사회적으로 인정받을 것이라고 판단할수록, 행동을 수행하는 것이 쉽다고 생각할수록 행동 의도가 높아질 것이다.

지각된 행동통제는 개인이 어느 정도의 자원을 가지고 있느냐 혹은 개인에게 주어진 기회가 있느냐에 따라 달라진다. 구매 상황에 적용하여 생각해 보면 소비자가 제품을 구매하기 위한 충분한 돈이 마련되어 있지 않거나 제품 구매에 걸리는 시간을 기다릴 수 없을 때 낮은 지각된 행동통제를 경험하고 태도는 행동 의도로 이어지지 않는다. 미슐랭에서 높은 평점을 받은 식당에 대해 매우 호의적인 태도를 가진 소비자가 있다고 가정해 보자. 이 소비자는 이 식당에서 판매하는 식사의 가격이 본인이 감당하기에는 너무 높은 금액이라고 생각하여 방문할 의사가 없을 수 있다. 혹은 이 식당에서 식사를 하고 싶지만 그러기 위해서는 너무 오랜 시간 대기해야 할 것이라고 생각하여 식당 방문 의도가 낮을 수도 있다. 재료가 소진되어 어차피 가 봤자 식사를 할 수 없을 것이라고 예상하여 식당에 방문하지 않는다면 이것 역시 낮은 지각된 행동통제로 인하여 호의적인 태도가 행동 의도로 이어지지 못한 예라고 볼 수 있다. 계획적 행동이론의 구조는 [그림 6-4]를 통해 확인할 수 있다.

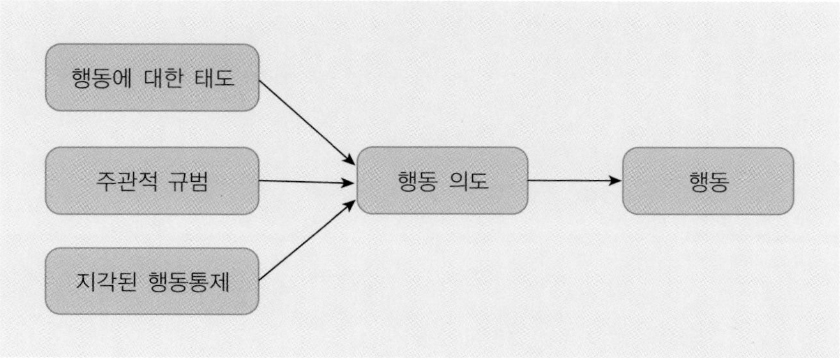

[그림 6-4] 계획적 행동이론의 구조

제7장

의사결정의 심리 1

유승엽(남서울대학교 광고홍보학과 교수)

1. 문제의 인식
2. 정보의 탐색
3. 구매 전 대안평가

◈◇◈

소비자는 아침에 잠에서 깨어 저녁에 다시 잠에 들 때까지 일상생활 속에서 끊임없이 의사결정을 하면서 생활하고 있다. 의사결정 유형은 자신에게 일상화된 습관적인 의사결정에서부터 중요한 의사결정과 덜 중요한 의사결정까지 다양하게 나타난다. 또한 오늘 회사에 출근할 때 정장을 입을 것인가 혹은 캐주얼복을 입을 것인가의 일상적인 유형부터 스마트 TV를 구입할 때 삼성전자 QLED TV를 구매할 것인가 또는 LG전자의 OLED TV를 구매할 것인가와 같은 의사결정을 하기도 한다. 소비자의 상표 선택은 습관적 혹은 무의식적으로 일어날 수도 있고, 광범위한 정보탐색을 통해 상표에 대한 정보를 충분히 수집한 후 각 상표를 비교하고 평가하여 상표에 대한 선호도를 결정하고 난 뒤에 이에 따라 선택하는 과정을 거칠 수도 있다. 이 장에서는 소비자의 의사결정과정으로 문제인식과 정보탐색 및 구매 전 대안평가과정만 살펴보고자 한다. 구매행동과 구매 이후의 과정은 다음 장에서 살펴볼 것이다.

1. 문제의 인식

문제인식은 소비자 의사결정과정의 첫 단계로, 구매자가 자신의 **실제 상태**(actual state)와 **바람직한 상태**(desired state)를 비교 · 평가할 때 둘 간의 차이가 존재하게 되면 느끼게 되는 상태를 말한다. 여기서 말하는 실제 상태는 개인이 처한 현시점에서 자신의 상태에 대한 느낌이나 상황을 인지한 상태를 말하며, 바람직한 상태는 개인이 현시점에서 문제와 관련하여 가장 바람직하다고 생각하는 상태를 말한다(Bruner &

Pomazal, 1988). 광고는 일반적으로 제품에 대한 바람직한 상태를 최대한 높여 소비자에게 제시함으로써 실제 상태와 격차가 있게 하여 해당 제품에 대한 소비자의 욕구를 유발하려 한다(윤가현 외, 2019).

예컨대, 철수는 올해 대학교에 입학한 신입생이다. 스마트폰에 대한 욕구가 높지 않던 철수는 고등학교 재학 시절인 3년 전에 구입했던 구형 스마트폰을 사용하고 있다. 그런데 대학교 신입생 환영회에 참석하여 동기와 선배들과 인사하는 과정에서 자신만 구형 스마트폰을 사용하고 있다는 것을 알게 되었다. 옆 좌석에 있던 동기 신입생이 최신 스마트폰을 사용하며 얼굴인식 기능을 통해 스마트폰을 여는 것을 목격하였고, 그때 얼굴인식 기능을 통해 쉽고 안전하게 정보보안을 할 수 있다는 광고 내용이 떠오르면서 자신의 구형 스마트폰과 자신이 바람직하다고 생각하는 스마트폰의 격차가 있다는 것을 인식하게 되었다. 결국 철수는 신입생 환영회가 끝나고 오는 길에 강남역의 스마트폰 매장을 들러 최신 스마트폰을 구매하였다. [그림 7-1]에서 볼 수 있듯이 소비자가 원하는 바람직한 상태와 실제 상태 간의 불일치는 문제인식과 정보탐색과정으로 빨리 이동하게 만드는 가장 기본적인 원인이라고 할 수 있다.

[그림 7-1]의 문제인식이 발생하는 과정을 설명하면, 먼저 소비자가 자신이 처한 현재의 상태에서 느끼는 실제 상태와 바람직한 상태 간의 차이가 없다고 인식하는 A 단계에서 문제가 발생하지 않는다. 즉, 이 상태에서는 소비자는 만족하게 되며 어떠한 욕구도 일어나지 않게 된다. 소비자가 느끼는 실제 상태와 바람직한 상태 간에 격차가 존재하게 되면(B 단계와 C 단계), 소비자는 문제를 인식하게 되고 해당 문제와 관련하여 욕구가 발생하게 된다. B 단계에서는 광고와 판매원 또는 친구와 같은 준거집단 등의 외적 자극에 의해, 즉 얼굴인식을 통해 쉽고 안전하게 정보보안을 하는 최신 스마트폰 광고내용을 통해 바람직한 상태의 수준이 높아져서 실제 상태와 바람직한 상태 간에 격차가 유발될 수도 있으며, C 단계에서는 소비자의 내적 욕구에 의해 실제 상태에서 부족함을 느끼게 되어, 즉 운동 후에 수분이 부족해져 갈증을 느껴 실제 상태와 바람직한 상태 간에 격차가 유발되는 경우도 있다.

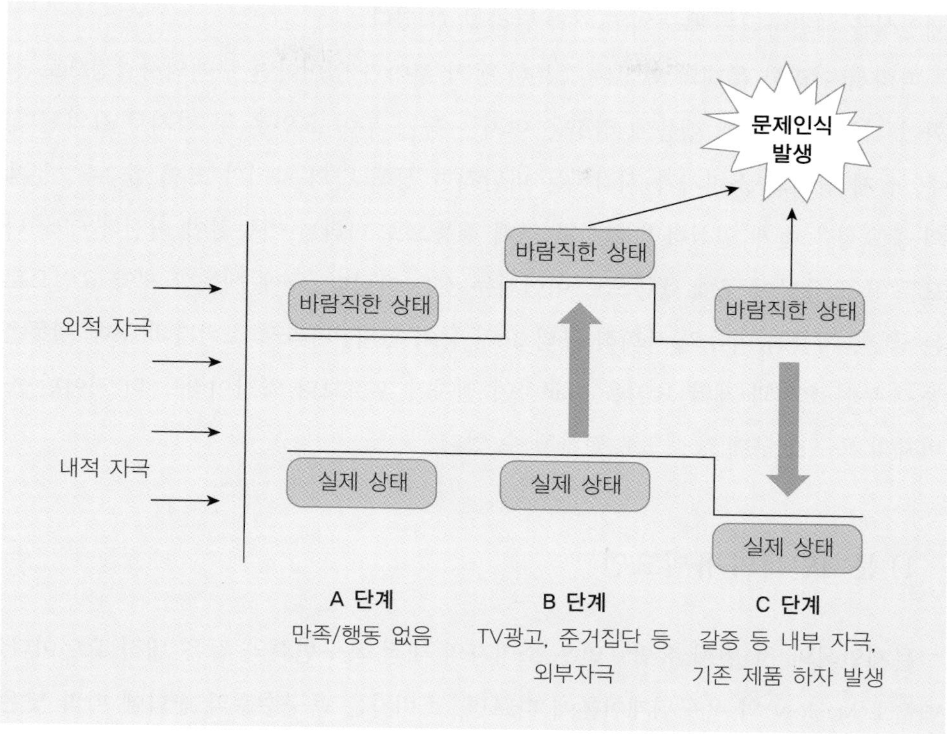

[그림 7-1] 소비자의 문제인식 유발 심리적 과정

이러한 소비자의 문제인식을 해결하려고 하는 소비자의 욕구의 크기는 다음과 같은 두 가지 요인에 의해 결정된다. 첫째는 바람직한 상태와 실제 상태 간의 불일치의 크기이며, 둘째는 문제의 중요성 요인이다. 예를 들면, 앞의 철수의 경우 현재의 실제 상태가 3년 전에 구입했던 구형 스마트폰을 사용하고 있는 상태인지 또는 6개월 전에 구입한 이전 버전의 스마트폰을 사용하고 있는 상태인지에 따라 실제 상태와 바람직한 상태 간의 불일치 크기가 달라질 수 있으며, 그에 따라 격차, 즉 불일치의 정도가 크면 클수록 문제인식의 크기는 커질 수 있다. 또한 대학교 신입생인 철수의 경우 스마트폰은 일상생활에서 매우 중요하게 사용되고 있는 제품이다. 반면, 철수에게 스마트 TV는 일상생활에서 거의 사용하지 않는 제품이다. 이렇게 사용자인 소비자에게 일상생활에서 중요하게 여겨지는 제품과 그렇지 않은 제품 간에는 문제인식을 해결하려는 욕구의 크기가 달라질 수 있다.

따라서 이러한 문제의 인식은 충분한 동기 부여가 있어야만 구매의사결정으로 전환이 가능하며, 구매 행동에 영향을 미치는 동기 부여 요인은 두 가지로 요약된다. 즉, 실제 상태와 소비자가 지각하는 바람직한 상태 간의 차이가 크면 클수록, 문제의 중요성을 높게 인식하면 할수록 구매 행동으로 나타날 가능성이 커진다. 그러나 모든 욕구 유발이 구매 행동으로 이어지는 것은 아니다. 구매 행동의 제약 요인으로는 금전, 시간적 여유와 사회적 규범 요인 등이 있다. 따라서 소비자의 구매 행동은 동기 부여 요인과 제약 요인을 비교하여 전자가 후자보다 약간이라도 더 커야만 소비자의 욕구가 구매 행동으로 전환될 수 있다.

1) 문제인식의 유발요인

문제인식의 첫 번째 유발요인은 소비자의 내적 욕구변화와 같은 내적 요인이다. 매슬로(Maslow)의 욕구위계이론에 따르면, 소비자는 욕구수준의 변화에 따라 낮은 단계에서 욕구가 충족되면 보다 높은 단계의 욕구가 활성화되어 새로운 욕구가 발생할 수 있다. 예를 들면, 소비자가 배고픔이나 갈증 등의 내적 생리적 욕구로 인해 문제인식을 할 수 있다. 이러한 문제인식을 해소하기 위해 식사를 하거나 게토레이를 마실 수도 있다. 그렇게 욕구충족을 하고 나면 그보다 높은 상위의 욕구인 안전의 욕구와 사회적 욕구를 충족하기 위한 문제인식이 일어날 수도 있다.

문제인식의 두 번째 유발요인은 외부 환경적 자극과 같은 외적 요인이다. 기업이 제공한 광고를 통해 소비자는 문제인식이 유발될 수 있으며, 가족이나 친구, 직장 동료 등의 준거집단을 통해 문제인식이 유발될 수도 있다. 예를 들면, 새로운 기능을 갖춘 신제품 광고를 통해 소비자에게 제공할 수 있는 새로운 욕구를 유발할 수 있다. 또한 친구와 대화하는 도중에 친구가 사용하고 있는 노트북의 Pen S 기능에 대해 흥미를 느껴 새로운 노트북에 대한 문제인식이 유발될 수도 있다.

문제인식의 세 번째 유발요인은 기존 제품의 사용 상황 변화이다. 소비자가 사용

[그림 7-2] 삼성전자 노트북 Pen S 광고: 새로운 기능으로 소비자에게 문제인식 유발

하던 기존 제품의 사용 상황이 변화되어 새로운 욕구가 발생함으로써 문제인식이 유발될 수도 있다. 현재 사용하고 있는 제품이 고장이 나거나 제품의 수명이 다하거나 기능이 떨어져 불만족스러운 경우에 현재의 욕구수준이 낮아져서 소비자의 이상적인 바람직한 상태와 격차가 커진다면, 문제인식이 유발되어 새로운 구매의사결정이 일어날 수도 있다. 예를 들면, 현재 사용하고 있는 노트북이 고장 나거나 지난 10년 동안 사용하여 제품 수명이 다했거나 신제품 노트북에 비해 현격히 속도가 느리고 무게가 무겁고 Pen S와 같은 새로운 기능을 하지 못한다면, 소비자는 노트북에 대한 문제인식이 유발되어 새로운 노트북에 대한 구매의사결정을 하게 된다.

이와 같이 내적 또는 외적 자극이나 기존 제품의 사용 상황이 변화되어 문제인식을 할 수도 있지만, 그 외에도 소비자들이 출산과 결혼 등의 라이프스타일 변화와 이사와 같은 주거환경의 변화 등으로 인해서 문제인식이 유발되기도 한다.

2) 문제인식의 유형

소비자의 문제인식 유형은 크게 이성적 문제인식과 감성적 문제인식으로 구분할 수 있다. 첫째, **이성적 문제인식**이란 소비자의 이성적 구매동기를 자극하여 기능적이고 실용적인 욕구를 환기시켜서 문제인식을 유발하는 것을 말한다. 즉, 경쟁 제품보다 자사 제품의 서비스 품질, 제품수명, 성능, 가격 등과 같은 기능적인 특성이 우월하고 차별화되는 점을 부각시킴으로써 문제인식을 활성화할 수 있다. 예를 들면, 삼성전자의 QLED 스마트 TV의 경우 경쟁 제품에 비해 우월한 화질의 선명함과 생동감을 표현하는 광고를 통해 소비자에게 자사 제품에 대한 구매욕구를 유발할 수 있으며, 기존의 일회용 밴드 제품에 상처 치유를 돕는 약용 성분을 강화한 제품을 출시함으로써 새로운 기능성 밴드 제품에 대한 문제인식을 유발할 수도 있다. 특히 제품 사용 전후를 비교하거나 경쟁기업 제품과의 직접 비교 광고를 통해 자사 제품이 경쟁기업의 제품보다 기능에서 우월하다는 점을 강조하는 비교우위 전략은 선택적 문제인식을 활성화하는 효과적인 전략으로 사용되고 있다.

둘째, **감성적 문제인식**이란 소비자의 감성적 구매동기를 자극하여 문제인식을 유발

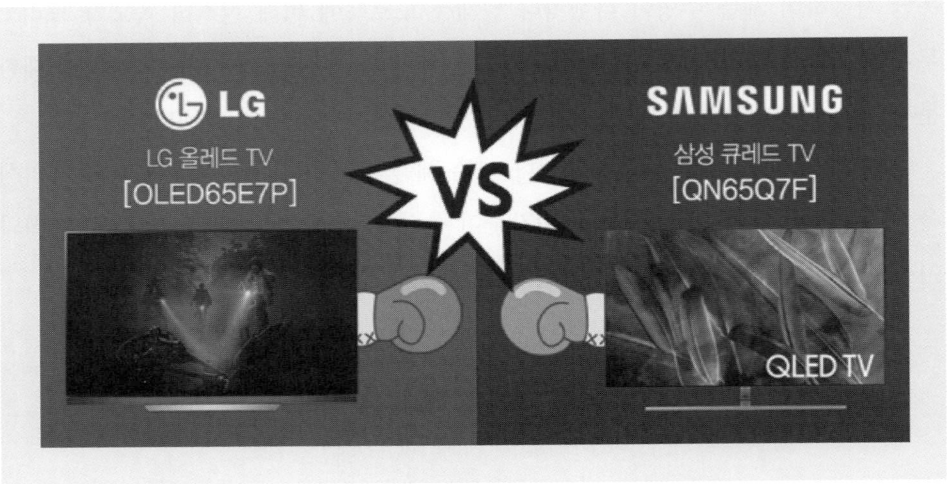

[그림 7-3] 삼성전자 QLED TV 광고: 경쟁사와의 화질 비교를 통한 구매욕구 유발

[그림 7-4] 소비자의 감성적 소구전략을 활용한 디올 광고

하는 것을 말한다. 이러한 유형은 주로 사랑, 성, 놀라움, 두려움 등의 감성적인 소구방식을 활용하여 소비자의 감성을 환기시키는 방법을 의미한다. 이러한 소구방법을 이용해서 다른 사람들에게 관심을 끌고 싶어 하거나 타인과 차별적으로 보이고 싶어 하는 욕구를 자극하거나 과시적인 제품 사용을 통해 소비자의 이미지를 제고시키는 광고 표현 전략은 소비자에게 바람직한 상태와 실제 상태 간의 격차를 높여 주어 문제인식을 유발할 수 있다. 예를 들면, 크리스찬 디올의 향수 광고는 자사 제품의 독특한 향 특성을 감성적으로 표현하고자 자사 제품을 사용하는 광고 모델을 보는 타인의 부러운 시선을 통해 소비자의 감성을 유발하는 전략을 사용하고 있다([그림 7-4] 참조). 또한 수많은 명품 브랜드의 광고는 명품을 사용하는 광고 모델을 부러움의 대상으로 제고시켜 소비자에게 감성을 유발하려는 전략을 사용하고 있다.

2. 정보의 탐색

소비자는 욕구 충족의 제약요인(돈과 시간의 부족)과 동기 부여 요인(문제의 중요성과 실제 상태와 바람직한 상태의 격차)의 크기를 비교하여 동기 부여 요인의 크기가 크게 인식되면 구매를 목적으로 정보를 탐색하게 된다. **정보탐색**(information search)은 소비자가 합리적인 의사결정을 위해 필요한 적절한 자료를 수집하는 과정이다. 여기서는 이런 탐색에서 수반되는 몇몇 요인을 살펴볼 것이다(Strebel, Erdem, & Swait, 2004). 정보탐색은 일반적으로 기억 속에 저장된 의사결정과 관련된 자료에 근거하여 필요한 자료를 인출하는 과정인 내적 정보탐색과 시장에서 수집된 정보로 이루어진 외적 정보탐색으로 구분할 수 있다. 경험과 지식이 문제를 해결(구매의사결정)하는 데 충분하다면 내적 정보탐색 후에 즉각적으로 구매 행동으로 이어질

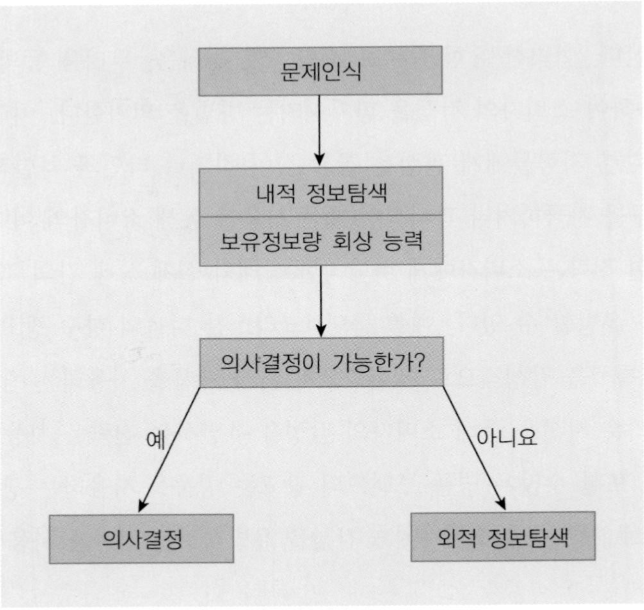

[그림 7-5] 소비자의 정보탐색과정

수도 있다. 그러나 내적 정보탐색에 의하여 문제를 해결하는 데 충분한 정보를 얻지 못했을 때에는 외부의 정보원(판매원, 광고 등)으로부터 추가적인 정보탐색을 하게 되는데, 이를 외적 정보탐색이라 한다. 이러한 정보탐색과정을 도식화하면 [그림 7-5]와 같다.

1) 내적 정보탐색

정보의 탐색과정은 내적 정보탐색과 외적 정보탐색으로 구분할 수 있다. 소비자는 욕구를 충족하기 위해 먼저 자신의 경험과 기억에 의존하여 욕구 충족 수단을 찾는 과정을 거치게 되는데, 이를 **내적 정보탐색**(internal information search)이라고 한다. 저장된 정보는 주로 제품이나 서비스와 관련된 사전 구매경험으로부터 소비자의 기억 속에 저장된 자료에서 나온다. 예를 들면, 소비자가 쇼핑하는 동안 얼마 전에 구매한 적이 있는 농심 신라면 제품을 보았다면, 소비자는 자신의 기억 속에 저장되어 있는 정보를 탐색하여 아마도 자신이 경험했던 농심 신라면이 매운맛을 가지고 있다든지, 다른 소비자들이 맛이 있다고 칭찬을 했다든지, 또는 쉽게 요리해서 친구와 함께 먹었다든지 등의 기억을 떠올릴 수 있을 것이다.

소비자가 내적 정보탐색을 통해 구매의사결정을 하려고 한다면, 먼저 소비자는 자신의 기억 속에 저장되어 있는 관련 정보를 자연스럽게 회상하게 되는데, 이때 올바른 의사결정을 할 만큼 정보가 충분하게 저장되어 있어야 하고, 그 정보를 회상할 수 있는 능력이 있어야 하며, 회상정보를 통해 소비자가 만족스러운 선택대안을 찾을 수 있으면 소비자는 즉시 그 대안을 구매하게 된다. 이러한 내적 정보탐색은 외적 정보탐색에 비해 신속하게 이루어질 수 있고, 비용과 시간을 적게 투입하고 원하는 정보를 수집할 수 있다는 장점이 있다. 일반적으로 저관여 제품의 구매의사결정을 할 때 주로 이용된다. 하지만 내적 정보탐색을 통해 수집된 정보가 구매 결정을 하기에는 제한적이고 불충분한 경우가 많으므로 고관여 제품을 구매하기 위해서는 외부의 정보원으로부터 추가적인 정보 수집을 위해 외적 정보탐색과정을 거치게 된다.

2) 외적 정보탐색

외적 정보탐색(external information search)이란 내적 정보탐색과 다르게 소비자가 구매의사결정에 필요한 정보를 기억 속에 충분히 가지고 있지 못한 경우에, 보다 많은 정보를 수집하기 위해 시간과 노력을 기울여 외부의 정보원으로부터 정보를 탐색하는 것을 말한다. 외적 정보탐색으로는 소비자가 당면한 문제를 해결하기 위해 정보탐색이 이루어지는 **구매 전 탐색**(pre-purchase search)과 때때로 발생하는 구매욕구와 관계없이 평소에 관심이 있는 문제와 관련하여 비교적 지속적으로 정보를 탐색하는 **계속적 탐색**(ongoing search)이 있다(Roger, Miniardand, & Engel, 2000). 예를 들어, 회사에서 야유회를 산으로 간다고 했을 때 소비자가 등산용품을 구매하기 위해 등산과 관련된 정보를 잡지나 광고를 찾아보고 판매점을 방문했다면 구매 전 탐색이라고 할 수 있다. 하지만 평소에 등산에 관심이 많아 등산과 관련된 정보를 인터넷을 통해 검색하거나 전문 잡지 구독을 통해 지속적으로 정보를 수집해 온 소비자의 행동은 계속적 탐색에 해당하는 것이라 할 수 있다. 따라서 전문 잡지 정기구독자는 대표적인 계속적 탐색의 대표적인 사례라고 할 수 있다.

(1) 외적 정보탐색에 영향을 미치는 요인들

소비자들은 기억 속에 저장된 정보에 근거하여, 즉 내적 정보탐색을 통해 의사결정을 하기도 하지만, 대부분은 내적 정보탐색을 통해 얻는 정보가 제한적이며 구매의사결정을 하는 데 부족하여 비용이나 시간이 많이 필요한 외적 정보탐색을 통해 필요한 정보를 수집하게 된다. 외적 정보탐색은 시간과 비용의 투입, 정보의 과부하, 의사결정의 지연 등으로 인하여 매우 선택적으로 이루어지는 경향이 많다. 일반적으로 소비자의 외적 정보탐색의 양에 영향을 미치는 요인은 제품요인, 소비자요인, 상황요인으로 구분된다.

① 제품요인

제품의 특성은 정보탐색의 수준에 영향을 미치는 중요한 요인이다. 일반적으로 전문품(speciality products)의 경우 소비자가 구매의사결정을 하는 데 많은 정보탐색을 하기 때문에 가격, 기능, 품질 등을 비교하며, 시간과 비용이 많이 들기 때문에 정보탐색 수준이 높아진다. 그러나 편의품(convenience products)은 소비자들이 자주 반복적으로 구매하는 특성으로 인해 최소한의 노력을 기울여서 제품을 구매하는 경향이 있기 때문에 정보탐색 수준이 매우 낮다. 소비자는 일반적으로 제품이 고가일 때, 상표대안의 수가 많을 때, 상표대안들 간에 가격이나 특징에 있어 차이가 클 때 외적 정보탐색을 많이 하게 된다.

② 소비자 특성

소비자의 구매와 관련된 제품에 대한 사전경험이나 습득한 지식의 양과 질에 따라 정보탐색의 양과 수준이 달라질 수 있다. 일반적으로 소비자는 자신의 경험이나 제품 관련 지식 수준이 낮으면 많은 정보탐색이 이루어질 것이라고 생각하지만, 제품 지식이나 경험이 적은 소비자인 경우에도 자신이 해당 제품에 대해 지식과 경험이 부족하여 구매의사결정을 하는 데 자신감이 부족하면 외적 정보탐색을 오히려 적게 할 수도 있다. 따라서 제품 지식 및 경험과 외적 정보탐색의 양의 관계는 부(negative)의 관계일 수도 있고 역-U 관계일 수도 있다([그림 7-6] 참조). 또한 소비자는 구매의사결정의 대상이 되는 제품군에 대한 관여도가 높을수록 그리고 지각된 위험(perceived risks)이 클수록 외적 정보탐색을 많이 하는 경향이 있다.

소비자의 인구통계학적 특성 또한 정보탐색의 양에 영향을 미친다. 소비자의 연령과 소득 수준은 외적 정보탐색의 정도와 부적(negative) 관계를 보이며, 소비자의 교육 수준은 외적 정보탐색과 정적(positive) 관계를 나타내 보인다. 즉, 소비자가 연령이 높을수록 제품 지식 및 경험이 많으며, 소득이 높은 소비자는 자기의 정보탐색에 대한 시간적 기회비용을 높게 생각한다. 교육 수준이 높은 소비자일수록 의사결정에 자신감을 갖는 경향이 있기 때문에 정보탐색량이 증가하는 것으로 생각된다.

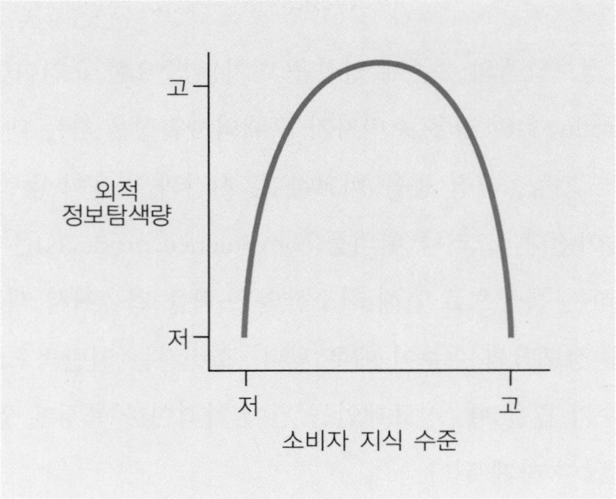

[그림 7-6] 소비자의 제품지식 수준과 외적 정보탐색량 간의 관계

자료원: Roger, Miniard, & Angel (2006).

③ 상황적 특성

소비자가 의사결정을 하는 상황적 특성도 외적 정보탐색량에 영향을 미친다. 긴급하게 해결해야 하는 의사결정의 경우, 예컨대 설악산 일주도로에서 자동차를 운행하는 도중에 폭설을 맞이하여 갑작스럽게 스노우 체인을 구매하는 경우에 정보를 탐색할 시간적 여유가 적어 외적 정보탐색이 감소할 수 있다. 그리고 매장의 분위기도 영향을 미칠 수 있는데 정보탐색에 적합한 매장의 분위기라면 정보탐색량은 증가하겠지만, 고객이 많이 붐비는 경우에는 정보탐색을 많이 할 수 없기 때문에 정보탐색의 양과 수준이 떨어질 수 있다. 또한 제품을 자신이 사용하기 위해 구매하는가 또는 선물용으로 구매하는가와 같은 구매목적에 따라서도 정보탐색의 양은 달라질 수 있다. 즉, 자신이 사용하기 위해 커피를 구매할 때보다 선물용으로 커피를 구매할 때 일반적으로 좀 더 신중하게 구매의사결정을 하기 때문에 외적 정보탐색량이 증가하게 된다.

(2) 외적 정보탐색 방식

소비자가 구매의사결정을 하기 위해 필요한 정보를 외부의 정보원으로부터 탐색하는 외적 정보탐색의 방식에는 [그림 7-7]과 같이 크게 상표별 처리방식, 속성별 처리방식, 혼합식 처리방식이 있다.

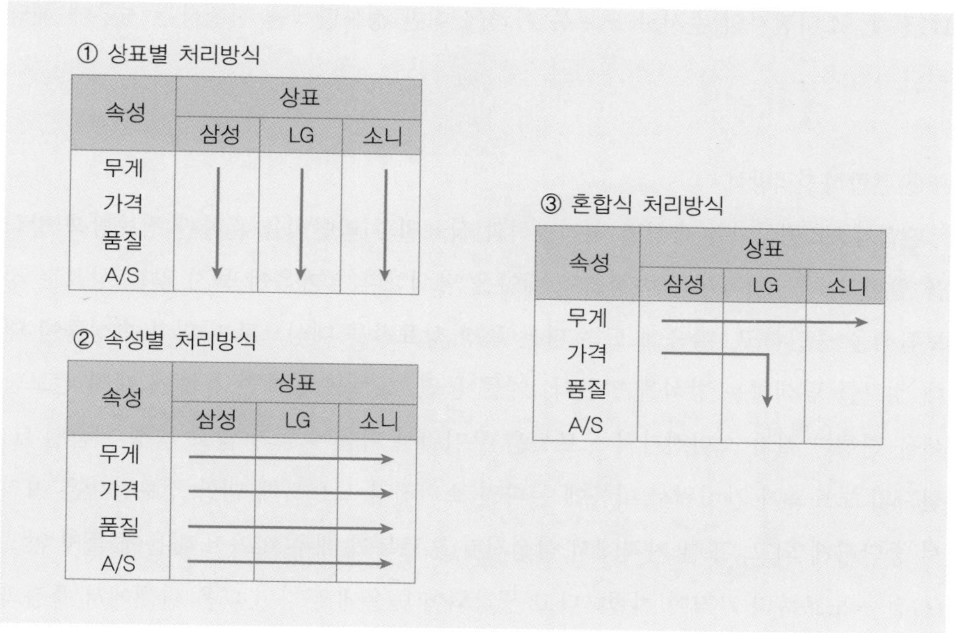

[그림 7-7] 외적 정보탐색 방식

① 상표별 처리방식

상표별 처리방식은 소비자가 한 가지 상표를 선택하여 그 상표의 속성과 특성에 관한 정보를 획득하고 처리한 후에 다른 상표를 선택하여 그 상표의 정보를 획득하고 처리하는 방식을 말한다. 예를 들면, 소비자가 노트북에 대한 정보를 탐색한다고 가정할 때 먼저 삼성전자 노트북의 무게, 가격, 품질, A/S에 대한 정보를 탐색한 후에 다시 LG전자 노트북의 무게, 가격, 품질, A/S에 대한 정보를 탐색하는 방식으로 정보탐색을 진행하는 경우를 말한다.

② 속성별 처리방식

속성별 처리방식은 한 가지 속성에 대하여 각 상표의 정보를 획득하고 처리한 다음에 다른 속성에 대하여 각 상표의 정보를 획득하고 처리하는 방식을 말한다. 예를 들면, 노트북의 무게에 대해 삼성전자 노트북의 무게와 LG전자 노트북의 무게 및 소니전자 노트북의 무게에 대한 정보를 탐색하고 다음으로 가격에 대해서도 삼성전자, LG전자, 소니전자의 순서로 노트북 가격에 대한 정보탐색을 진행하는 경우에 해당된다.

③ 혼합식 처리방식

혼합식 처리방식이란 속성별 처리방식과 상표별 처리방식을 혼합한 정보탐색 방식을 말한다. 즉, 처음에는 속성별로 대안을 탐색하다가 마음에 들지 않는 상표는 정보탐색을 중단하고, 마음에 드는 다른 특정 상표만을 대상으로 나머지 속성들에 대해 정보를 탐색하는 방식을 말한다. 예를 들면, 노트북에 대한 무게에 대해 정보탐색을 진행한 결과 소니전자의 노트북은 무거워서 마음에 들지 않고 경쟁 제품인 LG전자의 노트북이 가벼워서 마음에 든다면 소니전자 노트북에 대한 정보탐색은 여기서 중단하게 되고, 또한 가격에서 삼성전자 노트북이 매우 비싸서 마음에 들지 않고 LG전자 노트북의 가격이 적절하다고 생각되어 마음에 든다면 다음 단계에서 품질과 A/S에 대한 정보탐색은 LG전자 노트북에 대해서만 진행하는 방식으로 정보탐색을 처리하는 것을 말한다.

(3) 외적 정보탐색의 원천

외적 정보탐색이 이루어지는 경우에 소비자는 의사결정이 필요한 정보를 어디에서 수집할 것인가를 고려해야 한다. 일반적으로 소비자들은 구매하려고 하는 제품과 관련하여 인터넷을 검색한다든지, 신문이나 잡지의 광고를 읽어 본다든지, 판매원에게 필요한 정보를 물어본다든지 하는 등 다양한 정보원을 통해 외적 정보탐색을 진행한다. 이러한 외적 정보탐색이 이루어지는 정보원천에는 구매 전 탐색이든 계속적 탐색이든 그 어느 것이든지 다음과 같은 네 가지 유형이 있다(Hawkins, Mothersbaugh, & Best, 2007).

① 개인적 원천

개인적 원천(personal sources)은 가족, 친구, 이웃, 직장 동료, 친인척 등 기타 지인들을 통해 정보를 수집하는 경우를 말한다. 이러한 개인적 원천을 준거집단이라고 하며, 준거집단이 제공해 주는 정보는 비용이 적게 들고 비교적 신뢰성이 높게 지각하는 경향이 있다.

② 상업적 원천

상업적 원천(commercial sources)은 기업이 제공하는 광고, 포장, 판매원, POP 광고물, 판촉물, 점포 내 정보 등에 의해서 정보를 수집하는 것을 말한다. 이러한 정보는 소비자가 비용을 적게 투자하고 쉽게 정보를 얻을 수 있다는 장점이 있지만, 정보의 신뢰성은 낮게 평가되는 경향이 있다.

③ 중립적 원천

중립적 원천(neutral sources)은 정부기관 보고서, 소비자 관련 단체 보고서인 소비자시대, 신문 및 방송뉴스 보도자료 등에서 제공하는 각종 정보를 통해 정보를 수집하는 것을 말한다. 이러한 정보는 소비자들에게 신뢰성이 높고, 실제적으로 편견이 거의 없는 것으로 지각되는 경향이 있다.

④ 경험적 원천

경험적 원천(experiential sources)은 소비자 자신이 제품이나 서비스를 직접 사용해 보거나 경험해 봄으로써 얻은 정보를 수집하는 것을 말한다.

이와 같이 소비자들이 이용 가능한 정보원천은 여러 가지 유형이 있지만, 정보수집에 드는 시간, 비용, 신뢰성 정도에 따라 달라질 수 있다. 일반적으로 대안의 종류가 많고 여러 대안 간에 차별화 정도가 높은 경우 기업에서 제공하는 정보원천인 상업적 원천을 통해 정보수집이 이루어지겠지만, 위험을 높게 지각하는 경우라면 개인적 원천이나 중립적 원천을 통해 정보를 수집하려고 할 것이다. 따라서 소비자가 의존하는 정보원천을 파악하고 각 정보원천이 구매의사결정과정에 어떤 영향을 미치는지를 파악할 필요가 있다. 소비자는 특정 상표에 대해 처음으로 관심을 갖게 되는 의사결정 초기에는 기업제공 원천을 많이 이용하지만, 의사결정 후기에는 개인적 원천을 많이 이용하는 경향이 있다.

(4) 정보탐색의 결과로 얻은 상표: 상기상표군과 고려상표군

지금까지 소비자의 정보탐색과 관련하여 내적 정보탐색과 외적 정보탐색으로 크게 구분하여 살펴보았다. 소비자의 정보탐색 결과를 통해 얻은 상표에 대해 정보탐색의 시사점을 살펴보고자 한다([그림 7-8] 참조).

먼저, 소비자가 내적 정보탐색을 할 때 기존에 알고 있던 상표들 중 일부는 회상이 되고 일부는 회상이 되지 않는다. 이러한 일부 회상되는 상표군을 **상기상표군**(evoked set)이라고 한다. 일상적인 의사결정의 경우에 상기상표군 속에 만족스러운 상표가 있으면 외부의 추가적인 정보원을 통한 외적 정보탐색과정을 거치지 않고 구매를 할 수도 있다. 이는 각 기업이 내적 정보탐색을 통해 회상되는 상표인 상기상표군에 자사 상표가 속하게 하기 위해 지속적인 광고와 마케팅 활동을 하게 되는 이유가 된다. 소비자는 외적 정보탐색과정을 통해 새롭게 알게 되는 상표가 있다. 즉, 내적 정보탐색을 통해 얻게 된 상기상표군과 외적 정보탐색을 통해 추가로 얻게 된 상표를 합하여 **고려상표군**(consideration set)이라고 한다. 소비자는 적어도 고려상표군 내에 있는 하나의 상표를 선택하게 된다. 따라서 자사 상표는 상기상표군에 속하는 것이 최선이며, 최소한 고려상표군에는 속해야 구매될 가능성이 있게 되는 것이다. 특히 상기상표군 내에서 첫 번째로 떠오르는 상표를 최초 상기상표라 하며, 이는 소비자에게 구매될 가능성이 가장 높은 상표이기도 하다.

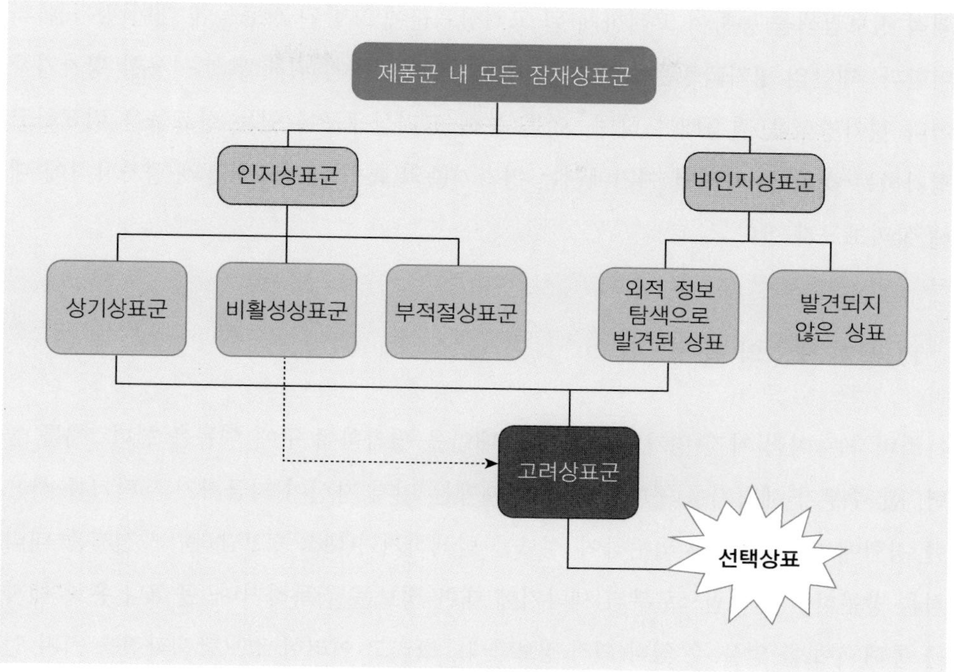

[그림 7-8] 상기상표군과 고려상표군

주: 점선은 내적 정보탐색에서 비활성상표군에 있지만 외적 정보탐색에서 발견되어 고려상표군에 포함될 수 있다는 의미임.

3. 구매 전 대안평가

소비자는 어떤 대상(제품)에 대한 욕구가 발생하여 그 대상에 대한 욕구 충족의 필요성이 클 때, 먼저 자신의 기억에 의존하거나 외부의 정보원으로부터 정보를 탐색하게 된다. 이러한 정보탐색과정을 거쳐 얻게 된 정보에 의하여 여러 가지 대안 중에 의사결정을 통해 구매 행동이 일어난다. 소비자의 구매 행동은 필연적으로 여러 대안을 평가하는 과정을 요구하게 되는데, 이때 소비자는 대안평가의 기준과 평가방식을 선정하여 비교평가를 한다. 선택대안들의 평가는 구매할 제품과 관련된 소비자의 기억 속 회상에 의한 내적 정보탐색과 외부의 정보원으로부터의 정보수집에 의한 외적 정보탐색을 통하여 고려하게 된 고려상표군에 포함된 상표들에 대한 평가를 의미한다. 대안의 평가과정은 소비자들이 대안을 선택하기 위해 우선 사용할 평가기준이나 평가방식을 결정해야 하며, 이를 통해 고려상표군에 있는 상표들을 비교하고 평가하는 것이다. 따라서 여기에서는 평가기준의 특성과 상표대안의 평가방식에 대해 살펴보고자 한다.

1) 평가기준의 특성

소비자는 여러 가지 평가기준에 따라 대안을 평가하여 구매 행동을 한다. 예를 들면, 한 주부가 세탁기를 구매하고자 할 때에는 먼저 자신이 지금까지 세탁기를 사용한 경험에 따른 지식에 의존하여 정보를 탐색하거나(내적 정보탐색), 가전제품 대리점을 방문하여 판매원으로부터 세탁기에 대한 정보를 취득하거나, 광고나 홍보 책자를 통해 정보를 얻을 수 있다(외적 정보탐색). 그리고 이러한 정보탐색과정을 거쳐 얻은 정보를 통해 여러 회사의 세탁기 제품을 비교 · 평가한 후 특정 제품을 구매한다.

(1) 평가기준은 소비자의 구매동기를 반영한다

소비자는 대부분의 제품이나 서비스의 성과에 대한 평가에 한 가지 이상의 평가기준을 사용한다. **평가기준**(evaluative criteria)은 소비자가 특정 문제를 해결하기 위해 찾고 있는 제품이나 서비스와 관련된 여러 가지 자원, 혜택, 특징 등을 의미한다. 즉, 평가기준은 소비자가 제품을 구매하는 목적이나 동기를 반영한다. 예를 들면, 자동차 제품을 평가할 때 연비, 배기량, 디자인, 가격, A/S망 등이 평가기준이 될 수 있다. 평가기준은 일반적으로 소비자들이 원하는 혜택이든 아니면 지불해야할 비용, 또는 관련된 제품 및 서비스의 속성들이다. 최근에 외모에 대한 관심이 높아진 소비자들을 대상으로 다이어트 식품들이 출시되고 있는데, 그중에서도 저칼로리, 저지방 성분의 제품을 통해 소비자가 원하는 아름다운 신체를 얻고자 하는 것이 혜택에 해당된다. 따라서 외모에 관심이 높은 소비자들에게는 저지방과 저칼로리 성분이 대안

[그림 7-9] LG전자 그램 노트북 광고

선택에 중요한 평가기준이 될 수 있다. 이런 소비자들을 대상으로 저지방이나 저칼로리의 제품특성을 알리는 광고를 함으로써 좋은 반응을 얻고 있다.

제품의 평가기준은 흔히 제품의 품질, 가격, 크기 등 효용적인 특성을 중심으로 하여 경쟁기업의 제품보다 차별적인 속성들을 제시하는 방식으로 이루어진다. 예를 들면, 노트북의 경우 소비자들은 일반적으로 무게, 속도, 디자인, 가격 등의 제품 속성을 중심으로 평가기준을 사용한다. 특히 LG전자의 그램 노트북의 경우 광고에서 그램 노트북은 경쟁사의 제품에 비해 매우 가볍고 성능이 뛰어나다는 점을 강조하고 있다([그림 7-9] 참조).

그러나 대안의 평가기준은 반드시 품질, 가격, 크기 등의 기능적인 속성만을 나타내는 것은 아니다. 상징적인 제품의 경우에는 감성적인 구매동기에 의해 소비자가 구매할 수 있다. 이런 제품들과 관련된 구매의사결정에서 대안의 평가기준으로는 제품의 속성들을 분석하는 것보다 소비자들이 제품을 구매하고 사용하면서 느끼는 느낌이나 감성이 더 중요한 평가기준이 될 수 있다. 감성적인 평가기준으로는 스타일, 맛, 브랜드 이미지, 권위 등이 있다. 향수제품을 구매하는 소비자는 평가기준으로 향수의 기능적인 속성보다 용기 모양, 브랜드 이미지를 더 중요하게 평가기준으로 활용할 수도 있다. 따라서 감성적인 제품의 경우에는 적절한 감성적인 반응을 제공하려는 노력을 기울여야 한다. 특히 신제품인 경우에는 그 제품속성과 관련된 것보다 감성적인 장면을 묘사하는 것이 도움이 될 수 있다. LG전자 그램 노트북의 광고에서 가벼움이라는 기능적인 속성을 강조했다면, 같은 제품 범주에 속하는 삼성전자의 센스 노트북의 경우에는 디자인이 아름답다는 감성적 반응을 불러일으키기 위해서 평가기준을 달리하고 있다. 결론적으로 소비자가 제품을 선택할 때 사용하는 평가기준은 제품의 속성이 이성적인가 혹은 감성적인가에 의해 실용적인 구매동기 혹은 상징적인 구매동기를 반영한다. 또한 같은 속성은 제품일지라도 경쟁사의 어떤 속성의 평가기준을 강조하느냐에 따라 차별적인 소구를 위해 소비자들에게 다른 구매동기를 평가기준으로 제시하기도 한다.

(2) 제품에 따라 평가기준의 수와 중요도는 다르다

소비자가 제품을 선택할 때 활용하는 평가기준의 수는 제품의 유형에 따라 달라진다. 일반적으로 치약, 세제, 샴푸, 비누, 과자 등의 편의품은 일상적으로 반복 구매하는 제품들로서 평가기준의 수는 매우 적거나 거의 사용하지 않는다. 즉, 치약을 구매할 때 습관적으로 특정 상표를 반복 구매하거나 매우 중요한 한두 개의 속성인 구취예방 성분 또는 미백 성분 등을 평가기준으로 활용한다. 반대로 자동차, 노트북, 스마트폰, 스마트 TV와 같은 전문적인 속성을 갖는 제품들에 대해서는 편의품에 비해 소비자들이 고려하는 평가기준의 수가 많아질 수 있다.

또한 소비자가 제품을 선택할 때 활용하는 평가기준의 중요도에서도 차이가 있다. 여러 개의 평가기준을 소비자가 중요하게 생각하더라도 그중 한두 개가 결정적인 평가기준으로 활용된다. 예를 들어, 소비자가 TV를 구매할 때 화질, 음질, 상표명, 디자인, 가격 등을 중요한 평가기준으로 고려하더라도 그중 화질을 결정적 평가기준으로 제품을 선택할 수 있다. 그러나 가장 중요한 평가기준이라고 반드시 결정적인 평가기준이 되지는 않는다. 예를 들어, 소비자들이 TV를 구매할 때 화질을 가장 중요한 평가기준으로 활용하더라도 경쟁 제품들 간에 화질에서 차이가 없다고 판단되면, 다음으로 중요한 평가기준인 음질을 가장 중요한 결정적 평가기준으로 활용하여 제품을 선택하게 된다.

(3) 평가기준은 제품을 선택하는 상황에 따라 달라진다

소비자가 제품을 선택하는 상황적 특성에 따라 평가기준은 달라질 수 있다. 제품을 선택하는 상황적 특성이 시간적인 제약이 있는지 여부에 따라 평가기준은 달라진다. 예를 들면, 소비자가 서울역에서 기차표를 예매한 후 점심 식사를 하기 위해 음식점을 선택할 때와 같이 시간적인 제약이 있을 경우에는 가장 신속하게 나올 수 있는 음식이 평가기준에서 중요하게 활용될 수 있지만, 온 가족이 오랜만에 호텔 레스토랑에 들러 저녁식사를 할 경우에는 시간적 제약이 없기 때문에 다른 평가기준을 활용하게 된다. 즉, 음식의 맛, 종업원의 친절과 같은 속성이 음식점의 선택기준이 될 수 있다.

또한 평가기준은 소비자가 자신이 사용하기 위해 구매할 때와 다른 사람에게 선물하기 위해 구매할 때, 즉 구매목적에 따라 평가기준이 달라질 수 있다. 예를 들면, 자신이 먹기 위해 와인을 구매할 때는 와인의 가격이나 품질과 같은 실용적인 평가기준을 중요하게 고려하지만, 선물용으로 와인을 구매할 때는 가격보다는 브랜드의 명성과 같은 상징적인 평가기준을 중요하게 고려할 수 있다.

2) 상표대안의 평가방식

소비자들이 대안의 상표들을 평가하는 방식은 여러 가지가 있을 수 있으나, 여기에서는 크게 보완적 상표 평가방식과 비보완적 상표 평가방식에 대해서만 살펴보도록 하자.

(1) 보완적 상표 평가방식

보완적 상표 평가방식(compensatory rule)은 소비자의 각 상표에 대한 한 가지 속성의 장점이 다른 속성의 단점을 보완하여(즉, 장점이 단점을 상쇄시켜) 전반적인 평가를 하는 방식을 말한다. 이와 같은 방식으로 표적시장에 있는 소비자들이 상표대안을 평가한다면, 먼저 소비자들이 중요하게 여기는 평가기준을 찾으려고 노력해야만 한다. 그러기 위해서는 표적시장의 소비자 중 일부 소비자를 대상으로 자료를 수집해야 한다. 평가기준의 상대적 중요도는 소비자의 내면적 가치체계를 반영함으로써 일반적으로 잘 변하지 않는 특성을 보인다. 따라서 기업의 담당자는 광고와 같은 촉진 노력을 통해 평가 속성에 대한 평가치를 변화시키는 데 노력을 기울여야 한다. 이 외에 각 평가기준의 상대적 중요도는 앞으로 제품 개선, 기존 제품의 포지셔닝 전략, 신제품 개발을 위한 중요한 정보가 될 수 있다. 이러한 보완적 상표 평가방식은 주로 소비자가 고관여 제품을 선택할 때 활용된다.

소비자가 가격이 비슷한 세 가지 노트북 상표를 비교 · 평가하는 상황을 가정하자. 이 소비자는 중요한 평가기준으로 무게, 제품의 성능, 디자인, A/S 품질 등 네 가지를 고려하며, 평가기준의 중요도를 전체 100으로 설정하고 각각 무게=40, 제품의 성능=30, 디자인=20, A/S 품질=10으로 부여한다고 가정하자. 이러한 상황에서 〈표 7-1〉은 노트북 상표에 대한 보완적 대안(또는 상표)평가방식의 예시이다.

표 7-1 노트북 상표의 가상적인 속성점수 예

평가기준	중요도	노트북에 대한 가상적인 평가		
		LG전자 '그램'	삼성전자 '센스'	소니전자 '바이오'
무게	40	8	6	3
제품의 성능	30	5	5	3
디자인	20	5	5	5
A/S 품질	10	4	7	9
평가점수 합계		610	560	400

앞의 노트북 3사 상표의 가상적인 속성점수에 따른 보완적 평가 결과를 제시하면 다음과 같다. LG전자의 '그램'의 경우 (40×8)+(30×5)+(20×5)+(10×4)=610의 평가점수를 얻었다. 삼성전자의 '센스'의 경우 (40×6)+(30×5)+(20×5)+(10×7)=560의 평가점수를 얻었다. 반면, 소니전자의 '바이오'의 경우 (40×3)+(30×3)+(20×5)+(10×9)=400의 평가점수를 얻었다. 이러한 결과로 볼 때 소비자의 노트북에 대한 상표선호는 '그램>센스>바이오'의 순서로 나타날 것이다. 그런데 삼성전자 '센스'의 경우 LG전자 '그램'에 비해 제품의 성능과 디자인 속성에서 동등하게 평가받으며 A/S 품질에서는 두 배로 우월하게 평가받았음에도 불구하고 소비자의 선호도에서 낮은 평가를 받는 결과를 초래하였다. 따라서 LG전자 '그램'의 경우에는 A/S 품질의 상대적 약점이 무게의 강점으로 상쇄되는, 즉 보완되는 결과를 통해 전체적인 면에서 가장 선호하게 된 것이다.

이와 같은 보완적 대안(상표)평가방식이 주는 전략적 의미를 제시하면 다음과 같다. 첫째, 제품의 속성에 대한 소비자의 신념(평가)을 변화시키는 전략이다. 예를 들면, 삼성전자 '센스' 상표의 경우 어떻게 하면 가장 선호하는 상표가 될 수 있을까에 대한 전략이다. 삼성전자 '센스' 상표의 경우 무게의 평가 속성에서 경쟁사 상표에 비해 소비자에게 낮은 평가를 받았기 때문에 소비자의 선호도가 가장 떨어지는 상표가 되었다. 따라서 무게 속성에 대한 소비자의 신념을 변화시키는 전략을 사용하면 된다. 이를 위해 가장 흔히 무게에 대한 제품의 속성을 개선시킨다. 즉, 경쟁사 제품만큼 자사 제품의 무게를 줄임으로써 동일한 평가를 받게 되면 가장 선호하는 상표가 될 수 있다. 더욱이 만일 경쟁사와 실제 동일한 무게인데도 불구하고 낮은 평가를 받고 있다면 비교광고를 통해 자사와 경쟁사의 무게를 비교하는 객관적 자료를 소비자에게 제시함으로써 비교적 쉽게 소비자의 신념을 변화시킬 수 있다.

둘째, 평가기준에 대한 중요성을 변화시키는 전략이다. 이 전략은 소니전자 '바이오' 상표가 소비자에게 가장 선호되는 브랜드가 될 수 있는 방안이다. 소니전자 '바이오' 상표는 A/S 품질에서 매우 높게 평가받고 있지만 그 평가기준의 중요도가 매우 낮아서 전체적으로 낮은 평가를 받고 있다. 이러한 상황에서 A/S 품질의 중요도를 40으로 변경할 수 있다면 (40×3)+(30×3)+(20×5)+(40×9)=670으로 가장 선호되는 상표가 될 것이다. 다만, 평가기준의 중요도의 경우 모든 소비자의 내적 신념에 해당되므로 변화시키는 것이 매우 어렵다는 점을 감안해야 한다.

셋째, 기존에 사용하지 않았던 새로운 자사 상표의 강점을 평가기준으로 노출시키는 것이다. 즉, 소니전자 '바이오'의 경우 타 경쟁사 제품에 비해 화질이 매우 강점이라면 노트북 평가기준으로 화질 속성을 부각시켜 소비자들에게 노트북을 구매할 때 화질 속성을 평가기준으로 삼아 평가하도록 하는 방식이다. 이러한 전략을 통해 소니전자의 '바이오'는 소비자에게 가장 선호하는 상표가 될 수 있다. 이 전략은 기존의 시장에 늦게 진입하는 후발 상표들이 사용할 수 있는 효과적인 전략이라고 할 수 있다.

[그림 7-10] 유산균 음료시장의 후발주자 닥터 캡슐:
소비자에게 새로운 선택기준 제시

(2) 비보완적 상표 평가방식

앞에서 설명한 보완적 상표 평가방식은 소비자가 여러 가지 중요한 평가 속성 모두를 고려하여 상표를 비교 · 평가하는 것인 데 반하여, **비보완적 상표 평가방식**(noncompensatory rule)은 중요한 속성 한두 가지를 고려하여 비교적 간단히 상표를 평가하는 방식이다. 이 방식은 한 평가 속성의 단점이 다른 평가 속성의 장점에 의해 보완되지 않는, 즉 약점이 강점에 의해 상쇄되지 않는 평가방식이다. 비보완적 상표 평가방식에는 사전편집식, 순차제거식, 분리식, 결합식이 있으며, 주로 소비자가 저관여 제품을 선택할 때 사용한다.

① 사전편집식

사전편집식(lexicographic rule)은 속성들이 중요도에 따라 우선순위를 부여하고 1순위의 속성에서 가장 우수한 대안의 상표를 선택하는 방식이다. 만약 1순위에서 가장 우수한 대안이 없다면, 즉 1순위에서 두 개의 대안이 동일하게 높게 평가받았다면, 2순위에서 더 우수한 평가를 받은 대안상표를 선택하는 방식으로 대안평가가 일어나는 것을 말한다. 예를 들면, 〈표 7-2〉의 샴푸 상표의 가상적인 속성점수에서 모발치료효과가 1순위 평가기준일 때 TS가 가장 우수한 평가를 받게 되어 소비자에게 선택되는데, 만일 샴푸의 대안평가 속성 중 1순위가 모발 윤기라면 TS와 엘라스틴이 동일한 평가를 받게 되어, 2순위인 보습 평가에서 우수한 평가를 받은 엘라스

표 7-2 샴푸 상표의 가상적인 속성점수

평가기준	상표			
	TS	댕기머리	엘라스틴	비달사순
모발치료효과	6	5	4	4
모발 윤기	5	4	5	2
보습	3	5	4	3
향	3	2	4	2

틴 상표가 소비자에게 선택되는 방식으로 대안평가가 일어나는 것을 말한다. 즉, 사전편집식은 속성별 평가방식으로 대안평가가 진행된다.

② 순차제거식

순차제거식(sequential elimination)은 소비자가 중요하게 생각하는 특정 속성의 수준이 최소 어느 정도는 되어야 한다는 수용기준(cut-off point)를 설정하고 그 속성에서 수용기준을 만족시키지 못하는 상표를 제거해 나가는 방식이다. 소비자는 각 속성별로 불만족스러운 상표들을 순차적으로 제거하고 끝까지 살아남는 상표를 선택한다. 예를 들면, 소비자가 샴푸에 대해 최소수용기준을 4점이라고 가정했을 때 모발치료효과 속성에서는 모든 상표가 선택되나 모발 윤기 속성에서는 비달사순이 제거되고, 보습 속성에서 TS와 비달사순이 제거된다. 향 속성에서는 댕기머리가 제거된다. 따라서 순차적으로 비달사순, TS, 댕기머리가 제거되는 방식으로 대안평가가 일어난다. 그러나 엘라스틴의 경우에는 모든 평가기준에서 기준점을 상회하여 최종적으로 소비자에게 선택된다. 이렇듯 순차제거식도 속성별 평가방식으로 진행된다.

③ 분리식

분리식(disjunctive rule)은 소비자가 각 상표가 충족시켜야 할 최소한의 수용기준을 설정해 놓은 경우이다. 특히 중요시하는 한두 가지 기준에서 허용할 수 있는 최소수용기준을 초과할 때 선택될 수 있기 때문에 이런 경우에는 일반적으로 특정 기준의 최소수용기준이 높게 설정될 것이다. 예를 들면, 〈표 7-2〉에서 샴푸 상표의 평가기준에서 보습 속성을 특히 중요시하고 최소수용기준을 5점으로 설정한 경우에 댕기머리 상표가 선택될 수 있을 것이다. 그리고 분리식은 두 가지 이상의 속성을 기준으로 대안들을 평가할 수도 있다. 예를 들면, 모발치료효과와 모발 윤기 속성에 매우 효능이 좋은 대안을 선택할 경우, 이 두 가지 속성으로 분리식을 적용하여 각 속성에서 최소수용기준을 5점으로 하면, 모발치료효과에서 TS와 댕기머리가 선택되며, 모발 윤기에서 엘라스틴이 각각 선택될 수 있다. 따라서 분리식도 속성별 평가방식으로 진행된다.

④ 결합식

결합식(conjunctive rule)은 분리식과 달리, 각 대안의 속성을 평가하는 데 있어서 모든 제품 속성에서 모두 최소수용기준을 초과할 때 선택하는 방법이기 때문에 최소수용기준이 비교적 낮게 설정될 것이다. 따라서 단 한 개의 속성에서라도 최소수준에 미달하게 된다면 대안선택에서 탈락하게 된다.

결합식을 〈표 7-2〉에 제시된 샴푸 상표들에 대해 적용하여 소비자가 샴푸 상표의 평가기준에서 각 제품속성의 최소수용기준을 3점으로 한다면, 댕기머리의 경우 향 속성에서, 비달사순의 경우 모발 윤기와 향 속성 평가에서 탈락하게 된다. 결론적으로 모든 속성에서 최소수용기준을 초과한 TS와 엘라스틴 상표가 선택대안으로 고려될 수 있을 것이다. 이러한 결합식은 앞의 세 가지 방식과 달리 상표별 처리방식으로 대안평가가 진행된다. 분리식과 결합식의 차이를 살펴보면, 분리식에서는 여러 속성의 평가기준들 간 관계가 '또는(or)'의 관계로 연결된다면, 결합식에서는 '그리고(and)'의 관계로 연결된다는 점이다.

3) 대안평가상의 여러 오류

(1) 감성 의존식 대안평가

앞서 설명한 상표 평가방식들은 보완적 방식이든 비보완적 방식이든 모두 제품의 속성에 근거한 평가방식이다. 이와는 달리 소비자들은 자신과 친숙한 제품인 경우 제품의 속성에 의존한 평가를 하기보다는 그 제품과 관련된 자신의 기억에 담겨 있는 전반적인 평가(overall evaluations)에 근거하여 평가하는 경우가 흔히 일어난다. 이와 같은 평가방식을 **감성 의존식**(affect referral) **대안평가**라고 한다(Wright, 1975). 예를 들면, 칠성사이다의 '소풍 편' 광고를 살펴보자. 이 광고는 광고 제작자들이 칠성사이다의 제품 속성을 소비자들에게 소구한다기보다는 과거에 소풍 갈 때 칠성사이다를 마시던 아련한 추억에 대한 기억을 흑백 영상으로 표현함으로써 칠성사이다와 관련된 자신들의 경험에 의해 이미 형성된 평가를 단순히 소비자들의 기억에서 상기시켜 대안을 평가하도록 유도한 경우라고 볼 수 있다.

(2) 후광효과에 의존한 대안평가

후광효과는 타인에 대한 인상평가에서 도입된 개념으로 본래의 의미는 한 개인이 어떤 면에서 장점을 지니고 있다면(얼굴이 잘생긴 미남이라면) 사람들은 그 사람의 다른 면에서도 좋은 점을 갖고 있을 것이라(예의도 바르고, 사교적이며, 지능도 높을 것이다)고 보는 경향을 말한다. 즉, 소비자행동의 측면에서는 소비자들이 제품을 평가할 때 그 제품과 관련된 일부 속성에 의해 형성된 인상 또는 평가가 이와는 직접적으로 관련이 없는 다른 속성에 대한 평가에 영향을 미치는 것을 말한다.

이러한 후광효과는 긍정적인 후광효과뿐만 아니라 부정적인 후광효과도 나타날 수 있다. 예를 들면, 중국에서 만들어진 장난감인 경우 소비자들은 중국에서 제조되었다는 속성만으로 그 장난감의 여러 가지 다른 속성까지도 실제보다 더 낮게 평가하는 경향을 보인다. 반면에 독일에서 제조한 자동차는 안정성이 높을 것이라고 지각하는 긍정적 후광효과도 있다.

[그림 7-11] 교황이 이용하는 자동차를 부각시켜 후광효과를 유발

(3) 맥락효과에 의한 대안평가

일반적으로 소비자들은 대안의 평가과정에서 그 대안의 선호에 의해서뿐만 아니라 그 대안이 어떤 맥락에서 제시되었는가에 의해 영향을 받게 된다. 소비자들이 맥락에 의해 영향을 받는 경우는 크게 두 가지가 있다. 그 하나는 유인효과이며, 다른 하나는 유사성 효과이다.

유인효과(attraction effect)는 제품시장에 기존의 대안보다 열등한 대안이 새로이 도입됨으로써 열등한 대안보다 우월한 기존 대안의 선택 확률이 증가하는 현상을 말한다(하영원, 채정호, 1993). 그리고 **유사성 효과**(similarity effect)는 새로운 대안이 소비자들의 선택 상표군(choice set) 내에 진입할 경우, 기존 상표들이 새로운 상표와 유사하면 할수록 선택 확률이 더 많이 감소하는 현상을 지칭한다(Tversky, 1972). 예를 들어, 청량음료 시장에 식혜음료와 대추음료가 있을 경우 새로운 상표의 식혜음료가 시장에 진입하게 되면 대추음료보다는 기존 식혜음료의 시장점유율이 더 많이 감소하는 현상을 유사성 효과라고 할 수 있다. ■

제8장

의사결정의 심리 2

안서원(서울과학기술대학교 경영학과 교수)

1. 여정으로서의 구매
2. 구매 채널의 선택
3. 구매 후 행동

◈◇◈

제7장에 이어 이 장에서는 소비자의 구매의사결정과정 5단계 중 후반부에 해당하는 제품의 구매, 구매 후 행동에 대해 소개하고자 한다. 구매는 제품을 사는 행위를 가리키는데, 이러한 구매는 여러 형태로 이루어질 수 있다. 구매가 이루어지기 전까지 정보를 탐색하고 수집한 정보를 꼼꼼히 비교 · 분석해서 제품을 선택하는 과정을 거친 후 구매가 이루어질 수도 있고, 본인이 좋아하는 브랜드가 있어서 반복적으로 같은 브랜드를 구매할 수도 있으며, 별생각 없이 매장에서 좋은 조건의 프로모션을 제공하는 제품을 구매할 수도 있다. 또는 전혀 제품에 대한 구매 계획이 없다가 매장에서 제품을 보고 충동적으로 제품 구매가 이루어질 수도 있다. 어떤 제품을 구매할 것인가에 이어 어디에서 구매를 할 것인가도 소비자가 고려해야 하는 결정 사항 중 하나이다. 오프라인 또는 온라인에서 구매를 할 것인지를 결정한 후 다시 오프라인의 어느 매장, 온라인의 어느 쇼핑몰에서 구매할 것인지를 결정해야 한다. 그리고 각 구매 채널은 다른 구매 과정과 경험을 제공한다. 최종적으로 제품을 구매한 후에도 여러 관련 행동이 나타날 수 있다. 구매한 제품을 소비하면서 만족하거나 불만족할 수 있고, 만족/불만족의 이유를 어디에 두느냐에 따라 충성도가 형성되고 재구매가 이루어지기도 하고 불평행동이 나타나기도 한다. 때로는 자신의 소비경험을 소셜미디어를 통해 다른 사람과 공유하기도 하고 구전활동을 통해 다른 사람에게 제품이나 매장을 추천하기도 한다.

구매와 구매 후 행동은 최근 마케팅 환경의 변화로 그에 대응하는 변화가 일어났다. 마케팅 환경의 변화는 크게 4가지로 요약될 수 있다(Lee et al., 2018). 첫째, 정보로 무장한 소비자이다. 소비자들은 온라인에서 다양한 정보를 끊임없이 쉽게 찾을 수 있고, 그 결과 보다 정보에 기초한 구매 결정을 내릴 수 있게 되었다. 둘째, 라이프스타일의 변화이다. 소비자들의 기호와 선호는 점점 더 글로벌화되어 가고 소셜미디어의 등장으로 구매 행동에 미치는 사회적 영향력이 가속화되고 있다. 셋째, 무선 인터넷, 모바일 기기, 인공지능과 같은 기술의 발전으로 소비자들은 새로운 방식으로 구매를 할 수 있고, 마케터는 소비자의 구매 행동에 대한 유용한 데이터를 얻을 수 있게 되었다. 마지막으로 구매 채널이 오프라인과 온라인, 옴니 채널[1] 등 다채널(multichannel)화되었고 가용한 브랜드와 제품의 수가 엄청나게 늘어났다. 그 결과 소매업자들이 마케팅을 하는 방식이나 소비자가 구매를 하는 방식에 변화가 생겼고, 이제 소비자들은 제품, 브랜드, 구매 채널을 동시에 고려하게 되었다. 이 장에서는 구매와 구매 후 행동의 전반적인 내용을 소개하고, 최근 나타난 구매 환경의 변화에 대응하는 소비행동의 변화에 좀 더 초점을 맞추어 관련 내용을 소개하고자 한다.

1. 여정으로서의 구매

1) 의사결정 여정

[그림 8-1]에서 볼 수 있듯이 전통적인 의사결정 모형에서는 문제나 욕구를 인식하고 관련 정보를 탐색하면서 여러 개의 대안에서 시작해 평가를 통해 고려대안의 범위를 줄여 가면서 하나의 제품을 구매하고 구매 후 만족을 통해 충성도가 형성되는 선형적인 과정을 구매로 보았다. 이 일련의 과정은 많은 대안에서 시작해서 점차 고려대안의 수를 줄여 나가므로 깔때기 모양에 비유되고 **마케팅 깔때기**(marketing funnel) 모델로 지칭되었다(Court, Elzinga, Mulder, & Vetvik, 2009). 그러나 최근 마

1 온라인, 오프라인, 모바일, 카탈로그, 방송 등 기업이 보유한 모든 채널을 유기적으로 융합하여 소비자에게 끊임없는 쇼핑 경험을 제공하는 최근 유통 경로의 변화를 지칭한다. 이 장에서 채널은 제품이 제조업자에서 최종 소비자에게 도달하기까지 거치는 유통 경로 또는 판매 경로를 일컫는 말이다.

케팅 환경의 변화로 소비자는 다양한 채널과 미디어를 통해 구매 과정의 여러 **접점**(touch points)[2]에서 기업과 상호작용을 하고, 의사결정과정이나 구매가 끝난 이후에도 다른 소비자와 상호작용하면서 자신의 구매나 소비경험을 공유하고, 제품 관련 정보를 지속적으로 업데이트하면서 이후 구매에 다시 반영하는 과정을 거친다(Lemon & Verhoef, 2016). 구매로 일련의 과정이 끝나는 것이 아니라 [그림 8-2]에서와 같이 구매 후 경험이 다시 이후 구매에 순환적(circular)으로 영향을 미치게 되는데, 이 과정을 **의사결정 여정**(decision journey)이라고 한다.

이 여정은 초기 고려대안군 형성, 능동적 평가, 구매, 구매 후 경험의 네 단계로 구성되어 있다. 초기 고려대안군 형성 시 소비자들은 다양한 접점에서 노출된 제품 정보에 기초하여 몇 개의 브랜드로 구성된 고려대안군을 형성하게 된다. 문제인식 단계에서 인지되는 브랜드는 그렇지 않은 브랜드보다 최종적으로 구매될 가능성이 3배나 높지만, 초기 고려대안군에 포함되지 않았다고 해서 전혀 소비자에게 선택될 기회가 없는 것은 아니다. 왜냐하면 능동적인 평가 과정에서 정보를 탐색하고 가능한 대안을 둘러보는 소비자는 새로운 대안을 추가할 수 있기 때문이다. 정보탐색을 능동적이라고 표현한 것은 소비자들이 더 이상 마케터들이 밀어내는(push) 정보에 수동적으로 반응하지 않기 때문이다. 오늘날의 고객들은 자신에게 필요한 정보를 적극적으로 구하고(pull) 그 과정을 통제한다. 인터넷에서 제품 후기를 검색하거나 친구나 가족들로부터 의견을 구하고 매장 내의 제품 시용이나 프로모션을 활용한다. 정보로 무장한 소비자는 구매 후에도 자신의 구매가 적절한 것이었는지를 알기 위해 계속 관련 정보를 탐색한다. 구매의 목적이나 동기가 무엇인가에 따라 달라지기는 하겠지만, 한 연구는 구매 결정을 매장에 갈 때까지 미루고 매장에서 보고 듣고 경험하는 것에 기초하여 마음을 바꾸는 고객이 40%에 달한다고 보고하고 있다(Court et al., 2009).

---

2 광고, 홍보, 가족이나 친구의 구전, 제품 경험, 모바일 앱, 매장 등 기업이 제품이나 제품에 대한 커뮤니케이션을 통해 소비자와 만나는 여러 접촉 지점을 일컫는다.

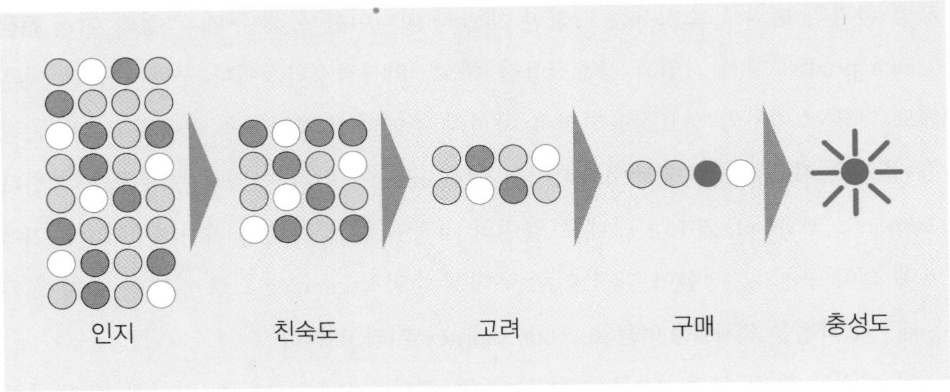

[그림 8-1] 마케팅 깔때기 모델

출처: Court et al. (2009).

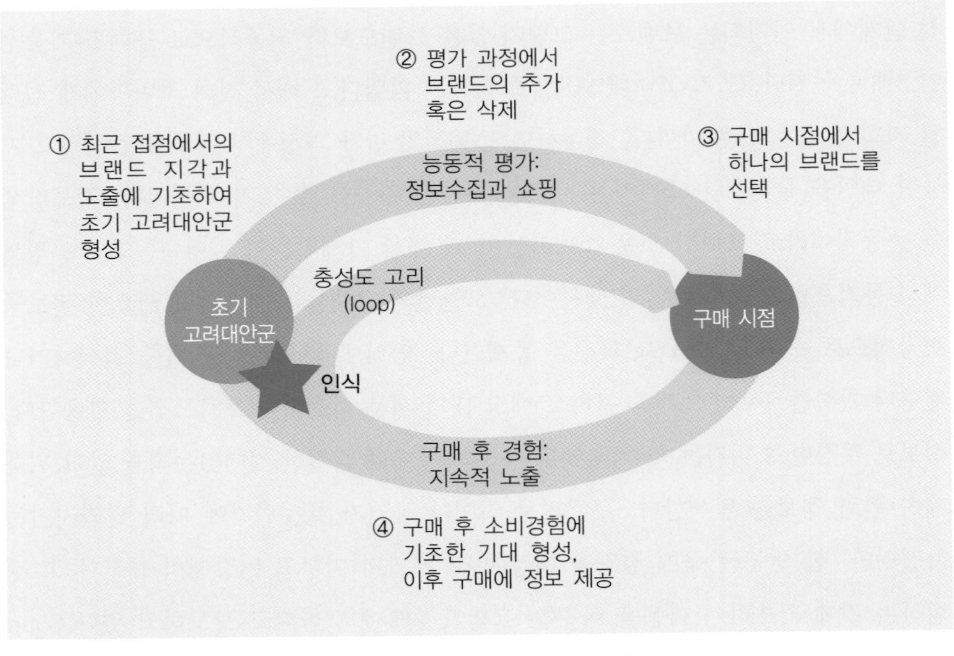

[그림 8-2] 의사결정 여정 모델

출처: Court et al. (2009).

구매 후 제품 경험으로 충성도가 형성되는데, 특정 브랜드에 충성도를 보이는 고객은 두 유형으로 구분될 수 있다. 하나는 적극적인 충성고객으로, 제품을 반복적으로 구매하는 것에서 그치지 않고 주위 사람들에게 해당 제품을 추천한다. 두 번째 유형은 수동적인 충성고객으로, 반복적으로 구매를 하기는 하지만 해당 브랜드에 적극적으로 개입하지 않는다. 단순히 귀찮고 게을러서일 수 있고, 워낙 대안이 많다 보니 그 과정을 다시 되풀이하고 싶지 않아 특별한 불만사항이 없으면 한 제품에 안주하여 관성적으로 구매를 하는 것이다. 이러한 고객들은 왜 제품을 바꾸어야 하는지에 대한 이유를 제시하면 쉽게 다른 브랜드로 전환할 가능성이 있는 고객들이다.

이 의사결정 여정 모델은 5개 산업에서 여러 나라의 소비자 2만 명가량을 대상으로 그들의 구매 결정을 연구한 후 제안된 것이다. 구매 환경의 변화에 따른 소비자 의사결정의 변화를 포착하고자 하였으며, 마케터에게도 다양한 접점이 보다 통합적으로 관리되어야 함을 시사한다.

2) 고객 여정

의사결정 여정과 비슷하게 고객 여정 개념도 제안되었다(Lemon & Verhoef, 2016). **고객 여정**(customer journey)은 고객과 기업이 많은 접점을 통해 상호작용하는 과정에서 고객이 갖는 **고객 경험**(customer experience)을 중요하게 생각한다. 고객 경험은 다차원적인 개념으로 고객의 전체 구매 여정에서 기업의 제공물에 고객이 인지적, 정서적, 행동적, 감각적, 사회적으로 반응하는 것을 가리킨다. 기업의 제공물은 제품이나 서비스뿐 아니라 이와 관련하여 제공하는 광고나 홍보물, 프로모션, 구전 등을 모두 포함한다. **만족도**가 경험의 인지적 평가를 가리키는 것이라면, 고객 경험은 보다 폭넓은 소비자 반응을 가리킨다.

고객 경험은 구매 전, 구매, 구매 후의 세 단계 고객 여정을 통해 이루어진다. 의사결정 여정의 처음 두 단계가 구매 전으로 통합되어 구매가 이루어지기 전의 모든 활동이 구매 전 경험으로 묶인다. 이 단계에서는 욕구 인식, 제품 고려 및 탐색 행동이 이루어지고, 구매 단계에서는 선택, 주문, 결제가 이루어진다. 구매 후 단계에서는 소비와 사용, 몰입(engagement), 서비스 요청 등의 행동이 이루어진다. 이전 구매 경험이 이후 구매에 영향을 미치고 여정의 각 단계에서 기업과의 여러 접점을 통해 지속적으로 구매 관련 정보를 접하면서 구매 결정을 하게 되는데, 이 과정은 반복적이고 역동적으로 진행된다. 기업과의 다양한 상호작용 접점은 브랜드 소유 접점, 파트너 소유 접점, 고객 소유 접점, 사회/외부 접점의 네 가지 유형으로 구분된다.

브랜드가 소유한 접점은 기업이 만들고 관리하여 기업의 통제하에 있는 고객과의 상호작용 지점을 가리키는 것으로 광고, 웹사이트, 고객관리 프로그램 등 브랜드가 가지고 있는 모든 고객 접점 채널과 제품의 속성, 포장, 서비스, 가격 등 마케팅 믹스 요소들을 가리킨다. 파트너 소유 접점은 다채널 유통업자 파트너나 여러 제휴사와의 포인트 적립을 제공하는 다판매자 충성도 프로그램 파트너(예: OK cashbag), 커뮤니케이션 채널 파트너 등을 가리킨다. 오뚜기 제품은 쿠팡이나 신세계 쇼핑몰에서도 구매할 수 있지만 오뚜기에서 자체 제작한 모바일 앱 오뚜기몰에서도 구입 가능한데, 쿠팡이나 신세계 쇼핑몰은 파트너 소유 접점인 반면, 모바일 앱 오뚜기몰은 브랜드 소유 접점이다. 고객 소유 접점은 고객이 관리하는 블로그나 소셜미디어 등을 포함하고, 구매 후 과정에서 보다 중요한 역할을 하게 된다. 마지막으로 사회/외부 접점은 다른 고객이나 준거집단의 영향, 리뷰 사이트 등을 가리킨다. 이처럼 소비자는 구매 과정에서 다양한 접점을 통해 제품이나 서비스에 대한 경험을 하게 되고, 이러한 경험들은 앞서 언급하였듯이 인지적, 정서적, 행동적, 감각적, 사회적 반응을 불러일으키게 된다.

아직까지 여정에 따른 그리고 전반적인 고객 경험을 측정하는 도구는 개발되지 않은 상태이다. 만족도나 **순추천지수**(Net Promoter Score: NPS) 등이 비교적 고객 보유율(retention rate)이나 성장 정도를 잘 예측하는 것으로 나타나 고객 경험에 대한 대리 지표로 많이 사용되기는 하지만, 이 척도들이 보다 포괄적인 고객 경험을 측정하는 것은 아니므로 향후 이에 대한 추가적인 연구가 필요한 상황이다.

3) 구매자 여정

최근 구매 환경의 변화에 따른 구매 행동의 변화를 이해할 수 있는 **구매자 여정**(shopper journey) 개념도 제안되었다(Lee et al., 2018). 이 모델은 욕구 적응적 구매자 여정(needs adaptive shopper journey)으로 구매 과정이 단순한 선형 과정이 아니라 구매자가 구매 과정에서 여러 상태(state)를 오가게 되며 여정을 시작한 주된 동기에 따라 오가는 상태가 달라진다고 보았다. 구매 여정에서 소비자가 거치게 되는 가능한 상태를 〈표 8-1〉에서와 같이 16가지로 제안하고 있다. 이들의 모델이 향후 얼마나 수용되고 적용될지 판단하기에 시기적으로 좀 이르기는 하지만, 시장 환경의 변화에 따른 구매 행동의 변화를 구체적으로 잘 제시하고 있다.

구매자의 여정에 영향을 미치는 요인으로는 4가지를 들고 있는데, 이는 구매자의 심리, 기업/소매업자의 활동, 사회적 영향력, 기술이다. 구매자는 구매 과정에서 여러 인지적 · 행동적 상태를 경험하게 되는데, 이 상태는 구매자의 구체적인 구매 목적이나 구매 환경 내의 자극물에 의해 야기되고, 이는 구매자의 만성적 기질이나 다른 심리적 요인에 의해 조절될 수 있다. 매 주말 대형마트에서 쇼핑을 하는 한 주부는 평소 계획적이고 낭비를 하지 않는 쇼핑 태도를 가지고 있어 필요한 품목을 적어 장을 본다. 그러나 장을 보다가 제철 식재료를 할인 판매하는 것을 보고 계획에는 없었지만 해당 품목을 충동적으로 구매할 수 있다. 또한 자신이 쓸 제품을 사는 경우 매장에 가서 눈에 딱 들어오는 것을 구매하는 사람도 선물할 제품을 고르는 경우 미리 검색을 해 보고 매장에 가서 판매원이 추천해 주는 제품을 구매할 수 있다. 기업/소매업자의 활동은 마케팅 믹스(제품, 가격, 매장, 촉진)와 관련해서 하는 일련의 마케팅 활동을 가리킨다. 평소 브랜드 제품을 애용하던 고객도 제품 시식을 해 보고 생각보다 맛이 좋아 PB제품을 구매할 수 있고, 딱히 충성도를 가진 브랜드가 없는 경우 할인쿠폰이 있는 제품을 구매할 수 있다. 사회적 영향력은 함께 쇼핑하는 사람이나 판매원의 영향력, 매장에 있는 다른 구매자들의 존재, 소셜미디어의 영향 등을 가리킨다. 몇 년 전 출시되어 선풍적인 인기를 끌었던 허니버터칩 사례는 제품 구매

표 8-1 구매자 여정에서 나타나는 구매자 상태

상태	의미
인지(aware)	구매 환경에서 구매할 수 있는 브랜드/제품을 지각하여 알고 있는 것
흥미(intrigued)	특정 브랜드, 제품 또는 쇼핑 환경에 관심이나 호기심을 갖게 되는 것
욕구 인식 (recognize need/want)	특정 제품이나 제품군에 대한 기능적 또는 쾌락적 욕구를 인식하는 것
조사(explore)	가용한 브랜드나 제품을 면밀하게 검토하는 것
탐색(browse)	특정한 구매동기를 가지고 또는 가지지 않고 판매되는 브랜드나 제품을 편하게 둘러보는 것
검색(search)	마음속에 있는 특정 브랜드나 제품을 적극적으로 찾는 것
평가(evaluate)	고려대안군 내의 다양한 브랜드나 제품을 자신의 욕구나 목적에 맞추어 평가하는 것
결정(decide)	구매를 할 것인지, 한다면 어떤 브랜드나 제품을 구매할 것인지 마음을 정하는 것
구매(purchase)	결정한 브랜드나 제품을 사는 것
기다리기(wait)	제품을 소비하게 되기까지 대기 상태에 있는 것(예: 온라인 구매를 해서 제품이 배송되기를 기다리는 것)
사용(use)	구매한 제품을 소비하는 것
사용 후 평가 (post-use evaluate)	사용 후 브랜드나 제품의 강점과 약점을 평가하는 것
옹호/비판 (advocate/critique)	구전이나 소셜미디어를 통해 브랜드나 제품을 지지하거나 알리고 강점과 약점을 비판적으로 분석하는 것
공유(share)	자신의 구매경험이나 소비경험에 타인을 초대하거나 자신이 타인의 경험에 참여하는 것
검증(validate)	브랜드나 제품의 강점을 확인하거나 옳은 구매를 했음을 확인하는 것
철회(withdraw)	구매한 제품을 더 이상 사용하지 않거나 처분하는 것

출처: Lee et al. (2018).

에 미치는 소셜미디어의 영향을 잘 보여 준다. 기술의 발전으로 구매를 하는 방식에도 많은 변화가 생겼다. 오프라인 매장, 온라인 매장, 모바일 등 구매 채널이 다양해진 것뿐 아니라 매장 내에서의 구매 과정도 변화하고 있다. 주문 시 키오스크에서 주문과 결제를 하고, QR코드나 모바일 기기를 이용하여 제품이나 프로모션 정보를 받으며, 온라인 쇼핑몰에서는 개인화된 정보나 제품추천을 받기도 한다.

16가지 상태에 덧붙여 〈표 8-2〉에 소개되어 있는 것과 같이 자주 일어나는 구매 여정 원형(archetype) 12가지도 소개되었는데, 연구자들은 원형에 따라 특정 상태가 나타나는 빈도나 연관 정도가 달라짐을 경험적으로 보여 주었다(Lee et al., 2018). 예를 들면, 일상적 습관 여정에 있는 구매자들은 다른 여정에 있는 구매자들에 비해 흥미를 덜 느끼고 조사나 탐색, 구매 전 평가를 덜 하는 편이고 구매한 제품에 대한 옹호/비판이나 공유도 별로 하지 않는다. 반면, 소셜 네트워크 여정의 경우 사용 후 평가, 옹호/비판, 공유 상태가 자주 나타난다. 선물 여정의 경우 조사, 탐색, 검색, 평가 상태가 다른 여정보다 자주 나타나 자신을 위한 구매보다 사람들이 더 많은 정보를 찾고 검토한 후 구매를 하는 것을 볼 수 있다.

표 8-2 구매자 여정 원형

원형 유형	의미
고전적 여정 (classic journey)	욕구 인식, 고려대안군 형성과 평가, 선택과 구매로 연결되는 선형적 구매 과정
요구된 여정 (required journey)	상황에서 요구되는 제품을 구매하기 위한 여정(예: 결혼식 피로연을 위한 파티용품이나 음식의 준비)
기회주의적 여정 (opportunistic journey)	제품의 할인 프로모션이나 리미티드 제품의 구매와 같이 특정 기회로 동기화되는 구매 여정
즐거움 여정 (entertainment journey)	쾌락 추구나 여가의 목적으로 하는 쇼핑. 구체적인 목적 없이 구매 여정을 시작할 수 있고, 아무런 제품을 구매하지 않고 끝날 수 있음
일상적 습관 여정 (routinized habit journey)	매주 식료품을 사는 것처럼 주기적으로 하는 구매 여정

공동 여정 (joint journey)	친밀한 관계에 있는 타인과 함께 구매하는 것(예: 자동차나 여행 구매)
충동 여정 (impulsive journey)	구매 목적이나 의도 없이 계획하지 않은 충동적 구매
학습 여정 (learning journey)	브랜드나 제품, 매장의 새로운 트렌드나 변화를 알기 위한 여정
선물 여정 (gifting journey)	다른 사람에게 줄 선물을 사기 위한 목적으로 유발되는 구매 여정
치료 여정 (retail therapy journey)	부정적인 정서를 경험한 후 기분을 좋게 하려는 구매 여정
소셜 네트워크 여정 (social network journey)	소셜 네트워크를 통해 다른 소비자와 상호작용하면서 거래를 하는 것
구매 외주 여정 (outsourced journey)	구매의 일부 과정이나 전체 과정을 다른 사람에게 일임하는 것

출처: Lee et al. (2018).

2. 구매 채널의 선택

최근 우리나라에서 발표된 소비자행태조사 보고서에 따르면, 조사 대상의 78%가 오프라인에서 제품을 구매하고 22%가 온라인에서 구매를 한다(한국방송광고진흥공사, 2018). 20대 여성의 경우 온라인 구매율이 39%까지 오르는 반면, 60대 남성의 경우 온라인 구매율이 5%로 나타나 연령층이 높아질수록 온라인 매장 이용률이 떨어지는 것을 볼 수 있다. 최근 1년간 구매 채널을 보면, 오프라인 쇼핑을 한 사람이 응답자(3,660명)의 98%였고, PC 인터넷 쇼핑은 34%, 모바일 쇼핑은 46%, TV 홈쇼핑은 27%, 방문판매는 6%에 달하는 것으로 나타났다. 온라인 구매가 계속 증가하고 있기는 하지만, 여전히 다수의 사람은 오프라인 구매를 더 많이 하고 있고 사람들은 여러 구매 채널을 이용하여 구매를 하고 있음을 볼 수 있다.

오프라인 매장에서 제품을 살펴보고 구매는 온라인에서 하는 쇼루밍, 거꾸로 온라인에서 제품 검색과 비교를 꼼꼼히 하고 오프라인에서 구매를 하는 웹루밍과 같은 행동이 나타나는 것도 소비자의 정보탐색이 용이해지고 구매가 다채널에서 이루어질 수 있기 때문이다. 여기에서는 소비자가 구매를 할 수 있는 경로가 온라인, 오프라인으로 다양해지면서 어떤 요인들이 소비자들의 구매 채널 선택에 영향을 미치는지 소개하고자 한다.

1) 채널 선택에 영향을 미치는 요인

제품과 채널의 선택은 여러 방식으로 이루어질 수 있다. 제품 선택이 먼저 일어난 후 그 제품을 어디에서 구매할지 채널을 선택할 수도 있고, 구매 채널을 먼저 선택한 후 제품을 선택할 수도 있으며, 두 선택이 동시에 진행될 수도 있다. 채널 선택도 제품 선택과 비슷하게 문제인식 후 검색, 선택, 구매, 구매 채널의 평가의 과정으로 진행되고 이전 경험이 다음 구매에 다시 피드백된다. 소비자는 오프라인 매장, 온라인 쇼핑몰, TV 홈쇼핑, 전화 주문, 정기 배달 등 다양한 방식으로 제품을 구매할 수 있는데, 각 채널의 특성이 다르므로 여러 요인을 고려하여 자신의 구매 상황이나 목적에 맞는 채널을 선택할 것이다. 채널 선택에 영향을 미치는 요인으로는 크게 기업의 마케팅 노력, 채널의 속성, 채널 통합, 사회적 영향력, 상황적 요인, 개인차(Neslin et al., 2006)로 6가지가 있다.

특정 채널을 이용함으로써 얻게 되는 혜택을 제공하는 이메일이나 문자 메시지와 같은 마케팅 노력은 해당 채널의 이용률을 높이는 것으로 나타났다. 특히 특정 구매 채널의 이용을 유도하는 마케팅 노력은 고객을 획득한 직후에 보다 효과적인 것으로 나타났다. 처음으로 특정 채널을 사용하기 시작한 고객의 경우 해당 채널을 선택하기 전까지 대개 '숙고하는' 사고방식(deliberative mind-set)을 가지고 있어 마케터의 노력에 반응을 하지만, 자신의 선택을 실행하는 단계에 가게 되면 실제로 구매를 해보고 자신의 구매 경험이 누적되면서 자신이 학습한 것에 기초하여 구매를 하게 되므로 상대적으로 기업의 마케팅 노력을 잘 수용하지 않게 된다(Valentini, Montaguti, & Neslin, 2011).

채널 선택에 영향을 미치는 채널의 속성은 사용 용이성, 판매 후 A/S, 검색 편리성, 검색에 요구되는 노력, 정보의 질, 미적인 소구, 정보의 비교용이성, 서비스, 지각된 위험, 구매 노력, 협상 가능성, 구매 속도, 개인정보 보호, 구색, 즐거움, 보안, 채널-제품군 연상 등으로 매우 다양하다. 사용 용이성은 채널에 새로운 기술이 접목된 경우 이런 기술을 사용하는 데 얼마나 노력이 요구되는지 그 정도를 가리키며 주로 온라인 채널의 속성으로 간주되는데, 경우에 따라서는 구매에 요구되는 노력의 정도로 정의되어 온라인과 오프라인을 함께 비교하기도 한다. 미적인 소구도 온라인 채널의 경우 웹페이지의 미적인 측면을 가리킨다면, 오프라인 채널의 경우 매장 이미지나 분위기의 미적인 측면을 가리킨다. 채널-제품군 연상은 특정 제품을 특정 채널을 이용하여 구매하는 것을 가리킨다. 예를 들어, 휴지나 세제와 같이 부피가 있거나 무게가 무겁지만 주기적으로 구매를 해야 하는 생활필수품의 경우 쿠팡과 같은 소셜 커머스를 이용하여 배송을 받는 소비자가 있다고 하면, 이 소비자는 휴지, 세제 제품군과 쿠팡이라는 채널 사이에 강한 연상이 형성된 것으로 볼 수 있다.

여러 채널 속성은 각 채널과 고객의 의사결정과정에 다른 정도로 영향을 미친다. 예를 들어, 오프라인 채널의 경우 개인정보 보호가 채널 선택에 별다른 영향을 미치지 않지만, 온라인 채널의 경우 보안과 함께 큰 영향을 미치는 요인이 된다. 그리고 구매 이전에 탐색과 검색을 하는 경우에는 별 영향이 없지만 구매를 결정하고 회원가입을 하거나 결제를 하는 단계에서는 영향을 미치게 된다. 소비자들은 개인정보와 보안 문제로 온라인 채널을 꺼리지만, 쇼핑이 편리하고 특이한 제품을 살 수 있고 비교 쇼핑이 쉽고 가격이 낮은 점 때문에 온라인 채널을 선택한다.

채널 속성에 이어 채널 선택에 영향을 미치는 요인으로는 채널 통합을 들 수 있다. 이는 오프라인과 온라인 채널이 얼마나 유기적으로 연결이 되어 있는가를 가리킨다. 통합이 잘되어 있을수록 다채널 사용을 유도할 수 있다. 예를 들면, 온라인으로 주문을 하고 매장에서 제품을 찾아가거나 매장에 재고가 없어 매장 내 키오스크나 판매원을 통해 온라인 주문을 하고 이후 배송을 받는 식의 구매가 가능하다. 채널이 잘 통합된 경우 옴니 채널 운영이 가능하며 소비자의 편의를 극대화할 수 있다.

사회적 영향력도 채널 선택에 영향을 미친다. 한 현장 연구는 엄마들이 자녀의 옷을 주로 오프라인 매장에서 구매함을 보여 주었는데, 이는 사회적 규범이 영향을 미치기 때문인 것으로 나타났다. 사회 통념상 엄마가 자녀 양육에 노력을 기울여야 한다고 생각을 하는데, 엄마들이 매장에 직접 가서 제품을 구매하는 노력이 자녀 양육에 기울이는 노력에 상응하는 것으로 간주되어 오프라인 채널을 선호한다는 것이다(Nicholson, Clarke, & Blakemore, 2002).

상황적 요인으로는 물리적 환경(예: 날씨, 붐비는 정도), 사회적 환경(예: 친구와 함께 쇼핑하기), 시간 관련 이슈(예: 시간대, 구매의 긴급성), 과업 정의(예: 구매 과업, 제품 유형), 선행 상태(예: 소비자의 기분)를 들 수 있다. 월요일 아침에 필요한 식재료를 일요일 오후에 사야 하는 경우, 매장이 많이 붐비는 시간이라고 생각되면 새벽배송을 제공하는 온라인 채널을 이용해서 필요한 제품을 구매할 수 있다. 당장 그날 저녁에 필요한 식재료라면 대형마트가 아닌 동네 가게에서 구매할 수 있다. 또한 어떤 채널은 보다 목적지향적인 구매 과업에 보다 적합한 반면, 어떤 채널은 보다 경험적인 목적에 적합할 수 있다. 주말에 스타필드에 놀러 가기로 한다면, 이는 딱히 살 것이 있어서라기보다 구경을 하면서 점심도 먹고 오락도 하면서 즐거운 경험을 갖기 위해서일 것이다. 소비자가 제품의 품질을 구매 전에 알 수 있는 탐색재는 주로 온라인에서 구매되는 반면, 품질을 구매 후 또는 소비과정에서 평가할 수 있는 경험재는 오프라인 매장에서 구매되는 경우가 많다. 또한 디지털 제품, 기존에 익숙한 제품들, 검색이 가능하고 개인화가 가능한 제품들은 온라인에서 주로 구매되는 경향이 있다.

마지막으로 개인차 변인도 구매 채널 선택에 영향을 미칠 수 있다. 대개 학력이 높고 수입이 높을수록 온라인 채널을 많이 사용하지만, 이는 이런 사람들의 라이프스타일과도 관련이 있다. 학력이 높고 수입이 높을수록 업무로 바쁘다 보니 쇼핑을 위한 시간을 내기 어려워 업무를 보면서 온라인으로 구매를 하는 경향이 높아진다. 단순 인구통계학적 변인보다는 개인의 과거 경험, 즉 인터넷 사용 경험과 같은 개인차 변인이 온라인 채널 이용에 보다 영향을 미치는 것으로 나타났으며, 개인의 생애주기도 영향을 미치는 것으로 나타났다(Bellman, Lohse, & Johnson, 1999; Thomas & Sullivan, 2005). 일과 육아의 병행으로 오프라인 쇼핑이 어려운 워킹맘의 경우 상대적으로 온라인 채널을 선호할 수 있다.

2) 기술의 영향

최근에 소비자가 경험하는 구매 과정에서의 변화의 상당 부분은 기술의 발전으로 인한 것이다. 그중 인터넷의 출현은 가장 가시적인 기술 혁신이라고 할 수 있다. 그러나 모든 기술이 성공적으로 소비자에게 수용되는 것은 아니다. 분명한 편익을 제공하는 기술(예: ATM, 바코드 스캐너, 스마트폰 등)은 확산되어 많은 사람에게 사용되지만 시장에 소개되었다가 사라진 기술도 많다. 온라인 채널이 생겨나면서 오프라인 매장은 사라질지도 모른다는 위기감이 잠시 있었지만, 사람들은 여전히 오프라인 매장을 더 많이 사용하고 있다.

한 연구에서는 2,120명의 미국 소비자들을 대상으로 연구 당시 소개된 쇼핑 관련 기술들(예: 쇼핑 에이전트 기술, 멀티미디어, 3D 시뮬레이션, 키오스크, 손바닥 크기의 컴퓨터, 전자 서명)을 나열하고 자신들이 이러한 기술을 얼마나 필요로 하고 사용하기 원하는지를 질문하였다(Burke, 2002). 소비자들은 대체적으로 언급된 기술에 대해 긍정적이거나 중립적이었지만 일부 기술에 대해서는 10~30% 이상의 사람들이 사용을 원하지 않는 것으로 나타났다. 예를 들면, 재고수량에 따라 매장 내 제품 가격이 매일 변하는 가격 정책(36.2%)이나 오프라인 매장에서 구매한 제품의 영수증을 웹사이트에서 확인하는 것(36.4%), 온라인 광고(10.4%) 등이다. 지금은 대부분의 사람들이 스마트폰을 사용하고 쇼핑 관련 앱을 깔면 매장 내에서 편리하게 할인 정보나 쿠폰 등을 확인하고 사용할 수 있지만, 그 이전에 소개된 같은 용도의 손바닥 크기의 컴퓨터에 대해서는 그다지 환영하는 분위기가 아니었다. 화면의 해상도가 낮고 들고 돌아다니는 것의 불편함으로 인해 19% 정도의 고객들은 이를 반기지 않았다. 이러한 결과는 사람들이 기술 자체를 목적으로 생각하고 이에 열광하기보다 소개된 기술이 실질적으로 얼마나 구매를 용이하게 해 주며 편익을 제공하는지에 따라 해당 기술을 좋아하고 수용함을 보여 준다. 사람들에게 이상적인 구매 경험을 이야기해 보라고 하면, 온라인 채널의 경우 정확한 제품과 가격 정보, 편하고 안정적인 주문 과정, 주문 조회, 신뢰할 수 있는 배송, 접근이 쉬운 고객 서비스를 언급하고, 오프라인 채널의 경우 제품에 대해 잘 알고 친절한 판매원의 도움, 깨끗하고 호감이 가는 시설, 경쟁력 있는 가격, 편리한 계산과 결제를 언급한다. 즉, 보다 본원적인 구매 요소를 중요하게 생각한다는 것이다.

비록 기술이 언급되지는 않지만 기술이 구매 경험을 증진시킬 수 있음은 분명하다. 특히 기술이 소비자에게 편리함과 가치를 제공해 주는 경우 소비자들은 이를 환영한다. 예를 들어, 소비자들은 신문이나 전단지, 우편으로 온 프로모션 쿠폰을 오려서 챙겨 가기보다 모바일 앱을 사용해 손쉽게 쓸 수 있는 것을 선호하며, 가격을 확인하기 위해 판매원을 찾기보다 본인이 스캔해서 확인하는 것을 더 좋아한다. ATM이나 주문/결제 키오스크와 같은 셀프서비스 기술의 경우 해당 기술이 시간을 줄여 주고(30%), 안정적으로 작동하고(21%), 사용하기 편하고(15%), 소비자의 중요한 요구를 다룰 때(11%), 통제감을 주고 7일 24시간 내내 접근이 가능할 때(8%) 해당 기술 사용이 매우 만족스러운 것으로 나타났다. 반면, 기술 자체가 만족스럽지 않거나(43%), 사용 과정에서 제대로 작동하지 않거나(17%), 디자인이 빈약할 때(17%) 만족도가 떨어지는 것으로 나타났다. 이러한 결과는 기술이 채널 선택이나 이용한 채널에 대한 만족도에 영향을 미칠 수 있으므로 적절한 기술의 도입과 활용이 필요함을 보여 준다.

3. 구매 후 행동

구매 후에는 구매한 제품을 소비하고 경험하면서 만족/불만족하거나 구매를 후회하기도 한다. 구매 후에 본인이 느끼는 만족/불만족의 원인을 어디에서 찾느냐에 따라 충성고객이 되기도 하고, 다음에는 다른 제품을 구매하기로 결심할 수도 있다. 충성고객이 된 경우에도 본인 혼자 반복적으로 제품을 구매하는 행동만 보일 수도 있고, 때에 따라서는 다른 사람에게 자신이 구매하고 만족한 제품을 적극 추천하거나 불만족하여 다른 사람에게 쓰지 말라고 경고하는 부정적 구전을 할 수도 있다. 여기에서는 다양한 구매 후 행동과 이를 설명하는 관련 이론들을 소개하고자 한다.

1) 소비자 만족/불만족

소비자 만족(satisfaction)은 1970년대에 개념화되어 소개된 후 기업이 제공한 제품이나 서비스에 대해 소비자들이 어떻게 반응하는지를 알기 위해 가장 많이 측정하는 변인 중의 하나이다. 마케터들은 소비자 만족 정도를 측정하고 이를 높이기 위해 노력하고 있다. 소비자 만족은 "당신은 ○○○에 대해 얼마나 만족하십니까?"처럼 하나의 질문으로 측정하기도 하고, 다항목을 사용하여 만족, 행복, 후회와 같은 소비 관련 정서반응을 측정하기도 한다. 다음에는 소비자들이 어떻게 만족/불만족을 느끼는지 설명하는 이론들을 소개한다.

(1) 기대 불일치 모형

기대 불일치 모형(expectancy disconfirmation model)은 소비자 만족/불만족을 설명하는 가장 대표적인 이론이다(Oliver, 1980). 제품 구매 전 소비자가 가지고 있던 기대(expectancy) 수준과 제품 구매 후 제품을 사용하면서 지각된 제품 성과 사이의 차이의 함수로 만족/불만족이 결정된다고 본다. 즉, 성과가 기대했던 것보다 못하면

(부정적 불일치) 제품에 대해 불만족을 느끼고, 성과가 기대했던 것보다 좋으면(긍정적 불일치) 제품에 대해 만족을 느끼게 된다. 성과가 기대와 비슷한 수준으로 지각되면 단순 일치이다. 만족/불만족의 결과는 제품에 대한 태도 변화와 이후 구매 의도에 영향을 미치게 된다.

제품 성과에 대한 기대 수준은 지각된 제품 성과와의 비교 · 평가에서 준거 역할을 하게 되는데, 소비자의 제품 관련 이전 경험이나 브랜드 이미지와 같은 제품 자체 요인, 판매원이나 준거인과의 대화와 같은 맥락(context) 요인, 소비자가 얼마나 설득이 잘되며 지각과정에서 왜곡을 보이는지와 같은 개인적 요인의 영향을 받아 형성된다.

지각과정에서의 왜곡에 대해서는 이후 연구들이 보다 상세한 내용을 소개하는데, 기대가 지각된 성과에 영향을 미칠 수 있다는 것이다. 성과를 지각된 성과라고 표현하는 이유는 성과를 평가하는 것이 객관적이기보다 주관적이기 때문인데, 기대 수준에 따라 성과 지각이 왜곡되는 방식은 크게 **동화 효과**(assimilation effect), **대조 효과**(contrast effect), **동화-대조 효과**(assimilation-contrast effect)로 나타날 수 있다. 동화 효과는 성과가 기대와 불일치하는 경우 성과를 기대에 동화시켜 실제보다 차이가 적은 것으로 지각하는 것이고, 대조 효과는 불일치가 있을 때 성과를 기대와 대조하여 실제 차이보다 그 차이를 크게 지각하는 것을 가리킨다. 동화-대조 효과는 이 두 효과를 절충한 것으로, 불일치에 대한 수용범위가 있고 불일치 정도가 수용범위 안에 들면 성과를 기대에 동화시켜 별 차이가 없는 것으로 지각하지만, 불일치 정도가 수용범위를 벗어나게 되면 성과와 기대를 대조시켜 차이가 보다 큰 것으로 지각하는 것을 가리킨다.

(2) 공평성 이론

공평성 이론(equity theory)은 여러 유형의 사회교환(social exchange)에 적용되는 이론으로(Adams, 1963), 초기에는 주로 조직 내에서 직원이 자신이 내는 성과와 보상에 대해 어떻게 공평성을 지각하는지에 적용되다, 이후 구매자와 판매자 사이의 거래에 적용되어 소비자가 느끼는 만족과 불만족을 설명하였다(Huppertz, 1979). 기본 아이디어는 자신이 한 투입(inputs) 대비 산출(outcomes)과 비교 대상의 투입 대비 산출을 비교하여 자신의 비율이 상대보다 큰 경우 만족하고 그렇지 않은 경우 불만족한다는 것이다. 거래 상황에서 불공평의 주요 원천은 높은 가격과 나쁜 서비스일 수 있다. 제품 구매를 위해 자신이 지불한 가격이 높아 가격 대비 자신이 얻은 제품 성과 간의 비율이 자신이 추정한 판매자의 투입(예: 비용) 대비 산출(예: 수익)보다 작다고 생각하는 경우, 그리고 자신이 지불한 가격으로 얻은 서비스가 나빠 투입 대비 산출 비율이 판매자보다 작다고 생각하는 경우 거래가 불공평하다고 지각하면서 이를 줄이기 위한 대처 행동을 하게 된다. 불공평을 지각하면 대부분의 고객은 매장을 떠나지만, 매장을 자주 이용하는 일부 고객은 가격이나 서비스에 대해 불평(complaining)행동을 하는 것으로 나타났다.

2) 귀인이론

구매 후 소비자는 만족/불만족을 경험하게 되는데, 자신이 느끼는 만족/불만족의 원인을 찾아 자신의 이후 구매에 반영하게 된다. 이처럼 나타난 결과의 원인을 찾는 것을 **인과추론**(causal inference)이라 하며, 이러한 사고과정 또는 행동을 **귀인**(attribution)이라고 한다. 귀인의 개념은 사회심리학에서 처음 소개되었고, 이후 소비자연구에 적용되었다. 여기서는 소비자연구에 적용된 귀인이론(attribution theory)들을 소개한다.

(1) 상식심리학

일반 사람들도 과학자들이 자연 혹은 사회현상을 이해하기 위해 인과론적으로 현상을 설명하는 것처럼 자신을 둘러싸고 벌어지는 일들을 이해하기 위해 인과추론을 한다(Heider, 1958). 비록 상식적인 수준에서 이루어지는 인과추론이지만 꽤나 논리적이고 분석적인 과정을 거치며, 이를 이해하는 것은 사람들의 행동을 이해하는 데 도움이 된다고 보았다. **상식심리학**(naive psychology)에서는 원인의 유형 또는 범주를 구분하는데, 개인적인 원인과 환경 또는 상황과 관련된 원인을 제시하였다. 예를 들어, 소비자가 제품을 구매하고 만족한 경우 만족의 원인을 자신의 꼼꼼한 의사결정으로 돌리는 것은 개인적인 이유로 귀인을 하는 것이고, 제품 제조기술의 발달로 제품의 전반적인 품질이 높아진 것이라고 생각하면 외부 환경으로 귀인을 하는 것이다.

(2) 공변원리

공변원리(covariation principle)는 상식심리학보다 좀 더 복잡한 귀인이론으로, 사람들이 관련 현상을 반복적으로 관찰하면서 원인과 결과의 공변, 즉 같이 변하는 정도를 파악하여 인과추론을 한다고 보는 이론이다(Kelley, 1967). 소비 상황에서 귀인의 대상은 소비자, 제품, 상황이 될 수 있는데, 만족/불만족의 원인을 어디에 귀인하는가는 **일치성**(consensus), 시간과 상황에 따른 **일관성**(consistency over time/modality), **독특성**(distinctiveness)이 영향을 미친다. 예를 들어, 어느 소비자가 한 브랜드에 늘 만족하는데(높은 일관성), 다른 사람들은 그 브랜드에 별로 만족하지 않고(낮은 일치성) 그 소비자가 그 브랜드뿐 아니라 같은 제품군의 다른 브랜드에 대해서도 대체로 만족한다면(낮은 독특성) 그 소비자가 특정 브랜드에 만족하는 원인을 그 소비자의 까다롭지 않은 기호로 돌릴 수 있다. 반면, 한 소비자가 특정 브랜드에 지속적으로 만족하고 다른 소비자들도 만족하는 높은 일관성을 보인다면 만족의 원인을 브랜드의 높은 품질에 귀인할 수 있다.

켈리(Kelley)는 공변원리에 이어 **할인원리**(discounting principle)도 제안하였는데, 이는 어떤 현상을 설명하는 데 하나의 원인만 있는 것이 아니라 다른 원인으로도 설명할 수 있는 경우 원래 원인의 설득력이 감소되는 것을 가리킨다. 유명인이 광고 모델로 나와 제품 보증 발언을 하는 경우, 그 제품이 좋기 때문에 그런 발언을 하는 것이라고 귀인을 할 수 있지만 광고 모델료를 많이 받기 때문에 제품을 보증하는 발언을 하는 것이라고 귀인을 하게 되면 제품 품질에 대한 인과추론의 설득력이 약해지게 된다.

(3) 자기지각이론

자기지각이론(self-perception theory)은 행위자와 관찰자의 인과추론의 유사점에 집중하였다(Bem, 1972). 사람들이 관찰자의 입장에서 타인의 행동을 보고 인과추론을 하는 것과 같은 방식으로 자신의 행동을 보고 자신의 행동에 대해 귀인을 한다는 것이다. 행동과 그 행동이 일어난 상황을 보고 무엇이 그 행동을 야기했는지 추론을 하게 된다. 자기지각이론에서는 행동이 인지에 선행한다고 보았다. 즉, 사람들은 행동을 하고 그 행동에 대한 설명을 찾는다는 것이다. 이 이론은 사람들의 태도 형성과 변화를 설명하는 데도 적용되어 매력적인 프로모션으로 구매를 먼저 유도하면 그로부터 제품에 대한 우호적인 태도를 이끌어 낼 수 있다고 제안한다.

(4) 바이너의 귀인이론

바이너(Weiner, 1985)의 귀인이론은 상식심리학의 개인적 · 상황적 원인 유형을 보다 세분하여 원인의 차원을 제안한다. 그가 제안한 세 가지 차원은 원인의 **소재**(locus), **안정성**(stability), **통제 가능성**(controllability)이다. 원인의 소재는 내적과 외적으로 구분되는데, 내적 원인은 행위자의 태도, 성격, 능력, 정서, 의도 등과 같이 행위자의 내부에 있는 원인을 가리키고, 외적 원인은 날씨, 운, 과제의 난이도 등과 같이 행위자의 외부에 있는 원인을 가리킨다. 안정성은 사건의 원인이 시간의 흐름과 상관없이 안정적이고 지속적으로 나타나는지, 아니면 시간의 흐름에 따라 불안정적이며 일시적으로 나타나는지를 가리킨다. 통제 가능성은 사건의 원인을 행위자가 통제할 수 있는지의 여부를 가리킨다. 행위자의 성격이나 능력은 안정적인 원인에 해당하는 반면, 날씨나 운은 가변적인 원인이고, 노력은 통제가 가능한 것이지만 능력은 통제가 어려운 원인이라고 볼 수 있다.

이 이론은 소비자들이 자신의 만족/불만족을 어디에 귀인을 하느냐에 따라 이후 행동이 달라질 수 있음을 보여 준다. 소비자가 와인을 땄는데 맛이 변해 있었다고 가정해 보자. 만약 그 소비자가 와인을 더운 곳에 보관했고 그것으로 인해 와인의 맛이 변했다고 생각을 하면 그는 내적 귀인을 한 것이다. 반면, 판매자가 보관을 잘못해 맛이 변한 와인을 판 것이라고 외적 귀인을 하게 되면 불만족을 느끼고 매장에 가서 교환이나 환불을 요구하는 불평행동을 할 것이다. 비행기가 연착한 경우에도 승객이 항공사가 통제할 수 있었던 원인으로 연착을 했다고 귀인을 하면 승객은 화를 내면서 항공사에 항의를 하는 등 불평행동을 할 수 있다. 반면, 기상 이변과 같이 항공사가 통제할 수 없는 이유로 연착한 경우에는 자신이 불편함을 겪기는 하지만 그에 대해 항공사에 화를 내거나 불평행동을 하지는 않을 것이다. 안정성은 제품이 제대로 작동하지 않을 때 보상을 요구하는 형태에 영향을 미치는 것으로 나타났다. 불안정적인 원인보다 안정적인 원인으로 제품이 제대로 작동하지 않을 때 소비자들은 교환보다 환불을 더 강하게 요구하는 것으로 나타났다(Folkes, 1988).

3) 구매 후 부조화

구매 후 부조화(postpurchase dissonance)는 사회심리학에서 제안된 **인지부조화**(cognitive dissonance) 이론을 소비자행동에 적용하여 나온 개념이다(Festinger, 1962). 인지부조화는 태도의 세 요소 이론과 관련이 있는데, 이는 태도가 인지, 정서, 행동의 세 요소로 구성되어 있다고 보는 것이다. 태도가 세 요소로 구성되어 있다고 보았을 때 문제가 되는 것은 세 요소 간의 불일치이다. 인지와 정서는 호의적임에도 불구하고 행동이 따라오지 못하는 경우가 많은데, 인지부조화는 이런 경우 사람들이 어떻게 반응하는지를 설명하는 이론이다. 행동은 가시성이 높아 이미 한 행동을 되돌리기 어려우므로 행동에 맞춰 인지나 정서를 바꾸게 되고, 이는 결국 태도 변화를 이끌게 된다. 구매 후 부조화는 구매 후 자신의 구매가 과연 적절한 것이었는지에 대해 의구심을 갖는 심리적 상태를 가리킨다. 자신의 행동과 생각이나 느낌이 일치하지 않는 경우 사람들은 부조화 상태에 빠지게 되고, 이는 심리적 불편감을 야기하면서 사람들로 하여금 조화를 찾을 수 있는 방식으로 행동을 하거나 생각을 바꾸게 한다. 소비자가 구매를 한 후 제품의 성능에 대해 만족하지 못하는 경우 자신이 한 구매 행동을 정당화하기 위해 제품의 성능을 지지하는 관련 정보를 찾거나 자신이 제대로 알고 있지 못해 원래 기능을 충분히 사용하지 못한 것이라고 생각을 하면서 자신의 구매 행동을 합리화하게 된다.

구매 후 부조화는 구매 결정을 취소하기 어렵고, 자신이 전적으로 구매 결정을 내렸을 때, 제품에 대한 관여도가 높고 매력적인 대안이 많아 선택이 어렵고 선택한 대안에 없는 장점이 선택하지 않은 대안에 있을 때 발생할 가능성이 높다. 구매 후 부조화를 느끼는 경우 소비자는 여러 대처 행동을 할 수 있는데, 자신이 선택한 대안이 가지고 있는 장점을 더 강화시키고 단점을 약화시키는 식으로 생각하거나 반대로 자신이 선택하지 않은 대안이 가지고 있는 장점을 약화시키고 단점을 강화시킬 수 있다. 자신의 선택을 지지하는 정보를 탐색하고 반박하는 정보는 회피하는 행동을 보일 수도 있으며, 때로는 구매 결정 자체를 중요하지 않은 것으로 간주하기도 한다(이학식, 안광호, 하영원, 2015).

4) 구매 후회

만족/불만족과 다르게 소비자들이 구매 후 느낄 수 있는 대표적인 정서 중의 하나는 **후회**(regret)이다. 후회는 매우 인지적인 정서로 자신이 선택한 대안과 선택하지 않은 대안을 비교하는 데서 나타난다. 자신이 선택한 대안에 비교적 만족하더라도 자신이 선택한 대안과 선택하지 않은 대안 간에 비교를 하고 그 비교가 호의적이지 않은 경우, 즉 자신이 선택하지 않은 대안이 더 좋았을 것이라는 정보를 얻으면 사람들은 자신의 구매에 대해 후회하게 된다. 예를 들어, 한 소비자가 A 회사와 B 회사의 주식을 놓고 고민을 하다가 A 회사의 주식을 샀다고 해 보자. 1년 후 A 회사의 주식이 10% 올라 그는 수익을 낼 수 있었고 자신의 선택에 만족하였다. 그런데 이후 B 회사의 주식이 15% 올랐다는 정보를 접하고 그는 A 회사의 주식을 구매한 자신의 선택을 후회하게 된다. 이렇듯 후회의 경험은 만족감에 부정적인 영향을 미치고 이후 구매에서 브랜드 전환을 이끌 수 있다. 또한 구매 전에 **예상되는 후회**(anticipated regret)는 선택에 영향을 미치기도 한다.

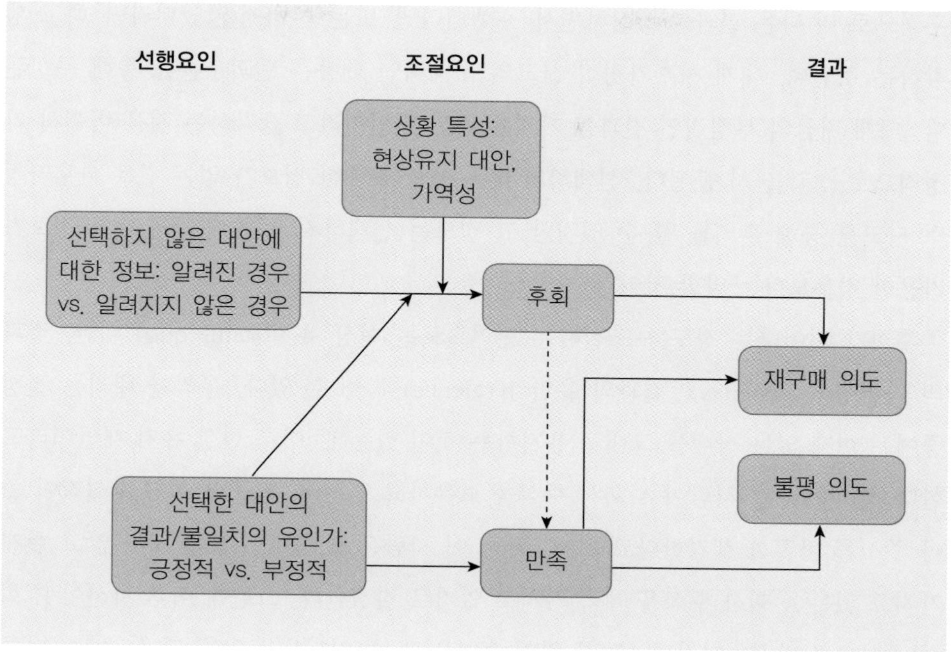

[그림 8-3] 소비자 의사결정에서의 후회 모델

출처: Tsiros & Mittal (2000).

소비자행동과 관련하여 소개된 후회 모델은 [그림 8-3]과 같다(Tsiros & Mittal, 2000). 먼저, 후회를 유발하는 선행요인은 선택하지 않은 대안에 대한 정보가 알려지는지의 여부이다. 자신이 선택한 것과 선택하지 않은 대안의 결과를 비교하는 데서 후회가 경험되기 때문이다. 그러나 선택하지 않은 대안에 대한 정보가 없는 경우에도 비교는 가능한데, 이는 사람들이 **사후가정적 사고**(counterfactual thinking)를 하면서 심적 시뮬레이션을 통해 가상의 시나리오를 구성하고 이에 기초하여 자신이 선택한 결과와 비교할 수 있기 때문이다.

사후가정적 사고는 '만약 ~했더라면' 또는 '만약 ~하지 않았더라면' 하는 식으로 자신이 다른 선택을 하거나 다르게 행동을 했더라면 나타났을 가상적인 결과에 대해 생각하는 것이다. 자신의 선택이나 행동의 결과로 부정적인 결과가 나타났을 때 사후적으로 더 나은 결과를 상상하면서 '~했더라면' 또는 '~하지 않았더라면' 하고 생각하는 것인데, 대개 사후가정적 사고의 구체적인 내용은 인과추론을 통해 구성된다. 대개 지금의 부정적인 결과를 가져온 주된 원인이라고 생각하는 것을 바꿔서 가정적으로 생각을 하게 된다. 선택하지 않은 대안에 대한 정보가 없는 경우 사후가정적 사고를 통해 후회를 할 수 있지만 그 정도는 선택하지 않은 대안에 대한 정보가 가용한 경우보다는 약할 것이다.

후회가 일어나는 정도를 조절하는 변인으로는 현상 유지(status quo) 대안, 결과의 가역성(reversibility), 결과의 유인가(valence)를 들 수 있다. 우리가 내리는 결정 중에는 현재 있는 상태를 그대로 유지하는 것이 있는데, 이를 현상 유지 대안이라고 한다. 한 예로, 한 사람이 A 회사 주식을 보유하고 있는데, 최근 B 회사의 실적이 좋아 주식을 바꿀까 생각한다고 하자. 결국 이 사람은 B 회사 주식을 사지 않고 현재 가지고 있는 A 회사 주식을 계속 가지고 있기로 결정한다. 그런데 이후 자신이 B 회사 주식으로 바꾸었더라면 100만 원의 수익을 낼 수 있었음을 알게 된다. 한편, 다른 사람은 B 회사 주식을 가지고 있다가 A 회사 주식으로 바꾸었고, 이후 B 회사 주식을 계속 가지고 있었더라면 100만 원의 수익을 낼 수 있었음을 알게 된다. 이 두 사람 중 누가 더 후회가 클까? 후자의 경우처럼 현상을 유지하지 않고 행동을 취한 경우 후회가 더 큰 것으로 나타났다.

결과의 가역성은 이미 나타난 결과를 바꿀 수 있는가에 대한 것으로 결과를 바꿀 수 없는 때 후회의 정도가 더 크다. 세일하는 옷을 구매했는데 막상 집에 와서 입어보니 별로 어울리지 않는 경우 교환이나 환불이 가능하다면 후회를 하기보다 행동을 취할 것이다. 그러나 교환이나 환불이 불가한 경우에는 자신의 구매를 후회하게 될 것이다. 결과의 유인가는 결과가 긍정적인가 부정적인가를 가리킨다. 아무래도 결과가 부정적일 때 사람들은 자신이 선택하지 않은 대안을 생각하면서 후회할 가능성이 커진다. 결과가 긍정적일 때는 그 상태를 유지하려고 하지만 부정적일 때는 그 상태를 벗어나기 위해 무엇인가 대처 행동을 하도록 동기화되는 경향이 있기 때문이다.

마지막으로 결과 부분을 보면, 만족도는 재구매 의도와 불평 의도에 직접적으로 영향을 미치는 반면, 후회의 경우 재구매 의도에만 영향을 미치고 불평 의도는 만족도를 매개하여 영향을 미치는 것으로 나타났다. 이러한 관계는 경험적인 자료를 통하여 검증되었다.

5) 불평행동

제품에 불만족한 소비자들은 불만족 정도에 따라 다양한 **불평행동**(complaint behavior)을 취할 수 있다. 초기 모델은 2단계에 거쳐 위계적으로 불평행동의 유형을 분류한다(Day & Landon, 1977). 먼저, 행동을 할 것인가 하지 않을 것인가를 결정하는 단계(행동 vs. 무행동)가 있고, 행동을 하기로 결정을 한다면 사적으로 할 것인가 공적으로 할 것인가를 결정하는 단계가 있다. 사적 행동은 제조업자나 판매업자를 보이콧하는 것, 친구나 가족들에게 부정적 구전을 하는 것이다. 공적 행동은 회사에 배상을 요구하는 것, 법적인 조치를 취하는 것, 정부나 민간 관련 단체에 불평을 하는 것이 해당한다. 이 분류에서는 사적 행동과 공적 행동의 구분이 대개 불만족하는 제품의 특성과 중요성에 근거한다고 보았다. 예를 들면, 제품이 복잡하고 보다 오랜 기간 사용하는 내구재일수록 반복적으로 구매하는 소비재보다 불만족 시 공적 행동이 많을 것으로 예측한다. 그러나 실제 자료를 보면, 공적 행동 비율이 내구재의 경우 48.4%, 소비재의 경우 57.9%로 소비재가 더 높은 것으로 나타났다(Day & Ash, 1979).

보다 경험적인 자료에 근거해 불평행동의 유형을 구분하고자 하는 시도가 있었는데(Singh, 1988), 이 연구에서는 사람들이 경험한 불평행동에 기초하여 10가지의 불평행동을 제시하고 이에 대한 사람들의 응답을 분석하여 불평행동을 〈표 8-3〉에서와 같이 크게 3가지로 구분하였다. 불평행동의 대상이 누구냐에 따라 구분을 하고 있는데, 구분 기준은 대상이 소비자의 사회적 그룹 외부(external)에 있는가 아닌가와 대상이 불만족스러운 거래에 관여했는가 아닌가이다. 소리 내기는 해당 소비자의 사회적 그룹 외부에 있는 사람들이나 불만족스러운 거래에 직접적으로 관여된 대

표 8-3 불평 의도 측정 문항과 유형 구분

유형	문항
소리 내기 (voice)	• 불만족 사례에 대해 잊어버리고 아무것도 하지 않는다. • 다음 구매 때 매장 담당자에게 불평한다. • 바로 매장으로 돌아가거나 연락을 해서 자신의 문제를 해결해 달라고 말한다.
사적 행동 (private)	• 해당 매장을 다시는 이용하지 않기로 결심한다. • 자신의 부정적인 경험에 대해 친구나 가족들에게 이야기한다. • 친구나 가족이 해당 매장을 이용하지 않도록 설득한다.
제3자 개입 행동 (third-party)	• 소비자 기관에 불만을 토로하고 자신의 문제를 해결해 달라고 요청한다. • 자신의 부정적 경험에 대해 지역 언론에 편지나 이메일을 보낸다. • 소비자 기관에 보고를 하여 다른 소비자들에게 경고를 하도록 한다. • 해당 매장에 대하여 법적인 조치를 취한다.

출처: Singh (1988).

상들(예: 제조업자, 판매업자)을 향해 있다. 무행동도 잠정적으로 이 범주에 포함되었다. 사적 행동 범주의 대상은 소비자의 사회적 그룹 안에 있고 거래에 관여하지 않은 사람들을 향해 있다. 반면, 제3자 개입 행동에는 소비자의 사회적 그룹 외부에 있고 불만족스러운 거래에 직접적으로 관여하지 않은 대상들을 향해 있다.

불평행동의 적절한 분류는 해당 행동에 대한 선행 요인과 결과를 이해하는 데도 도움이 될 수 있는데, 한 연구에서는 소매업자가 불평행동에 대한 반응성이 낮다고 지각할수록 소비자는 자신의 불만을 소매업자에게 소리 내어 불평하기보다 부정적 구전을 하는 사적인 행동을 하는 것으로 나타났다(Richins, 1983).

6) 추천행동

앞서 충성고객이 두 유형, 즉 능동적인 충성고객과 수동적인 충성고객으로 나뉠 수 있음을 언급하였는데, 능동적인 충성고객은 자신이 충성도를 가진 브랜드를 단순히 반복적으로 재구매만 하는 것이 아니라 해당 브랜드를 적극적으로 타인에게 추천하는 고객이다. 이러한 행동을 **추천행동**(recommendation behavior)이라고 한다. 한 연구는 소비자 만족도보다 고객의 추천 의도가 기업의 성장을 더 잘 예측함을 보여 준다(Reichheld, 2003). 만족도의 경우 우선 문항이 여러 개로 구성되어 있어 소비자의 응답률을 낮추기도 하고, 얻은 응답을 실제 고객 행동이나 기업의 성장지표와 상관을 내 보면 강한 상관을 보이지 않고 때로는 부적인 상관을 보이기도 한다. 한 예로, 미국의 대형유통업체인 K-mart는 소비자 만족지수가 높아졌음에도 판매량이 떨어지고 결국 파산에 이르기도 하였다.

이 연구에서는 소비자 만족도 대신 **순추천지수**(Net Promoter Score: NPS)가 실제 기업 성장을 더 잘 예측함을 보여 준다. 이 지수를 얻기 위해 소비자에게 단 하나의 질문을 하게 되는데, 이는 "당신이 ○○○를 친구나 동료에게 추천할 가능성이 얼마나 됩니까?"이고 답변은 11점 척도로 측정한다(0점: 전혀 가능성이 없다, 5점: 중립적이다, 10점: 매우 가능성이 높다). 측정 결과 9~10점의 응답을 한 고객은 추천고객(promoters)으로, 7~8점의 응답을 한 고객은 중립고객(passively satisfied)으로, 0~6점의 응답을 한 고객은 비추천고객(detractors)으로 분류된다(박세범, 박종오, 2013). 순추천지수는 추천고객의 비율에서 비추천고객의 비율을 뺀 값을 일컫는다. 경험적인 자료로 검토한 결과, 이 순추천지수는 기업의 성장률과 강한 상관을 보이는 것으로 나타났다. 미국 기업의 평균 NPS는 5~10% 정도인 데 반해, 이베이(eBay)나 아마존(Amazon)과 같은 우량 기업은 75~80% 정도로 나타난다. 순추천지수가 이토록 기업의 성장을 잘 예측하는 것은 고객 스스로 어떤 제품의 준거인으로 역할을 한다는 것이 그가 단순히 해당 기업으로부터 좋은 경제적 가치 이상의 것을 받고 있음을 의미하기 때문이다. 추천을 한다는 것은 결국 자신의 평판(reputation)을 거는 일인데, 이는 제품에 대해 강한 충성도를 가지고 있을 때만 가능하다. ■

제9장

광고효과의 심리

김동후(인하대학교 국제학부 교수)

1. 광고의 정의
2. 광고심리학 이론과 광고효과
3. 새로운 광고 환경과 광고심리학의 중요성

◈◇◈

광고가 마케팅 활동의 한 측면임을 고려할 때, 광고가 야기하는 효과를 측정하는 것은 투입된 마케팅 비용이 설정된 마케팅 목표를 얼마나 효율적으로 달성했는지를 확인하는 중요한 과정이다. 이를 위해 다양한 광고효과 측정 지표들이 소개되고 활용되고 있다. 다만, 광고효과를 정의하는 다양한 견해가 존재하기 때문에 광고효과를 정확히 측정하는 것에는 언제나 어려움이 따른다. 가령 광고효과를 타깃 소비자들이 광고비용 대비 얼마나 광고에 효율적으로 노출되었는지를 기준으로 평가한다면, 타깃 소비자 분석을 바탕으로 한 도달률(reach)과 평균 빈도(frequency) 개념을 활용하는 것이 유용하다. 반면, 광고효과를 광고가 야기하는 소비자행동의 변화를 토대로 이해하고자 한다면, 소비자의 광고 메시지 수용방식이나 광고를 구성하는 여러 요인의 대 소비자 영향력을 분석하는 것이 더 타당하다.

라디오와 신문 등의 매스미디어가 다수 대중을 설득하던 전통적 광고 환경에서는 미디어의 영향력이 절대적으로 상정되어 있었다. 가령 매스미디어가 활성화되던 20세기 초반에는 메시지 송출자와 매스미디어의 영향력을 중시하는 마법의 탄환 이론(magic bullet theory) 등의 송출자 중심(sender oriented) 이론이 주목을 받았다. 간략히 말해, **송출자 중심 이론**은 송출자가 메시지를 구성하고 그 메시지를 매스미디어를 통해 대중에게 전달하면, 대중은 즉각적이고 무비판적으로 그 메시지를 수용한다는 이론이었다. 이 이론에 따르면 메시지 수용자(message receiver)는 수동적 반응자(passive reactor)로서의 역할에 국한될 수밖에 없었다. 이러한 환경에서 광고효과는 광고 노출량과 비례하기 때문에 광고효과를 증진하는 것은 광고 캠페인 규모를 키우는 것으로 쉽게 이룰 수 있었다.

하지만 미디어 채널이 다변화되고, 특히 현재와 같이 상호작용이 가능한 미디어(interactive media)가 활성화되는 시점에서 이러한 절대적 미디어 영향력은 기대하기 힘들다. 또한 20세기 이후 사회가 양적 성장 중심에서 질적 성장 중심으로 그 방향성을 수정하면서 소비자들의 욕구와 삶의 방식은 다변화되고 있다. 그렇기 때문에 다수의 소비자가 공통으로 가지고 있을 것이라 예상되는 욕구를 토대로 다수 소비자를 설득시키려는 광고 캠페인은 그 효용성을 의심받을 수밖에 없는 상황에 이르렀다. 다시 말해, 지금의 광고는 다수 소비자가 아니라 세분된 특정 소비자를 중심으로 디자인되고, 그들이 선호하고 자주 이용하는 미디어를 통해 노출되도록 변화하고 있다. 덧붙여 더 이상 광고와 소비자의 관계가 일방적이지 않고 쌍방향적으로 이루어지고 있음을 주지할 필요도 있다.

소비자가 세분되어 간다는 것은 결국 개별 소비자의 중요성이 증대한다는 것과 다름이 없다. 개별 소비자의 중요성 증대는 필연적으로 소비자가 노출된 광고 메시지를 어떻게 본인 위주로 이해하고 수용하는지를 파악하는 것이 광고효과 증진에 필수적임을 뜻한다. 이러한 측면에서 개별 소비자의 광고 수용 과정을 연구하는 광고심리학의 가치는 더욱 증가하고 있다. 이 장에서는 소비자와 광고 메시지 수용 과정을 설명하는 여러 이론을 살펴보고, 이 이론들이 광고시장에서 어떻게 적용되어 광고효과 증진에 일조할 수 있는지 살펴보고자 한다.

1. 광고의 정의

광고심리학을 이해하기 위해서는 우선 광고가 무엇인지를 정의할 필요가 있다. 광고는 시대에 따라 역할과 기능이 상이하였기 때문에 그 의미가 달라져 왔다. 하지만 그 변화에도 한 가지 변하지 않았던 것은 광고가 소비자를 설득하기 위한 마케팅 커뮤니케이션의 일환이었다는 점이다. 시대별 광고 정의를 살펴봐도 이는 명확하다(김재휘 외, 2009, p. 2).

표 9-1 광고의 정의

학자 및 연도	광고의 정의
Kennedy (1894)	광고는 인쇄 형태를 취한 판매술이다.
Advertising Age (1932)	광고는 광고주의 이익을 높이기 위한 아이디어, 서비스, 제품에 관한 정보의 전달이다.
Hurray (1953)	광고는 기업, 조직, 개인이 여러 가지 매체를 통해서 사람들에게 전달하는 비대인적이고 시각적인, 또는 구술적인 메시지이다. 이것은 제품, 서비스의 판매에 직간접적으로 영향을 미치며, 또는 아이디어 혹은 사고방식을 인정받기 위한 권유도 된다.
Cohen (1972)	광고는 기업의 관리하에 있는 활동이며, 대중매체를 이용하여 설득적 커뮤니케이션을 디자인하기 위해 창조 기술을 사용한 것이다. 그 목적은 기업 목표의 달성을 위한 제품 수요의 개발, 기업 이미지의 제고와 소비자에 대한 만족의 제공, 사회적 · 경제적 복지의 개발 등에 있다.
Wright (1977)	광고는 대중매체를 이용한 통제적 · 명시적 정보 및 설득이다.
Wells & Bunett (1989)	명시된 광고주가 각종 매체를 이용하여 청중을 설득하거나 영향력을 행사하려고 하는 유료의 비대인적 커뮤니케이션 형태이다.
한국광고학회 (1994)	광고주가 청중을 설득하거나 영향력을 미치기 위하여 대중매체를 이용하는, 유료의 비대면적인 의사 전달 형태이다.

출처: 김재휘 외(2009).

오귄, 알렌, 세메닉과 클로즈(O'Guinn, Allen, Semenik, & Close, 2015)는 "광고는 비용이 지급된, 매스미디어를 통해 전달되는 설득을 위한 시도이다(Advertising is a paid, mass-mediated attempt to persuade)."라고 좀 더 간명한 정의를 내렸다. 이 정의는 몇 가지 중요한 요소를 포함하고 있는데, 우선 비용을 지급함으로써 메시지의 주체가 명확해지고(광고주; client or sponsor), 그 주체는 광고 메시지를 통제할 수 있게 된다. 매스미디어의 사용은 광고가 비대인적으로 제시되는 매스 커뮤니케이션임을 명시하고, 설득이라는 명확한 목표가 있음을 나타내고 있다. 이 3가지 요소는 광고를 이해하는 데 모두 중요하지만, 특히 '설득을 위한 시도'는 소비자의 인식과 태도가 변화하는 과정을 내포한다는 점에서 광고심리학에서 중요한 요소이다.

2. 광고심리학 이론과 광고효과

광고가 마케팅 활동의 일부임을 고려할 때, 광고로 인해 야기되는 소비자 반응이 무엇이며, 그 반응이 설정된 마케팅 목표에 얼마나 부합되는지를 파악하는 것은 광고효과를 파악하는 데 필요한 과정이다. 다시 말해, 광고가 어떠한 제품이나 서비스의 판매 증진 혹은 브랜드나 회사에 대한 호(好) 이미지 형성을 그 목표로 삼는다는 점에서, 광고효과란 주어진 마케팅 목표에 맞게 얼마나 소비자를 잘 설득하느냐를 뜻한다. 그러므로 소비자가 설득을 시도하는 광고 메시지에 노출되었을 때, 그가 보이는 심리적 메커니즘을 이해할 필요가 있다.

광고효과는 크게 인지적 지표, 정서적 지표, 행동적 지표 등의 3가지 지표로 측정될 수 있다(김재휘 외, 2009). **인지적 지표**는 소비자가 광고에 노출된 이후, 그 광고 속 브랜드나 상품에 대한 지식수준이 얼마나 높아졌는지 혹은 광고 메시지를 얼마나 효과적으로 수용했는지를 측정하는 지표이다. **정서적 지표**로는 소비자가 광고 노출 이후, 브랜드나 상품에 대해 얼마만큼 호의적이고 긍정적인 태도나 감정을 가지게 되었는지를 측정할 수 있다. 마지막으로 **행동적 지표**는 광고 시청 이후, 소비자의 행동 변화에 초점을 두는 지표로 구매 경험이나, 구매 의도가 대표적이다. 수립된 광고 목표나 마케팅 목표에 따라 추구하는 광고효과가 다르므로 이 3가지 지표는 독립적으로 혹은 상호보완적으로 사용이 된다. 흥미롭게도 측정 지표의 다양성에도 불구하고 광고효과의 출발점은 동일하다. 광고효과는 우선 소비자의 주의를 끄는 것에서 시작된다. 소비자는 셀 수 없는 다른 마케팅 요소들에 노출되어 있다. 따라서 소비자의 주의가 선행되지 않으면, 광고에 대한 효과를 기대하기 힘들다. 학자들과 마케터들은 어떠한 조건이 선행되어야 광고효과가 생성될 수 있다는 점에 착안하여 **광고효과 위계 모델**(hierarchy-of-effect model)을 창시했고, 이를 통해 소비자들의 행동을 예측하고 단계별 광고 캠페인 전략을 수립했다.

1) 광고효과 위계 모델

광고효과 위계 모델은 독립체로서의 소비자가 기본적으로 설득당하는 것에 거부감이 있지만, 지속적인 설득적 요소들의 투입에는 쉽게 영향을 받을 수 있다는 가정에서 출발했다(Hackley & Hackley, 2018). 위계 모델은 순차적 단계를 나타내는데, 이는 정보처리과정에서의 선행 단계가 이후의 단계에 필수적인 영향을 미친다는 뜻이다. **AIDA 모델**은 대표적인 위계 모델로서, 소비자 의사결정 및 행동에 이르는 과정을 4가지 위계적 단계(주의-Attention, 흥미-Interest, 욕망-Desire, 행동-Action)로 설명하였다. 간단히 말하자면, 광고가 효과를 나타내기 위해서는 우선 소비자가 광고에 주의를 기울여야 한다. 광고에 주의를 기울인 소비자는 이에 흥미를 느끼게 되고, 흥미는 곧 광고가 대변하는 브랜드나 제품에 대한 소비자 욕망을 일으킨다. 욕망을 가진 소비자는 결국 최종 단계인 구매, 즉 행동의 단계로 들어설 수 있다. 이 모델의 핵심은 소비자 설득의 과정이 선형적이고 위계적이기 때문에, 선행 단계가 충족되지 않고는 이후의 단계로 넘어갈 수 없다는 점이다.

AIDA 모델을 위시로 하는 위계 모델은 몇 가지 이점을 가지고 있다. 우선 위계 모델은 광고 커뮤니케이션이 가지고 있는 복잡성을 중간 단계 효과라는 개념을 통해 구조적으로 단순화시켜, 어떠한 종류의 커뮤니케이션 상황도 설명이 가능하게 만들었다. 이러한 이점은 다양한 인지심리학자의 관심을 불러일으켰는데, 이로 인해 기억, 태도, 감정 등의 심리학 하부 주제들과 접목하여 다양한 모델로 발전되었다.

표 9-2 위계 모델 요약

연도	모델	개발자	요점
1900 (대략)	AIDA(Attention, Interest, Desire, Action)	E. St Elmo Lewis	제품 판매의 최종 단계가 행동임을 명시
1910	AICA(Attention, Interest, Conviction, Action)	Printers Ink Editorial	광고효과를 설명한 첫 번째 위계 모델
1911	AIDAS(Attention, Interest, Desire, Action, Satisfaction)	Arthur, F. Sheldon	만족감을 설득과 장기적 판매 과정의 필수적 부분으로 명시
1915	AICCA(Attention, Interest, Confidence, Conviction, Action)	Samuel R. Hall	효과적이고 설득적인 광고 제작을 위한 필수적 과정들을 설명
1921	AIDCA(Attention, Interest, Desire, Conviction, Action)	Harry D. Kitson	소비자 심리 작용을 설명
1956	AIDMA(Attention, Interest, Desire, Memory, Action)	Merrill Devoe	효과적 광고 제작을 위한 새로운 심리적 기제 차용
1961	EPCCA[Exposure, Perception, Communication(Knowledge), Communication(Attitude), Action]	Advertising Research Foundation	광고 실무자와 연구자들이 보다 효과적인 광고 캠페인 진행을 위해 필요한 모델로 지지
1962	AIETA(Awareness, Interest, Evaluation, Trial, Adoption)	Everett M. Rogers	신제품 발매 과정에 처음으로 적용된 위계 모델
1969	PACYRB(Presentation, Attention, Comprehension, Yielding, Retention, Behavior)	William J. McGuire	행동을 유발하는 광고의 영향력을 설명하기 위해 확률(probability)과 위계질서 간의 연관성을 설명한 첫 모델

출처: Barry & Howard (1990).

위계 모델은 광고 실무자들이 실제로 광고를 제작하는 데 적용하기 편한 모델이기도 하다. 가령 어떠한 브랜드가 신제품을 출시한다고 가정해 보자. 광고주는 신제품의 새로운 기술과 우수한 품질에 자신이 있으므로 최대한 자세히 제품 설명을 하는 인쇄 광고(신문 혹은 잡지)를 기획하고자 할지도 모른다. 하지만 광고 대행사 입장에서는 너무 많은 정보를 한정된 지면에 제공하는 인쇄 광고가 소비자들에게 외면받는다는 것을 경험적으로 알고 있다. 인쇄 광고에는 적정 수준의 가독성과 소비자의 눈길을 사로잡을 수 있는 비주얼 요소가 필수적이다. 이럴 때 광고주는 제공하고자 하는 정보의 양을 줄이며 광고의 디자인 요소에 더 비중을 두어야 하는지, 아니면 세밀한 정보의 제공을 위해 디자인 요소를 일정 부분 포기할지 고민하게 된다. 이러한 광고주의 고민은 소비자들의 주의를 받지 못하는 광고는 어떠한 효과도 낼 수 없다는 위계 모델의 논리로 해소될 수 있다.

완벽한 모델이란 존재할 수 없듯, 많은 학자가 위계 모델의 문제점을 지적하고 있기도 하다. 우선 광고 수용 단계가 모두 선형적이고 위계적으로 일어난다는 가정은 지금과 같이 다양하고 상호작용이 가능한 미디어 환경에서는 적합하지 않다. 광고를 통해 주의와 흥미가 순차적으로 일어날 수도 있지만, 어떠한 욕구를 먼저 느끼고 그 욕구를 충족시키려는 과정에서 흥미가 유발될 수도 있다. 예를 들어, 컴퓨터를 구매할 때, 인상적인 광고를 보고 흥미와 욕구가 생겨서 구매로 연결될 수도 있지만, 컴퓨터 자체에 대한 욕구가 먼저 생기고 검색을 통해 특정 컴퓨터에 대한 흥미가 유발되어 구매가 촉진될 수도 있다.

2) 정교화 가능성 모델

AIDA와 같은 전통적 위계 모델은 소비자가 주어진 자극에 어떻게 반응하는지를 설명하는 데는 효과적일 수 있지만, 그 외 변인들의 영향력을 파악하는 것에는 한계가 있었다. 가령 AIDA 모델로는 소비자의 개인적 속성, 다시 말해 소비자가 가지고 있는 지식의 양이나 제품에 대한 관여도 등이 광고를 수용하는 데 미치는 영향을 설명할 수 없다. 또한 광고 수용의 결과가 언제나 행동으로만 귀결되는 것은 아니다. 제품이나 브랜드에 대한 태도의 변화를 초래할 수도 있으므로 광고효과의 보다 다양한 결과를 파악하기 위해서는 새로운 접근이 필요하다.

정교화 가능성 모델(Elaboration Likelihood Model: ELM)은 심리학자인 페티와 카시

오포(Petty & Cacioppo, 1986)가 개발한 설득 모델로서, 메시지를 처리하는 방식에 따라 소비자 태도 변화의 강도가 달라진다고 제시하고 있다. 이 모델은 기본적으로 사람들이 **인지적 구두쇠**(cognitive miser) 속성을 가지고 있다는 점을 수용하는 토대 위에서 만들어졌다(Baran & Davis, 2015). 인지적 구두쇠란 인간이 정보를 처리하면서 이전 경험을 바탕으로 형성된 **휴리스틱**(heuristic)에 의지해 정보처리과정에 소모되는 에너지를 감소시키려는 성향을 뜻한다. 인간의 인지적 용량은 한정되어 있으므로 휴리스틱에 의존하는 정보처리과정은 복잡한 문제를 더 간결한 추론 방식으로 해결할 수 있게 도와준다(Jansson-Boyd, 2010). 상황에 따라 인간은 정보를 처리하는 데 있어 휴리스틱에 의존하기도 하고, 더 많은 인지적 노력을 기울이기도 한다. 이 2가지 다른 형태의 정보처리방식이 야기하는 차이점에 대한 고찰이 정교화 가능성 모델의 시발점이라고 할 수 있다.

정보 수용 루트가 하나밖에 없다고 가정하는 AIDA 모델과 다르게 정교화 가능성 모델은 **이중 경로**(dual-route) **관점**을 지지한다. 한 경로는 비교적 쉽고 빠르게 정보를 처리하는 방식을 뜻하는데, 이를 **주변경로**(peripheral route)라 칭한다. 이 주변경로를 이용한 정보처리과정은 정보처리 속도가 빠르다는 이점이 있지만, 형성된 태도가 상대적으로 약하고 빠르게 사라진다는 약점도 있다. 반면, 다른 경로인 **중심경로**(central route)에 의해 처리되는 정보는 더 분석적이고 면밀히 검토된다. 이러한 과정은 정보를 처리함에 있어 상당한 노력을 소비하게끔 하는데, 이 때문에 중심경로를 거친 정보는 쉽게 잊혀지지 않고, 상대적으로 강한 태도를 형성하게 된다. 한 개인이 두 경로 중 어느 경로를 선택하느냐는 제공된 정보가 본인과 얼마나 관계가 있는지(관여도; involvement), 정보를 처리할 능력과 동기가 충분한지에 따라 달라진다. 제공된 정보가 본인에게 중요하고 깊게 생각할 필요가 있는 것이라면, 그는 그 정보를 정교화시킬 동기를 활성화한다. 동기가 생기면, 그는 다시 이 정보를 처리하기 위해 본인이 충분한 능력을 갖추고 있는지 확인하게 된다(이 과정은 즉각적이고, 때로는 무의식적으로 이루어진다). 정보에 대한 사전지식과 정보처리를 위한 충분한 여건(예: 시간, 정보 이해력)이 마련되면, 개인은 정보를 정교화시키게 된다. 이렇게 정보를 정교화시키는 과정을 중심경로를 통하는 과정이라고 하는데, 중심경로를 통해 처리된 정보는 지속성이 강하고, 추후 행동을 더 잘 예측할 수 있는 특징이 있다. 하지만 한 개인이 노출된 정보에 대해 본인과의 연관성이 낮고, 그 정보를 처리할 능력이 부족하다고 느끼면, 주변경로를 선택하게 된다. 주변경로를 선택한 개인은 그 정보의 본질보다는 주변적 단서들에 더 집중해서, 보다 쉽게 정보를 처리한다. 이렇게 처리된 정보는 상대적으로 쉽게 사라지고, 행동 예측 가능성이 떨어지게 된다. 예를 들어, 휴대폰을 구매하려는 동기가 높은 소비자는 휴대폰 광고를 접하게 되었을 때, 그 광고를 자세히 살펴보고, 휴대폰의 제품 특징 등 본질에 가까운 정보를 상당한 노력을 기울여 처리하고자 한다. 가격을 검색하거나 다른 제품과의 비교 등을 통해 정보를 처리하는데, 이렇게 처리된 정보가 자신이 이미 가지고 있던 저장된 생각들과 잘 매치가 되면 그 정보에 대한 좋은 태도를 보이게 되고, 이 태도는 오랫동안 지속되게 된다. 반면, 휴대폰에 대한 동기가 약한 소비자들은 휴대폰 광고에 노출되었을 때, 휴대폰의 본질보다는 주변의 단서들, 다시 말해 광고 모델이나 광고의 디자인 등에 더 관심을 가지고 광고 정보를 쉽게 처리한다. 이렇게 처리된 광고는 지속력이 약하고 예측 가능성이 낮은 태도를 양산한다.

정교화 가능성 모델은 정보처리과정에서 소비자의 **관여도**(involvement)가 역할을 한다는 사실을 제시함으로써 많은 광고 연구자의 관심을 받았다. 예를 들어, 온라인 광고효과를 조사하기 위한 실험 연구는 소비자가 높은 관여도 상황에 있을수록, 더 많은 정보 취득을 위해 배너 광고를 클릭할 확률이 높아짐을 밝혀냈다. 또한 낮은 관여도 상황의 소비자는 배너 광고의 크기와 화려한 애니메이션 효과에 더 큰 반응을 보이는 반면, 높은 관여도 상황의 소비자는 그와 같은 주변 단서들에 영향을 받지 않는 것으로 나타났다(Cho, 1999). 또한 할버트와 그의 동료들은 지금과 같이 풀미디어[pull media: 미디어 사용자가 스스로 정보를 찾아내서 향유할 수 있는 뉴미디어. 정보를 일방적으로 제공하는 전통적 푸시 미디어(push media)와 반대되는 개념] 환경에서는 소비자가 원하는 정보를 적시 적소에서 사용할 수 있으므로 정보처리능력이 향상되고, 더욱 많은 소비자가 중심경로를 통해 정보를 처리할 수 있게 되었다고 주장했다

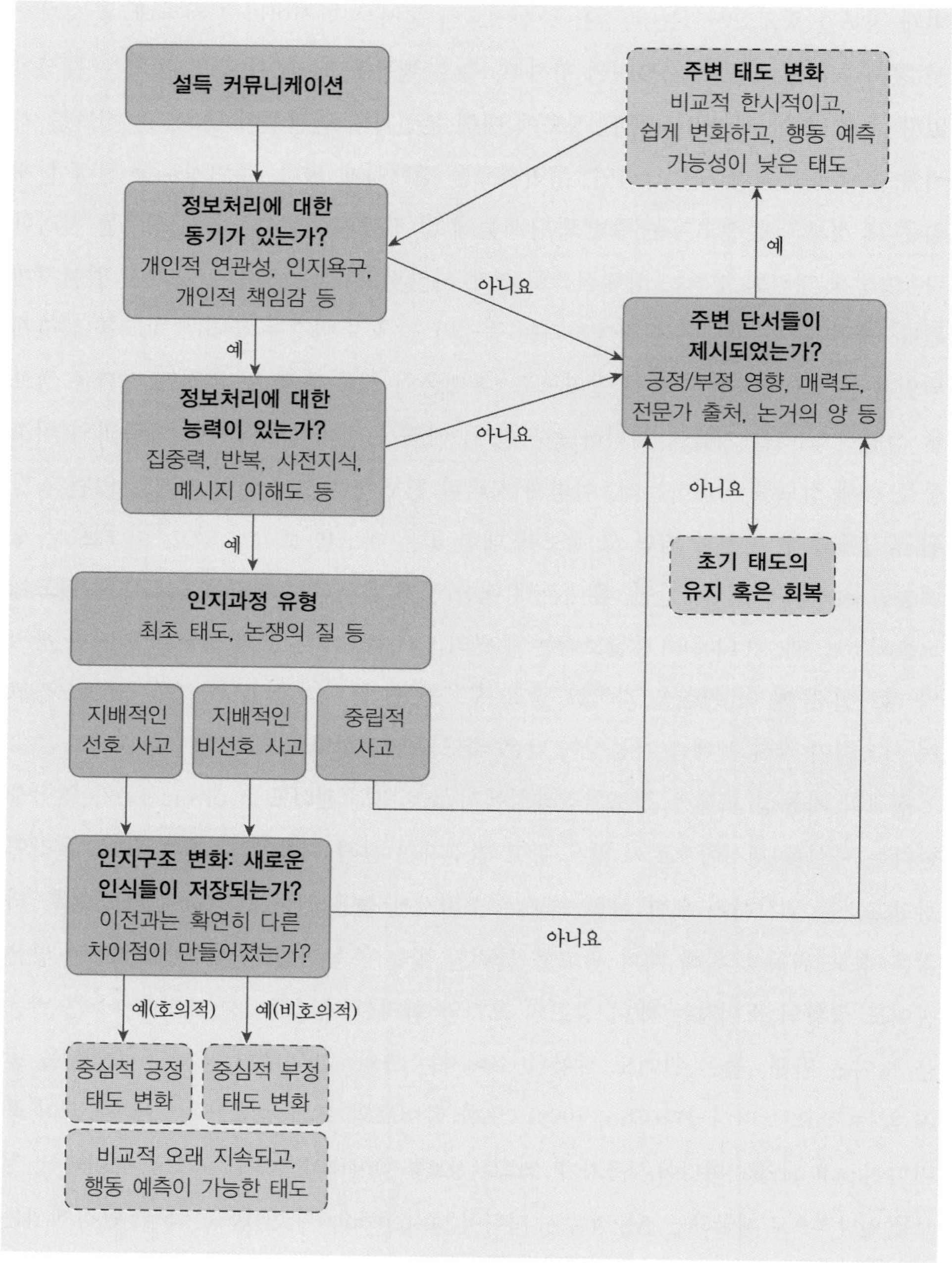

[그림 9-1] 정교화 가능성 모델 개요

출처: Petty & Cacioppo (1986).

(Holbert, Garrett, & Gleason, 2010). 이와 같이 정교화 가능성 모델을 이용한 많은 연구 결과는 실제로 광고 메시지 제작이나 미디어 플랜에 많은 시사점을 제공하고 있다.

3) 조절초점 이론

조절초점 이론(regulatory focus theory)은 정교화 가능성 모델과 유사하게 이중과정(dual-process)에 기반을 둔 이론이다. 히긴스(Higgins)는 인간은 일반적으로 즐거움을 추구하고 고통은 회피한다는 쾌락주의 원칙에 기반하여, 인간이 원하는 결과를 얻기 위해 두 가지 형태의 **자아 조절 시스템**(self-regulatory system)을 사용한다고 주장했다(Higgins, 1997). 자아 조절 시스템은 두 가지 초점으로 구성이 되는데, 그중 하나인 **촉진초점**(promotion focus)은 긍정적인 결과를 도출하기 위한 발전, 성취 등의 욕구와 연결이 되고, 다른 하나인 **방어초점**(prevention focus)은 부정적 결과를 막기 위한 안전, 보호 등의 욕구와 연관이 된다(Higgins, 2002). 어떠한 목표를 얻기 위해 세우는 전략은 이러한 조절 시스템의 영향을 받는데, 촉진초점을 가지고 있는 개인은 더 많은 것을 얻기 위해 더 열정적인 전략(eagerness strategies)을 선호하는 반면, 방어초점을 가지고 있는 개인은 실수를 하지 않기 위해 조심스러운 전략(vigilant strategies)을 구사하게 된다. 일상 속에서 우리는 흔하게 이러한 광경을 목격할 수 있다. 어떤 사람은 항상 진취적이고 위험을 감수하는 일을 두려워하지 않지만, 어떤

표 9-3 촉진초점과 방어초점의 특징

촉진초점	방어초점
• 추구 성향의 조절 • 이상, 성취, 촉진, 증진, 열망 욕구 • 긍정적 결과에 민감 • 접근전략으로 목표 달성 • 과업 전환(변화)을 선호	• 회피 성향의 조절 • 의무, 안전, 책임, 보호, 방어 욕구 • 부정적 결과에 민감 • 회피전략으로 목표 달성 • 과업 유지를 선호

출처: 여준상(2006).

이들은 매사에 주의를 기울이고, 조심스럽게 일을 진행한다. 이는 옳고 그름의 문제가 아니라, 그들의 행동이 그들이 성향으로 가지고 있는 조절 시스템의 영향을 받기 때문이다.

개인이 목표를 성취하기 위해 선택한 전략이 그들이 원래 가지고 있는 **조절초점**(regulatory focus)과 일치하면 그들은 일종의 안도감을 느끼게 되고, 자신이 하는 일에 대해 더 큰 확신을 가지고 더 적극적으로 일에 몰입하게 된다. 이를 **조절초점 적합성**(regulatory fit)이라고 한다. 조절초점 적합성의 효과는 단순히 심리적 안도감에 국한되지 않는다. 여러 선행연구는 조절초점 적합성이 소비자로 하여금 브랜드나 광고에 호의적인 태도를 보이게 유도하거나, 소비자가 선택한 제품의 금전적 가치를 더 높게 평가하게 한다는 것을 밝혀냈다. 예를 들어, 소비자에게 똑같은 머그잔을 제공하고 그 가격을 평가하라고 요청했을 때, 조절초점 적합성을 느끼는 소비자는 그렇지 않은 소비자에 비해 그 머그잔의 가격을 거의 50% 이상 높게 평가하는 것으로 나타났다(Higgins et al., 2003). 조절초점은 소비자의 의사결정과정에도 영향을 미치는데, 촉진초점을 가지고 있는 소비자는 의사결정을 할 때 정확성보다는 빠른 속도를 더 선호하는 반면, 방어초점 소비자는 결정 속도보다는 정확한 결정을 내리는 것에 더 많은 신경을 쓴다(Förster, Higgins, & Bianco, 2003).

광고효과를 결정짓는 중요한 요소 중의 하나가 광고 메시지임을 감안할 때, 조절초점 이론을 이용한 다양한 광고 메시지 연구가 이루어진 것은 당연해 보인다. 개인의 조절초점 성향과 메시지가 일치할 때 광고효과가 높아진다는 사실은 많은 연구를 통해 밝혀졌다. 예를 들어, 한 금연 광고 캠페인 연구는 청소년을 특정 조절초점을 갖도록 유도한 이후(촉진초점 혹은 방어초점), 어떠한 메시지가 더 효과적이었는지를 조사하였다(Kim, 2006). 촉진초점으로 유도된 청소년들은 촉진 성향의 금연 유도 메시지에 더 신뢰도를 보인 반면, 방어초점으로 유도된 청소년들은 방어 성향의 메시지에 더 호의적인 반응을 보였다.

개인이 가지고 있는 초점은 영구불변의 요소가 아니라 상황에 따라 바뀌기 때문에 어떤 조건을 통해 특정 초점을 활성화할 수 있다. 선행적으로 처리된 정보에 의

촉진 성향 광고 메시지

당신이 금연한다면, 당신은 긍정적인 효과를 볼 수 있습니다. 호흡기관 개선, 두뇌 활성화, 상쾌한 입과 빛나는 치아(데이트에서 더 매력적으로 보일 수 있습니다)는 물론, 생활에서 활력을 되찾을 수 있습니다.

방어 성향 광고 메시지

당신이 금연한다면, 당신은 부정적 결과를 피할 수 있습니다. 폐암, 두뇌 손상, 나쁜 입 냄새, 누런 이(데이트에서 나쁜 이미지를 줄 수 있습니다)를 예방할 수 있을 뿐만 아니라, 당신의 삶을 보호할 수 있습니다.

[그림 9-2] 조절초점을 이용한 광고 연구 예시

출처: Kim (2006).

해 생성된 특정 개념이 뒤따르는 정보의 해석에 영향을 주는 효과를 **프라이밍 효과**(priming effect)라고 하는데, 이 효과를 이용해서 개인이 성향적으로 가지고 있는 특성을 변화시키는 것이 가능하다. 예를 들어, 사람들에게 농구나 축구 등의 단체 스포츠를 일정 시간 시청하게 하고, 본인들의 자아개념(self-concept)에 대한 질문을 하면, 평소에는 스스로를 독립된 자아로 인식하고 있던 개인들도 한시적으로는 자신들이 상호 의존적인 자아를 가지고 있다고 응답하는 경향이 있다. 반대로, 테니스나 골프와 같은 개인 스포츠를 일정 시간 시청한 사람들은 자신들을 독립적 자아로 묘사할 확률이 높다(Sung & Choi, 2011).

광고가 매스미디어를 통해 소비자에게 전달된다는 점을 고려할 때, 소비자는 일반적으로 광고를 접하기 전에 특정 미디어 콘텐츠에 먼저 노출될 확률이 높다. 광고 노출 이전의 콘텐츠를 활용해 소비자로 하여금 특정 조절초점을 활성화하도록 유도할 수 있다면(priming), 이에 맞는 광고 메시지를 제공함으로써 광고효과를 증진시킬 수 있다.

〈록키(Rocky)〉는 고전에 속하는 영화이지만 볼 때마다 도전과 노력의 가치와 그 이후의 성취감을 고취하는 영화이다. 특히 록키가 헤비급 챔피언 경기 이후 그의 연인 아드리안의 이름을 부르는 장면은 압권이다. 무엇인가를 이루었다는 성취감을 극명히 보여 주는 이러한 영화는 시청자로 하여금 촉진성향을 일시적으로 활성화시킬 수 있다. 그렇다면 〈록키〉 이후에 촉진성향 광고 메시지를 바로 노출시키는 것이 그렇지 않을 때보다 더 효과적일 수 있다고 가정할 수 있다. 반대로, 후쿠시마 원전 사고나 태안 기름 유출 사고 같은 주제를 다루는 다큐멘터리는 시청자를 보호나 안전과 같은 욕구를 가지게끔 프라이밍시킬 수 있고, 이러한 욕구를 가지게 된 시청자는 보통 때보다 강한 방어초점을 가지게 될 수 있다. 따라서 이러한 다큐멘터리 이후에는 방어초점에 초점을 둔 광고 메시지가 그렇지 않은 광고 메시지보다 더 큰 효과를 나타낼 수 있다. 많은 조절초점 이론 연구는 인간 행동을 이해하는 자아 조절 시스템이 광고효과 증진에 어떻게 활용될 수 있는지를 보여 주고 있고, 광고 실무자들에게 효과적인 광고를 제작하는 하나의 가이드라인을 제공하고 있다.

4) 자아개념

조절초점 이론에서도 언급했지만, 소비자가 가지고 있는 개별적 특질을 어떻게 활용하는지는 효과적 광고 캠페인을 집행하기 위해 필수적인 요소이다. 소비자를 하나의 집합체로 상정해서 하나의 일관된 메시지를 송출하던 전통적 광고 전략이 더 이상 효과를 담보하지 못하게 된 현시점에서 소비자를 더 면밀히 이해하는 것은 중요해졌고, 소비자가 스스로를 어떻게 인식하고 있는지를 파악하는 것이 그 이해의 시발점이 되었다. 이런 측면에서 소비자의 **자아개념**(self-concept)이 광고와 어떠한 관계를 맺고 있는지를 알아보는 것은 광고심리학에서 중요한 부분을 차지하고 있다.

자아개념은 개인이 자신을 하나의 대상으로 언급할 때 가지게 되는 총체적인 사고와 감정의 집합체(the totality of the individual's thoughts and feelings having reference to himself as an object)로 정의가 된다(Rosenberg, 1979, p. 7). 자아개념은 일련의 **자기 스키마**(schema)로 여겨지는데, 이는 자신에 대해 가지고 있는 인지적 구조물로서 자신과 관련된 정보를 처리하는 데 체계적인 영향을 미치게 된다. 마커스(Markus, 1977)에 따르면, 자기 스키마와 일치하는 외부 자극에 대한 정보처리는 그렇지 않은 자극의 정보처리보다 더 빠르고 쉽게 이해가 되고 유지가 된다고 한다. 소비자는 본인이 생각하는 자아와 비슷한 외부 자극에 호의적인 반응을 보이는데, 이를 **자아일치 효과**(self-congruity effect)라 한다. 자아일치 효과는 마케팅 분야에서 많이 사용되는데, 소비자와 브랜드 혹은 제품의 관계를 설명할 때 유용한 개념이다.

지금의 소비자는 제품 속성뿐만 아니라 제품이 가지고 있는 그 **상징적 의미**(symbolic image)를 소비하기 위해 제품을 구매하는 경우가 많다. 브랜드를 하나의 자기표현 도구로서 쓰려는 소비자 욕구는 자신이 스스로에 대해 가지고 있는 이미지와 일치하는 브랜드에 대한 구매 의도를 높이게 된다. 실제로 자아일치 효과가 소비자 브랜드 선호도나 브랜드 태도, 구매 의도, 제품 평가에 긍정적 영향을 미친다는 많은 연구 결과가 보고되고 있다. 예를 들어, 글럽과 그라스월(Grubb & Grathwohl, 1967)은 소비자의 소비행동은 하나의 상징으로서의 제품을 소비함으로써 자신의 자아개념을 강화시키는 것으로 귀결된다고 주장했다.

사람들이 스스로에 대해 생각을 할 때, 상황에 따라 다양한 자아개념이 존재할 수 있다. 본인이 처한 상황과 현실에 기반하여 자신을 판단하는 경우와 자신이 추구하고 되고자 하는 목표를 생각할 때 떠올릴 수 있는 자아는 그 성격이 다르다. 심리학자들은 사람들이 하나의 확정된 자아개념이 아니라 다양한 자아개념을 가지고 있다는 점을 발견했고, 다양한 자아개념에 관한 연구가 이루어졌다.

다양한 자아개념은 개인이 처한 상황에 따라 다르게 구현된다. **상황적 자아 이미지**(situational self-image)는 다른 사람들이 자신에 대해 가지기를 희망하는 자신에 대한 이미지로 정의가 되는데, 이는 자신에 대한 타인의 태도, 인식, 감정 등을 포함한다(Schenk & Holman, 1980). 사람들은 어떠한 상황에 놓였을 때 그 상황에서 가장 적합하다고 생각하는 자아를 선택하여 자신을 표현하곤 한다. 일단 한 개인이 특정 상황에서 자신을 대표할 수 있는 자아 이미지를 선택하면, 그는 자신을 표현하기 위한 방법을 모색하게 된다. 이때 흔하게 사용되는 방법이 특정 브랜드나 제품의 구매 혹은 사용이다. 다양한 제품이나 브랜드를 차별적으로 사용하는 것은 상황에 맞는

표 9-4 다양한 자아개념

학자 및 연도	자아개념의 종류
Belch (1978), Delozier (1971), Dolich (1969)	실체적 자아개념(actual self-concept), 이상적 자아개념(ideal self-concept)
Sirgy (1979, 1980)	실체적 자아 이미지(actual self-image), 이상적 자아 이미지(ideal self-image), 이상적 사회적 자아 이미지(ideal social self-image; 다른 사람이 자신에게 갖기를 원하는 자아 이미지)
French & Glaschner (1971)	실체적 자아개념, 이상적 자아개념, 인식된 준거집단으로서의 자아 이미지(perceived reference group image of self)
Sanchez, O'Brien, & Summers (1975)	실체적 자아개념, 이상적 자아개념, 기대된 자아개념(expected self; 실체적 자아와 이상적 자아의 중간 단계)
Higgins (1983)	실체적 자아개념, 이상적 자아개념, 의무적 자아개념(ought self-concept; 반드시 되어야 한다고 여겨지는 자아개념)
Markus & Kitayama (1991)	독립적 자아해석(independent self-construal), 이타적 자아해석(interdependent self-construal)

출처: Sirgy (1982) 수정.

자아를 표현하기 위함으로 이해할 수 있다. 상황적 자아 이미지 개념을 통해 소비자가 다양한 자아개념을 가지고 있고, 브랜드 소비가 상황에 맞는 자아를 표현하기 위한 수단으로 사용됨을 설명할 수 있다. 덧붙여 자아개념이 소비자의 행동을 예측하는 요소로 활용될 수 있음도 확인할 수 있다.

자아개념과 브랜드 간의 관계는 광고에서도 적용할 수 있다. **자아 일치 효과**(self congruity effect)는 광고 수용 과정에도 적용이 되는데, 소비자의 자아개념과 일치하는 광고 메시지가 더 쉽고 빠르게 처리된다. 또한 소비자는 자아개념과 일치하는 광고 안의 제품이나 브랜드에 더 긍정적인 태도를 보인다. 그러므로 많은 학자나 실무자가 소비자들의 자아개념에 적합한 메시지를 제공하기 위해 애를 쓰고 있다. 마케터나 광고 실무자들이 개별 소비자 모두의 자아개념을 확인하는 것은 현실적으로 불가능하다. 하지만 앞서 말했던 프라이밍 효과나 상황적 자아 이미지 개념을 활용한다면, 소비자의 자아개념을 마케팅 커뮤니케이션에 활용하는 것이 가능하다. 예를 들어, 광고 노출 전의 콘텐츠나 광고 내용을 통해 소비자에게 특정 자아개념을 활성화하는 것은 가능하다. 이렇게 활성화된 자아개념에 일치하는 메시지를 전달함으로써 광고효과 증진을 유도할 수 있다. 미용 위생용품 도브(Dove)의 '진정한 아름다움(real beauty)' 캠페인의 성공은 이를 증명할 수 있다. 전문 모델이 아닌 일반인을 모델로 사용함으로써 도브는 소비자의 실체적 자아(actual self)를 상기시키고, 소비자로 하여금 마치 그 광고의 주인공이 된 것과 같은 느낌을 줄 수 있다. 이를 통해 도브는 소비자 자신을 대변하는 브랜드로 스스로를 포지셔닝할 수 있고, 소비자의 호의적인 반응을 끌어낼 수 있었다. 반면에 많은 럭셔리 브랜드는 멋진 몸매를 가진 모델을 기용하거나, 고급스러운 분위기를 배경으로 하는 광고들을 실행하고 있다. 소비자들의 이상적 자아(ideal self)를 자극해서, 이 제품을 사용하는 것이 그들이 추구하는 이상적 모습을 표현하는 방식임을 강조하는 것이다. 럭셔리 제품의 가격 장벽을 이상적 자아실현이라는 욕구를 통해 상쇄시키는 전략을 구사하는 것이다.

미디어 자체를 통해 자아개념을 변화시키는 것도 가능하다. 예를 들어, 지금의 소비자들은 다양한 소셜미디어를 사용하고 있는데, 각기 독특한 특징들을 가지고 있는 소셜미디어가 그 이용자들의 자아 인식 방식에 영향을 줄 수 있다. 가령 인스타그램(Instagram)은 최근 가장 각광을 받는 소셜미디어 중의 하나이다. 인스타그램의 특징 중의 하나는 이용자가 인스타그램이 제공하는 사진 수정기능(filtering technology)을 통해 사진을 보정하고, 보정된 사진을 본인의 인스타그램에 올림으로써 다른 이들과 소통을 시도한다는 점이다. 보다 멋진 사진을 통해 자신의 근황과 삶을 알리는 것에 중점을 두다 보니, 인스타그램 이용자들은 다른 사람들이 자신이 업로드하는 사진을 어떻게 바라보고 평가하는지 신경을 쓰게 된다. 반면에 핀터레스트(Pinterst)는 이용자가 자신이 필요로 하는 정보를 수집하고, 개인의 취향에 맞게 그 정보를 정리해서 공유하는 소셜미디어이다. 수집하는 내용 자체가 이용자가 원하는 것이기 때문에, 이용자는 사회적 관계보다는 자신의 욕구 충족을 위한 용도로 핀터레스트를 사용한다.

호감 가는 사회적 이미지를 얻기 위해 자기 자신을 표현하는 방식을 조절하는 과정을 **자기검열**(self-monitoring)이라고 하는데, 자기검열이 수준이 높은 사람일수록 자신이 속한 사회적 관계에 적합하도록 자기 자신을 변화시켜 표현한다. 하지만 자기검열 수준이 낮은 사람들은 사회적 관계에 기반하기보다는 자신이 가지고 있는 고유의 성격, 태도, 감정 등을 토대로 자신을 표현한다. 이를 토대로 인스타그램은 자기검열 수준을 높이는 반면, 핀터레스트는 검열 수준을 낮추는 역할을 할 수 있다는 가정이 가능하다. 실제로 한 소셜미디어 연구(Kim, Seely, & Jung, 2017)는 실험을 통해 20분간의 인스타그램 이용이 평소에 이용자가 가지고 있는 자기검열 수준보다 높은 수준의 자기검열을 이끌어 낸다는 것을 증명했다. 반대로 20분간의 핀터레스트 이용은 평소보다 자기검열 수준을 낮추는 것으로 나타났다. 이러한 미디어를 통한 자기검열 수준의 변화는 소셜미디어를 통해 제공되는 광고의 효과에도 영향을 준다. 인스타그램을 20분간 사용한 이용자는 제품을 강조하는 광고보다는 이미지 중심의 광고에 더 긍정적인 반응을 보였지만, 핀터레스트를 20분간 사용한 이용자는 이미지 중심 광고보다 제품 중심의 광고에 더 큰 호응을 보였다. 소비자를 이해하려는 노력이 더 많아질수록 소비자 자아개념을 마케팅에 활용하려는 더 다양한 시도가 이루어지고 있고, 이는 자아개념의 중요성을 더 부각시키고 있다.

5) 해석 수준 이론

해석 수준 이론(construal level theory)은 앞서 설명한 자아개념과 맥이 닿아 있는 이론이다. 기본적으로 이 이론은 개인이 어떠한 사물이나 사건에 얼마만큼의 **심리적 거리감**(psychological distance)을 가지고 있느냐에 따라 그 사물이나 사건을 해석하는 방식이 달라진다는 이론이다(Trope & Liberman, 2011). 심리적 거리감은 **시간적 거리감**(temporal distance)에서 시작해서 **공간적 거리감**(spatial distance), **사회적 거리감**(social distance), **확률적 거리감**(hypothetical distance)으로 그 범위가 확대되어 하나의 **포괄적 거리감** 개념으로 발전되었다. 해석 수준 이론에 따르면, 개인이 어떠한 사물에 대해 느끼는 심리적 거리감이 확대될수록 그 사물의 본질과 궁극적 혜택 같은 관념적 요인에 기반을 두고 그 사물을 해석하는 반면, 거리감이 좁혀지면 사물과 관련된 부차적이고 구체적인 요소들을 중심으로 해석을 한다고 한다. 예를 들면, 한 소비자가 자동차를 구매한다고 가정해 보자. 구매 시점을 6개월 이후로 생각하고 있다면 그 소비자와 자동차의 심리적 거리감은 비교적 멀다고 할 수 있다. 이 먼 심리적 거리감 상태에서 소비자는 자동차를 해석함에 있어 관념적이고 본질적인 요소, 즉 안전, 편리함, 자아실현 등을 통해 자동차를 인식한다. 하지만 구매 시점이 일주일이나 다음 날로 정해지면 심리적 거리감은 좁혀지고, 자동차를 해석하는 데 있어 상황적이고 구체적인 요소들에 더 영향을 받게 된다. 자동차의 색상, 가격 등의 세부적 요소들이 자동차를 인식하는 데 중요하게 여겨지게 된다. 관념적이고 추상적인 인식 방법을 **상위 수준 해석**(high-level construal)이라 하고, 현실적이고 구체적인 인식 방법을 **하위 수준 해석**(low-level construal)이라고 한다. 흥미로운 점은 심리적 거리감과 해석 수준(high or low-level construal)이 쌍방향적인 관계를 가지고 있다는 점이다. 먼 심리적 거리감이 상위 수준 해석을 야기할 수도 있지만, 상위 수준 해석이 심리적 거리감을 증가시킬 수도 있다. 앞의 예로 설명을 하자면, 먼 구매 시점이 소비자로 하여금 자동차를 추상적이고 관념적으로 생각하게 만들 수도 있지만, 반대로 소비자가 자동차에 대해 추상적인 생각을 하고 있을수록 소비자가 느끼는 자동차 구매 시점은 멀어질 수 있다. 소비자 인식과 심리적 거리감에 대한 이 흥미로운 관계를 다룬 해석 수준 이론은 최근의 많은 광고효과 연구에서 사용되고 있다.

소비자의 해석 수준과 일치하는 광고 메시지를 전달함으로써 광고효과를 증진할 수 있다. 소비자가 어떠한 제품을 상위 해석 수준으로 인식할 때, 그는 그 제품에 대한 직접적 경험이나 정보가 부족한 경우가 많다. 경험이나 지식의 부재는 소비자와 제품 간의 심리적 거리감을 멀게 만들어, 제품 구매 결정을 할 때 이 제품을 왜 사야 하는지에 대한 본질적 질문을 소비자가 자신에게 하게 만들 수 있다. 이 경우, 제품 구매의 궁극적 가치(desirability)를 제시하는 광고를 소비자에게 전달함으로써 소비자의 '왜?'라는 질문(why question)에 답을 할 수 있고, 결국 보다 효과적인 소비자 커뮤니케이션을 유도할 수 있다. 반면, 소비자가 하위 해석 수준으로 제품을 인식한다는 것은 보통 소비자가 그 제품에 대해 잘 알고 있거나 익숙하다는 것을 뜻한다. 이와 같은 경우에는 제품 본질에 대한 광고 소구보다는 제품을 향유할 수 있는 방법론적 관점(feasibility)으로 소비자에게 접근하는 것이 더 효과적이다. 제품 가격 비교나 세일 고지, 매장 위치 고지 등 광고 구매에 더 관련된 정보를 제시함으로써 소비자 구매를 촉진할 수 있다.

셉티안토와 프라티위(Septianto & Pratiwi, 2016)의 연구에 따르면, 소비자가 하위 해석 수준으로 사물을 인식하고 있을 때는 **이성적 소구**(cognitive appeal) 광고 메시지보다는 **감성적 소구**(emotional appeal) 메시지가 더 효과적임을 밝혀냈다. 어떠한 감정을 느낀다는 것은 (그것이 부정적이든 긍정적이든 간에) 개인이 그 대상에 대해 가까운 심리적 거리감을 느낀다는 것을 뜻하기 때문에 감정과 하위 해석이 연관될 수 있다. 쉽게 생각해서, 누군가에게 어떠한 감정을 느낀다는 것은 그와 자신이 일정 정도 친밀한 관계가 형성되지 않고는 불가능한 것과 같은 맥락으로 이해될 수 있다. 반면, 심리적으로 멀게 느끼는 대상을 이해하기 위해서는 우선 그 대상의 본질을 먼저 파악할 필요가 있다. 본질에 집중하는 것은 상위 수준 해석과 연결이 되는데, 이는 사람들에게 본질에 관한 정보와 부수적인 정보를 구분하게 하여 그 대상을 해석하는 데 있어 어떠한 편견이나 오류가 생성되는 것을 방지하도록 한다. 그러므로 심리적으로 먼 대상을 이해하기 위해서는 많은 인지적 노력이 필요하고, 감정적 소구 메시지보다는 인지적 소구 메시지가 더 효과적이라는 논리가 성립된다. 감성적 소구와 이성적 소구가 광고 시장에서 가장 널리 이용되는 소구 형태 중 하나임을 고려할 때 이러한 연구 결과는 효과적인 광고 제작물을 만드는 데 공헌할 수 있다.

브랜드 커뮤니케이션 측면에서도 해석 수준 이론은 다양하게 사용될 수 있다. 앞서 말했듯, 경험은 심리적 거리감에 영향을 주는 요소 중 하나이다. 브랜드를 자주 경험한 소비자일수록 브랜드와 그 소비자 간의 심리적 거리감은 좁혀질 것이다. 미국의 실제 식료품 잡화점 브랜드를 이용한 연구(Kim & Song, 2019)는 브랜드 경험이 많은 소비자일수록 감성적 소구 광고에 호의적 반응을 보이는 반면, 경험이 적을수록 이성적 소구 광고에 호의적이라는 것을 밝혀냈다. 또한 이 연구는 소비자의 브랜드 경험이 그가 브랜드에 대해 가지고 있는 심리적 거리감에도 영향을 줄 수 있다는 것을 증명했다. 가령 한 브랜드가 새로운 가게를 개점한다고 가정을 하면, 브랜드 경험이 많은 소비자는 그 오픈 시점이 현재로부터 더 가까운 미래(시간적 거리감)에 이루어지고, 더 친밀한 사람들에게(사회적 거리감) 가게를 추천하며, 더 높은 확률로 그 가게를 이용할 것(확률적 거리감)이라 대답했다. 브랜드 경험이 소비자가 브랜드를 인지함에 어떠한 영향을 미치는지를 밝힘으로써 브랜드 경험의 마케팅적 실효성을 확장했다. 빅데이터를 통해 소비자의 이전 구매 경험을 실제 광고 전략에 사용하는 것은 이제 그리 어려운 일이 아니다. 소비자의 브랜드 경험을 토대로 소비자를 다수 브랜드 경험 소비자와 그렇지 않은 소비자로 분류해서 다수 브랜드 경험 소비자에게는 감성적 소구나 브랜드 실행 측면을 강조하는 광고(feasibility focused ad)를 제공하고, 브랜드 경험이 없는 소비자에게는 이성적 소구나 브랜드 가치 광고(desirability focused ad)를 제공함으로써 광고효과를 더욱 증진하는 것이 가능하다.

해석 수준 이론이 광고 분야에서 활용될 수 있는 방식은 메시지 프레이밍이나 브랜드 관계에 국한되지 않는다. 소비자의 자아개념을 이해하고, 활용하는 방법으로 사용이 될 수도 있고, 소비자의 미디어 이용 행태를 광고효과 증진에 활용하는 방편으로 사용이 될 수도 있다. 예를 들어, 스파소바와 리(Spassova & Lee, 2013)는 개인의 해석 수준이 그들이 스스로를 인식하는 자아개념과 연결될 수 있다고 주장했다. 예를 들어, 이타적인 자아가 강한 개인들은 남들과 원만한 관계를 유지하는 데 주의를 기울이기 때문에, 관계가 이루어지는 시점의 주변적 요소들에 신경을 많이 쓰게 된다. 환경적 요인에 대한 집중은 하위 해석 수준을 불러일으키게 되기 때문에 이타성이 강한 개인들은 구체적이고 특정한 요인들을 강조하는 정보에 더 민감하게 반응하는 경향을 보이게 된다. 반면에 독립적 자아가 강한 개인들은 자신의 성격 등과 같은 본질적 특성에 더 집중하기 때문에 더 관념적인 상위 해석 수준을 가질 확률이 높다. 따라서 이들에게는 본질에 집중하는 관념적 정보가 더 쉽게 받아들여질 수 있다.

미디어 이용 행태 역시 해석 수준 이론을 통해 광고효과에 이용될 수 있다. 가령 페이스북(Facebook) 이용자는 페이스북의 두 페이지[타임라인(Timeline)과 뉴스피드

(News Feed)]를 다른 형태의 커뮤니케이션을 하는 데 사용한다. 타임라인은 이용자 본인이나 친한 지인들의 소식을 전하고 접하는 페이지인 데 비해, 뉴스피드는 좀 더 열린 공간으로 다양한 사람들과의 소통을 위한 공간으로 활용되고 있다. 그러므로 이용자는 타임라인을 뉴스피드보다 사회적으로 가까운 사람들의 공간으로 인식할 수 있고, 이로 인해 이용자는 타임라인에서 접하는 정보를 하위 해석 수준으로 처리할 가능성이 크다. 반대로, 사회적 거리감이 큰 뉴스피드의 정보는 상위 수준의 해석을 통해 처리될 수 있다. 서로 다른 페이지의 속성이 이용자의 사회적 거리감과 연결되어 정보처리과정에 영향을 줄 수 있다(Kim et al., 2016). 이와 같은 영향력은 광고 담당자가 미디어에 적합한 광고물을 제작하는 데 도움을 줄 수 있다.

3. 새로운 광고 환경과 광고심리학의 중요성

2000년 이후 광고환경은 예측하기 힘들 정도로 빠르게 변모하고 있다. 새로운 매체가 등장했다가 사라지고, 개인들의 가치관과 생활 방식은 새로운 방식으로 정립되고 있다. 가장 두드러진 특징이 소비자의 역할 변화인데, 다양한 쌍방향 매체를 통해 지금의 소비자는 스스로 원하는 정보를 찾고 브랜드 혹은 다른 소비자와 소통을 하면서 자신의 역할을 확대해 나가고 있다. 그러므로 소비자의 욕구, 동기, 환경적 요소들이 여러 광고적 요소와 만나 어떠한 역할을 하는지를 탐구하는 광고심리학의 중요성은 더욱 높아져 가고 있다. 덧붙여 빅데이터를 이용해 소비자들의 행동을 더욱 세밀하게 추적하는 것이 가능해졌기 때문에, 소비자행동을 유발하는 원인에 관해 연구하는 심리학은 광고효과 연구에 있어 필수가 되었다.

앞서 광고심리학에서 이용되는 여러 다양한 이론과 그 이론들이 어떻게 실제 광고에 활용될 수 있는지를 살펴보았다. 이론들은 어떠한 현상이 일어나는 원리들을 설명하는 데 그 목적이 있다. 광고 실무자들은 새롭게 일어나는 현상에 관심이 많다. 뉴미디어와 새로운 기술은 언제나 그들의 관심사이다. 하지만 그들의 관심은 보통 그 현상이 어떻게 이용될 수 있는지에 초점이 맞추어져 있다. 한 현상을 인지하는 것과 그것이 왜, 어떠한 방식으로 일어났는지를 이해하는 것에는 큰 차이가 있다. 현상의 원인을 이해할 수 있다면, 그 현상의 발전 방향과 영향력을 예상하는 것이 가능해진다. 지금처럼 빠르게 변모하는 환경에서 이론들이 제시하는 다양한 가능성을 활용하는 것은 다음 단계를 대비하는 중요한 발판이 될 수 있다. 광고효과의 심리학적 이해가 중요한 이유가 여기에 있다.

제10장

미디어와 소비자

염동섭(목원대학교 광고홍보언론학과 교수)

1. 미디어
2. 소비자

◈◇◈

매일 아침 우리는 스마트폰 알람 소리에 눈을 뜨고 멀티 디바이스를 통해 페이스북(Facebook)과 인스타그램(Instagram) 같은 SNS(Social Network Service)에 접속하여 서로의 삶을 공유하고 인간관계를 생성하며 확장해 나간다. 또한 음성인식을 통한 인공지능(Artificial Intelligence: AI) 스피커를 활용하여 날씨를 확인하고 음악을 즐기며, OTT(Over The Top)[1] 서비스인 넷플릭스(Netflix)나 왓챠(Watcha), 푹(POOQ) 등을 통해 영화를 감상한다. 이처럼 미디어는 우리 생활 곳곳에 깊숙이 침투되어 있다. 그렇다면 우리는 이와 같은 미디어에 대해 얼마나 알고 있을까? 아마도 우리는 급변하고 있는 미디어의 변화조차 느끼지 못하며 당연한 삶의 방식이라고 간주하며 살아가고 있을 것이다.

이 장에서는 이처럼 우리 생활 곳곳에 존재하는 미디어와 이를 사용하는 소비자에 대해 살펴보면서 이와 같은 물음에 답해 보고자 한다. 특히 광고 마케팅 환경의 변화로 인한 광고 미디어와 소비자의 미디어 수용 행태에 대해 살펴보고자 한다.

1 인터넷을 통해 볼 수 있는 TV 서비스를 지칭하는 용어이다. Top은 TV의 셋톱박스를 의미하지만, 인터넷 기반의 동영상 서비스를 모두 포괄하는 의미로 쓰이고 있다.

미디어는 생활이며, 모든 것이 미디어이다!

밀레니얼 세대(millennial generation)[2]인 지훈이는 오전 7시 스마트폰 알람 소리에 기상하여 소위 '갓튜브(Godtube)'라 불리는 유튜브(YouTube)를 통해 지난밤에 올라온 친구들과의 생일파티 영상을 시청하고, 며칠 전 업로드했던 영상의 조회 수를 확인한다. 동시에 본인의 음성을 통해 작동하는 2세대 인공지능 스피커이며 사물인터넷(Internet of Things: IoT) 기술이 탑재된 '테이블 TV'를 통해 날씨를 확인하고 뉴스를 시청하며 세상의 소식을 접하면서 하루를 시작한다. 또한 여름방학 동안 다음 학기 학비 마련과 졸업 후 본격적으로 크리에이터로서의 창업을 위한 새로운 영상 콘텐츠 개발을 위해 오늘 만나기로 한 친구들과의 약속을 SNS를 통해 공유한다.

만남을 위해 준비를 서두르던 지훈이는 음성인식을 통해 밤새 더워진 집안의 온도 조절을 위해 에어컨을 켜고 공기 청정 기능을 가동해 집 안이 쾌적해질 수 있도록 주문하고, 미리 먹음직스럽게 구워 놓은 토스트와 추출된 커피 한 잔을 마시며 앱(App)을 통해 지하철 도착 시간과 오늘의 일정을 확인한다. 이후 식기세척기와 세탁기, 건조기를 작동시키고 1시간 후 소등을 하도록 요청하면서 집을 나선다.

지훈이는 지하철역을 향해 걸으며 스마트폰의 위치 기반(Location Based Service: LBS) 시스템 앱을 통해 오늘 약속된 장소의 위치를 다시 한번 확인하고, 지하철역에 도착하자 역내에 설치된 디지털 사이니지(Digital Signage)[3]의 워터파크 광고 영상을 보면서 이번 방학에 친구들과 함께 가기로 한 것을 생각해 보며 입가에 미소를 짓는다. 때마침 도착한 지하철을 타고 약속된 장소로 가면서 넷플릭스를 통해 새로운 영화를 검색하여 시청하고 영화를 보면서 떠오른 아이디어들을 스마트폰에 메모한다.

친구들과의 약속 장소에 도착한 지훈이는 카페 앱을 통해 미리 주문해 놓은 음료를 받아 기다림 없이 친구들과 함께 예약한 스터디 룸에 모여 새로운 영상 콘텐츠 제작을 위한 아이디어 회의를 시작한다. 또한 필요한 정보들은 노트북과 스마트 디바이스 등을 이용해 즉시 검색하고 수집 · 정리한다. 이후 집으로 돌아온 지훈이는 오늘 친구들과의 추억을 공유하고 소통하기 위해 소셜미디어(Social Media)에 사진을 업로드하고 친구들의 반응을 살피면서 하루를 마감한다.

---

2 1980년대 초반~2000년대 초반 출생한 세대를 지칭하는 용어이다. 이들은 정보기술(IT) 활용에 능통하며 대학 진학률이 높다는 특징을 지니고 있다.

3 디지털 기술을 활용해 디스플레이 스크린 등에 영상과 정보를 송출하는 옥외광고를 지칭하는 용어이다.

이처럼 밀레니얼 세대인 지훈이의 일상을 통해 알 수 있듯, 미디어는 이미 우리의 일상 생활이 되어 버린 지 오래이다. 특히 광고 미디어 측면에서 스마트 미디어의 발전은 세상에존재하는 것(visible things)뿐만 아니라 현존하지 않는 모든 것(intangible things)조차 광고 미디어로 변화시키고 있다. 소비자와 소통 가능하고 인터랙티브하며 소비자의 경험과 감성을 반영할 수 있는 모든 것이 현시대의 미디어이며, 광고 미디어의 기능이자 필수적인 역할이 되어 버렸다.

또한 이러한 미디어의 변화와 진화는 광고시장과 소비자의 지형을 변화시켰다. 예를 들면, 광고 대행사의 역할 변화, 광고 마케팅과 커뮤니케이션의 다변화, 이에 따른 소비자의 역할 변화와 구매 과정의 변화, 라이프스타일의 변화 등 광고-기업-소비자의 변화를 가져왔다. 특히 스마트 미디어 시대의 소비자는 이러한 미디어의 변화에 매우 민감하며, 비록 밀레니얼 세대가 아니더라도 생활 밀착형 스마트 미디어 등은 다양한 계층의 소비자 역할-구매 방식-라이프스타일 등을 변화시켰다.

마셜 매클루언(Herbert Marshall McLuhan)의 "미디어는 메시지이다(The Medium is the message)."라는 말은 미디어의 기술과 발달이 인간의 감각기관을 확장시켰다는 의미로 오랫동안 통용되어 왔으나, 이제 미디어 자체가 메시지라는 의미를 넘어 '미디어는 생활이며, 모든 것이 미디어인 세상'이 되었다.

1. 미디어

1) 미디어의 개념

미디어란 무엇인가? 매체를 뜻하는 미디어(media)는 '중간(middle)'을 의미하는 라틴어에서 파생된 단어이다. 따라서 미디어는 '대상과 대상의 중간에서 매개 또는 중개의 역할을 하는 것'을 의미한다. 즉, 발신자의 메시지를 수신자에게 전달해 주는 모든 매개체를 미디어라고 할 수 있다. 부연하면 의사소통을 위한 모든 정보 전달의 수단이 미디어인 셈이다. 예컨대 기존의 신문이나 잡지, 라디오, TV뿐 아니라 오전 7시에 알람음을 울리는 스마트폰, 친구들과 소통하기 위해 접속한 페이스북과 인스타그램, 뉴스 브리핑을 해 주는 인공지능 스피커, 생일파티 영상을 업로드한 유튜브, 영화 시청을 위한 넷플릭스 등도 모두 미디어인 것이다.

광고적인 측면에서 미디어를 본다면, 광고주와 소비자 간 매개 또는 중개 역할을 하는 것을 광고 미디어라 지칭한다. 즉, 광고주의 광고를 일정한 비용을 지불하고 특정 미디어에 노출시킴으로써 특정 미디어를 이용하고자 하는 소비자에게 광고물을 접할 수 있게 할 수 있다.

2) 미디어의 진화

그동안 미디어의 기술은 끊임없이 발전되고 진화되어 왔다. 예를 들어, 광고 미디어를 기준으로 구분하면 올드 미디어(old media; 신문, 잡지, 라디오, TV 등)와 뉴 미디어(new media; 인터넷, 모바일, 소셜미디어 등)로 구분할 수 있다. 전자는 전통적 광고 미디어인 '4대 미디어-매스미디어(mass media)'를 지칭하며, 후자는 1995년 MS(Microsoft) 사의 인터넷 익스플로러(Internet Explorer: IE)의 개발로 인해 디지털 미디어 시대의 서막(序幕)으로 등장한 범용 인터넷 기반의 '디지털 미디어(digital media)'와 2000년대 이후 스마트 기술이 탑재된 모바일 또는 모바일과 태블릿 PC 등이 연동된 상호작용이 가능한 '스마트 미디어(smart media)'라고 할 수 있다.

2000년대 이후 디지털 시대에서 한층 더 업그레이드된 지능형(intelligent) 정보처리 기술인 스마트 기술은 기업-소비자 그리고 소비자-소비자의 커뮤니케이션을 '참여(participation)' '커뮤니티(community)' '대화(conversation)' '공개(openness)' '연결(connectedness)'이라는 키워드를 탄생시켰다. 특히 스마트 기술이 탑재된 스마트 시대의 광고는 기존의 매스미디어 광고 형태인 소비자의 관심과 주목을 유도하는 일방적이고 수동적인 정보 전달의 광고노출이 아닌, 소비자의 합리적인 선택과 스마트 기술에 기반을 둔 상호작용을 통한 적극적인 소통을 가능하게 만들었다.

이러한 이유로 스마트 미디어를 활용한 광고는 소비자의 브랜드 접촉 전 · 후 그리고 구매 시점 전 · 후 등 단계별로 통합 마케팅 커뮤니케이션(Integrated Marketing Communication: IMC)을 구현하는 채널로 각광받고 있다. 또한 스마트 기술은 스마트폰의 개발과 태블릿 PC 등 모바일 기술의 발전과 보급 · 확산을 가져왔으며, 이로 인해 새로운 커뮤니케이션 수단인 '소셜미디어(페이스북, 인스타그램, 트위터 등)'를 탄생시켰다.

소셜미디어는 '참여'와 '공유'라는 특성을 바탕으로 급속한 확산과 사용자의 수를 폭발적으로 증가시켰고, 전 세계의 미디어 환경과 소비자 환경에 변화를 가져왔으며, 특히 광고 환경의 변화를 초래했다. 보편적으로 소셜미디어는 기업의 마케팅과 광고 플랫폼으로써 기업이 소비자들과 커뮤니케이션 효과를 극대화하는 도구로 그 활용이 증가되고 있다. 부연하면, 소셜미디어를 통한 브랜드 노출은 광고효과의 확대와 기존 고객의 유지뿐만 아니라 그들과 관계된 사람들과의 연결로 인한 잠재고객의 확보 같은 마케팅 효과를 얻을 수 있다. 또한 기존의 고객 및 새로운 고객과의 관계 유지 및 강화와 같은 고객 관리의 편리성에 있어서도 매우 큰 강점을 지니고 있다.

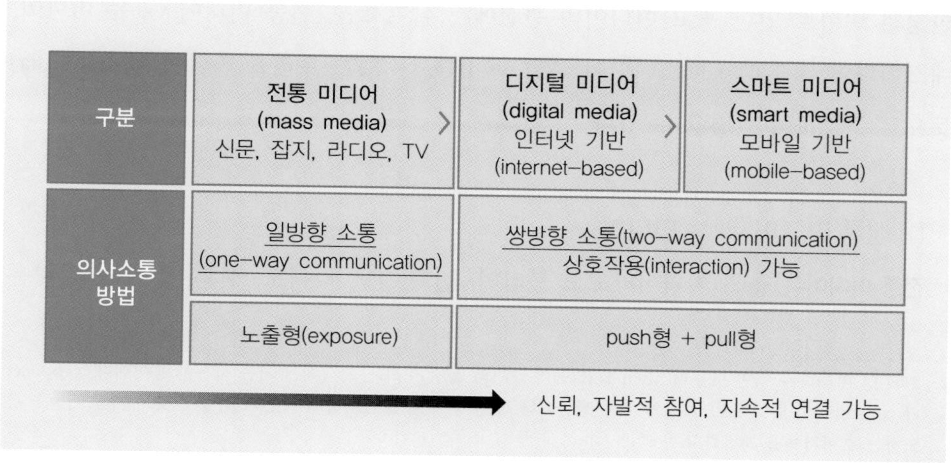

[그림 10-1] 미디어의 진화

이러한 스마트 시대의 광고 미디어는 전통적인 대기업 위주의 광고주에서 벗어나 중기업뿐 아니라 소규모 광고주의 유입을 가능하게 만들었으며, **프로슈머**(prosumer)[4]나 **모디슈머**(modisumer)[5]와 같은 소비자들을 탄생시키며 소비자의 진화에도 기여하고 있다.

3) 미디어의 구분

급변하는 스마트 미디어 환경 속에서 미디어를 획일적으로 정의하여 구분하기는 쉽지 않다. 디지털 혁명으로 인해 광고 패러다임(paradigm)이 급속하게 변화하면서 광고 범위의 확장, 온라인과 오프라인의 연결, 생산자와 소비자의 구분, 광고와 콘텐츠의 구분이 모호해짐에 따라 미디어의 구분과 경계가 붕괴되고 있는 상황이기 때문이다. 특히 디지털 혁명으로 인한 미디어의 확장(extension)과 융합(convergence)은 미디어를 단편적이고 획일적으로 정의하여 구분하는 것을 더욱더 어렵게 만들어 가고 있다.

이러한 이유로 미디어의 변화 양상을 통해 '디지털 미디어' '참여형 미디어' '개인형 미디어' '이동형 미디어' '네트워크형 미디어' 등으로 구분하기도 하지만, 마케팅 환경의 변화로 인한 광고 미디어의 관점에서 살펴보면, 전통 미디어 vs 뉴 미디어, 매스미디어 vs 비(非) 매스미디어, ATL vs BTL vs TTL, 트리플 미디어(triple media) 등으로 구분하여 설명할 수 있다.

(1) 전통 미디어 vs 뉴 미디어

전통 미디어는 올드 미디어라고도 불리며, 전화, TV, 라디오, 신문, 잡지 등과 같은

4 1980년 미래학자 엘빈 토플러(Alvin Toffler)가 『제3의 물결』이라는 저서에서 처음 사용한 용어이다. producer와 consumer의 합성어로, 기업의 제품 생산이나 판매 등에 직접 관여하여 자신의 취향에 맞게 제품 개발을 유도하는 소비자들을 지칭한다.

5 modify와 consumer의 합성어로, 제조사에서 제공하는 표준방법이 아닌 자신만의 방식으로 제품을 재창조하는 소비자들을 지칭한다.

전통적인 매스미디어를 의미한다. **뉴 미디어**는 디지털 기반의 인터넷, 모바일, 스마트 미디어, 소셜미디어 등을 일컫는 것으로 디지털 미디어와 스마트 미디어를 총칭한다. 이러한 뉴 미디어는 기존 전통 미디어에 비해 소비자들의 능동적인 참여와 상호작용 그리고 공유가 가능하다는 특징을 지니고 있다.

(2) 매스미디어 vs 비(非) 매스미디어

매스미디어는 대중(大衆), 즉 불특정 다수를 대상으로 동일하고 획일화된 메시지를 대량으로 동시에 전달할 수 있는 수단으로 TV, 라디오, 신문, 잡지, 옥외, 인터넷 등의 미디어를 의미하며, **비(非) 매스미디어**란 이와 같은 매스미디어를 제외한 모든 미디어를 일컫는다.

(3) ATL vs BTL[6] vs TTL

다양한 소비자 욕구(need & want)의 반영과 광고시장의 세분화로 인해 등장한 통합 마케팅 커뮤니케이션(IMC) 전략은 광고 캠페인에 있어서도 많은 변화를 초래했다. 통합 마케팅 커뮤니케이션(IMC)에 대한 요구가 꾸준히 증가함에 따라 광고 미디어도 더 이상 광고 메시지만을 전달하는 역할을 하는 것이 아니라, 기업 PR이나 이벤트, 프로모션 등과 같은 활동을 지원하는 도구로 활용되기 시작했다. 이에 따라 많은 광고 대행사가 광고 미디어를 그 역할과 특성에 따라 ATL이나 BTL, TTL 등으로 구분하였다.

① ATL

ATL이란 Above The Line의 줄임말로, 매스미디어를 활용한 1:다수의 비대면적 커뮤니케이션 활동을 위한 매우 거시적인 미디어, 즉 TV, 라디오, 신문, 잡지, 옥외,

6 ATL과 BTL이라는 용어는 미국의 광고 회사들이 광고주에게 청구서를 발행하는 모습에서 비롯되었다. 청구서 발행 시 매체 사에서 대행 수수료를 받을 수 있는 부분은 청구서의 상단 부분에 게재하였으며, 대행 수수료 없이 서비스에 대한 수수료를 받는 내용은 청구서의 하단 부분에 게재하였다. 이러한 관습을 토대로 대행 수수료를 받는 전통적인 매스미디어를 ATL, 매스미디어를 제외한 서비스 수수료를 받는 모든 미디어를 BTL로 명명하게 되었다.

인터넷 등과 같은 미디어를 의미한다. 소비자들과 비대면적인 형태로 노출되고 '일방향 소통(one-way communication)'으로 이루어진다는 단점이 있지만, 광고의 파급력과 브랜드 인지도를 높이는 데 매우 유용하다는 장점을 가지고 있다.

② BTL

BTL은 Below The Line의 줄임말로, 주로 1:1의 대면적 커뮤니케이션 활동을 위한 채널들로 이벤트, 전시, 스폰서십, 리플릿, 팸플릿, 전단, 버스나 지하철 광고, DM(Direct Mail 혹은 Direct Message), PPL(Product Placement) 등을 활용한 활동들을 의미한다. 즉, 매스미디어를 활용한 ATL을 제외하고 이루어지는 모든 광고 활동과 광고 미디어를 포함한다. 이러한 BTL의 장점은 타깃층을 세분화하여 접근할 수 있으며, 대면적 접촉을 통한 '쌍방향 소통(two-way communication)'이 가능하다는 점 때문에 충성고객을 만드는 데 매우 유용한 수단으로 각광받고 있다.

광고 마케팅 환경에 있어 BTL의 비중은 점차 증가하고 있으며, 많은 기업이 BTL을 통해 충성도 높은 고객을 확보하기 위해 치열한 경쟁을 보이고 있다. '스타벅스(Starbucks)'를 예로 들면, 매년 크리스마스에서 새해까지 스페셜 음료를 지정한 개수만큼 구입하여 스탬프를 채우면 특별하고 유니크(unique)하게 디자인된 소장 가치 높은 플래너를 받을 수 있는 '플래너 이벤트(planner event)'를 통해 고객의 스타벅스 매장의 추가 방문이나 다른 제품 구매를 유도하고 있다. 특히 충성고객들에게는 지속적인 스타벅스 이용을 높이는 명분을 만들어 주고 있다.

또 다른 예로, "우리는 배달의 민족이다."라는 동음이의어를 활용한 유머러스한 카피와 B급 광고인 소위 '병맛광고'로 유명해진 배달 전문 앱 '배달의 민족'은 대표적인 배달 음식인 치킨을 활용하여 이색적인 자격시험을 개최함으로써 주요 이해관계자들과 치킨 브랜드에 대한 인지도를 동시에 상승시키는 효과를 거두었다. 그뿐만 아니라 B급 감성을 통해 충성도 높은 고객들을 겨냥한 매우 이색적인 이벤트로 의도하지 않은 고객의 참여와 공유를 통해 매스미디어에 자연스럽게 노출되어 배달의 민족이라는 브랜드를 더욱더 널리 알리는 효과를 동시에 거두기도 했다.

[그림 10-2] 스타벅스 플래너 이벤트
출처: 스타벅스 홈페이지.

[그림 10-3] 배달의 민족 치믈리에 자격시험
출처: 배달의 민족(제2회 배민 치믈리에 자격시험) 홈페이지.

③ TTL

TTL이란 Through The Line의 줄임말로, ATL 전략과 BTL 전략을 통합하여 사용함으로써 효과적으로 브랜드를 알리는 커뮤니케이션 활동을 의미한다. 광고 대행사들을 중심으로 비교적 최근에 등장한 개념이며, 주로 소셜미디어, 디스플레이 배너, 동영상 광고 등이 이에 포함된다.

ATL과 BTL은 경계와 구분이 모호한 경우가 많아 최근에는 개념을 구분하여 사용하지 않는 경우가 대부분이다. 광고 미디어의 발전과 다변화로 인한 광고 마케팅 환경의 변화가 만들어 낸 TTL은 전통적인 매스미디어보다 소셜미디어의 영향력이 높아지면서 추가된 새로운 광고 미디어의 개념적 구분이다. 다매체, 다채널 상황에서 소비자들의 브랜드 접촉점이 보다 세분화되고 다양해짐에 따라 기존의 매스미디어만으로는 마케팅의 효과를 담보할 수 없게 되었으며, 이를 해결하기 위한 새로운 방안으로 등장한 개념이라 할 수 있다. 따라서 TTL은 광고 마케팅 커뮤니케이션의 시너지 효과를 극대화하기 위하여 ATL과 BTL을 통합하여 운영하는 전략으로 오

표 10-1 ATL, BTL, TTL의 비교

구분	범위	특징	장점	단점
ATL	TV, 라디오, 신문, 잡지, 옥외, 인터넷 등과 같은 매스미디어	1:다수의 비대인적 커뮤니케이션 활동으로 일방향 소통	• 다수에게 전달 • 파급력이 높음 • 브랜드 파워를 높이는 데 효과적	• 고비용의 예산 • 효과 확인 어려움 • 발행 후 수정이 어려움
BTL	이벤트, 전시, 스폰서십, 팸플릿, 전단, 버스나 지하철 광고, DM, PPL 등 ATL을 제외한 모든 미디어	1:1의 대인적 커뮤니케이션 활동으로 쌍방향 소통	• 타깃 선정 가능 • 충성고객 확보에 유리 • 비교적 저비용 • 효과 확인 가능	• 광범위한 광고 불가 • 파급력이 낮음
TTL	소셜미디어, 디스플레이 배너, 동영상 광고 등	ATL+BTL 통합 운영 활동	ATL과 BTL의 장점은 극대화, 단점은 최소화	

늘날과 같은 다매체 · 다채널 상황에 있어 매우 효과적인 통합 마케팅 커뮤니케이션(IMC) 활동의 수단으로 활성화되고 있다. 이러한 ATL과 BTL의 융합 현상은 향후 더욱더 가속화될 것으로 기대된다.

(4) 트리플 미디어[7]

디지털 혁명으로 인한 미디어의 확장과 융합은 광고 마케팅과 광고 패러다임을 급격하게 변화시켰다. 이에 따라 광고의 범위는 ATL을 넘어 BTL로 확장되었으며, 기존의 ATL인 페이드 미디어(paid media)뿐 아니라 BTL의 확장된 모습인 온드 미디어(owned media)와 언드 미디어(earned media)라는 **트리플 미디어**(triple media) 시대를 열어 가고 있다.

7 2009년 미국의 IT 전문 사이트인 씨넷(cnet)에 게재된 「멀티미디어 2.0」이라는 논문을 통해 처음 소개된 개념으로 페이드 미디어, 온드 미디어, 언드 미디어를 의미한다(横山隆治, 2011, p. 32에서 재인용).

① 페이드 미디어

페이드 미디어(paid media)란 기업이 미디어 사용 요금을 지불하고 이용하는 유료 광고 미디어를 의미한다. 오프라인에서는 TV, 라디오, 신문, 잡지, 옥외 등 전통적인 매스미디어들이 있으며, 온라인에서는 인터넷의 디스플레이 광고, 검색 광고, 소셜미디어를 활용한 페이스북 광고나 인스타그램, 유튜브 광고 등이 포함된다. 주로 4대 미디어를 중심으로 이루어지고 있으며, 최근에는 소셜미디어에 대한 영향력의 증가로 페이스북이나 인스타그램, 유튜브 등의 페이드 미디어도 활발히 이용되고 있지만 갈수록 그 효과는 감소하고 있는 추세이다. 이는 다매체, 다채널 상황에 있어 소비자들의 미디어 접촉점 증가뿐 아니라 기업에서 만든 콘텐츠에 대한 낮은 신뢰도와 광고라는 인식 때문에 회피 현상이 높기 때문이다.

그러나 페이드 미디어는 브랜드 메시지를 전달하는 측면에서 다수를 대상으로 한 파급력이 그 어떤 미디어보다 높기 때문에 페이드 미디어를 활용한 광고 마케팅 활동은 앞으로도 꾸준히 전개될 것이다. 다만, 이전의 페이드 미디어를 활용한 광고는 브랜드를 팔기 위한 단 하나의 해결책이었으나, 앞으로는 트리플 미디어와의 연관관계 속에서 '촉매'의 역할을 함으로써 비로소 힘을 발휘하게 될 것이다(横山隆治, 2011, p. 41에서 재인용).

② 온드 미디어

온드 미디어(owned media)란 기업이 자체적으로 보유한 자사 미디어를 의미한다. 오프라인에서는 상품의 패키지, 기업이 발행하는 잡지, 카탈로그, 기업이 보유한 매장과 직원까지도 포함하고 있으며, 온라인에서는 기업의 웹사이트나 공식 블로그, 자사의 페이스북, 인스타그램, 트위터 계정, 유튜브 채널 등이 포함된다.

이러한 온드 미디어는 기업이 스스로 통제할 수 있기 때문에 비용 대비 효율성이 매우 높으며, 소비자와의 장기적이고 연속적인 커뮤니케이션이 가능하다는 장점을 지니고 있다. 따라서 소비자의 즉각적인 반응과 인사이트(insight)를 파악할 수 있으며, 잠재고객을 고객으로 전환시켜 충성도 높은 고객을 확보할 수도 있다. 특히 소셜미디어와 관련된 자사의 채널은 기업의 의견을 전달하고 홍보하는 것을 넘어 '뉴스 미디어'로까지 발전해 가고 있으며, 브랜디드 콘텐츠(branded contents) 마케팅을 주도하는 미디어로 자리 잡고 있다.

③ 언드 미디어

언드 미디어(earned media)란 입소문, SNS상의 댓글이나 반응, 게시판 후기와 같이 제3자가 스스로 발생시킨 정보를 통해 획득한 미디어를 의미한다. 이는 바이럴(viral)이라고 불리는 구전효과를 하나의 미디어 개념으로 확대한 것으로 볼 수 있다(이경렬, 2016, p. 14). 제3자란 주로 소비자들을 의미하며, 소비자들이 자체적으로 생산한 콘텐츠, 즉 고객의 목소리가 기업의 마케팅 영역에서 영향력을 발휘한다는 측면에서 평가 미디어라고도 한다.

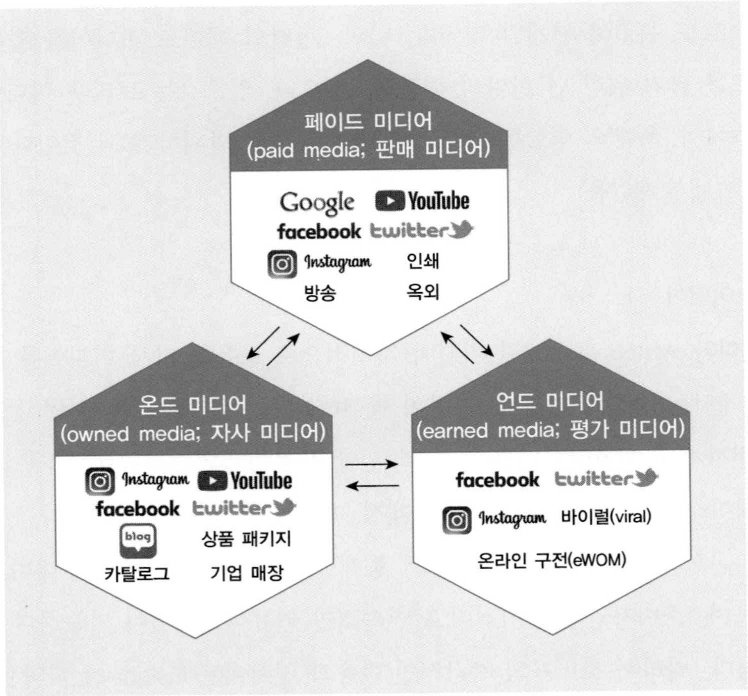

[그림 10-4] 트리플 미디어

이러한 언드 미디어는 기업이 스스로 통제할 수 없으며, 효과 측정이 불가능하고 내용이 부정적일 수 있다는 단점을 지니고 있다. 그러나 소비자들의 자발적이고 주도적인 참여로 이루어진다는 점에서 소비자들의 신뢰와 평판을 획득할 수 있다는 매우 큰 장점을 지니고 있다. 특히 소비자들의 자발적인 활동에 의한 기업 평판(reputation)이 확산되기 때문에 신뢰도가 가장 높은 미디어로 주목받고 있다.

4) 미디어와 콘텐츠

앞서 언급했던 것처럼 미디어는 '대상과 대상의 중간에서 매개 또는 중개의 역할을 하는 것'을 의미한다. 더불어 미디어는 말하는 사람의 메시지를 담아내는 그릇이라 할 수 있으며, 메시지는 내용물로서 정보(information) 또는 콘텐츠(contents)를 의미한다. 따라서 미디어와 콘텐츠는 따로 분리하여 생각할 수 없는 관계이다. 즉, 콘텐츠가 없는 미디어는 더 이상 미디어가 아니며, 미디어가 없는 콘텐츠 또한 더 이상 콘텐츠가 아니다.

본래 **콘텐츠**의 의미는 '내용이나 내용물'을 의미하는 것이었으나, 현대사회에서는 "인터넷이나 컴퓨터 통신 등을 통하여 제공되는 각종 정보나 그 내용물. 유·무선 전기 통신망에서 사용하기 위하여 문자 · 부호 · 음성 · 음향 · 이미지 · 영상 등을 디지털 방식으로 제작해 처리, 유통하는 각종 정보 또는 그 내용물을 통틀어 이른다."(국립국어원 표준국어대사전). 따라서 콘텐츠란 '디지털화된 정보의 총칭'으로 이해하고 통용되어야 한다.

광고 마케팅에 있어 전통적인 매스미디어들은 광고라는 콘텐츠를 통해 기업이 제공하는 제품과 브랜드 메시지를 일방적으로 전달해 왔다. 그러나 디지털 혁명으로 인해 촉발된 미디어의 확장과 융합은 일방적인 푸시(push)가 아닌 상호작용(interaction)을 통한 소비자의 참여를 가능하게 만들었다. 이로 인해 기업의 일방적인 푸시는 소비자들에게 외면당하고 있으며, 더 이상 효과를 기대하기 어려워졌다. 이제는 소비자가 브랜드를 만들고 통제하는 시대가 되었으며, 그 중심에 인스타그램이나 페이스북, 트위터, 블로그 같은 소셜미디어와 1인 미디어를 주도하는 유튜브 등이 있다.

소셜미디어 시대 대부분의 소비자는 기업이 노골적으로 제공하는 기존의 광고 콘텐츠에 강한 거부감을 가지고 있다. 또한 소셜미디어라는 콘텐츠 플랫폼을 통해 콘텐츠 소비 활동을 하고 있으며, 이러한 콘텐츠는 사용자들의 자발적인 참여를 통해 댓글이나 '좋아요' 등의 반응, 공유, 추천과 같은 기능들을 통해 확산 · 보급되고 있다. 따라서 보다 효과적인 소비자들의 관심과 행동을 이끌어 내기 위해서 가급적이면 브랜드 메시지를 직접적으로 드러내지 않는 것이 중요해졌다.

이러한 시대적 흐름 속에서 탄생된 것이 '**브랜디드 콘텐츠**(branded contents)'이다. 브랜디드 콘텐츠란 "광고의 특성을 기본으로 기존의 다양한 문화 콘텐츠와의 컬래버레이션을 통해 브랜드 메시지를 간접적으로 제공함으로써 마케팅 목적을 달성할 수 있도록 제작한 콘텐츠"를 의미한다(오영선, 임유명, 염동섭, 2018). 즉, 기존의 문화 콘텐츠인 웹툰이나 뮤직비디오, 영화, 게임 등에 자연스럽게 브랜드 메시지를 녹여냄으로써 하나의 즐길 거리로 인식되게 만든 콘텐츠이다. 따라서 소비자들은 이러한 브랜디드 콘텐츠를 비교적 거부감 없이 받아들이고 있으며, 자발적인 공유와 추천으로 해당 콘텐츠를 확산시키고 있다.

또한 브랜디드 콘텐츠는 정보성, 오락성, 불편성이라는 특성을 지닌 전통적인 광고들에 비해 광고가 갖는 불편성 요인은 사라지고 공감성이나 간접성, 창의성과 같은 특성들이 두드러지게 나타나고 있다(오영선, 임유명, 염동섭, 2018). 바로 이러한 특성 때문에 광고 같지 않은 광고로 소비자들의 사랑과 관심을 받고 있으며, 많은 기업이 다양한 형식으로 브랜디드 콘텐츠를 생산해 내고 있다. 콘텐츠를 필요한 정보로 인식하게 만들어 소비자들의 공감을 얻을 수 있었기에 브랜디드 콘텐츠는 광고를 이기는 콘텐츠로 성장하고 있다.

이처럼 '미디어의 변화는 소비자행동을 변화시키고 있으며, 소비자의 행동 변화는 콘텐츠를 변화'시키고 있다.

2. 소비자

1) 미디어와 소비자

미디어가 사회에 미치는 영향력은 매우 강력하다. 소비자들은 의지에 관계없이 무심코 흘러나오는 엘리베이터 안의 미디어 보드나 타운 보드 광고, 버스나 지하철의 광고, 거리의 옥외광고나 빌보드 탑 광고, TV나 인터넷 광고 등 다양한 미디어를 통해 수많은 정보에 노출되어 있다. 미디어의 기술과 발달을 인간 감각기관의 확장과 연관시켜 설명했던 마셜 매클루언의 말처럼 현대인에게 있어 미디어는 소비자들의 눈과 귀가 되어 버린 지 이미 오래이다. "자동차나 수레가 인간의 육체

[그림 10-5] 미디어와 소비자

적 확장을 가져왔듯이, 미디어는 인간에게 감각기관과 인식 영역의 확대를 가져왔다"(김양은, 2014, pp. 9-10). 즉, 현재 우리들은 미디어라는 확장된 감각기관을 통해 세상과 소통하며 살아가고 있으며, 미디어는 우리의 의지와 관계없이 범람하고 있는 수많은 정보 속에서 세상을 투시하는 매개체로서 우리의 오감(五感)을 대신하고 있다.

2) 소비자의 진화

미디어의 발달과 스마트 미디어 시대의 도래는 소비자 환경에 많은 변화를 가져왔다. 기존 매스미디어의 일방적인 노출의 광범위한 영향력에 의한 수동적인 소비자에서 디지털 기술과 유 · 무선 네트워크 기술을 근간으로 하는 스마트 미디어는 적극적 참여가 가능하고 자발적이며 지속적 연결이 가능한 능동적인 소비자로 바꾸어 놓았다. 또한 이러한 소비자의 변화를 촉구한 스마트 기술은 소비자가 필요한 정보를 선택적으로 수용하고 탐색하며 공유할 수 있도록 함으로써 보다 능동적인 정보처리를 가능하게 만들었다.

스마트 시대의 소비자는 시간과 장소를 초월하여 소비자-소비자, 기업-소비자 사이에 상호작용이 가능한 비동시적 커뮤니케이션을 할 수 있다. 세부적으로, 스마트 미디어 시대의 소비자는 자신들의 관심사를 검색하고 탐색하기 위해 다양한 미디어를 동시에 사용하고 적극적으로 커뮤니케이션에 참여하며, 능동적으로 콘텐츠를 선택한다. 또한 스스로 콘텐츠를 생산하는 동시에 타인과 공유를 위해 다양한 미디어에 **트랙백**(trackback)[8]을 하는 양상을 보인다. 예를 들어, 소비자가 광고에 노출되었을 경우, 블로그나 유튜브 등의 다양한 미디어를 활용한 검색을 통해 광고 제품의 경험을 함께 공유하고 확인하며, 광고의 피드백을 위한 참여를 통해 끊임없이 공유하고 확산시킨다.

8 타인의 블로그에 댓글을 남기는 대신 자신의 블로그에 글을 남기고 역방향 링크를 생성해 보내는 것을 지칭하는 용어이다(출처: 네이버 지식백과사전).

광고 미디어의 소비자 변화 측면에서 서술하면, 전통적인 매스미디어 시대에는 광고주가 전달하고자 하는 광고 메시지를 다수의 소비자에게 일방적으로 노출하는 방식으로 광고의 노출과 노출 빈도에만 중점을 두고 광고의 주목성을 통한 설득과 판매를 목적으로 했다면, 스마트 미디어 시대에는 광고주가 소비자를 광고 콘텐츠에 적극적으로 참여시키기 위한 방안을 다각도로 모색하고 있다. 즉, 소비자가 정보검색을 통해 적극적으로 광고 콘텐츠에 참여하여 공유하고 확산할 수 있도록 하는 등의 지속적인 연결을 가능하게 하는 것을 목적으로 하고 있다. 따라서 광고주는 소비자에게 브랜드에 대한 체험의 기회를 제공하면서 동시에 구매와 공유, 확산으로 연결될 수 있도록 유도해야 하며, 특히 구매 후에도 인지부조화 감소를 위해 보다 능동적인 정보처리가 가능하도록 하여 현재의 구매고객뿐 아니라 구매고객과 공유되어 있는 새로운 잠재고객까지 확보할 수 있도록 노력해야 한다.

3) 스마트 소비자

소셜미디어로 대변되는 스마트 미디어 시대 소비자는 역동적인 변화를 거듭하고 있다. 과거 매스미디어가 전달하는 획일적이고 일방적인 메시지를 수동적으로 수용하는 존재였다면, 스마트 미디어 시대 소비자는 미디어의 급속한 발전과 변화의 흐름에 따라 적극적이고 능동적인 수용자로 변모하였다. 이러한 현상은 스마트 미디어가 지닌 양방향성과 상호작용성 그리고 디지털을 기반으로 한 다양한 스마트 미디어와 채널들로 인해 소비자의 미디어 선택 폭과 활용의 범위가 확장되었기 때문이다. 부연하면, 매스미디어 시대의 관습인 온 가족이 함께 모여 단순히 TV를 시청하는 방식의 미디어 이용은 이미 퇴색되고 있으며, 가족 구성원들 각자 필요에 따라 서로 다른 시간과 장소, 상황에 맞도록 개별적으로 미디어를 선택하여 활용하고 있기 때문이다. 이러한 변화는 개인의 미디어 이용 방식과 필요성에 따라 매우 선택적으로 특정 미디어를 이용하려는 소비자들의 적극적인 모습이다. 특히 '이미 태어날 때부터 손에 디지털 기기를 가지고 태어났다'고 불리는 **디지털 네이티브**(digital native)[9] 세대들에 있어 이러한 현상은 더욱더 두드러지게 나타나고 있다.

이 시대의 소비자들은 언제 어디서든 인터넷만 검색하면 원하는 답을 즉시 얻을 수 있으며, 1년 365일 24시간 내내 원하는 정보를 무한하게 획득할 수도 있다. 따라서 시 · 공간을 초월한 초연결 사회(hyper-connected society)인 스마트 미디어 시대를 살아가는 요즘 매스미디어를 활용한 기업의 일방적인 정보 노출과 마케팅 방안들은 더 이상 소비자들의 신뢰와 주목을 이끌어 내기 어려운 상황이다. 왜냐하면 스마트 미디어 시대의 소비자들은 스마트 미디어의 특징인 양방향성과 상호작용성을 통해 광고 마케팅과 관련된 정보를 선택적으로 획득할 수 있으며, 필요하다면 기업이나 광고주에게 본인이 원하는 정보를 적극적으로 요청하는 커뮤니케이션이 가능하기 때문이다. 또한 스마트 미디어 시대 소비자들은 노출된 광고 마케팅 정보에 흥미가 발생할 경우, 인터넷 검색을 활용하여 추가적인 정보 수집을 할 수 있으며, 자신이 접촉한 경험을 소셜미디어에 게시하거나 댓글이나 트랙백 등을 통해 적극적으로 공유하여 끊임없는 확산을 가능하게 할 수 있기 때문이다.

이렇게 막강한 힘을 지니게 된 스마트 미디어 시대의 소비자들은 '체험을 통해 구매하는 소비자(trysumer)이자 체험과 관련된 자신의 이야기를 적극적으로 알리는 소비자(storysumer), 자신들의 취향에 맞게 제품 개발을 유도하여 생산에 직접 참여하는 소비자(prosumer), 자신들만의 방식으로 제품을 재창조하는 소비자(modisumer), 때로는 새롭게 창조하는 소비자(cresumer)'로서 스마트한 소비자의 시대를 열어 가고 있다(최환진 외, 2016, p. 26).

4) 소비자 구매의사결정과정의 변화

디지털을 기반으로 한 스마트 미디어 시대는 소비자들의 소비 환경을 크게 바꾸어

9 태어날 때부터 디지털 기기(인터넷, 개인용 컴퓨터, 휴대폰, MP3 등)에 둘러싸여 성장한 세대로, 디지털 기기를 생활처럼 사용함으로 인해 멀티태스킹(multitasking)에 능숙한 특징을 지니고 있다.

놓고 있다. 시 · 공간의 제약이 사라지고 정보 접근성이 증대되면서 소비자 선택의 폭이 넓어졌다. 즉, 누구든지 언제 어디서나 원하는 정보를 손쉽게 찾아보고 자신에게 맞는 최적의 상품을 구매할 수 있게 된 것이다. 특히 소셜미디어의 특징인 참여와 공유, 확산은 기존의 매스미디어와는 달리 소비자들을 적극적이고 능동적인 존재로 변모시키면서 소비자의 정보처리과정이나 구매의사결정과정의 변화를 초래했다. 따라서 스마트 미디어 시대 소비자는 매스미디어 시대와 달리 적극적으로 정보를 탐색하고 확인하며 참여와 공유를 통해 확산시키는 매우 능동적인 존재인 것이다.

전통적으로 매스미디어를 중심으로 한 소비자 구매의사결정과정은 AIDMA(Attention → Interest → Desire → Memory → Action)라는 커뮤니케이션 효과 위계 모델로 설명되어 왔다. 즉, 미디어를 통해 노출된 제품 정보에 주의(attention)를 기울임으로써 흥미(interest)가 발생하고, 그 흥미를 통해 구매 욕구(desire)가 발생하면 해당 제품을 기억(memory)했다가 추후 구매 행동(action)으로 이어진다는 것이다.

그러나 디지털 시대가 도래하면서 AISAS(Attention → Interest → Search → Action → Share)[10]로 대변되는 위계 모델이 등장하게 되었다. AISAS는 미디어를 통해 노출된 제품 정보에 주의(attention)를 기울임으로써 흥미(interest)가 발생하게 되고, 흥미가 발생하면 검색(search)을 통해 정보를 수집하여 구매 행동(action)을 한 후, 그 경험을 타인과 공유(share)하는 것을 의미한다. 이는 디지털 미디어의 참여와 공유라는 특징이 잘 반영된 것으로 본인의 경험을 단순히 기억하기 위한 개인 소장용으로 저장하여 만족하는 것에 그치지 않고 블로그나 페이스북, 인스타그램 등의 소셜미디어를 통해 본인의 경험을 적극적으로 타인과 공유하는 방식으로 커뮤니케이션한다는 것이다.

한편, 일본의 대표적인 광고 회사 덴츠(電通)에서는 2011년에 이와 같은 AISAS 모델에 SIPS 과정을 추가하여 소셜미디어 시대의 소비자행동 모델을 재설정하였

10 일본의 아키야마 류헤이(秋山隆平)와 스기야마 코타로(杉山恒太郎)가 2004년에 발표한 저서인『홀리스틱 커뮤니케이션: 액티브 컨슈머 출현으로 진화하는 광고와 판촉의 경계(ホリスティック · コミュニケーション: アクティブ · コンシューマーの出現で進化する広告と販促の境界)』를 통해 처음 주장했으며, 일본의 광고회사 덴츠(電通)가 발전시켰다.

다. SIPS란 'Sympathize(공감) → Identify(확인) → Participate(참가) → Share & Spread(공유와 확산)'를 의미하는 것으로, 덴츠에 의하면 AISAS 모델의 의미가 바뀌는 것이 아니라 기존의 AISAS에 SIPS 과정이 추가됨으로써 AISAS와 상호보완 및 상승작용을 하는 것으로 설명하고 있다. 세부적으로 살펴보면, 검색(search)을 통해 수집된 정보에 공감(sympathize)을 하게 되면 확인(identify)의 과정을 거쳐 참여(participate)에 이르게 되고, 이렇게 참여한 내용이 공유(share)되면서 확산(spread)의 과정을 거치게 된다는 것이다.

여기서 우리는 '확인'과 '참여'라는 부분을 눈여겨볼 필요가 있다. 소셜미디어 시대의 소비자들은 공감을 한다고 하여 무조건 참여와 공유로 행동을 옮기는 것은 아니다. 공감을 한 정보가 부정적이거나 거짓된 정보는 아닌지, 자신에게 도움이 되고

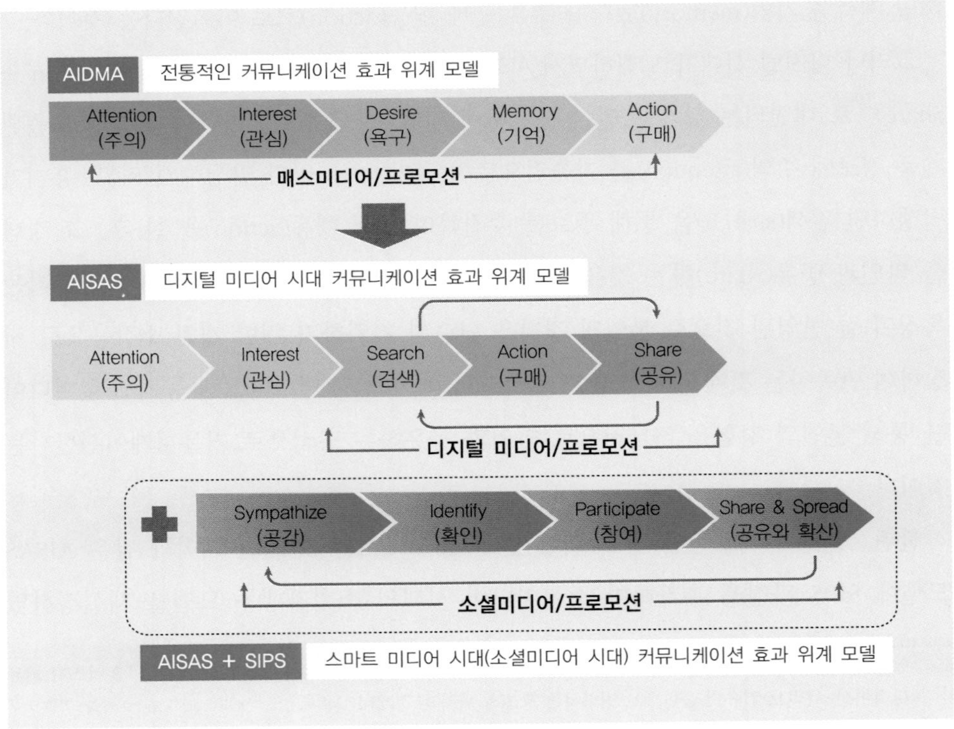

[그림 10-6] 미디어 발달에 따른 소비자 구매의사결정(정보처리) 방식 변화

유익한지, 자신의 가치관과 부합한지 등을 고려한 '확인'의 과정을 거친다. 따라서 소셜미디어 시대의 기업은 진정성(authenticity) 있는 마케팅 활동을 위해 소비자들이 충분히 이러한 과정을 통해 의구심이 생기지 않도록 효과적인 마케팅 방안을 마련하여 소비자들과 접촉해야 할 것이다.

한편, '참여'는 기존의 소비자행동 모델에서 이야기하고 있는 '구매 행동(action)'과 같은 의미이지만 소셜미디어 시대에 있어서 구매 행동은 반드시 구매로만 볼 수는 없다. 내가 '참여'한 리트윗이나 '좋아요' 반응, 게시판 후기, 긍정적 댓글 등이 타인의 구매 행동에 영향을 줄 수 있기 때문이다. 이러한 의미에서 소비자의 '참여' 행위는 자신이 직접 구매 활동을 하지 않았지만 결과적으로 타인의 구매 욕구를 자극하고 구매를 유발할 수 있다는 측면에서 '구매 행동'과 일맥상통한다고 할 수 있다.

이와 같은 소셜미디어 시대의 소비자행동 양상을 보여 주는 대표적인 경우를 예로 들어 설명하면, 해태제과에서 출시한 '허니버터칩'과 롯데제과에서 출시한 '말랑카우'의 성공적인 사례를 들 수 있다. 두 제품 모두 출시 당시 광고나 프로모션 등 별다른 마케팅 활동을 진행하지 않았음에도 불구하고 소비자들의 자발적인 '입소문(viral)'에 의해 소셜미디어상에 퍼지기 시작했으며 폭발적인 인기를 이끌어 냈다.

2014년 8월에 출시된 '허니버터칩'은 온라인과 SNS를 중심으로 선풍적인 인기를 끌며 한때 전국적인 품절 사태를 빚기도 했다. 동네 편의점부터 대형마트까지 '허니버터칩'을 사기 위해 줄을 서서 기다리고, 1인이 살 수 있는 수량을 제한하거나, '허니버터칩'이 입고되는 특정한 시간을 알려 주는 등 과자 한 봉지가 몰고 온 진풍경은 전국을 떠들썩하게 만들었다. 또한 2013년 12월에 출시된 '말랑카우' 역시 온라인과 SNS를 중심으로 선풍적인 인기를 끌며 지금까지도 꾸준히 소비자들의 사랑을 한 몸에 받고 있는 제품이다. '말랑카우'는 마시멜로와 젤리의 중간 형태 식감으로 '한 개도 안 먹어 본 사람은 있어도, 한 개만 먹어 본 사람은 없다'는 전설을 만들어 내기도 했으며, 강한 중독성으로 인해 '악마의 과자'라는 별칭을 얻으며 개인 블로그와 SNS를 통해 소개되었다. 특히 소비자들은 '말랑카우'를 활용한 다양한 조리방식이나 조리과정을 녹화한 동영상 등을 탑재하면서 '말랑카우'를 하나의 음식으로 조리하여 먹을 수 있는 푸드 스타일링(food styling)을 선보이고 있으며, 말랑카우는 아직까지도 꾸준한 매출을 이어 가며 사랑받고 있다.

이처럼 광고나 프로모션 활동이 없었음에도 소비자들에게 사랑을 받은 이유는 무엇일까? 맛이었을까? 그렇지 않다. 이는 참여, 공유, 확산으로 대표되는 소셜미디어의 강력한 힘이 작용했기 때문이다. 소비자들 스스로가 블로그나 다양한 SNS 채널을 통해 '맛있다'라고 올린 인증샷, 비록 품절이지만 나는 구했다는 인증샷, 여러 상황에서 다양한 방법으로 제품을 먹는 인증샷, 하나의 음식으로 푸드 스타일링된 인증샷 등이 리트윗이나 해시태그를 통해 공유되고 확산되었기 때문이다. 더불어 이러한 '화제성'이 자연스럽게 뉴스거리가 되었으며, 이를 다시 매스미디어가 스스로 보도함으로써 기업의 의도와 관계없이 제품의 확산과 파급력이 증대되는 긍정적인 결과를 함께 가져오기도 했다. 이는 소셜미디어 시대 소비자들의 자발적인 활동을 통한 마케팅 위력을 여과 없이 보여 준 사례라고 할 수 있다. ■

[그림 10-7] 해태제과 허니버터칩

[그림 10-8] 롯데제과 말랑카우

제11장

문화와 소비

전종우(단국대학교 커뮤니케이션학부 교수)

1. 문화란 무엇인가
2. 사회 트렌드
3. 사례와 효과

◈◇◈

광고와 마케팅을 집행하는 과정에서 소비자의 심리적인 요인과 함께 환경적인 요인도 중요한 역할을 한다. 동일한 메시지가 문화적으로 상이한 집단에게는 다른 효과를 보이기 때문이다. 커뮤니케이션 효과를 설명할 때 발신자가 메시지를 **부호화**(encoding)해서 보내는 것이 일반적이다. 이러한 메시지는 채널을 통해 전달되며, 수신자가 **해독**(decoding)을 해서 이해한다. 이때 메시지를 부호화하는 과정에 문화가 개입하게 되며 해독을 위해서는 같은 문화적 배경이 필요하다. 커뮤니케이션 과정에서 문화가 메시지를 해독하는 열쇠가 되는 셈이다. 같은 문화권에서는 메시지의 전송과 수신에 아무런 문제가 없지만 다른 문화권의 사람들은 커뮤니케이션 메시지를 이해하는 데 있어 추가적인 노력이 필요하게 된다. 또한 문화적인 차이는 사회적인 가치와도 관련이 있다. 어떤 국가에서는 자연스러운 것이 어느 국가에서는 투쟁을 통해 얻어야 하는 경우가 있다. 저절로 몸에 배는 것도 다른 나라 사람들은 습득을 해야 하는 경우도 많다. 따라서 글로벌 마케팅, 광고, 브랜딩에서 문화에 대한 이해가 중요하다. 왜냐하면 사람들은 자신들의 문화를 기준으로 해서 현상을 이해하거나 다른 사람들의 문화를 평가하는 경향이 있기 때문이다.

1. 문화란 무엇인가

문화를 이해하기 위해서는 가치에 대한 이해가 선행되어야 한다. 가치는 '하나의 행동양식 혹은 존재의 최종 상태가 그와 반대되는 다른 행동양식 혹은 존재의 최종 상태보다 선호되는 지속적인 신념'으로 정의할 수 있다(Rokeach, 1973). 특정한 가치를 가진 집단에서는 다른 집단과는 다른 문화를 형성하고 대상에 대한 평가나 행동양식에 있어서도 차이를 보이게 된다.

문화에 대한 정의는 다양하다. 기본적으로 사회 구성원들에 의해 습득된 지식, 신념, 예술, 도덕, 법, 관습과 습관 등을 포함된다. 호프스테드(Hofstede, 1991)는 문화를 한 사회에서 구성원들의 집단적인 정신 프로그램으로 이해하고 상징, 의례, 영웅, 가치의 네 가지로 문화가 표현된다고 하였다. 개넌(Gannone, 1994)은 개별 문화권의 구성원들이 중요시하는 은유를 하나의 단어로 상징화하여 문화를 설명하였다. 개넌의 은유에는 전통적인 영국 가정, 이탈리아의 오페라, 독일의 심포니, 프랑스 와인, 스웨덴의 전원주택인 스투가, 러시아의 발레, 벨기에의 레이스, 스페인의 투우, 아일랜드의 대화, 터키의 커피하우스, 이스라엘의 키부츠와 모샤브, 나이지리아의 시장, 일본의 정원, 인도의 시바춤, 미국 미식축구, 중국의 가족 제단 등 한 국가를 상징하는 단어를 통해 은유를 설명한다. 한국은 김치가 한국을 대표하는 은유로 묘사되었다.

문화는 한 세대에서 다음 세대로 이어지지만 타고나는 것이 아니라 한 사회에서 성장하면서 학습되는 것이다. 주요한 학습기관으로는 가족, 학교, 종교기관 등이 포함된다. 여기에 더해 속담이나 이야기, 전설, 예술과 미디어도 문화에 영향을 미치는 요인들이다. 문화는 사회적인 변화와 함께 일반적으로 수렴하게 되지만, 궁극적으로는 정체성이 나타나게 된다(de Mooij, 2011). 경제가 성장하면서 글로벌 문화를 수용하고 라이프스타일이 유사하게 변화하여도 문화적인 정체성은 유지하는 것이 일반적이다.

1) 호프스테드

문화를 이해하는 데 있어 몇 가지 세부적인 차원으로 나누는 것이 도움이 된다. 문화가 워낙 다양한 개념을 포함하기 때문에 전체적인 맥락에서 문화를 이해하는 것이 어렵기 때문이다. 호프스테드는 문화를 5가지 차원으로 구분하였고, 이는 가장 보편적으로 사용된다.

(1) 권력거리

권력거리(power distance)는 불평등하게 분배된 권력을 사람들이 수용하는 정도라고 할 수 있다. 아시아 문화권이 주로 권력거리가 높고 서구의 국가들이 권력거리가 낮게 나타난다. 권력거리는 개인 간의 위계에 대한 설명이 가능하며 커뮤니케이션이나 광고에 영향을 미친다. 권력거리가 높은 문화에서는 대인 간 커뮤니케이션을 통해 정보를 습득하는 경우가 많다. 구매 행동의 경우도 회사에 대한 신뢰와 느낌을 바탕으로 이루어진다. 권력의 유무가 메시지의 중요성을 반영하게 되므로 사회적인 신분이 확실하게 나타난다. 이러한 문화권에서는 명품이나 고가품, 주류나 패션 아이템들이 잘 팔린다. 반면, 권력거리가 낮은 문화권에서는 소비자들이 구체적인 정보를 얻기를 바라고 정보를 적극적으로 찾는다. 구매를 준비하기 위해 미디어나 친구의 도움을 받는 일이 일상적이다. 권력거리가 낮은 문화권의 소비자들은 제품은 문제를 해결하기를 원한다. 이들은 혁신적이고 차이를 추구하는 소비자들이다.

권력거리의 높고 낮음은 국가별로도 차이를 보인다. 일본인들은 위계를 인정하는 것이 너무 자연스러운 일이지만 미국에서는 권위가 부정적인 의미를 내포하고 있다. 권력거리가 큰 문화권에서는 사람들이 입는 옷이나 신발, 자세, 화장 등에 의해 자신의 위치가 정의되는 경우가 많다. 반면, 권력거리가 작은 문화권에서는 자신들의 외관에 크게 관심을 가지지 않으며 공공장소에서 입는 옷도 편한 옷을 선호한다.

권력거리가 큰 문화권은 최고의 브랜드가 되는 것을 중요하게 생각한다. 나이에 대한 존중으로 연장자들이 중요한 대접을 받는다. 작은 권력거리 문화에서는 권력이 많은 사람들이 그렇게 보이지 않도록 노력하며 나이가 많은 사람들도 젊게 보이기 위해 노력하는 경우가 많다. 권력을 중요하게 생각하지 않기에 부모들도 아이들과 같은 눈높이에서 놀아 준다.

(2) 개인주의/집단주의

개인주의(individualism)와 집단주의(collectivism)는 호프스테드의 문화 차원 중에서도 가장 많이 활용되는 문화 차원이다. 두 가지 문화권은 '나'를 중심으로 인식하는 개인주의와 '우리'를 중심으로 이해하는 집단주의로 구분할 수 있다. 개인주의 문화는 자아에 대해 충성도가 높아 프라이버시를 중요하게 여기며 사람들의 시간과 자유에 높은 가치를 부여한다. 개인주의 문화권에서는 언어적으로 명확한 의사소통을 중시하고 이는 저상황적 문화와 연결된다. 개인주의 문화권의 사람들은 일을 중요시한다. 반면, 집단주의 문화에서는 사람을 중요시하는 경향이 있어 다른 사람들에게 충성도가 높다. 집단주의 문화에서는 우리라는 존재를 우선시하고 체면을 중시하는 경향이 있어 정직보다 조화가 더 중요하게 인식된다. 세계 인구의 70~80%가 집단주의 문화로 구분할 수 있으며, 아시아, 아프리카, 중남미가 대표적인 집단주의 문화권이다.

개인주의 문화권의 친구와 집단주의 문화권의 친구는 개념이 다르다. 개인주의 문화권의 친구는 집단주의 문화권에서 내집단의 구성원 정도의 지위를 가지며, 이는 한국에 말하는 지인 정도라고 해석하는 것이 타당하다. 개인주의 문화는 보편적인 문화라고 할 수 있고 집단주의 문화는 특수주의 문화로 볼 수 있다. 개인주의는 부와 관련이 있어 전 세계적으로 증가하는 추세이다. 집단주의 문화권에서는 당사자들 간의 관계를 형성하고 신뢰를 구축하는 것이 중요하지만 개인주의 문화권에서는 신속하게 결론에 이르는 것을 선호한다.

집단주의 문화는 제품 선택에도 영향을 미치게 되며 주로 제품 브랜드보다 기업 브랜드를 선호한다. 개인주의 문화권에서는 자아를 중시하는 특징으로 인해 브랜드를 하나의 인격체로 보는 경우가 많다. 미국과 같은 개인주의 문화권에서는 제품 브랜드를 사용하여 아이들의 이름을 작명하기도 한다. 이는 한국과 같은 집단주의 문화에서는 상상하기 힘든 일이다.

(3) 남성성/여성성

남성성(masculinity) 문화에서는 성취와 성공, 업적이 중요한 가치이다. 자기개발을 통해 자존감을 높이는 것이 일상적이다. 문화를 남성성과 여성성으로 구분해 보면 개개인들의 역할에도 많은 차이가 있는 것을 알 수 있다. 남성성이 강한 문화권의 여성들은 집안일을 책임진다고 생각한다. '진정한 남자는 울지 않는다.'와 같은 통념이 남성성 문화의 특징이다. 성공을 지향하는 남성성 문화에서는 지위를 상징하는 브랜드가 성공을 의미하여 선호되고 고가의 시계와 보석류가 팔린다고 한다.

여성성(femininity) 문화에서는 겸손과 관계가 중요한 특징이다. 다른 사람들을 돌보고 삶의 질을 추구한다. 여성성 문화에서는 남성성 문화와 달리 개개인의 역할 차이가 크지 않아서 집안일은 남자와 여자가 공통으로 분담한다. 뽐내는 것을 싫어하는 여성성 문화는 '이달의 직원'과 같은 행사를 좋아하지 않는다.

(4) 불확실성 회피

불확실성 회피(uncertainty avoidance)는 불확실하고 모호한 상황에서 느끼는 위협과 이를 회피하고자 하는 정도를 의미한다. 불확실성 회피 성향이 높으면 일을 진행하는 데 있어 규칙과, 정형성, 구조화를 추구하고 전문가에 대한 신뢰와 믿음을 보여 준다. 그들은 변화와 혁신을 좋아하지 않는다. 건강에 대해서도 수동적인 태도를 가지고 있어 순수한 음식이나 음료수를 찾고 약을 많이 소비한다. 강한 불확실성 회피 성향을 보이는 일본인들은 자신들이 입는 옷에 관심이 많고 사람을 판단하는 데도 영향을 미치지만 약한 불확실성 회피 성향을 가지고 있는 중국인들은 그렇지 않다. 불확실성 회피가 낮은 문화권에서는 변화와 혁신에 개방되어 있다. 아시아 국가 중 불확실성이 낮은 중국인들은 벤처 창업에도 관심이 많다. 불확실성 회피 성향이 약한 문화권 소비자들이 사람을 대면하지 않는 온라인으로 쇼핑을 많이 한다. 건강에도 적극적인 태도를 견지하여 체력 운동과 스포츠를 좋아한다.

(5) 장기/단기 지향성

사회가 장기적인 것에 가치를 부여하는 정도를 의미한다. **장기지향**(long-term orientation) 문화는 장기적인 관여를 중요시하며 일에 대해서도 강한 직업관을 가지고 있다. 전통과 역사, 교육을 중요시하여 과거에서 영감을 얻는다. 장기지향성은 집단주의와 연결되며 가족 간의 유대를 중시하고 효도나 가부장주의와 같은 유교적인 요소들을 찾아볼 수 있다. 장기지향성은 미래에 대한 투자를 의미하며, 자연에 대한 존중도 담겨 있다. 하지만 **단기지향**(short-term orientation) 문화는 단기적인 관여를 좋아하고 변화가 빨리 이루어진다. 과거는 과거로 남겨 두고 뒤를 돌아보지 않는 경향이 있다.

2) 트롬피나르

호프스테드가 개발한 문화 차원은 광고와 마케팅에서 글로벌 수준의 차이를 설명하는 데 많이 사용되어 왔다. 하지만 호프스테드의 문화 차원은 개발된 지 오래되었고 이후 수정 · 보완이 많이 이루어지지 않아 현대의 문화적 차이를 설명하는 데 부족한 점이 많다. 또한 개발 당시 IBM이라는 특정한 기업의 종사자들을 대상으로 하여 전반적인 문화를 모두 설명하는 데는 한계점을 노출해 왔다. 따라서 이러한 문제점을 기반으로 많은 학자와 실무자들이 개별 국가들의 문화를 심층적으로 이해하기 위해 다양한 문화 차원을 개발해 왔다. 그중 트롬피나르(Trompenaars, 1993)의 문화 차원은 호프스테드의 문화 차원과 유사하면서도 호프스테드가 동일한 문화권으로 설명한 국가들 사이에 존재하는 세부적인 문화 차이를 설명하는 데 보다 효율적이라는 평가를 받는다.

(1) 보편주의/특수주의

보편주의(universalism)/특수주의(particularism) 차원은 한 사회에서 특정한 규칙이 모든 사람에게 보편적으로 적용되느냐 아니냐의 문제이다. 어느 사회이든 규칙이나 규정들은 보편적으로 적용되어야 하지만 문화권에 따라 적용되는 방식이나 범위가 달라질 수 있다는 것이다. 미국의 경우 모든 규칙은 보편적으로 적용되는 경향이 있다. 가족이나 친구라고 해서 크게 달라지지는 않는다. 하지만 한국과 같은 동양 문화권에서는 다른 사람에게 적용하는 규칙이 그대로 가족이나 친구에게 적용되지 않는 경우가 많다. 흔히 온정주의라고 비판하는 것이 이러한 문화적인 특성에 기인하는 것일 수도 있다.

(2) 성취주의/귀속주의

성취주의(achievement)/귀속주의(ascription) 차원은 한 사회의 성과물이 공정하게 분배되는지 아닌지의 여부에 따라 나뉘는 문제이다. 자신이 노력하면 성공할 수 있다는 신념이 적용되는 사회가 성취주의 사회이다. 미국은 아메리칸 드림이라는 구호에서 알 수 있듯이 자신이 노력하면 모든 것을 성취할 수 있다는 신념을 공유하고 있다. 물론 글로벌 환경이 변화하면서 과거와 같은 아메리칸 드림은 많이 퇴색되었지만 아직도 이민자들의 마음속에는 성공에 대한 열망이 존재한다. 귀속주의인 동양 문화권에서는 전통적으로 조상이나 집안에 따라 할 수 있는 일이 제한되는 역사를 가지고 있다. 따라서 자신의 노력을 통한 성취도 중요한 가치이지만 문화적으로 부모의 영향력이 크게 작용하는 것이 현실이다. 한국의 경우 계층이동의 사다리가 없어졌다는 비판을 들을 정도로 성취를 통한 성공이 쉽지 않은 사회가 되어 가고 있다.

(3) 개인주의/공동체주의

개인주의(individualism)/공동체주의(communitarianism) 차원은 호프스테드의 개인주의/집단주의와 유사한 문화 차원이다. 다만, 공동체주의라는 것은 집단주의와 달리 공동체 전체를 고려하는 특성이 있다. 따라서 공동체주의에 속하는 국가와 집단주의에 속하는 국가가 차이가 난다. 예를 들면, 북미 국가들은 대부분 개인주의 성향의 국가로 분류할 수 있지만, 아시아 국가와 함께 독일, 영국, 캐나다, 프랑스, 러시아 등도 트롬피나르의 분류에 따르면 개인주의 성향이 낮게 나타난다.

(4) 감정적/중립적

감정적(emotional)/중립적(neutral) 차원은 자신의 감정을 남 앞에서 드러낼 수 있는지의 문제이다. 서양 사람들은 자신의 감정 표현에 솔직한 경우가 많다. 반면에, 동양인들의 입장에서 감정 표현은 불편할 수도 있는 문제로, 동양 사람들은 남에게 감정을 잘 보여 주지 않는다. 이는 코미디 프로그램 시청 시에도 드러난다. 서양 사람들은 유머를 일상생활에서 많이 사용하고 유머에 공감하고 반응을 크게 하는 것이 일반적이지만, 한국을 포함한 동양 사람들은 유머에 잘 반응하지 않는 경향이 있다.

한 가지 구분이 필요한 것은 감성적인 것과 감정 표현은 다르다는 것이다. 일반적으로 동양 사람들이 감성적인 것에 민감하게 반응한다. 이성적인 메시지보다는 감성적인 메시지에 더 설득을 잘 당한다는 의미이다. 감성적인 것과 여기서 말하는 다른 사람 앞에서 표현하는 감정은 구분하여 이해하여야 한다.

(5) 세부적/분산적

세부적(specific)/분산적(diffusive) 차원은 특정한 지위나 사건이 특정한 장소나 상황에서만 적용되는지 아니면 그 장소와 상황을 넘어서도 적용되는지를 기준으로 한다. 미국 사람들은 특정한 지위는 특정한 장소에서만 유효하다. 교수라는 직함도 대학에서만 유효하고 대학을 벗어나면 이름으로 불리는 경우가 많다. 하지만 한국의 경우 교수는 학교를 떠나도 교수라는 직함으로 불린다. 한 번 장관이나 국회의원을 지낸 사람의 경우 그 직을 그만둔 이후에도 평생 장관님과 의원님으로 불린다. 흥미로운 점은 독일이 한국과 같이 분산적인 국가라는 것이다. 독일의 경우도 직위에 대한 권위가 강하여 교수의 경우 근무하는 대학을 넘어 분산적으로 호칭이 사용된다.

(6) 시간 개념

트롬피나르의 시간 개념(orientation in time)은 사람들이 시간을 인지하는 데에 있어 연속적으로 인지하는지 동시적으로 인지하는지에 대한 것이다. 한국이 시간을 동시적으로 인지하고 미국이 시간을 연속적으로 인지한다. 한국 사람들은 한 번에 몇

표 11-1 트롬피나르의 문화 차원에 따른 한국과 미국의 비교

문화 차원	한국	미국	비고
보편주의	Low (42)	High (72)	
개인주의	Low (53.5)	High (65)	
감정적	Low (N/A)	High (43)	
세부적	Low (50)	High (83.5)	
성취	Low (46.5)	High (81)	
동시적	High (5.28)	Low (4.3)	
환경적	Low (55.5)	High (57)	

가지 일을 동시에 수행할 수 있고, 미국 사람들은 한 번에 한 가지 일을 처리한다는 의미이다. 이는 홀의 시간 개념과 유사하게 이해할 수 있다.

(7) 자연에 대한 자세

자연에 대한 자세(attitudes towards the environment)는 자연에 대해 내향적(inner-directed)인지 외향적(outer-directed)인지에 대한 개념으로, 자연을 정복할 수 있는 대상으로 보는지 아니면 자연을 순응해야 할 대상으로 보는지의 문제이다. 내향적인 문화는 자연을 통제할 수 있다고 생각하고, 외향적인 문화는 인간이 자연의 일부라고 생각하고 조화를 추구한다. 서양 사람들은 자연정복을 문명의 목표로 삼아 왔다. 하지만 동양 국가들은 자연에 순응하고 조화롭게 사는 것을 중요시한다. 자연에 대한 자세는 바로 여기에서 파생되는 문화적인 차이를 말한다.

3) 홀

에드워드 홀(Hall, 1959)은 맥락, 공간, 시간, 정보의 흐름에 따라 사람들의 문화를 패턴화하여 구분하였다.

(1) 고맥락 문화와 저맥락 문화

고맥락 문화에서는 대부분의 정보가 이야기하는 사람에게 있는 경우가 많다. 누가 말하느냐에 따라 이미 메시지의 상당 부분이 전달된다는 의미로 언어적으로 표현되는 정보는 많지 않다. 고맥락 문화에서는 정보가 내포되어 있고 뉘앙스가 중요하며 직관적이고 주관적이며 사람과의 관계에 기반을 둔 커뮤니케이션을 한다.

저맥락 문화에서는 정보가 드러나 있고 주로 언어적으로 표현된다. 미국이 대표적으로 저맥락 문화로 분류된다. 커뮤니케이션은 명쾌하고 직접적이다. 또한 논리적이고 데이터와 시스템, 절차를 중요시하는 커뮤니케이션을 한다. 동양에서 말하는 이심전심과 같은 것은 서양 사람들은 이해하지 못한다.

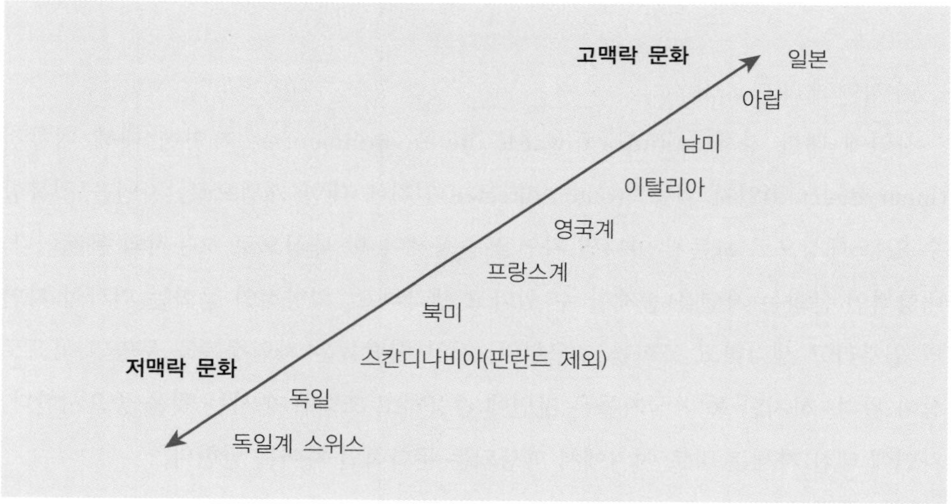

[그림 11-1] 저맥락 국가-고맥락 국가

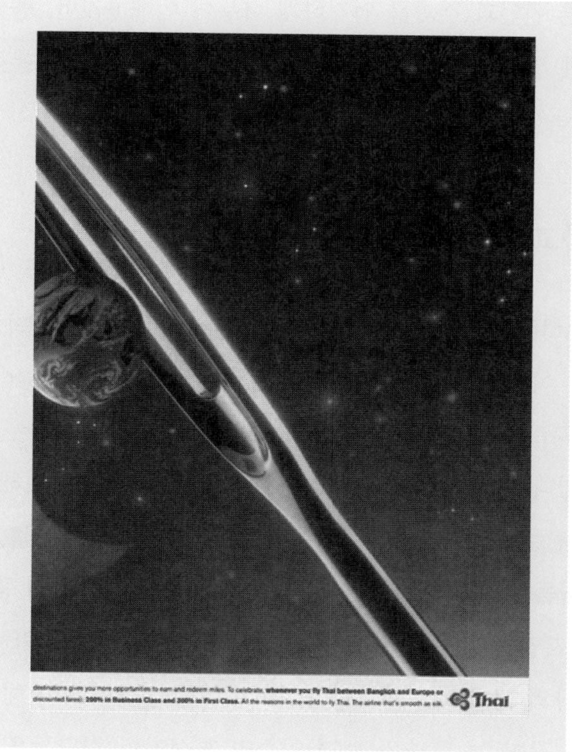

[그림 11-2] 전통적인 고맥락 광고의 사례

⑵ 단원적 시간과 다원적 시간

단원적 시간(mono-chronic time) 문화에서는 일정을 지키는 것이 중요하며 사람들이 한 번에 한 가지 일만 처리하려는 경향이 있다. 예를 들어, 미국에서는 담당자가 고객을 응대하고 있는 경우 다른 사람들의 간단한 물음에도 답을 하지 않는 경우가 많다. 이는 자신이 이야기하고 있는 고객에게 집중하는 것이 일반적이기 때문이다. **다원적 시간**(poly-chronic time) 문화에서는 고객을 응대하는 중에도 다른 고객의 간단한 질문은 답변해 주는 경우가 많다. 따라서 시간에 대해 유동적인 사고를 가지고 있고 해석에 따라 여지를 두곤 한다.

이러한 특징은 인과관계에 대한 인식에도 차이를 만들어 낸다. 미국인은 사건의 발생 순서에 따른 원인과 결과를 엄격하게 나누어 이해하지만, 중국인의 경우 원인과 결과가 동시에 발생할 수도 있다고 생각한다. 일본인도 전체론적인 시각에서 인과관계를 이해하는 경우가 많다.

4) 종합적 사고경향

사람들이 사고하는 방식도 종합적으로 사고하는 사람과 분석적으로 사고하는 사람으로 구분해서 이해할 수 있다(Nisbett, 2003). **종합적 사고경향**(holistic thinking)은 동양 사람들에게서 주로 나타나며, 이러한 경향을 가진 사람들은 사물을 전체로 파악하는 경향이 있다. 반면, 서양 사람들은 사물을 하나하나 분석해서 이해하는 **분석적 사고경향**을 가진 사람들이다. 아이들에게 물건을 구분해 보라고 하면 분석적 사고경향을 가진 사람들은 책상은 책상끼리, 의자는 의지끼리 물건의 종류별로 구분하는 경향이 있다. 하지만 종합적인 사고경향을 가진 사람들은 물건의 관계에 기초해 책상과 의자를 하나의 그룹으로 분류한다. 이는 눈앞의 풍경을 이해하는 데도 차이가 나게 된다. 예를 들어, 수족관을 보고 있으면 분석적인 사람들은 물고기에 초점을 두고 보지만, 종합적 사고경향을 가진 사람들은 수초와 같은 주변적인 것들에도 시선을 두는 경향이 있다.

2. 사회 트렌드

1) 다문화주의

미국은 대표적인 다문화사회이다. 미국에서 다문화주의(multiculturalism)는 개인간의 인구차이를 설명하는 데 사용되는데, 인종(race)은 인구조사 응답자들에 의한 자신의 정체성에 근거하며 민족성(ethnicity)은 공통적이거나 특별한 인종적, 국가적, 종교적, 언어적, 문화적 유산을 공유하는 사람들의 조직화할 수 있는 그룹에 관련된 것이다. 이는 자신이 자신을 어떠한 문화적인 배경을 가지고 있는지에 대해 주관적으로 응답한다는 의미이다.

미국은 문화적인 전통을 기반으로 7개의 작은 상징적인 국가, 즉 뉴잉글랜드(New England), 파운드리(the Foundry), 딕시(Dixie), 엠프티 쿼터(the Empty quarter), 엑토피아(ectopia), 브레드 바스켓(bread basket), 맥스아메리카(Maxamerica)로 구분이 가능하다. 하나의 국가에서 이렇게 구분하는 것은 그만큼 지역적인 차이가 크고 역사에 기반한 문화적인 차이를 보인다는 것이다.

다문화사회에 대한 이해가 중요한 것은 미국은 단일 소비자로 구성된 시장이 아니라는 점이다. 소비자행동연구에서 나이와 성별, 학력, 수입 등이 대표적인 인구통계적 요인으로 고려되지만 다문화사회에서는 문화적인 다양성이 소비자행동에 반영되기 때문에 인종과 출신 국가가 훨씬 더 중요한 요인으로 작용할 수 있다.

한국도 다문화사회에 접어들고 있다. 결혼 이주민들이 한국에 많이 거주하고, 직장을 찾아 한국으로 오는 사람들도 많아졌으며, 공부하러 한국에 오기도 한다. 전통적으로 단일 민족을 강조해 왔지만, 이제는 다양한 국적과 다양한 문화적인 배경을 가진 사람들이 공존하는 다문화사회에 대한 준비가 필요하다. 이는 마케팅 담당자에게도 유효한 이야기이다.

2) 문화적응

문화적응(acculturation)은 이민자들이 거주국 문화에 적응하는 것을 말한다. 한 사람이 특정한 문화권의 나라로 이민을 가게 되면 해당 국가의 문화를 습득하게 된다. 문화라는 것이 학습을 통해 습득되는 것으로 성인이 된 이후에도 새로운 문화를 학습하고 그 나라의 문화에 적응하게 된다. 물론 모든 사람이 거주국 문화에 적응하는 것은 아니며, 문화적응은 사람에 따라 다양한 수준으로 표현된다. 기본적으로 하나의 문화에 적응해 가면 기존 문화적 특성이 감소하는 것이 사실이다. 하지만

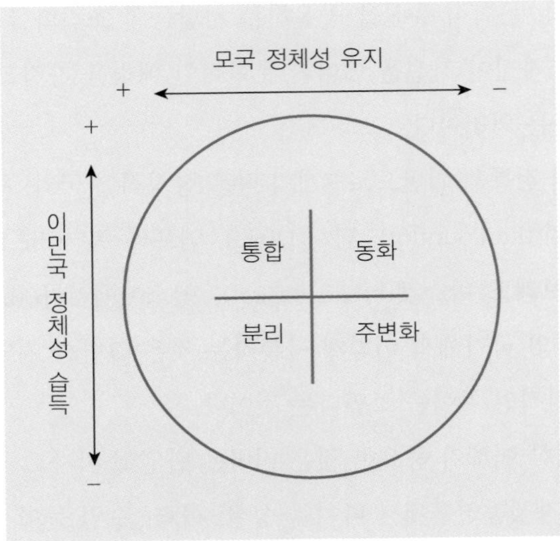

[그림 11-3] 문화적응의 단계

두 가지 문화를 모두 보유하는 사람들도 있다. 언어가 가장 문화적인 요인인데, 두 가지 언어를 완벽하게 구사하는 사람들을 보면 이해할 수 있을 것이다. 그 반대편에는 거주국 문화에 적응하지 못하고 자신만의 문화를 잃어버리고 주변화되는 사람들도 있다. 이러한 문화 적응의 단계를 통합, 동화, 분리, 주변화로 구분한다(Berry, 1997). 따라서 혼동해서 사용하고 있는 **문화적응**과 **문화동화**(assimilation)는 구분이 필요하다.

과거 미국은 인종의 용광로로 불리었다. 이는 어떤 문화적인 배경을 가지고 있든지, 어떤 국가에서 이민을 왔든지 미국이라는 국가에 녹아들어 융합된 문화를 이루고자 했던 정책적 고려였다. 하지만 현재는 출신국과 하위문화에 대한 존중을 바탕으로 샐러드 그릇(salad bowl)이라고 불린다. 샐러드에는 여러 식재료가 섞여 있지만 자신의 모양을 가지고 있는 것과 마찬가지로, 개별 문화를 유지하면서 하나의 국가에 소속된다는 의미이다.

문화적응에 영향을 주는 요인들은 다양하다. 먼저 인구통계학적인 차원에서 여성들이 남성들보다 문화적응이 빠른 경우가 많다. 또한 언어 능력과 거주기간, 거주국 미디어를 많이 사용하는 것도 문화적응 수준을 높이는 데 긍정적인 영향을 미친다(전종우, 홍다현, 2017).

3) 자문화중심주의

자문화중심주의(ethnocentrism)는 '자신들을 우주의 중심에 놓고 자신들의 문화적인 기준으로 남을 평가하고 자신들의 문화가 남들에 비해 우월하다고 믿는 것'이다. 일반적으로 사람들이 다른 문화를 평가할 때 자신들의 문화가 기준이 되는 것은 사실이다. 하지만 문화적인 차이를 이해하기 위해 자신들의 문화와 비교하는 것은 자연스러운 현상이지만 평가에 잘못된 기준이 부여되면 특정 문화에 대한 가치평가가 생길 수 있다. 문화는 차이를 가지고 있지만 고급문화와 저급문화가 있는 것은 아니다. 글로벌 환경에서 다른 나라, 다른 문화를 이해하기 위해서는 자신들의 문화에 너무 집착하는 것은 바람직한 것은 아니다.

3. 사례와 효과

1) 일상생활

문화적인 차이는 개별 국가에서 일상생활에서의 차이를 만들어 낸다(de Mooij, 2014). 북미에서 개인적인 행복은 가장 중요한 가치이며 법적인 권리이지만 동아시아에서는 인내와 조화가 개인적인 행복보다 우선적인 가치인 경우가 많다. 행복이라는 것도 미국인들에게는 매우 중요한 가치 중 하나이지만 일본인에게 있어서 행복은 휴식과 유사한 개념으로 이해되고 자신의 의무를 수행하기 위해 포기할 수 있다고 생각한다. 자존심 혹은 자존감이라는 가치도 개인주의 문화에서는 자아를 나타내지만 일본에서 자존심은 절제라는 의미로 사용되며 자기희생이 동반되는 경우가 있어

서양인들이 생각하는 자존감과는 다르다.

집단주의 문화에서는 음식의 상징적인 기능이 중요시되며, 음식의 다양성을 중요하게 생각한다. 어른에 대한 존경도 문화권마다 차이가 있다. 동양 문화권에서는 나이 든 사람에 대해 존경을 표시하지만 서양 문화에서는 나이를 먹는 것이 긍정적인 의미를 내포하지는 않는다. 오히려 나이를 내세우지 않고 젊어 보이려고 노력하는 경우가 많다. 종교의 경우 문화에 있어 중요한 요소이며 일상생활에 미치는 영향력이 크다. 무슬림 국가에서는 특히 종교가 생활에 많이 관련되어 있다. [그림 11-4]의 광고에서 보면 미국 광고와 달리 무슬림 광고는 부르카와 같은 종교적인 복장으로 인해 외부에 노출할 수 있는 거의 유일한 신체 부위인 눈을 강조하는 크리에이티브를 활용하고 있다.

일상생활에서 나타나는 또 하나의 차이가 눈 맞춤(eye contact)이다. 서양 사람들은 눈을 보고 이야기하는 것이 일반적이다. 눈을 보지 않으면 이야기하는 사람이 뭔가를 숨기고 있다고 생각하는 경우가 많다. 한국의 경우 서양 문화를 많이 접하게 되면서 눈을 보고 이야기하는 것이 커뮤니케이션 효율이 높다는 것을 인식하고 있지만 아무래도 상대방의 눈을 똑바로 보고 이야기하는 것은 부담스러운 경우가 많다. 선생님에게 꾸지람을 들을 경우 미국의 학생들은 눈을 보지 않는다고 혼나지만 한국

[그림 11-4] 미국 광고와 무슬림 광고

의 경우 선생님께 혼나는 상황에서 선생님의 눈을 똑바로 쳐다본다고 상상해 보자. 경우에 따라서는 더 혼날 수도 있다.

(1) 언어

언어는 문화에 가장 영향을 많이 미치고 받기도 한다. 일상적인 단어가 특정 문화권에 없는 경우가 많다. 또한 특정한 대상을 지칭하는 단어나 형용사가 특정 문화권에서 압도적으로 많은 경우도 있다. 말하는 방법도 문화권에 따라 차이가 난다. 미국인들에게는 말의 속도가 빠른 것은 신뢰를 주지만 한국인의 입장에서는 느린 말투가 신중함을 의미한다. 사람들의 독서량도 문화에 영향을 받으며 개인주의적이고 낮은 불확실성 회피 성향인 문화권에서는 그들의 언어지향적인 특성으로 인해 독서를 많이 한다. 한국인이 책을 많이 읽지 않는다고 비판을 받는 것은 문화적인 특성에 기인하는 것도 있는 것이다.

불확실성 회피 성향이 어느 정도 이상 되는 고상황 문화권에 있는 사람들은 만연체를 많이 사용한다. 반면, 불확실성 회피 성향이 약하고 저상황적인 문화권인 영국이나 미국에서는 간결체를 주로 사용한다. 압축체는 불확실성 회피 성향이 강하고 고상황적인 문화인 일본과 같은 문화권에서 많이 사용된다.

[그림 11-5] 코카콜라

중국 어린이는 사람과 관련된 단어를 처음으로 배우는 경우가 많고, 미국 어린이는 물건과 관련된 말을 먼저 배운다. 중국인은 언어적인 특성으로 인해 시각적 표상에 의존하는 경향을 보이며, 영어를 사용하는 사람들은 음성이나 소리와 같이 주로 음운적인 표상에 주로 의존한다. 중국에서는 제품 브랜드를 한자로 등록해야 한다. 한국이나 일본과 같이 한자를 사용하는 국가는 큰 문제가 없지만, 서양 기업들은 새로운 중국어 브랜드를 만들게 되는 경우가 많다. 발음도 기존 브랜드와 유사하고 중국 소비자들에게 어필하기 위해서는 의미도 좋은 브랜드를 만들어야 한다.

비언어적 커뮤니케이션에 있어서도 문화에 따라 차이를 보인다. 독일인은 훌륭한 아이디어를 접하게 되면 눈썹을 치켜올리지만 영국이나 네덜란드에서는 눈썹을 치켜올리는 것이 의심한다는 의미로 사용된다. 색상도 문화와 관련이 있다. 중국 사람들이 빨간색을 좋아한다는 것은 이제 많이 알려진 사실이다. 아랍인은 녹색을 좋아하고 서양인은 일반적으로 파란색을 선호한다고 한다. 한국의 경우 빨간색을 정치적인 의미에서 부담스럽게 생각해 왔으나, 2002년 월드컵을 계기로 붉은 악마 응원단이 생긴 이후 하나의 상징적인 색상으로 선호된다.

(2) 공간

공간에 대한 인식도 문화권마다 차이를 보인다. 가장 중요한 것이 사람들이 이야기할 때 편안하게 느끼는 거리가 다르다는 것이다. 미국의 경우 친밀한 거리는 18인치 이내이고 개인적인 거리는 18인치~4피트, 사회적인 거리는 4~12피트 정도이고 공적인 거리는 12~25피트 정도라고 한다. 이러한 거리를 지키지 않으면 해당 문화권의 사람들은 불편함을 느낀다. 한국을 포함한 동양 문화권에서는 이 거리가 상대적으로 좁은 경우가 많다. 따라서 한국 사람과 서양 사람이 이야기를 하는 경우 한국 사람들은 계속 다가가고 상대방은 계속 뒷걸음치는 모습도 종종 목격할 수 있다.

공간에 대한 인식은 국가별로도 차이가 난다. 예를 들어, 유럽의 경우 엘리베이터를 타고 있는 상황에서 몇몇 사람이 내리면 프랑스인들은 그 자리에 그대로 서 있지만 영국인들은 재빨리 서로의 공간을 넓히려 이동한다. 개인적인 공간에 대한 인식에 차이가 있기 때문이다. 또한 독일 사람들은 누가 있는 방에 들어간다는 것은 그 방이 아무리 넓다고 해도 그 사람의 개인적인 영역을 침범하게 되어 피하는 것이 일반적이다. 앵글로 색슨족은 혼자 있고 싶을 때 방에 들어가서 문을 잠그는 경우가 있지만, 스페인에서는 그런 행동을 하면 그 사람이 무슨 일이 있는 것은 아닌지 걱정을 한다. 아랍인들은 닫힌 공간을 별로 좋아하지 않는 경향을 보인다.

(3) 논리적인 사고

논리적인 사고방식도 문화에 따라 다르다. 서구는 선형적이고 외면적인 논리를 기본으로 하며 내면적인 불교 철학이 영향을 미치는 동양 문화와 차이를 보인다. 북미인들은 구조적이고 분석적인 사고를 좋아한다. 미국인들은 모든 것을 범주화하고 데이터에 기반한 의사결정을 한다. 독일의 경우 추론과 연역법을 선호하는 경향을 보인다. 프랑스는 연역법을 선호하지 않으며 미적인 관점에서 사물을 바라보는 것을 즐긴다. 반면, 중국은 음양역학, 유럽은 변증법, 일본은 전체론적인 사고를 즐겨 한다.

혁신의 수용도 문화에 따라 다르다. 개인주의적이고 작은 권력거리 문화는 개혁이 내부화되지만 집단주의적이고 큰 권력거리 문화에서는 개혁이 외부화된다. 혁신의 일종인 발명의 동기도 동양과 서양 간에 차이를 보인다. 서구에서는 개인적인 동기로 발명을 하지만 중국에서 발명의 원동력은 군주나 황제에 대한 봉사에서 비롯되는 것이 일반적이다.

(4) 시간

동양문화는 전통을 중요시하고 과거를 통해 현재를 이해하지만 서양 문화권에서는 미래를 지향하는 사고를 많이 한다. 아프리카 사람들에게 미래는 별 의미가 없다. 이유는 아프리카 사람들의 시간 개념은 사람들이 겪은 사건들로 구성되기 때문에 사건이 일어나지 않은 미래에 대한 개념이 구체적으로 정립되어 있지 않기 때문이다. 일본인은 시간을 순환적인 개념으로 이해하여 계절의 특별한 의미가 깊이 관련된다.

(5) 미디어 콘텐츠

미디어 콘텐츠의 스토리나 제작 방식에서도 문화적인 차이를 발견할 수 있다. 미국의 TV 프로그램은 액션 장르의 제작물이 많다. 이에 비해 핀란드의 국내 TV 드라마는 정적인 내용이 대부분이며, 액션이나 문답 형식 그리고 화면에 지나치게 클로즈업되는 것을 선호하지 않는다.

러시아나 일본의 소설들이 권태를 소재로 많이 사용하지만 미국 소설에서는 찾아보기 힘들다. 미국의 콘텐츠 소비자들은 '해피엔딩'을 좋아한다. 디즈니의 인어공주는 물거품으로 사라지지 않고 왕자와 결혼해 행복하게 살아가는 것으로 결말이 바뀌었다. 이에 반해 일본의 소설이나 연극에는 해피엔딩이 중요한 요소가 아니다.

문학 속 등장하는 주인공들의 행동과 주제들에도 문화적 가치가 담긴다. 이탈리아 출신 카를로 콜로디의 피노키오는 순종적이고 의존적이지만 디즈니 도널드 덕의 조카들은 독립적이고 자기중심적이어서 어른들의 말을 잘 듣지 않는다. '이상한 나라의 엘리스'에는 상상하지 못하는 일들이 많이 일어나는데, 이는 영국이 불확실성 회피 성향이 약하기 때문이며, 이러한 문화적 가치가 작품에 표현된 것이다.

미국의 만화 영화에는 미국적인 특성이 반영되어 대범하고 공격적인 색상이 많이 사용된다. 마블의 만화를 보면 원색 위주로 강렬한 컬러감을 보여 준다. 반면, 일본 산리오의 캐릭터인 헬로키티는 섬세하고 곡선과 파스텔 색상이 주로 사용되어 아늑함을 느낄 수 있다.

2) 광고와 마케팅 환경

(1) 광고와 홍보

문화는 광고와 마케팅 현장에서 많은 영향을 미친다(de Mooij, 2014). 특히 소비자의 브랜드 지각에서 차이를 확인할 수 있다. 제품 브랜드보다 기업 브랜드가 더 중요시되는 동양 문화에서는 신제품에 대한 반응을 이끌어 내기에 어려움이 따른다. '들어는 보았지만 사용해 본 적이 없는 브랜드를 구매할 가능성이 높다.'라고 응답한 사람들은 주로 개인주의 문화권의 사람들이다. 기업의 신뢰를 바탕으로 제품을 구매하는 집단주의 문화권에서 신제품을 출시하고 성공하기가 그만큼 더 어렵다는 의미이다. 브랜드 개성이라는 개념도 자아를 중요시하는 미국의 문화를 반영한 것이다. 따라서 동양에서는 기업 브랜드가 중요시되고 제품 브랜드의 개성이 두드러지게 나타나는 경우는 많지 않다. 한국적 브랜드 개성에 대한 연구에 따르면 쉽고 부드럽고 가족 지향적이고 쾌활하고 감정적인 특징을 의미하는 수동적 호감과 엄격하고 진중하고 지적이고 대담한 특성을 나타내는 우월성이 한국적인 브랜드 개성에 포함된다고 한다.

개인주의 문화에서 광고는 대상에 대한 설득을 중요시하지만 집단주의 문화에서는 판매자와 구매자 간에 관계와 신뢰를 구축하는 것이 더 중요한 일이다. 논리적인 메시지를 통해 해당 제품을 구매해야 하는 이유를 제공해야만 하는 개인주의 소비자와는 달리 집단주의 문화권의 소비자는 기업이나 제품과 감성적인 관계가 요구되고 그에 따른 신뢰 구축이 필요하다. 중국인들의 경우 관계를 먼저 구축하지 않으면 비즈니스 자체를 시작하는 것이 불가능한 경우도 있다. 이러한 특성은 기업의 홍보에도 적용된다. 홍보의 기원이라고 할 수 있는 앵글로 색슨족은 홍보에서 가장 중요한

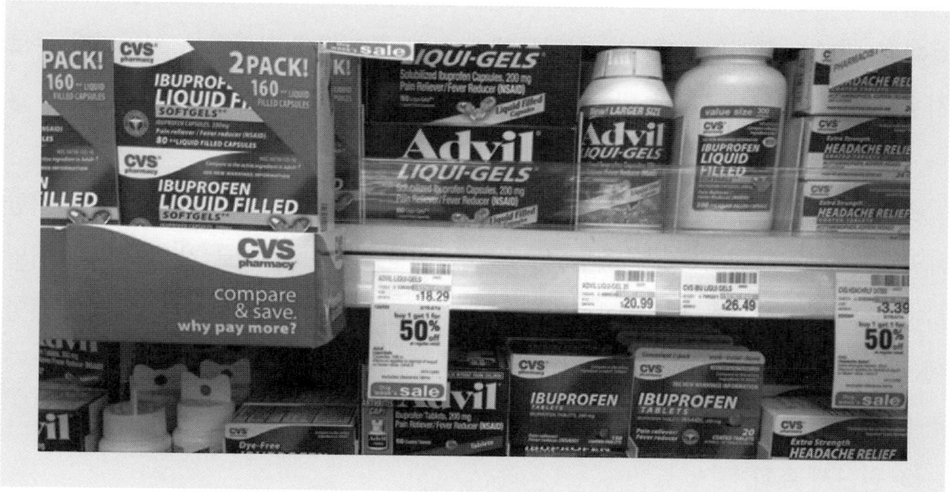

[그림 11-6] 오리지널 제품과 PB 제품

것은 정보를 전달하는 것이라고 생각하고, 집단주의 문화권에서 홍보는 개인적인 인간관계를 형성하는 것이라고 생각한다.

(2) 광고 제작

저상황적인 문화에서는 언어 커뮤니케이션을 중시하기에 광고 제작자들은 이성적인 요소를 내용(content)으로 생각하고, 감성적인 요소를 제작(execution)으로 여기면서 이 두 가지를 다른 것으로 본다. 언어적인 커뮤니케이션이 강한 미국 광고에서는 카피 문구가 보다 많이 사용되고, 일본 광고에서는 시각적 요소가 많이 등장한다. 한국 광고에서도 구체적인 정보를 나열하기보다는 감성적인 접근을 많이 사용한다.

역사적인 요인도 광고의 이해에 영향을 미친다. 베네통의 광고에서 흑인 여성이 백인 아이를 돌보고 있는 광고는 유럽에서 상을 받았지만 미국에서는 노예가 흑인 보모 역할을 하는 것으로 인식되었다. 또 다른 예는 사자와 같이 한 문화권에서 자유를 상징하는 이미지가 다른 문화권에서는 권력을 상징할 수도 있다. 이탈리아에서 검은색 양은 자신의 길을 고집하는 독립심을 상징하지만, 그 외의 유럽 지역에서는 일반적으로 검은색 양이 따돌림을 상징하기도 한다.

웹사이트에서 정보를 제시하는 방법에도 문화적인 차이를 확인할 수 있다. 여성성 문화의 대학교 웹사이트에서는 사람들에게 보다 부드럽게 다가가는 이미지가 주로 사용되지만 남성성 문화의 대학교에서는 성취중심적인 가치를 부여하는 경우가 많다. 인도 웹사이트에서는 계층과 관련된 명칭들이 많이 사용된다.

소비자들이 직접적으로 제품을 만나게 되는 유통에서도 문화적인 특성을 고려한 제품 진열이 이루어진다. 동양에서는 제품 간의 관계를 기준으로 같은 공간에 진열하지만 분석적 사고경향의 국가에서는 제품의 종류별로 진열한다. 이는 제품의 진열에 종합적 사고경향이 적용된 것이다.

(3) 원산지 효과

원산지(country-of-origin) 효과는 원산지가 어떤 나라인가에 따라 소비자들의 제품에 대한 태도와 구매 의도에 차이가 나는 것을 말한다. 최근에는 국제적인 분업이 이루어지고 생산 거점도 다양해지면서 완성된 제품이 어떤 원산지인지 구분하기 힘든 경우가 많다. 예를 들면, 애플의 아이폰은 뒷면에 '캘리포니아의 애플이 디자인하고 중국에서 조립되었다(Designed by Apple in California, Assembled in China)'는 표현이 적혀 있다. 이는 제품의 개발과 생산이 분리되어 있다는 의미이다. 부품으로 원산지를 확대하면 더욱 복잡한 양상을 보이게 된다. 따라서 COO(Country-Of-Origin), COD(Country-Of-Design), COM(Country-Of-Manufacture), COP(Country-Of-Part) 등 보다 세부적인 원산지 구분이 등장하기도 한다.

예전부터 특정한 국가의 제품은 특정한 제품군에서 선호되어 왔다. 스위스의 시계, 독일의 자동차, 프랑스 화장품 등이 그 예이다. 반면, 중국산 제품 등은 그다지 호의적인 원산지 이미지를 가지고 있지 못하다. 이는 제품 품질에 대한 기존 인식에 기인하는 바가 크다. 특정한 원산지의 경우 기능적인 면에서는 높게 평가하지만 감성적인 차원에서 부정적인 인식으로 인해 구매를 하지 않는 경우도 있다. 이를 **국가적대감**(country animosity)이라 부르며 난징 지역의 중국 소비자들이 일본 제품을 구매하지 않는 이유이기도 하다(Klein, Ettenson, & Morris, 1998). 그들은 일본 제품의 품질에 대해서는 높게 평가하지만 과거 역사적인 사건으로 인해 일본 제품에 대한 구매로 연결되지는 않는다. 한국의 경우도 2019년에 역사적인 문제로 일본과 갈등을 겪으면서 일본 제품 불매 운동이 일어나는 등 제품의 물리적인 특성과 관계없는 요인이 원산지에 대한 이미지를 형성하는 경우가 많다.

원산지 효과는 미디어를 통한 정보에 의해 형성되며 과거 직접 경험에 의해 구축되기도 한다. 광고를 통해 긍정적인 이미지를 형성하기도 하고 제품을 구매하고 사용한 후 원산지에 대한 평가를 하기도 한다. 한국의 경우 한류와 같은 문화 상품의 소비로 인해 국가의 이미지가 개선되기도 한다. 한국의 화장품도 이제 명품으로 인식되고 새로운 원산지 효과를 창출하고 있다.

(4) 표준화와 현지화

글로벌 마케팅에서 표준화와 현지화에 대한 오랜 논쟁이 있어 왔다. 1980년대 미국의 학자들이 주장하기 시작한 글로벌 마케팅에 대한 시각은 표준화를 통한 매출 극대화에 중점을 두었다. 표준화를 하게 되면 마케팅 비용을 줄일 수 있을 뿐 아니라 전 세계적으로 공통된 브랜드 이미지를 구축하는 것이 가능하다. 반면, 해당국의 고유한 문화에 대한 고려를 하지 못하여 소비자들의 기호를 맞추는 것이 힘들게 된다. 과거 국내에 진출한 글로벌 기업의 사례를 보면 알 수 있다. 초기에는 미국 광고를 한국어로 더빙만 하여 그대로 사용하는 경우가 많았다. 이후 같은 시나리오에 배우들이 한국인들로 바뀌기 시작했으며, 최근에는 현지화를 강조하여 한국적인 스토리와 전략을 실행하는 것이 일반적이다.

결론적으로 말하면 현지화는 필수적인 전략이라는 것이다. 현지 소비자들은 제품의 원산지 국가의 소비자와는 다르다. 이는 서양과 동양의 차이뿐만 아니라 아시아 국가 간에도 적용된다. 두 나라가 지리적으로 근접하다고 해도 문화적으로는 다르기 때문에 보다 섬세한 문화에 대한 이해가 필요하다. 다만, 비용 절감을 위해 가능한 범위에서 표준화를 최대한 실행하여야 하고 표준화가 되지 않는 부분에 있어 현지화를 하는 것이 바람직하다. ■

참고문헌

제1장 소비자심리학

남승규(1999). **소비자심리학**. 서울: 학지사.

남승규(2009). **소비자분석**. 서울: 학지사.

남승규(2010). 소비자 공감에 대한 이론적 연구. **한국심리학회지: 소비자 · 광고, 11**(4), 619-636.

남승규(2011). 광고반응평가차원에 기초한 광고효과 제고 전략. **광고학연구, 22**(8), 45-58.

남승규(2012). 소비자행복 척도의 개발 및 타당화. **한국심리학회지: 소비자 · 광고, 13**(3), 403-420.

남승규(2014). **행복심리학**. 경기: 양서원.

남승규(2017). **긍정심리학**. 경기: 양서원.

남승규, 이재창, 우석봉, 박준호(2015). **심리학: 원리와 적용**. 서울: 학지사.

남윤주, 남승규(2019). 광고, 신뢰의 재건. **한국광고학회 춘계학술대회 발표논문집**.

Ajzen, I., & Fishbein, M. (1980). *Understanding Attitudes and Predicting Social Behavior*. Englewood Cliffs, NJ: Prentice-Hall.

Cohen, J. B. (1967). An interpersonal orientation to the study of consumer behavior. *Journal of Marketing Research*, *4*, 270-278.

Eagly, A. H., & Chaiken, S. (1998). Attitude structure and function. In D. T. Gilbert, S. T. Fiske, & G. Lindzey (eds.), *The Handbook of Social Psychology* (4th ed., 269-322). London: The McGraw-Hill Companies, Inc.

Feather, N. T. (1990). Bridging the gap between values and actions: Recent applications of the expectancy-value model. In E. T. Higgins & R. M. Sorrentino (Ed.), *Handbook of Motivation and Cognition: Foundations of Social Behavior* (Vol. 2., pp. 151-192). New York: The Guilford Press.

Gutman, J. (1982). A means-end chain model based on consumer categorization processes. *Journal of Marketing, 46*, 60-72.

Hawkins, D. I., Best, R. J., & Coney, K. A. (1998). *Consumer Behavior: Building Marketing Strategy* (7th ed.). London: The McGraw-Hill Companies, Inc.

Higgins, E. (1997). Beyond pleasure and pain. *American Psychologist, 52*(12), 1280-1300.

Hofstede, G. (1991). *Cultures and Organizations*. London: McGraw-Hill.

Holman, R. (1981). Product as communication: A fresh appraisal of a venerable topic. In B. Enis & K. Roering (Eds.), *Review of Marketing* (pp. 106-119). New York: Marketing Classics Press, Inc.

Hopkins, C. C. (1992). **과학적 광고** (*Scientific Advertising*). (김동완 역). 서울: 소담출판사. (원저는 1923년에 출판).

Howard, J. A. (1989). *Consumer Behavior in Marketing Strategy*. Englewood Cliffs, NJ: Prentice-Hall, Inc.

Maslow, A. H. (1970). *Motivation and Personality* (2nd ed.). New York: Harper & Row.

Munson, M. (1985). Personal values: Considerations on their measurement and application to five areas of research inquiry. In R. E. Pitts & A. G. Woodside (Ed.), *Personal Values and Consumer Psychology* (pp. 13-34). Toronto: Lexinton Books.

Noerager, J. P. (1979). An assessment of CAD: A personality instrument developed specifically for marketing research. *Journal of Marketing Research, 16*, 53-59.

Onkvisit, S., & Shaw, J. (1987). Self-concept and image congruence: Some research and managerial issues. *Journal of Consumer Marketing, 4*, 13-23.

Peter, J. P., & Olson, J. C. (1993). *Consumer Behavior and Marketing Strategy* (3rd ed.). Boston: McGraw-Hill Irwin.

Petty, R., & Cacioppo, J. (1981) *Attitudes and Persuasion: Classical and Contemporary Approaches*. Dubuque, Iowa: W.C. Brown.

Pitts, Jr., R. E., & Woodside, A. G. (1983). Personal value influences on consumer product class and brand preferences. *Journal of Social Psychology, 119*, 37-53.

Rokeach, M. (1973). *The Nature of Human Values*. New York: Free Press.

Schiffman, L. G., & Kanuk, L. L. (1997). *Consumer Behavior* (6th ed.). New Jersey: Prentice Hall.

Smith, R. E., & Swinyard, W. R. (1988). Cognitive response to advertising and trail: Belief strength, belief confidence and product curiosity. *Journal of Advertising, 17*(3), 3-14.

Vinson, D. E., Scott, J. D., & Lamont, L. M. (1977). The role of personal values in marketing and consumer behavior. *Journal of Marketing, 41*, 44-50.

Wilkie, W. L. (1990). *Consumer Behavior* (2nd ed.). New York: John Wiley & Sons, Inc.

Woodside, A. G., & Andress, R. (1975). CAD eight years later. *Journal of the Academy of Marketing Science, 3*, 309–313.

Zaltman, G. (2003). *How Customers Think: Essential Insights into the Mind of the Market.* Boston, MA: Harvard Business School Press.

제2장 감각과 지각

김재휘, 박은아, 손영화, 우석봉, 유승엽, 이병관(2009). **광고 심리학**. 서울: 커뮤니케이션북스.

양윤(2014). **소비자 심리학**. 서울: 학지사.

Chartrand, T. L., & Bargh, J. A. (1996). Automatic activation of impression formation and memorization goals: Nonconscious goal priming reproduces effects of explicit task instructions. *Journal of Personality and Social Psychology, 71*(3), 464.

Cooper, J., & Cooper, G. (2002). Subliminal motivation: A story revisited. *Journal of Applied Social Psychology, 32*(11), 2213–2227.

Dimberg, U., Thunberg, M., & Elmehed, K. (2000). Unconscious facial reactions to emotional facial expressions. *Psychological Science, 11*(1), 86–89.

Gillihan, S. J., & Farah, M. J. (2005). Is self special? A critical review of evidence from experimental psychology and cognitive neuroscience. *Psychological Bulletin, 131*(1), 76.

Kreiner, D. S., Altis, N. A., & Voss, C. W. (2003). A test of the effect of reverse speech on priming. *The Journal of Psychology, 137*(3), 224–232.

Mandel, N., & Johnson, E. J. (2002). When web pages influence choice: Effects of visual primes on experts and novices. *Journal of Consumer Research, 29*(2), 235–245.

Petty, R. E., & Cacioppo, J. T. (1986). The elaboration likelihood model of persuasion. *Advances in Experimental Social Psychology, 19*, 123–205.

Salkind, N. J., & Rasmussen, K. (2007). *Encyclopedia of Measurement and Statistics* (Vol. 1). Thousand Oaks, CA: Sage.

Tversky, A., & Kahneman, D. (1974). Judgment under uncertainty: Heuristics and biases. *Science, 185*(4157), 1124–1131.

Wolfe, J. M., Horowitz, T. S., & Kenner, N. M. (2005). Cognitive psychology: Rare items often missed in visual searches. *Nature, 435*(7041), 439.

제3장 소비자 동기

김철호(2008). 광고에 대한 윤리적 가치관과 기대가치 성향이 광고 소구 유형에 대한 호감도에 미치는 영향. **광고학연구**, 19(6), 211-236.

김철호(2013). 지역 브랜드 정체성 구축의 동인으로서의 올림픽 기대가치와 지역사회 소속감 측정 척도 연구. **브랜드디자인학연구**, 11(2), 149-160.

김철호(2017). **학제적 융합적 공생학으로 이해하는 광고기획**. 서울: 한경사.

이학식(1990). 소비자 정보처리에 대한 관여도와 광고유형의 조정적 역할. **경영학연구**, 19(2), 87-116.

Babin, B. J., Darden, W. R., & Griffin, M. (1994). Work and/or Fun: Measuring Hedonic and Utilitarian Shopping Value. *Journal of Consumer Research*, *20*(4), 644-656.

Festinger, L. (1957). *A Theory of Cognitive Dissonance*. Stanford. California: Stanford University Press.

Freud, S. (1923). *The Ego and the Id*. SE. 19, pp. 3-66.

Freud, S. (1931). *Libidinal Types*. SE, 21. pp. 217-220.

Heider, F. (1946). Attitudes and Cognitive Organization. *Journal of Psychology*, *21*, 107-112.

Krugman, H. E. (1965). The Impact of Television Advertising: Learning Without Involvement. *Public Opinion Quarterly*, *29*, 349-356.

Maslow, A. H. (1943). A Theory of Human Motivation. *Psychological Review*, *50*, 370-396.

Maslow, A. H. (1954). *Motivation and Personality*. New York, NY: Harper.

Petty, R. E., & Cacioppo, J. T. (1981). *Attitudes and Persuasion: Classic and contemporary approaches*. Dubuque: WCB.

Sherif, M., & Cantril, H. (1947). *The Psychology of Ego-involvements*. New York: Wiley.

Vaughn, R. (1986). How Advertising Works: A Planning Model. *Journal of Advertising Research, 26*(1), 57-66.

Zaichkowsky, J. L. (1985). Measuring the Involvement Construct. *Journal of Consumer Research, 12*(3), 341-352.

제4장 소비자 학습

김완석(2008). **광고 심리학**. 서울: 학지사.

김재휘, 박은아, 손영화, 우석봉, 유승엽, 이병관(2009). **광고 심리학**. 서울: 커뮤니케이션북스.

Allen, C. T., & Janiszewski, G. A. (1989). Assessing the role of contingency awareness in attitudinal conditioning with implications for advertising research. *Journal of Marketing Research, 26*, 30-43.

Atnip, G. W. (1977). Stimulus- and response-reinforcer contingencies in autoshaping, operant, classical and omission training procedures in rats. *Journal of Experimental Analysis of Behavior, 28*, 56-69.

Bandura, A. (1965). Influence of models' reinforcement contingencies on the acquisition of imitative responses. *Journal of Personality and Social Psychology, 1*(6), 589-595.

Bandura, A. (1977). Self-efficacy: Toward a unifying theory of behavioral change. *Psychological Review, 84*, 191-215.

Carpenter, G. S., Glazer, R., & Nakamoto, K. (1994). Meaningful brands from meaningless differentiation: The dependence on irrelevant attributes. *Journal of Marketing Research, 31*(3), 339-350.

Domjan, M., & Burkhard, B. (1986). *The Principles of Learning & Behavior*. Belmont: Brooks/Cole Publishing Co..

Gorn, G. J. (1982). The effects of music in advertising on choice behavior. A classical conditioning approach. *Journal of Marketing, 46*, 94-101.

Hawkins, D. I., Best, R. J., & Coney, K. A. (1983). *Consumer Behavior: Implications for Marketing Strategy*. Plano, TX: Business Publications.

Hoch, S. J., & Deighton, J. (1989). Managing what consumers learn from experience. *Journal of Marketing, 53*(2), 1-20.

Mackintosh, N. J. (1983). *Conditioning and Associate Learning*. Oxford: Clarendon Press.

Milliman, R. A. (1986). The influence of background music on the behavior of restaurant patrons. *Journal of Consumer Research, 13*, 286-289.

Schiffman, L. G., & Kanuk, L. L. (1983). *Consumer Behavior*. Englewood cliffs, NJ: Prentice Hall.

Shimp, T. A. (1991). Neo-Pavlovian conditioning and its implications for consumer theory and research. In T. S. Robertson & H. H. Kassarjian (Eds.), *Handbook of Consumer Behavior*. NJ: Prentice Hall.

Staats, C. K., & Staats, A. W. (1957). Meaning established by classical conditioning. *Journal of Experimental Psychology, 54*(1), 74.

Stuart, E. W., Shimp, T. A., & Engle, R. W. (1987). Classical conditioning of consumer attitudes: Four experiments in an advertising context. *Journal of Consumer Research, 14*, 334-349.

제5장 소비자 기억

김완석(2000). **광고심리학**. 서울: 학지사.

현성용, 김교헌, 김미리혜, 김아영, 김현택, 박동건, 성한기, 유태용, 윤병수, 이봉건, 이순묵, 이영호, 이재호, 이주일, 진영선, 채규만, 한광희, 황상민(2015). **현대 심리학의 이해**(3판). 서울: 학지사.

Arens, W. (2004). *Contemporary Advertising* (8th ed.). New York: McGraw-Hill Irwin.

Atkinson, R. C., & Shiffrin, R. M. (1968). Human memory: A proposed system and its control processes. In K. W. Spence (Ed.), *The Psychology of Learning and Motivation: Advances in Research and Theory* (Vol. 2, pp. 89-195). New York: Academic Press.

Buschman, B. J. (1998). Effects of television violence on memory for commercial message. *Journal of Experimental Psychology: Applied, 4*(4), 291-307.

Hutchinson, J., & Moore, D. L. (1984). Issue surrounding the examination of delay effects in advertising. *Advances in Consumer Research, 11*(1), 650-655.

Solomon, M. R. (2005). **소비자 행동론** (*Consumer Behavior*, 6th ed.). (리대룡, 이상빈, 황장선 공역). 서울: 브레인 코리아. (원저는 2004년에 출판).

Tulving, E. (1985). How many memory systems are there?. *American Psychologist, 40*, 385-398.

동아 오츠카 포카리스웨트 http://pocarisweat.co.kr/post_news_tags

동부그룹 http://www.dongbu.co.kr

디자인정글 https://www.jungle.co.kr/magazine/5881

롯데칠성 https://www.instagram.com/lottechilsung/?hl=ko

배달의 민족 http://blog.baemin.com/60212317793?Redirect=Log&from=postView

신세계 그룹 https://www.ssgblog.com/1595

파마리서치 프로덕트 http://www.pr-products.co.kr/kor/bbs/board.php?bo_table=news&wr_id=10&sfl=wr_subject&stx=%EB%A6%AC%EC%95%88&sop=and

FedEx https://www.instagram.com/fedex

KT&G http://www.ktng.com/overview

제6장 태도 형성과 태도 변화

Ajzen, I. (1985). From intentions to actions: A theory of planned behavior. In *Action Control* (pp. 11-39). Berlin, Heidelberg: Springer.

Ajzen, I. (2001). Nature and operation of attitudes. *Annual Review of Psychology, 52*(1), 27–58.

Ajzen, I. (2008). Consumer attitudes and behavior. *Handbook of Consumer Psychology, 1,* 525–548.

Ajzen, I., & Fishbein, M. (1980). *Understanding Attitudes and Predicting Social Behavior: Attitudes, Intentions, and Perceived Behavioral Control.* Englewood cliffs, NJ: Prentice Hall.

Allport, G. W. (1935). Attitudes. In *A Handbook of Social Psychology* (pp. 798–844). Worcester, MA, US: Clark University Press.

Anderson, N. H. (1971). Integration theory and attitude change. *Psychological Review, 78*(3), 171–206.

Argyriou, E., & Melewar, T. C. (2011). Consumer attitudes revisited: A review of attitude theory in marketing research. *International Journal of Management Reviews, 13*(4), 431–451.

Baum, E. E., & Nelson, K. M. (2007). The effect of a 12-month longitudinal long-term care rotation on knowledge and attitudes of internal medicine residents about geriatrics. *Journal of the American Medical Directors Association, 8*(2), 105–109.

Bettman, J. R., Luce, M. F., & Payne, J. W. (1998). Constructive consumer choice processes. *Journal of Consumer Research, 25*(3), 187–217.

Carpenter, C., Boster, F. J., & Andrews, K. R. (2013). Functional attitude theory. *The Sage Handbook of Persuasion: Developments in Theory and Practice,* 104–119.

Eagly, A. H., & Chaiken, S. (1993). *The Psychology of Attitudes.* Orlando, FL, US: Harcourt Brace Jovanovich College Publishers.

Fang, X., Singh, S., & Ahluwalia, R. (2007). An examination of different explanations for the mere exposure effect. *Journal of Consumer Research, 34*(1), 97–103.

Feldman, J. M., & Lynch, J. G. (1988). Self-generated validity and other effects of measurement on belief, attitude, intention, and behavior. *Journal of Applied Psychology, 73*(3), 421–435.

Fishbein, M. (1963). An investigation of the relationships between beliefs about an object and the attitude toward that object. *Human Relations, 16*(3), 233–239.

Fishbein, M. (1972). The search for attitudinal-behavior consistency. In Joel B. Cohen (Ed.), *Behavioral Science Foundations of Consumer Behavior* (pp. 245–252). New York: Free Press.

Fishbein, M., & Ajzen, A. (1975). Beliefs, attitudes. In *Intentions and Behavior: An Introduction to Theory and Research.* MA: Addison-Wesley: Reading.

Greenwald, A. G. (1968). Cognitive learning, cognitive response to persuasion, and attitude change. In *Psychological Foundations of Attitudes* (pp. 147–170). New York: Academic

Press.

Greenwald, A. G., & Banaji, M. R. (1995). Implicit social cognition: Attitudes, self-esteem, and stereotypes. *Psychological Review, 102*(1), 4-27.

Haddock, G., & Zanna, M. P. (1999). Cognition, affect, and the prediction of social attitudes. *European Review of Social Psychology, 10*(1), 75-99.

Haugtvedt, C. P., Petty, R. E., & Cacioppo, J. T. (1992). Need for cognition and advertising: Understanding the role of personality variables in consumer behavior. *Journal of Consumer Psychology, 1*(3), 239-260.

Hawkins, S. A., & Hoch, S. J. (1992). Low-involvement learning: Memory without evaluation. *Journal of Consumer Research, 19*(2), 212-225.

Katz, D. (1960). The functional approach to the study of attitudes. *Public Opinion Quarterly, 24*(2), 163-204.

Krugman, H. E. (1965). The impact of television advertising: Learning without involvement. *Public Opinion Quarterly, 29*(3), 349-356.

Lavine, H., Thomsen, C. J., Zanna, M. P., & Borgida, E. (1998). On the primacy of affect in the determination of attitudes and behavior: The moderating role of affective-cognitive ambivalence. *Journal of Experimental Social Psychology, 34*(4), 398-421.

Law, S., Hawkins, S. A., & Craik, F. I. (1998). Repetition-induced belief in the elderly: Rehabilitating age-related memory deficits. *Journal of Consumer Research, 25*(2), 91-107.

MacKnight, C., & Powell, C. (2001). Outcome measures in the rehabilitation of older adults. *Reviews in Clinical Gerontology, 11*(1), 83-89.

Petty, R. E., & Cacioppo, J. T. (1986). The elaboration likelihood model of persuasion. In *Communication and Persuasion* (pp. 1-24). New York: Springer.

Reed, II. A., Wooten, D. B., & Bolton, L. E. (2002). The temporary construction of consumer attitudes. *Journal of Consumer Psychology, 12*(4), 375-388.

Samra, R. (2014). A New Look at Our Old Attitude Problem. *Journal of Social Sciences, 10*(4), 143.

Shavitt, S. (1990). The role of attitude objects in attitude functions. *Journal of Experimental Social Psychology, 26*(2), 124-148.

Smith, G. H. (1946). Attitudes toward Soviet Russia: I. The standardization of a scale and some distributions of scores. *Journal of Social Psychology, 23*(1), 3.

Zajonc, R. B. (1968). Attitudinal effects of mere exposure. *Journal of Personality and Social Psychology, 9*(2, Pt. 2), 1-27.

제7장 의사결정의 심리 1

윤가현, 권석만, 김경일, 김신우, 남종호, 서수연, 송현주, 신민섭, 유승엽, 이영순, 이현진, 전우영, 천성문, 최준식, 최해연(2019). **심리학의 이해**(5판). 서울: 학지사.

하영원, 채정호(1993). 열등한 대안의 위치와 빈도가 유인효과에 미치는 영향에 관한 연구. **경영학연구, 23**(1), 201-232.

Blackwell, R. D., Miniard, P. W., & Engel, J. F. (2000). *Consumer Behavior* (9th ed.). Fort Worth: Harcourt College Publishers.

Bruner, G. C., & Pomazal, R. J. (1988). Problem Recognition The Crucial First Stage of the Consumer Decision Process. *Journal of Consumer Marketing, 5*(1), 53-63.

Engel, J. F., Miniard, P. W., & Blackwell, R. D. (2006). *Consumer Behavior* (10th ed.). Mason, OH: Thomson South-Western.

Hawkins, D. I., Mothersbaugh, D. L., & Best, R. J. (2007). *Consumer Behavior: Building Marketing Strategy* (10th ed.). New York: McGraw-Hill.

Strebel, J., Erdem, T., & Swait, J. (2004). Consumer Search in High Technology Markets: Exploring the Use of Traditional Information Channels. *Journal of Consumer Psychology, 14*(1-2), 96-104.

Tversky, A. (1972). Elimination by Aspects: A Theory of Choices. *Psychological Review, 79*(4), 281-299.

Wright, P. (1975). Consumer Choice Strategies: Simplifying vs. Optimizing. *Journal of Marketing Research, 12*(1), 60-67.

제8장 의사결정의 심리 2

박세범, 박종오(2013). **소비자행동**(2판). 서울: 북넷.

이학식, 안광호, 하영원(2015). **소비자행동: 마케팅전략적 접근**(6판). 서울: 집현재.

한국방송광고진흥공사(2018). 소비자행태조사 보고서.

Adams, J. S. (1963). Towards an understanding of inequity. *The Journal of Abnormal and Social Psychology, 67*(5), 422-436.

Bellman, S., Lohse, G. L., & Johnson, E. J. (1999). Predictors of on-line buying: Findings from the Wharton virtual test market. *Communications of the ACM, 42*(12), 32-38.

Bem, D. J. (1972). Self-perception theory. *Advances in Experimental Social Psychology, 6,*

1-62.

Burke, R. R. (2002). Technology and the customer interface: what consumers want in the physical and virtual store. *Journal of the Academy of Marketing Science, 30*(4), 411-432.

Court, D., Elzinga, D., Mulder, S., & Vetvik, O. J. (2009). The consumer decision journey. *McKinsey Quarterly, 3*(3), 96-107.

Day, R. L., & Ash, S. B. (1979). Consumer response to dissatisfaction with durable products. *ACR North American Advances, 6*, 438-444.

Day, R. L., & Landon, E. L. (1977). Toward a theory of consumer complaining behavior. *Consumer and Industrial Buying Behavior, 95*(1), 425-437.

Festinger, L. (1962). *A Theory of Cognitive Dissonance* (Vol. 2). Stanford University Press.

Folkes, V. S. (1988). Recent attribution research in consumer behavior: A review and new directions. *Journal of Consumer Research, 14*(4), 548-565.

Heider, F. (1958). *The Psychology of Interpersonal Relations*. Hillsdale, New Jersey: LEA.

Huppertz, J. W. (1979). Measuring components of equity in the marketplace: perceptions of inputs and outcomes by satisfied and dissatisfied consumers. *New Dimensions of Consumer Satisfaction and Complaining Behavior*, 140-143.

Kelley, H. H. (1967). Attribution theory in social psychology. *Nebraska Symposium on Motivation, 15*, 192-238.

Lee, L., Inman, J. J., Argo, J. J., Böttger, T., Dholakia, U., Gilbride, T., Van Ittersum, K., Kahn, B., Karla, A., Lehmann, D. R., McAlister, L. M., Shankar, V., & Tsai, C. I. (2018). From browsing to buying and beyond: The needs-adaptive shopper journey model. *Journal of the Association for Consumer Research, 3*(3), 277-293.

Lemon, K. N., & Verhoef, P. C. (2016). Understanding customer experience throughout the customer journey. *Journal of Marketing, 80*(6), 69-96.

Neslin, S. A., Grewal, D., Leghorn, R., Shankar, V., Teerling, M. L., Thomas, J. S., & Verhoef, P. C. (2006). Challenges and opportunities in multichannel customer management. *Journal of Service Research, 9*(2), 95-112.

Nicholson, M., Clarke, I., & Blakemore, M. (2002). 'One brand, three ways to shop': Situational variables and multichannel consumer behaviour. *The International Review of Retail, Distribution and Consumer Research, 12*(2), 131-148.

Oliver, R. L. (1980). A cognitive model of the antecedents and consequences of satisfaction decisions. *Journal of Marketing Research, 17*(4), 460-469.

Reichheld, F. F. (2003). The one number you need to grow. *Harvard Business Review, 81*(12), 46-55.

Richins, M. L. (1983). Negative word-of-mouth by dissatisfied consumers: A pilot study. *Journal of Marketing, 47*(1), 68-78.

Singh, J. (1988). Consumer complaint intentions and behavior: definitional and taxonomical issues. *Journal of Marketing, 52*(1), 93-107.

Thomas, J. S., & Sullivan, U. Y. (2005). Managing marketing communications with multichannel customers. *Journal of Marketing, 69*(4), 239-251.

Tsiros, M., & Mittal, V. (2000). Regret: A model of its antecedents and consequences in consumer decision making. *Journal of Consumer Research, 26*(4), 401-417.

Valentini, S., Montaguti, E., & Neslin, S. A. (2011). Decision process evolution in customer channel choice. *Journal of Marketing, 75*(6), 72-86.

Weiner, B. (1985). "Spontaneous" causal thinking. *Psychological Bulletin, 97*(1), 74-84.

제9장 광고효과의 심리

김재휘, 박은아, 손영화, 우석봉, 유승엽, 이병관(2009). **광고 심리학**. 서울: 커뮤니케이션북스.

여준상(2006). 조절초점이 브랜드 확장 평가에 미치는 영향과 그 매개 과정에 관한 연구. **소비문화연구, 9**(4), 105-121.

Baran, S. J., & Davis, D. K. (2015). *Mass Communication Theory: Foundations, Ferment, and Future* (7th ed.). Stamford, CT: Cengage Learning.

Barry, T. B., & Howard, D. J. (1990). A review and critique of the hierarchy of effects in advertising. *International Journal of Advertising, 9*(2), 121-135.

Cho, C. (1999). How advertising works on the WWW: Modified elaboration likelihood model. *Journal of Current Issues & Research in Advertising, 21*(1), 34-50.

Förster, J., Higgins, E. T., & Bianco, A. T. (2003). Speed/accuracy decisions in task performance: Built-in trade off or separate strategic concerns? *Organizational Behavior and Human Decision Process, 90*, 148-164.

Grubb, E. L., & Grathwohl, H. L. (1967). Consumer self-concept, symbolism, and market behavior: A theoretical approach. *Journal of Marketing, 3*, 22-27.

Hackley, C., & Hackley, R. A. (2018). *Advertising & Promotion* (4th ed.). London, UK: SAGE.

Higgins, E. T. (1997). Beyond pleasure and pain. *American Psychologist, 52*, 1280-1300.

Higgins, E. T. (2002). How self-regulation creates distinct values: The case of promotion and prevention decision making. *Journal of Consumer Psychology, 12*, 177-191.

Higgins, E. T., Idson, L. C., Freitas, A. L., Spiegel, S., & Molden, D. C. (2003). Transfer of value from fit. *Journal of Personality and Social Psychology, 84*(6), 1140–1153.

Holbert, R. L., Garrett, R. K., & Gleason, L. S. (2010). A new era of minimal effects? A response to Benett and Iyengar. *Journal of Communication, 60*, 15–34.

Jansson-Boyd, C. V. (2014). 소비자심리학 (*Consumer Psychology*). (양병화, 김재휘, 이병관 공역). 서울: 시그마프레스. (원저는 2010년에 출판).

Kim, D., Seely, N. K., & Jung, J. (2017). Do you prefer, Pinterest or Instagram? The role of image-sharing SNSs and self-monitoring in enhancing ad effectiveness. *Computers in Human Behavior, 70*, 535–543.

Kim, D., & Song, D. (2019). Can brand experience shorten consumers' psychological distance toward the brand? The effect of brand experience on consumers' construal level. *Journal of Brand Management, 26,* 255–267.

Kim, D., Sung, Y. H., Lee, S., Choi, D., & Sung, Y. (2016). Are you on Timeline or News Feed? The roles of Facebook pages and construal level in increasing ad effectiveness. *Computers in Human Behavior, 57*, 312–320.

Kim, Y. (2006). The role of regulatory focus in message framing in antismoking advertisements for adolescents. *Journal of Advertising, 35*(1), 143–151.

Markus, H. (1977). Self concept and product choice: An integrated perspective. *Journal of Personality and Social Psychology, 9*(1), 1–28.

O'Guinn, T. C., Allen, C. T., Semenik, R. J., & Close, A. (2015). *Advertising and Integrated Brand Promotion* (7th ed.). Stamford, CT: Cengage Learning.

Petty, R. E., & Cacioppo, J. T. (1986). The elaboration likelihood model of persuasion. In L. Berkowitz (Ed), *Advances in Experimental Social Psychology* (Vol. 19). New York: Academic Press.

Rosenberg, M. (1979). *Conceiving the Self.* New York: Basic Books.

Schenk, C. T., & Holman, R. H. (1980). A sociological approach to brand choice: The concept of situational self-image. In J. Olson (Ed). *Advances in Consumer Research* (Vol. 7). Ann Arbor, MI: Association for Consumer Research.

Septianto, F., & Pratiwi, L. (2016). The moderating role of construal level on the evaluation of emotional appeal vs. cognitive appeal advertisement. *Marketing Letters, 27*, 171–181.

Sirgy, M. J. (1982). Self-concept in consumer behavior: A critical review. *Journal of Consumer Research, 9*(3), 287–300.

Spassova, G., & Lee, A. Y. (2013). Looking into the future: A match between self-view and temporal distance. *Journal of Consumer Research,* 40, 159–171.

Sung, Y., & Choi, S. M. (2011). Increasing power and preventing pain. *Journal of Advertising, 40*(1), 71–86.

Trope, Y., & Liberman, N. (2011). Construal level theory. In P. A. M. Van Lange, A. W. Kruglanski, & E. T. Higgins (Eds.), *Handbook of Theories of Social Psychology* (Vol. 1, pp. 118–134). London: Sage.

제10장 미디어와 소비자

김양은(2014). **디지털 시대의 미디어 리터러시–큰글씨책**. 서울: 커뮤니케이션북스.

오영선, 임유명, 염동섭(2018). 브랜디드 콘텐츠 특성에 관한 탐색적 연구. **한국심리학회지: 소비자·광고, 19**(4), 703–720.

이경렬(2016). **광고매체론**. 서울: 서울경제경영.

최환진, 조용석, 한규훈, 박승배, 엄남현, 김찬석, 김효숙, 지준형, 이상열(2016). **트리플 미디어 마케팅과 광고 기획**. 서울: 중앙북스.

秋山隆平, 杉山恒太郎(2004). ホリスティック・コミュニケーション:アクティブ・コンシューマーの出現で進化する広告と販促の境界. 東京: 宣伝会議.

横山隆治(2011). **트리플 미디어 전략: 일본 최고의 마케터가 전하는 미디어 마케팅 변화와 그 활용법** (トリプルメディアマーケティング : ソーシャルメディア, 自社メディア, 広告の連携戦略). (제일기획 역). 서울: 흐름출판. (원저는 2010년에 출판).

국립국어원 표준국어대사전 https://stdict.korean.go.kr/main/main.do

네이버 지식백과사전 https://terms.naver.com/entry.nhn?docId=3385777&cid=43667&categoryId=43667

배달의 민족(제2회 배민 치믈리에 자격시험) http://chimmelier.baemin.com

스타벅스 http://www.istarbucks.co.kr/whats_new/campaign_view.do?pro_seq=1502&menu_cd=

제11장 문화와 소비

전종우, 홍다현(2017). 미국 거주 한국인들의 미국문화적응과 자문화정체성에 미치는 영향: 미디어 이용과 직접경험, 인구통계적 요인을 중심으로. **소통학보, 16**(4), 287–308.

Berry, J. W. (1997). Immigration, acculturation, and adaptation. *Applied Psychology: An International Review, 46*(1), 5–34.

de Mooij, M. (2011). *Consumer Behavior and Culture: Consequences for Global Marketing and Advertising*. Sage Publication., Thousand Oaks, California.

de Mooij, M. (2014). *Global Marketing and Advertising: Understanding Cultural Paradoxes*. Sage Publication, Thousand Oaks, California.

Gannone, M. J. (1994). *Understanding Global Culture*. Thousand Oaks, CA: Sage.

Hall, E. (1959). *The Silent Language*. New York, NY: Anchor Books.

Hofstede, G. (1991). *Culture and Organizations: Software of the Mind*. New York: McGraw-Hill.

Klein, J. G., Ettenson, R., & Morris, M. D. (1998). The Animosity Model of Foreign Product Purchase: An Empirical Test in the People's Republic of China. *Journal of Marketing, 62*(1), 89-100.

Nisbett, R. E. (2003). *The Geography of Thoughts: How Asians and Westerns Think Differently, and Why*. New York: Free Press.

Rokeach, M. (1973). *The Nature of Human Values*. New York: Free Press.

Trompenaars, F. (1993). *Riding the Waves of Culture: Understanding Cultural Diversity in Business*. London: Nicholas Brealy.

찾아보기

인명

Ahluwalia, R. 185
Ajzen, I. 191, 194
Allen, C. T. 114, 263
Allport, G. W. 171
Anderson, N. H. 182
Atkinson, R. C. 139

Babin, B. J. 93
Bandura, A. 127, 132, 133
Best, R. J. 35

Cacioppo, J. T. 43, 188, 189, 268
Cantril, H. 94
Close, A. 263
Coney, K. A. 35

Darden, W. R. 93
Dimberg, U. 57

Elmehed, K. 57
Engle, R. W. 108

Fang, X. 185
Feather, N. T. 36
Festinger, L. 90
Fishbein, M. 179
Freud, S. 81

Gannone, M. J. 312
Garrett, R. K. 271
Gleason, L. S. 271
Gorn, G. J. 110
Grathwohl, H. L. 275
Greenwald, A. G. 186
Griffin, M. 93
Grubb, E. L. 275
Gutman, J. 35

Hall, E. 319
Haugtvedt, C. P. 189
Hawkins, D. I. 35
Hawkins, S. A. 184
Heider, F. 87
Higgins, E. T. 34, 271
Hoch, S. J. 184
Hofstede, G. 35, 312
Holbert, R. L. 271
Hutchinson, J. 156

Janiszewski, G. A. 114

Katz, D. 173
Kelley, H. H. 249
Krugman, H. E. 43, 94, 183

Lamont, L. M. 35
Lavine, H. 176
Lee, A. Y. 281

Markus, H. 275
Maslow, A. H. 40, 79, 81, 202
Milliman, R. A. 109

Moore, D. L. 156

O'Guinn, T. C. 263
Ogilvy, D. 19

Pavlov, I. 105
Petty, R. E. 43, 188, 189, 268
Pratiwi, L. 280

Rokeach, M. 35

Scott, J. D. 35
Semenik, R. J. 263
Septianto, F. 280
Sherif, M. 94
Shiffrin, R. M. 139
Shimp, T. A. 108
Singh, S. 185
Skinner, B. F. 116
Smith, G. H. 176
Spassova, G. 281
Staats, A. W. 109
Staats, C. K. 109
Stuart, E. W. 108

Thunberg, M. 57
Trompenaars, F. 316
Tulving, E. 153

Vinson, D. E. 35

Weiner, B. 250
Wilkie, W. L. 22

Zaichkowsky, J. L. 96

내용

4P 22
5C 22
AICA 266
AICCA 266
AIDA 265, 266
AIDAS 266
AIDCA 266
AIDMA 266, 305
AIETA 266
AISAS 305
ATL 293
BTL 294
COD 333
COM 333
COO 333
COP 333
ELM 95
EPCCA 266
FCB GRID 이론 94, 95
FGI 87
OTT 287
PACYRB 266
PII 96
POP 162
SIPS 306
TOM 브랜드 163
TTL 295

가르시아 효과 108
가변성 33
가시성 33
가족 31
가치 34
간섭이론 167
간헐적 강화 120
간헐적 강화 계획 121
감각 49, 50
감각 등록기 139
감각 순응 54
감각경험 50
감각경험의 처리과정 51
감각기억 138, 140
감각적 부호화 148
감성 의존식 대안평가 225
감성적 문제인식 204
감성적 소구 280
감정적 318
강화 42, 116, 118

강화 계획 120
개념 154
개념 주도적 처리 68
개성 33
개인적 영향요인 32
개인적 원천 213
개인주의 314, 317
거시적 영향요인 31
결과기대 128
결합식 225
경제적 영향요인 31
경험 41
경험적 원천 213
계속적 탐색 208
계획적 행동이론 194
고객 경험 235
고객 여정 235
고객신뢰 46
고관여 94
고려상표군 214
고맥락 문화 320
고전적 조건화 103, 104, 105, 125
고정 간격 121
고정 비율 122
공간적 거리감 278
공감 45
공동체주의 317
공변원리 249
공평성 이론 247
과정이론 78
관여 42, 63, 94
관여도 43, 93, 94, 178, 269
관찰학습 127
광고 실행 격하 반응 187
광고 실행 지지 반응 187
광고심리학 이론 264
광고혼잡도 107
광고효과 264
광고효과 위계 모델 264, 265
광선 56
구매 시점 전시 162
구매 의도 29
구매 전 탐색 208
구매 행동 29
구매 후 부조화 30, 251
구매 후 행동 29
구매자 여정 237
구전 30
구체적 욕구 77
국가 적대감 333
권력거리 313
귀속주의 317
귀인 248
규범적 신념 193
균형이론 87
근본적 욕구 77
긍정적 강화 118
긍정적 편견 89
기대 63
기대 불일치 모형 246
기대가치 92
기대가치 기반 동기이론 92
기대-가치 모형 36
기분 일치 효과 162
기분 효과 162
기억 27, 102, 137
기억과정 137
기억의 구조 138

남성성 315
내용이론 78
내재적 모델링 131
내재적 연관 검사 172
내적 요인 24
내적 정보탐색 207
내적 탐색 28
노출 26
뉴 미디어 293

다문화주의 322
다속성 태도 모델 179
다원적 시간 321
다중 기억 모형 138
단기기억 27, 60, 138, 141
단기기억과정 143
단기지향 316
단순 노출 효과 184
단순 노출 효과 이론 179, 184
단어 연상 86
단원적 시간 321
단일 구조 모델 176
대리학습 127
대안평가 29
대조 효과 247
도구 조건화 116
도식 71, 157
독단성 39
독특성 39, 249

동기 40, 76
동기의 과정이론 40
동기의 내용이론 40
동기이론 78, 81
동기화 128
동화 효과 247
동화-대조 효과 247
디지털 네이티브 304
디지털 사이니지 288

라이프스타일 44
리비도 81
리커트 방식 176
링크 154

마케팅 깔때기 232
마케팅 영향요인 30
마케팅믹스 22, 30
만족도 235
망 154, 155
매스미디어 293
맥락 173
모델링 42, 130
모디슈머 292
목적가치 35
무의식 81, 84
무조건 반응 42, 105
무조건 자극 42, 105
문장 완성 86
문제인식 28, 199
문제인식의 유발요인 202
문제해결과정 28
문화 31, 311
문화동화 324
문화적응 323, 324
물질주의 39
미각 54
미시적 영향요인 31

바람직한 상태 199
반박 주장 187
방어초점 271
배경 61
베버의 법칙 59
변동 간격 121
변동 비율 122
변별 58, 112
변별자극 117
변화감지역 58, 59
변화맹 62
보완적 상표 평가방식 220
보편주의 316
본보기 67
부주의적 맹시 62
부호화 138, 141, 311
부호화 증진 방법 147
분리식 224
분산적 318
분석적 사고경향 322
불변성 39
불안대응방식 39
불평행동 30, 255
불확실성 회피 315
브랜드 관련 정보 156
브랜드 광고 157
브랜디드 콘텐츠 300
비(非) 매스미디어 293
비보완적 상표 평가방식 223
빈도 마케팅 122

사전성향 36
사전편집식 223
사회 트렌드 322
사회계층 31
사회적 거리감 278
사회적 욕구 79
사회적 증거의 법칙 131
사회학습 127
사회학습이론 127
사후가정적 사고 253
산출요인 25
삼각 모델 175
상기상표군 214
상식심리학 249
상업적 원천 213
상위 수준 해석 279
상징적 의미 275
상태 의존 효과 163
상표별 처리방식 211
상품 범주 157
상황 29
상황관여 43
상황적 관여 95
상황적 관여도 178
상황적 자아 이미지 275
상황적 특성 210
생리적 욕구 79
생활의 단면 소구 기법 85
선유경향 172

선택적 주의 61, 64, 140, 141
선호 171
설단 현상 168
설득자 역할 86
성격 38
성취주의 317
세 가지 하위 요소 이론 175
세부적 318
소거 109
소비자 만족 29, 246
소비자 의사결정과정 27
소비자 정보처리과정 26
소비자 특성 109, 209
소비자심리분석 21
소비자심리학 20
소비자심리학의 연구모형 24
소비자심리학의 존재가치 22
소비자심리학회 21
소비자연구모형 25
소비자행동모형 24
소유 41
소재 250
속성별 처리방식 212
송출자 중심 이론 261
쇠퇴이론 167
수단가치 35
수단-목적 연쇄모형 35
순응 61
순응 동기 193
순차제거식 224
순추천지수 236, 257
순행 간섭 167
스크립트 157, 158
스키너 상자 116
스키마 157
스토리 완성 86
시각 52
시각경험 52
시각적 잔상 53
시각정보 52
시간 개념 318
시간적 거리감 278
시야각 60
시연 144, 145
신뢰 45
실용적 가치 93
실제 상태 199
심리과정 20
심리적 거리감 278
심리학 20
심층 인터뷰 87
십인일색의 시장 23

안구 운동 추적기 166
안전 욕구 79
안정성 250
양적 조사 85
어림법 174
언드 미디어 298
언어 모델링 131
여성성 315
역치 56
역하 광고 58
역하 점화 58
역하 지각 57
역행 간섭 168
연결성 39
연상기법 86
연합 42
연합학습 102, 103
연합학습이론 102
예상되는 후회 252
온드 미디어 297
완성기법 86
외적 요인 24
외적 정보탐색 208
외적 정보탐색 방식 211
외적 탐색 28
외현적 모델링 131
욕구 77
욕구 기반 동기이론 79
욕구계층 모델 81
욕구위계이론 40
욕구중심 이론 78
우연적 노출 26
원산지 효과 332
원형 67
위계 모델 266
유목화-구성 기법 86
유사 포장 112
유사성 효과 227
유인효과 227
유지 시연 53, 149
유지형 시연 146
은유추출 기법 86
의견 171
의도적 노출 26
의미기억 151, 153
의미망 모델 153, 154

의미의 연합망 154
의미적 부호화 149
의사결정 여정 233
의식 81, 84
의인화 86
이드 81, 82
이미지 분류 기법 86
이미지 일치 가설 33
이성적 문제인식 204
이성적 소구 280
이중 경로 관점 268
이중 부호화 150
인가 112
인과추론 248
인지 기반 동기이론 87
인지 반응 모델 179, 186
인지과정이론 79
인지부조화 90, 251
인지부조화이론 90
인지일관성이론 87
인지적 과정 79
인지적 구두쇠 268
인지적 지표 264
인지주의적 접근 138
인지학습 102, 103, 104
인지학습이론 102
인출 실패 168
일관성 249
일반화 110
일인십색의 시장 23
일인일색의 시장 23
일치성 249
일치성 효과 37
일화기억 152

자극 변별 112
자극 일반화 110, 111
자극 특성 107
자기 스키마 274
자기감시 39
자기개념 33
자기검열 278
자기만족 34
자기보존 본능 82
자기신뢰 34, 46
자기정체성 34
자기조절 34
자기조절초점이론 34
자기존중감 34
자기지각이론 250
자기참조 효과 69
자기파괴 본능 82
자기해석 34
자기효능감 34
자기효능감 기대 128
자문화중심주의 325
자발적 회복 109
자아 81, 82
자아 일치 효과 276
자아 조절 시스템 271
자아개념 274
자아방어기제 81
자아실현 욕구 80
자아일치 효과 275
자연에 대한 자세 319
자외선 56
자존감 욕구 80
작업기억 60, 141
잠재적 억제 108
장기기억 27, 138, 151
장기지향 316
장면 연상 86
재구매 행동 30
재생 128
저관여 94
저관여 메시지 학습 모델 179
저관여 메시지 학습이론 183
저맥락 문화 320
적외선 56
전경 61
전의식 81, 85
전통 미디어 292
절대 식역 56
절차기억 152
점화 69
점화 효과 57, 162
접점 233
정교형 시연 146
정교화 가능성 모델 43, 94, 179, 188, 267
정보 통합 이론 179, 182
정보의 망각 167
정보의 인출 160
정보처리과정 26, 79
정보처리적 접근 138
정보탐색 28, 206
정서적 지표 264
제3자 역할 86
제품 시행 38

제품 차별화 114
제품 확장 112
제품(브랜드) 속성 156
제품관여 43
제품요인 209
조건 반응 42, 105
조건 자극 42, 105
조작적 조건화 103, 116, 125
조절초점 272
조절초점 이론 271
조절초점 적합성 272
조직신뢰 46
조형 124
종합적 사고경향 322
주관적 규범 191, 193
주변경로 64, 189, 268
주의 26, 61, 128
중립적 318
중립적 원천 213
중심 단서 188
중심경로 64, 188, 268
지각 27, 66, 102
지각된 관련성 42
지각된 위험 43
지각된 중요성 42
지각된 행동통제 194
지각적 경계 70
지각적 방어 70
지각적 범주화 71
지각적 조직화 27
지각적 추론 71
지각적 해석 27, 71
지속적 경쟁우위 22
지속적 관여 43, 95, 96
지속적 관여도 178
지식 27, 151
지식의 구조 154
지지 주장 186
진실성 효과 184
질적 조사 85
집단주의 314
징글 53

차이역 58
참여형 소비자 44
참조집단 31
처리 유창성 140
처리과정 25
처벌 120
청각 53
청각경험 53
청각적 잔향 53
청각정보 53
청크 144
체계적 정보처리 64
체험형 공간 55
초두효과 166
초자아 83
촉각 54
촉각 소체 55
촉진초점 271
총체성 39
최신효과 166
추천행동 256
충동적 본능 82

콘텐츠 299
쾌락적 가치 93
쾌락적 욕구 82

타인신뢰 46
탐지 56
태도 36, 171
태도에 대한 관점 173
태도이론 177
통일 상표화 112
통제 가능성 250
통합 마케팅 커뮤니케이션 31
투사법 86, 87
투입요인 25
트랙백 302
트리플 미디어 296
특수주의 316

파지 128
퍼스낼리티 82, 83
페이드 미디어 297
평가기준 216
평가적 반응 157
평가준거 29
포괄적 거리감 278
포지셔닝 113
표준화 334
표현기법 86
프라이밍 효과 273
프로슈머 292
필요 77

하위 수준 해석 279

학습 41, 101, 102
학습이론 102
한국소비자광고심리학회 21
할인원리 249
합리적 행위 이론 36, 191
해독 311
해석 수준 이론 278
행동 20
행동 관찰 172
행동에 대한 태도 191
행동적 지표 264
행동형 소비자 44
향기 마케팅 55
혁신성 39
현지화 334
혼합식 처리방식 212
화학적 감각 54
확률적 거리감 278
환각 51
환경적 영향요인 31
활성화 확산 모형 155
후각 54
후각피질 54
후광효과 226
후회 252
휴리스틱 64, 268

❖ 저자 소개

이병관(Lee, Byung Kwan)

서울대학교 심리학과를 졸업하고 동 대학원에서 심리학 석사 학위를, 미국 텍사스 대학교 오스틴 캠퍼스에서 광고학으로 석사 및 박사 학위를 취득하였다. 현재 광운대학교 산업심리학과에서 소비자광고심리 전공 교수로 재직 중이며, 한국소비자광고심리학회 회장과 한국심리학회 및 한국광고학회의 부회장을 역임하였다. 『더 알고 싶은 심리학』(공저, 학지사, 2018) 등 다수의 저서를 출간하였다.

남승규(Nam, Seung Kyu)

대전에서 태어나 성균관대학교에서 심리학 박사 학위를 받고 1997년부터 대전대학교 경영대학 산업 · 광고심리학과 교수로 재직 중이다. 미국 텍사스 대학교 오스틴 캠퍼스에서 연구년을 보냈고, 한국소비자광고심리학회 편집위원장, 부회장 및 회장을 역임하였다. 대표 저서로 『긍정심리학』(양서원, 2017), 『행복심리학』(양서원, 2014), 『소비자 분석』(학지사, 2009), 『소비자 심리학』(학지사, 1999) 등이 있다.

부수현(Boo, Su Hyun)

중앙대학교에서 소비자 및 광고 심리학 전공 박사 학위를 취득하였다. 현재 경상대학교 심리학과 교수로 재직 중이다. 심리학 이론과 원리에 기초하여 광고효과, 소비자 의사결정, 미디어 사용과 영향력 등과 같은 주제를 연구하고 있으며, 특히 미디어 플랫폼과 광고, 소비자의 역동적인 상호작용에 관심이 높다. 『검색광고의 이해』(공저, 한울아카데미, 2019) 등 다수의 저서를 출간하였다.

김철호(Kim, Chul Ho)

청주대학교 미디어콘텐츠학부 광고홍보문화콘텐츠 전공 교수이고, 미국 남미시시피 대학교에서 매스커뮤니케이션 박사 학위를 취득하였다. 한국광고학회, 한국브랜드디자인학회, 한국프랜차이즈경영학회 이사이며, 우정사업본부 등 다수 정부기관의 자문위원으로 활동하고 있다. 『학제적 융합적 공생학으로 이해하는 광고 기획』(한경사, 2017), 『방송광고 장르론』(공저, 커뮤니케이션북스, 2007) 등의 저서를 출간하였고, 소비자 기대가치, 광고윤리, 광고 크리에이티브, 평생교육 등의 분야에서 다수의 논문을 발표하였다.

김연주(Kim, Yun Ju)
단국대학교 커뮤니케이션학과에서 광고홍보학을 전공으로 박사 학위를 받았다. 현재 단국대학교 커뮤니케이션학부, 경희대학교 문화관광콘텐츠학과에서 겸임교수로 재직 중이다. 연구 분야는 뉴미디어, 정치캠페인, 콘텐츠마케팅 등의 주제에 대한 수용자 반응 및 소비자 행동, 문화적 차원의 연구를 선호한다. 『광고학연구』 『홍보학연구』 『광고홍보학보』 등의 학술지에 연구결과를 발표해 왔으며, 한국광고학회 신진학자 우수 논문상(2019)을 수상하였다.

임혜빈(Rim, Hye Bin)
미국 오하이오 주립대학교에서 심리학 박사 학위를 취득하고 현재 광운대학교 산업심리학과 교수로 재직 중이다. 소비자의 판단 및 의사결정에 영향을 미치는 심리학적 변인에 대한 관심을 바탕으로 다양한 심리학 연구를 수행하였으며, 그 결과를 『Judgment & Decision Making』 등의 국내외 유수의 저널에 발표하였다.

유승엽(Yu, Seung Yeob)
현재 남서울대학교 광고홍보학과 교수이다. 중앙대학교에서 광고심리학 박사 학위를 취득하였다. 한국소비자광고심리학회 회장(2011~2012)을 역임하였고, 한국소비자학회 회장(2020~2021)에 선임되었다. 경기도 홍보전문위원, 문화체육관광부, 기획재정부, 보건복지부 등 여러 정부기관의 광고 PR 평가위원을 하고 있다. 『심리학의 이해』(5판, 공저, 학지사, 2019), 『광고 심리학』(공저, 커뮤니케이션북스, 2009)을 비롯한 여러 저서를 출간하였고, 「Causal Model Affecting the Satisfaction of Social Commerce Users in Websites: Mediating Effects of Benefit Factors」(2019)를 비롯한 다수의 논문을 발표하였으며, 남서울대학교 우수연구 교수로 네 차례 선정된 바 있다.

안서원(Ahn, So Won)
현재 서울과학기술대학교 경영학과 교수이다. 미국 시카고 대학교에서 심리학 박사 학위를 취득하였다. 한국소비자광고심리학회 학회장, 『한국심리학회지: 사회 및 성격』 편집위원장을 역임하였다. 『행동적 의사결정론』(공저, 법문사, 2015), 『사이먼 & 카너먼』(김영사, 2006) 등의 저서를 출간하였고, 소비자 의사결정, 창의적 소비에 대한 다수의 논문을 발표하였다.

김동후(Kim, Dong Hoo)

현재 인하대학교 국제학부 교수이다. 미국 텍사스 대학교 오스틴 캠퍼스에서 광고학 박사를 취득하였으며, 노스캐롤라이나 대학교 채플힐 캠퍼스에서 조교수로 광고학 수업을 강의하였다. 『International Journal of Advertising』『Computers in Human Behaviors』『Journal of Brand Management』『Psychology & Marketing』『Journal of Marketing Communication』 등 다수의 저널에 논문을 발표하였다.

염동섭(Youm, Dong Sup)

홍익대학교 광고학 박사로, 현재 목원대학교 광고홍보언론학과 교수이다. ㈜크리에이티브섬 대표이사, 충남시사신문 광고국장을 역임하였고, ㈜씨앤컴, 충청리서치 등에서 근무하였으며, 고용노동부, 경기도청 등 여러 정부기관과 지자체의 광고 PR 정책을 자문 · 평가하고 있다. 「브랜디드 콘텐츠 특성이 수용자 효과에 미치는 영향: 이용만족, 공유의도, 지속적 이용의도를 중심으로」(2019), 「Factors Affecting Satisfaction of Products Implemented by Wearable Devices: Focused on Product Attributes and Customer Attributes」(2019)를 비롯한 다수의 논문을 발표하였다. 소비자행동, 미디어콘텐츠, 광고수용 행태가 주요 연구 관심사이다.

전종우(Jun, Jong Woo)

현재 단국대학교 커뮤니케이션학부 교수로 재직 중이며, 미국 플로리다 대학교에서 매스커뮤니케이션 전공으로 박사 학위를 마쳤다. 공부를 시작하기 전에 광고 회사인 LG애드(현 HS애드)에서 일하는 등 광고업계에 종사하였다. 광고론, 글로벌 브랜드 마케팅, 엔터테인먼트와 광고를 강의하고 있고, 주된 연구 관심 주제는 소비자 감성, 엔터테인먼트 마케팅, 브랜디드 콘텐츠 등으로 소비자의 감성과 재미 등이며, 이 주제들에 대한 글로벌 차원의 연구를 선호한다.

광고지성총서 04

소비자심리와 광고 PR 마케팅

Consumer Psychology in Advertising, Public Relations, and Marketing

2020년 1월 20일 1판 1쇄 발행
2023년 10월 20일 1판 2쇄 발행

지은이 • 이병관 · 남승규 · 부수현 · 김철호 · 김연주 · 임혜빈
유승엽 · 안서원 · 김동후 · 염동섭 · 전종우

펴낸이 • 김 진 환
펴낸곳 • (주) 학지사
04031 서울특별시 마포구 양화로 15길 20 마인드월드빌딩 5층
대표전화 • 02) 330-5114 팩스 • 02) 324-2345
등록번호 • 제313-2006-000265호
홈페이지 • http://www.hakjisa.co.kr
인스타그램 • https://www.instagram.com/hakjisabook

ISBN 978-89-997-2004-8 93320

정가 20,000원